AF570613

Philip Sherrard

Vorwort von Kallistos Ware

Alles, was lebt, ist heilig

Philip Sherrard

Vorwort von Kallistos Ware

Alles, was lebt, ist heilig

Aus dem Englischen von
Astrid Ogbeiwi

Crotona

published by Holy Cross Orthodox Press, 50 Goddard Avenue, Brookline, MA 02445 USA

Deutsche Ausgabe:
1. Auflage 2024

www.crotona.de

Umschlaggestaltung: Annette Wagner

Druck: CPI • Birkach

ISBN 978-3-86191-278-1

Inhalt

Vorwort

Griechenland und Orthodoxie

Eine doppelte Berufung

In den letzten Monaten vor seinem Tod am 30. Mai 1995 arbeitete Philip Sherrard an dem vorliegenden Buch *Alles, was lebt, ist heilig.* Er war sich damals sehr wohl bewusst, dass er womöglich nicht mehr lange leben würde. So bezog er Artikel und Vorträge ein, die er über einen Zeitraum von vielen Jahren verfasst hatte, überarbeitete aber gleichzeitig den gesamten Text und nahm wichtige Ergänzungen vor. Auf diese Weise spiegelt das Buch, auch wenn man es nicht im engeren Sinne als seinen „letzten Willen" oder sein „Testament" bezeichnen kann, dennoch seine durchdachte Sichtweise am Ende seines Lebens wider, und sämtliche darin enthaltenen Texte sind das, was er persönlich erhalten wissen wollte. Er ordnete das Material so an, dass das Buch bei aller Vielfältigkeit seines Inhalts insgesamt ein verbindendes Motiv erhält. Vor allem das Eingangskapitel über „Bedeutung und Notwendigkeit Heiliger Tradition" hat programmatischen Charakter und fasst in knapper Form die Sicht der Wahrheit zusammen, die Philip während seiner vierzig Jahre als Schriftsteller, Lehrer und persönlicher Wegbegleiter inspiriert hat.

Philip Sherrard wird für seine Arbeit auf zwei verwandten Gebieten noch lange in Erinnerung bleiben: als Übersetzer und Kommentator moderner griechischer Lyrik und als kreativer und manchmal prophetischer Deuter der lebendigen Tradition der orthodoxen Kirche. Auf beiden Gebieten war sein literarisches und wissenschaftliches Schaffen Ausdruck tiefer persönlicher Anteilnahme. Er schrieb nicht nur Bücher über Griechenland, sondern er entschied sich, dauerhaft dort zu leben. Er erforschte die Orthodoxie nicht bloß mit akademischer Distanz, sondern beschloss, selbst Mitglied der orthodoxen Gemeinschaft zu werden, und dies zu einer Zeit, als ein solcher Schritt ganz und gar außergewöhnlich war. Dichtung, Theologie und Leben bildeten für ihn eine Einheit.

Von Oxford nach Katounia

Philip Owen Arnould Sherrard wurde am 23. September 1922 in Oxford geboren. Sein Vater, Raymond Sherrard, stammte aus einer anglo-irischen Familie und war Agrarökonom. Nach einigen Jahren in der Landwirtschaft nahm er eine Stelle am *Agricultural Research Institute* der Universität Oxford an. Seine Mutter Brynhild war die Tochter von Sydney Olivier, Kolonialverwalter, ehemaliger Gouverneur von Jamaika, Staatssekretär in Ramsay Macdonalds Labour-Regierung von 1924 und schon früh Mitglied der linksgerichteten Fabian Society. Brynhild stand im Zentrum des Kreises, den ihre Freundin Virginia Woolf als „die Neuheiden" bezeichnete und zu dem auch Rupert Brooke, Lytton Strachey sowie andere aus dem Umfeld der Bloomsbury Group gehörten. Aber, wie Patrick Leigh Fermor bemerkt, obwohl Philip starke literarische Neigungen geerbt hatte, „sollten letztendlich weder die Fabians noch Bloomsbury sein Leben prägen; in vielerlei Hinsicht – zum Beispiel in seiner Ablehnung des Agnostizismus – hatte er eine gegensätzliche Einstellung".[1]

Philip wuchs in England auf dem Land auf. Die Dichterin Kathleen Raine, die seit Mitte der 1940er Jahre mit ihm befreundet war, sagt: „In Philips Kindheit vereinten sich in außergewöhnlich glücklicher Weise patrizische Standards mit ‚progressiven' Werten". Weiter zitiert sie seine eigenen Worte aus einem späteren Lebensabschnitt: „Ich hätte keine bessere Kindheit haben können und war immer äußerst dankbar dafür."[2] Er gehörte einer großen Familie mit insgesamt acht Kindern an, Stiefschwestern und Stiefbrüder mitgezählt. Seine Mutter Brynhild hatte zwei Söhne und eine Tochter aus einer ersten Ehe, bevor sie Philips Vater heiratete; sie und Raymond hatten dann drei gemeinsame Kin-

---

1 *The Daily Telegraph*, London, 12. Juni 1995.

2 Kathleen Raine, *Philip Sherrard (1922-1995): A Tribute*, The Delos Press, Birmingham, The Redlake Press, Clun, 1996, S. 6-7. Ein einfühlsames und wohlwollendes Portrait, dem ich sehr zu Dank verpflichtet bin.

der, Philip sowie zwei Töchter. Brynhild starb als Philip zwölf Jahre alt war; sein Vater heiratete erneut und hatte mit seiner zweiten Frau zwei weitere Töchter. In Kathleen Raines Worten: „Sein Vater war es, der die Familie zusammenhielt. Mit wenig Geld, aber getragen von seinem freien Geist, zog er von einem verfallenen, aber schönen Bauernhaus zum nächsten. … Die Beziehung zwischen Philip und seinem Vater war von Ebenbürtigkeit geprägt, von der gemeinsamen Liebe zur Dichtung und zu geistigen Dingen.“[3]

Philips Tochter Liadain schrieb über seine jungen Jahre: „Er sprach stets mit schierer Freude und nostalgischer Sehnsucht über seine Kindheit auf dem Bauernhof, über das frühe Aufstehen, das Melken und die Ernte in einem England, das noch ländlich und weitgehend unmechanisiert war. Seine Liebe zur und sein Wissen über die Natur hatten ihre Wurzeln in dieser Kindheit, ebenso wie seine praktische Vertrautheit mit dem Land und sein tiefes Bedürfnis danach. Seine spätere Abneigung gegen England mag – unbewusst – durch diese tiefsitzenden schönen Erinnerungen an das Land, wie es früher einmal war, ausgelöst worden sein, an das Land, wie er es vor dem Krieg in seiner Kindheit erlebt hatte und wie es nie wieder sein würde.“[4] Richard Jefferies, der Autor von *The Story of My Heart* (dt. *Die Geschichte meines Herzens*) und anderen Büchern über die Natur, gehörte zu Philips Lieblingsschriftstellern.

Philip besuchte *Dauntsey's*, eine kleine, aber „fortschrittliche“ staatliche englische Schule, und schrieb sich dann im Oktober 1940 in Peterhouse ein, dem ältesten College der Universität Cambridge. Hier begann er sein Geschichtsstudium. Auch als Sportler war er erfolgreich und glänzte im Rudern, im Cricket und anderen Sportarten, wobei er im Squash für Spitzenleitungen die Auszeichnung „Half-Blue“ erhielt. Sein Studium endete nach zwei Jahren mit seiner freiwilligen Meldung zum Einsatz im Zweiten Weltkrieg 1942. Ihm wurde eine Offiziersstelle angeboten, aber er entschied sich, dem Militär als Gefreiter beizutreten, obwohl er später Offizier der Royal Artillery wurde und den Rang eines Captains (Hauptmanns) erreichte. Nach dem aktiven Dienst in Italien und Österreich wurde er nach Griechenland versetzt. Dies war sein erster Aufenthalt dort und der Beginn einer lebenslangen Liebe zu dem

3 Raine, *Philip Sherrard*, S. 7.
4 Zitiert in Raine, *Philip Sherrard*, S. 7.

Land, zu seiner Geschichte, seiner Kultur und seinem religiösen Glauben.

Philipps Charakter war eigentlich zutiefst gewaltlos und unmilitärisch. Das zeigte sich sogar in den Jahren seines Militärdienstes. Seine Patentochter Julie du Boulay – deren 1974 erschienenes Buch *Portrait of a Greek Mountain Village* viele Eigenschaften hervorhebt, die Philip auch selbst an der traditionellen griechischen Lebensweise schätzte – erzählt, wie er einmal in Italien die Kapitulation eines deutschen Offiziers entgegennahm. Er bat um die Waffe des Deutschen. Der Offizier weigerte sich mit den Worten: „Was würden Sie an meiner Stelle tun?“ Daraufhin nahm Philip seinen eigenen Revolver aus dem Halfter und legte ihn auf den Tisch. Er war aus Holz, denn er wollte keine echte Waffe tragen. „Diese Geschichte“, kommentiert Julie du Boulay, „zeigt einige von Philips liebenswertesten Eigenschaften – seine Risikobereitschaft, seine Friedensliebe, das völlige Fehlen jeglicher Aufgeblasenheit und seine Fähigkeit, sich immer ein wenig außerhalb des konventionellen Denkens zu bewegen. Diese Eigenschaften behielt er ein Leben lang bei.“[5]

Philips eigenständiges Urteilsvermögen und seine Abneigung gegen Zwang und Brutalität zeigten sich in seiner Reaktion auf die zwangsweise „Rückführung“ ukrainischer und anderer osteuropäischer Soldaten, die sich bei Kriegsende den Briten ergeben hatten. Ich erinnere mich an seine Empörung, als er erfuhr, dass sie systematisch an die Kommunisten ausgeliefert wurden, obwohl sich die britischen Behörden keinerlei Illusionen darüber machten, welches grausame Schicksal sie dort erwartete. Philip weigerte sich, sich seinerseits an dieser üblen Politik zu beteiligen. Seinen Worten entnahm ich, dass er nahe daran war, sich den Befehlen seiner Vorgesetzten direkt zu widersetzen.

Während seines Aufenthalts in Athen gegen Ende des Krieges lernte Philip seine zukünftige Frau Anna Mirodia kennen, die er 1946 heiratete. Sie hatten zwei Töchter, Selga und Liadain, aber die Ehe wurde schließlich aufgelöst.

In seiner Zeit in Griechenland lernte Philip auch die orthodoxe Kirche kennen, und dies erwies sich als entscheidender Wendepunkt in seinem Leben. Er wandte sich von seiner areligiösen Erziehung ab und wurde 1956 orthodox. Aufgenommen wurde er durch das Sakrament der Tau-

---

5 *The Guardian*, London, 8. Juni 1995.

fe, denn er war als Kind nie getauft worden. Für Philip bedeutete der Eintritt in die orthodoxe Gemeinschaft, dass er damit den christlichen Glauben in seiner wahren und vollständigen Form annahm. Aber das war noch nicht alles. Er spürte außerdem, dass er in eine Kirche eintrat, die trotz ihrer Schwächen eine organische und lebensspendende Verbindung zwischen den Menschen und der Natur bewahrt hatte. Mit den Jahren wurde ihm diese organische Verbindung immer wichtiger – ja, er betrachtete sie als wesentlich für das künftige Überleben der Menschheit – und er machte sie zum zentralen Thema seiner späteren Schriften.

Bereits einige Jahre vor seinem Eintritt in die orthodoxe Kirche hatte Philip eine akademische Laufbahn eingeschlagen. Er verbrachte die Jahre 1947-48 am King's College in London, wo er moderne griechische Literatur studierte und mit seiner Doktorarbeit für die Universität London begann. In einer Zeit, in der sich die meisten westlichen Hellenophilen dem klassischen Griechenland zuwandten, bevorzugte Philip die lebendige Kultur, die er bei den griechischen Dichtern des 19. und 20. Jahrhunderts vorfand: Solomos, Palamas, Cavafy, Sikelianos und Seferis. Seine Studie über sie erschien schließlich 1956 unter dem Titel *The Marble Threshing Floor: Studies in Modern Greek Poetry.* Die bemerkenswerte Blüte der modernen griechischen Dichtung wurde im Westen noch wenig gewürdigt, und Philip trug entscheidend dazu bei, sie der englischsprachigen Öffentlichkeit nahezubringen.

Philip bekleidete verschiedene akademische Ämter. Von 1951-52 war er stellvertretender Direktor der British School of Archaeology in Athen. Von 1954-57 gehörte er zum Forschungsstab des *Royal Institute of International Affairs* und von 1957-58 war er wissenschaftlicher Mitarbeiter am *St. Antony's College* in Oxford. In Oxford freundete er sich mit Maurice Bowra an, einem der wenigen Literaturkritiker, die er bewunderte. Von 1958-62 war er erneut als stellvertretender Direktor und Bibliothekar an der *British School* in Athen tätig. Und von 1970-77 schließlich lehrte er an der Universität London als Dozent für die Geschichte der orthodoxen Kirche, eine Stelle, die sich das King's College mit der *School of Slavonic and Eastern European Studies* teilte. Zweifellos hätte er, wenn er gewollt hätte, eine normale Laufbahn an der Universität einschlagen können. Aber er war zu sehr „Freigeist" – seine Interessen waren zu breit gefächert und seine Herangehensweise zu unkonventionell –, als dass er sich in der akademischen Welt wirklich hätte heimisch fühlen können. Er war der geborene Lehrer im sokratischen Sinne, aber er erteilte nicht gerne Unterweisungen nach den formalen Bedingungen des Universitätslebens. Er bevorzugte die größere Freiheit und die größere Unsicherheit eines Lebens als freiberuflicher Autor und Übersetzer im ländlichen Griechenland.

Philips Verbundenheit mit griechischem Boden verstärkte sich noch erheblich, als er 1959 in der Nähe von Limni auf der Insel Evia (Euböa) auf eine stillgelegte Magnesitmine stieß, die zum Verkauf stand, für ihn ein Glücksfall. Katounia – „halb Holzfällerlager, halb Arkadien", so Patrick Leigh Fermor, der eine Zeit lang dort lebte – lag an einer abgelegenen und wenig frequentierten Stelle zwischen dem Meer und einem steil aufragenden Kiefernwald. Es bestand aus einer Ansammlung von Häusern, die damals größtenteils verfallen und ursprünglich für den Leiter sowie die Arbeiter der Mine erbaut worden waren. Reichlich Land gehörte außerdem dazu. Philip rechnete zwar damit, dass das Grundstück seine begrenzten Mittel bei weitem übersteigen würde, suchte aber trotzdem den Immobilienmakler auf, der prompt einen Preis nannte. Zunächst ging Philip davon aus, dass die genannte Summe (die ihm überraschend niedrig erschien) in Goldpfund angegeben sein musste, stellte dann aber zu seinem Erstaunen fest, dass es sich um Papierpfund handelte – gerade einmal ein relativ kleiner Bruchteil dessen, was er erwartet hatte. So wurde Katounia sein Zuhause.

Als sich der heilige Antonius der Große in sein letztes Refugium am „Inneren Berg" zurückzog, habe er, so schrieb sein Biograf, der heilige Athanasios, den Ort sofort „liebgewonnen".[6] Dasselbe lässt sich auch von Philipp sagen: Er entwickelte eine tiefe, ja leidenschaftliche Liebe zu seinem Refugium in Katounia. Hier lebte er in seinen späteren Jahren dauerhaft, nachdem er 1977 seine Dozentur an der Universität London aufgegeben hatte. Er las, schrieb und übersetzte, baute, goss seine Orangen- und Zitronenbäume und gewährte einigen ausgewählten Freunden großzügige Gastfreundschaft. Manchen wurde er ein spiritueller Führer,

6 St. Athanasios of Alexandria, *The Life of St. Anthony*, 40. Deutsch: Athanasius von Alexandrien, *Leben des Heiligen Antonius*, aus dem Griechischen von Anton Stegmann und Hans Mertel, Bibliothek der Kirchenväter 1, Reihe, Band 31, München 1917, 50. https://bkv.unifr.ch/de/works/cpg-2101/versions/leben-des-heiligen-antonius-bkv/divisions/52.

ein wahrer *Geronta* oder Laien-„Ältester“, obwohl er selbst einen solchen Titel abgelehnt hätte. Er und seine zweite Frau, die Verlegerin Denise Harvey, hatten eine enge und glückliche Beziehung. Denises Verlag, der seinen Sitz zunächst in Athen und schließlich in Katounia hatte, brachte in der sogenannten „Romiosyni-Reihe“ Neuauflagen mehrerer Bücher von Philip sowie weitere Studien über das moderne Griechenland heraus. Besonders erfolgreich waren in dieser Reihe zwei Bände von Edward Lears griechischen Tagebüchern, beide wunderschön illustriert mit Lears eigenen Aquarellen und Skizzen – *The Cretan Journal* (1984) und *The Corfu Years* (1988) – letzterer herausgegeben von Philip höchstselbst.

Philip und Denise lebten in ihrem Haus in Katounia in geradezu klösterlicher Einfachheit. Sie hatten kein Telefon und keinen Strom, geheizt wurde mit Brennholz. In der Nähe ihres Hauses bauten sie in Philips letzten Lebensjahren eine winzige Kirche, die sie größtenteils mit eigenen Händen und unter Anwendung streng traditioneller Bautechniken und Architektur errichteten. Mit seiner asketischen und doch kultivierten Einstellung gelang es Philip, sein Leben sowohl spirituell als auch materiell auf das Wesentliche zu reduzieren.

Philip, groß und schlank, war bis Anfang 70 körperlich agil und geistig wach. Doch um 1993 wurde bei ihm Krebs diagnostiziert, und obwohl er 1994 eine Remission erlebte, kehrte die Krankheit im darauffolgenden Jahr in wesentlich aggressiverer Form zurück. Er kam zur Behandlung nach London, wo er am 30. Mai 1995 recht unvermittelt starb. Glücklicherweise war ihm eine lange und schmerzhafte Erkrankung erspart geblieben. Sein Leichnam wurde nach Griechenland überführt und am 3. Juni an einer von ihm selbst gewählten Stelle beigesetzt – in Katounia neben der Kapelle, die er und Denise gebaut hatten. Mit den Worten seiner Frau wurde sein Leichnam „in die Hände Gottes übergeben, in die lebendige, atmende Erde im Schutze von Zypressen neben einem Bachlauf“. Am 30. Mai 1998, dem dritten Jahrestag seines Todes, hatte ich die große Freude, an der Einweihung dieser Kapelle teilzunehmen.

Die Orthodoxie und die Philosophia Perennis

Eine wichtige Rolle in Philips Erleben der Orthodoxie spielte der Heilige Berg Athos. Hierher pilgerte er häufig und gelangte insbesondere unter den Einfluss eines bemerkenswerten russischen Einsiedlers, Vater Nikon von Karoulia (1875-1963), der ihn in der Praxis des Jesusgebets unterwies. Philip kannte die Athonitische Halbinsel in- und auswendig und erwanderte unermüdlich die steilen Bergpfade, die dieses heilige Gebiet durchziehen. Als er in seinen späteren Lebensjahren beobachtete, dass die Mönche und Pilger lieber mit Kraftfahrzeugen auf den neu angelegten Straßen fuhren und die alten Pfade infolgedessen überwucherten und unpassierbar wurden, war er zutiefst beunruhigt. Er betrachtete dies als Symptom einer schweren spirituellen Krankheit, die auf den tragischen Verlust der lebendigen Gemeinschaft mit der Natur hindeutete.[7] Als er einmal an einem Winternachmittag allein durch die Wälder oberhalb von Karyes wanderte, so erzählte er mir, geriet er plötzlich in einen Schneesturm, verirrte sich und entging nur knapp dem Tod durch Erfrieren.

Philipps Liebe zum Heiligen Berg zeigt sich in seinem Buch *Athos: The Mountain of Silence* (1960)[8], das in überarbeiteter Form als *Athos the Holy Mountain* (1982) neu aufgelegt wurde. Im Vergleich zu den meisten westlichen Berichten über den Berg hat dieses Buch den großen Vorteil, von jemandem geschrieben worden zu sein, der nicht nur der orthodoxen Kirche angehört, sondern auch, obwohl selbst kein Mönch, über echtes Verständnis für die Gründe verfügt, warum Menschen sich für die monastische Berufung entscheiden. In seinen letzten 20 Lebensjahren wurde Philips Verbindung zum Heiligen Berg durch seine Mitarbeit an der englischen Übersetzung der *Philokalie*, des klassischen Ausdrucks athonitischer Spiritualität, noch stärker.

Philip stand zwar fest zur orthodoxen Kirche, seine spirituelle Vision reichte aber zugleich über die Orthodoxie und sogar über den christlichen Glauben hinaus. Er war der Ansicht, dass es, um mit Kathleen Raines Worten zu reden, „eine universelle und einhellige Weisheit gibt,

7 Siehe seinen beißenden Artikel, der heute sogar noch aktueller ist als vor über 20 Jahren: „The Paths of Athos“, *Eastern Churches Review* 9 (1977), S. 100-107.

8 Deutsch: *Athos: Der Berg des Schweigens*, aus dem Englischen [Manuskript] von Titus Burckhardt, Urs Graf Verlag 1959.

die allen heiligen Traditionen zugrunde liegt".[9] Aus Gründen, die er in Kapitel Drei dieses Buches darlegt, lehnte er die Ansicht ab, das Christentum besäße ein exklusives Monopol auf die Wahrheit. Ohne von der historischen Realität der Inkarnation des Logos aus der Jungfrau Maria ablenken zu wollen, glaubte er zugleich, dass es eine umfassendere Offenbarung des göttlichen Logos für jedes menschliche Herz gibt. Wie Paulus in seiner Rede auf dem Areopag zu den Athenern sagt: „[Gott] ist nicht ferne von einem jeden unter uns. Denn in ihm leben, weben und sind wir" (Apostelgeschichte 17, 27-28). Philip betrachtete Christus, den Logos, als „das wahre Licht, das alle Menschen erleuchtet, die in diese Welt kommen" (Johannes 1, 9). Für Philip, wie auch für den Apologeten Justin der Märtyrer aus dem 2. Jahrhundert, ist Christus der kosmische Sämann, der die *logoi spermatikoi*, die Samen der Wahrheit, ausnahmslos in alle Menschen gelegt hat. Daraus folgt, dass das Göttliche, mit Philips Worten, „zu jedem Zeitpunkt und in jeder Kreatur offenbart ist" … der Logos in Seiner *Kenosis*, Seiner Selbstentäußerung, ist überall verborgen."[10] Christen müssen daher anerkennen, dass auch „andere heilige Traditionen als die ihre göttlich eingesetzte Wege spiritueller Verwirklichung sind". Die eine Wahrheit des Logos ist in allen großen Weltreligionen gegenwärtig: „Es ist der Logos, der in der spirituellen Erleuchtung eines Brahmanen, eines Buddhisten oder eines Moslems empfangen wird."

Doch obwohl Philip damit die Realität einer universellen heiligen Weisheit oder *Philosophia Perennis* hochhält, war er ein entschiedener Gegner von Synkretismus oder Eklektizismus. Nur durch die Bindung an eine bestimmte religiöse Tradition können wir zu einer wahren Schau der universellen Wahrheit gelangen. „Unsere primäre Loyalität und unser Glaube", so sagt er, „müssen sich selbstverständlich auf unsere eigene Tradition und auf die Vertiefung der Erfahrung mit ihr richten." Für die westlichen Menschen ist die normative Tradition der christliche Glaube: „Das Christentum ist *die* spirituelle Tradition des Westens."[11] In seiner Betonung der Notwendigkeit, sich an eine etablierte Tradition zu halten, wurde Philip eindeutig von den Ideen René Guénons beeinflusst, dem er

---

9 Raine, *Philip Sherrard*, S. 5.

10 Zitate von Philip Sherrard, die nicht anderweitig gekennzeichnet sind, sind dem vorliegenden Werk entnommen.

11 Sherrard, *The Greek East and the Latin West*, Oxford University Press 1959, S. 196.

zu Beginn von Kapitel Vier in diesem Buch tatsächlich seine aufrichtige Bewunderung ausspricht (den er aber im selben Kapitel auch kritisiert).

Philips Wertschätzung für eine den verschiedenen heiligen Traditionen der Welt zugrunde liegende universelle Weisheit wurde noch verstärkt durch seine langjährige Freundschaft mit Marco Pallis, einem bemerkenswerten Griechen, der durch seine Besuche in tibetischen Klöstern in Sikkim und Ladakh – über die er in seinem Werk *Peaks and Lamas* berichtet – zum Buddhismus gekommen war. Außerdem war Marco aktiv an der Neubelebung der Alten Englischen Musik beteiligt und gehörte zu den Gründern des *English Consort of Viols*. Wenn Philip von religiösen „Suchenden" angesprochen wurde, empfahl er ihnen Marcos zweites Buch *The Way and the Mountain*.

Dieser Glaube an eine allumfassende spirituelle Weisheit veranlasste Philip 1981 gemeinsam mit Kathleen Raine, Keith Critchlow und Brian Keeble zur Gründung von *Temenos, „A Review of the Arts of the Imagination"*, wie die Zeitschrift hieß. Auch wenn die Herausgebenden es für klug hielten, im Titel nicht explizit auf „das Heilige" anzuspielen, war dies doch ihr eigentliches Anliegen. Zugleich verdient der Hinweis auf die Imagination, die Vorstellungskraft, Beachtung. Beeinflusst vom sufistischen Verständnis der Vorstellungskraft, wie Henri Corbin es erklärt, schätzte Philip das Vorstellungsvermögen sehr. Seiner Ansicht nach entspricht es in gewissem Maße dem, was die griechischen Altväter als *Nous* oder spirituellen Intellekt bezeichnen. Philip schrieb regelmäßig Beiträge für die 13 Ausgaben von *Temenos*, die zwischen 1981 und 1993 erschienen. Die Zeitschrift selbst wurde eingestellt, einige Jahre später aber als *Temenos Academy Review* wiederbelebt. Eng mit ihr verbunden ist die 1991 gegründete Temenos Academy.

Alle, die Philip ausschließlich in einem orthodoxen Kontext kennenlernten, waren überrascht, teils sogar beunruhigt, über seine Offenheit gegenüber nichtchristlichen religiösen Traditionen. Ging er vielleicht zu weit? Manche Leserinnen und Leser des vorliegenden Buches fragen sich vielleicht: Warum spricht er im Eröffnungskapitel über die Heilige Tradition nicht deutlicher über das Neue Testament, die Kirche und die Sakramente, über Menschwerdung, Kreuzigung und Auferstehung Christi? Inwieweit erhält er in Kapitel Drei über nichtchristliche Glaubensrichtungen die Einzigartigkeit Jesu Christi als dem einzigen menschgewordenen Sohn Gottes aufrecht? Hat er in demselben Kapitel Recht, wenn er die Menschwerdung als eine „Folge unseres verachtenswerten Verhaltens“ bezeichnet? Ganz sicher ist sie der höchste Ausdruck der ewigen Liebe Gottes. Hätte er bei den Ausführungen über den Tod in Kapitel Acht nicht mehr über den spezifisch christlichen Glauben an die Wiederkunft Christi und die Auferstehung des Leibes sagen können?

Um Philips Ansatz zu verstehen, müssen wir zunächst berücksichtigen, welche hermeneutische Aufgabe er sich gestellt hat. Vieles von dem, was er schrieb, richtete sich in erster Linie nicht an ein ausschließlich christliches Publikum und noch viel weniger an Mitglieder der orthodoxen Kirche, sondern an eine gemischte Leserschaft, zu der Anhängerinnen und Anhänger anderer Glaubensrichtungen ebenso gehörten wie „Suchende“, die noch keine Heimat in einer bestimmten Tradition gefunden hatten. Hätte er mit einer ausschließlich und in der Tat aggressiven christlichen Terminologie begonnen, hätte er dann nicht riskiert, viele zu verprellen, die sonst bereit gewesen wären, seiner Botschaft aufmerksam zuzuhören?

Zweitens, und wichtiger noch, bilden Philips Schriften eine Einheit, und jedes einzelne Kapitel oder Buch muss im Kontext seines Gesamtwerks gelesen werden. Sobald dies geschieht, wird mit überwältigender Deutlichkeit klar, dass er die Menschwerdung Christi nicht als zweitrangig oder nebensächlich betrachtet. Im Gegenteil, sein gesamtes Verständnis der Beziehung zwischen dem Ungeschaffenen und dem Geschaffenen – zwischen Gott, der Menschheit und der Welt – beruht auf einem einzigen Fundament oder Paradigma: auf der „Vereinigung ohne Vermischung“ zwischen göttlicher und menschlicher Natur, die in der einzigen, ungeteilten Person des fleischgewordenen Christus vollzogen wurde. Fast alles in seinen theologischen und ökologischen Schriften ist nichts anderes als ein erweiterter Kommentar zur Chalcedonischen Definition. Getreu der Botschaft des heiligen Paulus auf dem Areopag betonte Philip die Gemeinsamkeiten von Christen und Nichtchristen, was ihn jedoch nicht dazu verleitete, sein eigenes christliches Erbe zu verleugnen.

Philip war aufrichtig orthodox, aber seine Vision des orthodoxen Christentums war großzügig und umfassend, nicht defensiv oder ängstlich parochial, um den eigenen Kirchturm kreisend. Allzu viele orthodoxe Christen verstehen ihren Glauben heute eher als Verneinung denn als Bejahung. Dagegen rebellierte Philip. Die Breite seiner Sympathien zeigt sich in der Liste der Denker, deren Einfluss er am Anfang seines Buches *Human Image: World Image* (1992) dankend erwähnt. Dazu gehören nicht nur Justin der Märtyrer, Irenäus, Clemens von Alexandrien, Origenes, der Verfasser des *Corpus Dionysiacum* und Maximus Confessor, sondern auch Meister Eckhart, Ruysbroeck, Plotin, Rumi, Boehme und Blake und, unter den Meistern des 20. Jahrhunderts, Yeats (den er sehr schätzte), Corbin, Titus Burckhardt, Coomaraswamy, Gershom Scholem, R. G. Collingwood und C.S. Lewis.

The Pursuit of Greece – Philip Sherrard und Griechenland

Philip war ein vielseitiger Autor, und die vollständige Liste seiner Werke, sowohl über griechische Dichtung als auch über orthodoxe Theologie, ist beeindruckend und umfangreich. Als Übersetzer aus dem Griechischen pflegte er eine lange und produktive Zusammenarbeit mit dem amerikanischen Wissenschaftler Edmund Keeley. Gemeinsam verfassten sie *Six Poets of Modern Greece* (1960) sowie den Penguin-Band *Four Greek Poets* (1966). Es folgten gemeinsame Übersetzungen der gesammelten Gedichte von Seferis (1967) und Cavafy (1975) sowie ausgewählter Gedichte von Sikelianos (1979) und Elytis (1981) und eine Anthologie moderner griechischer Lyrik mit dem Titel *The Dark Crystal* (1981). Die Zusammenarbeit zwischen ihnen war so eng und die Überarbeitungen, die beide am Werk des jeweils anderen vornahmen, so umfangreich, dass sich bei Drucklegung eines Buches nicht mehr feststellen ließ, wer den ersten Entwurf eines bestimmten Gedichtes verfasst hatte. Im Falle von Seferis wirkte der Dichter selbst gelegentlich an der Übersetzung mit. Die Übertragungen von Sherrard und Keeley sind bis heute die besten Fassungen moderner griechischer Lyrik in englischer Sprache. Philip war als Übersetzer auch deshalb besonders erfolgreich, weil er selbst ein begabter Dichter war. Seine Liebe zur Dichtung zieht sich wie ein roter Faden durch sein gesamtes Leben. Daher ist es nur passend, dass sein erstes veröffentlichtes Werk ein Gedichtband war, *Orientation and Descent* (1953), und es sich bei der letzten Publikation, die zu seinen Lebzeiten erschien, um eine Zusammenstellung seiner ausgewählten Gedichte aus den Jahren 1940-1989 handelte, *In The Sign of the Rainbow* (1994). Alle seine Gedichte sind im Grunde autobiografisch, unmittelbarer Ausdruck seines inneren Lebens.

Wenn Philip über griechische Dichtung schrieb, ging es ihm vor allem um die „Weltanschauung" der von ihm besprochenen Schriftsteller, um die Sicht der Urwahrheit, die zu artikulieren sie bestrebt waren. Unmittelbar deutlich wird dies in seiner ersten, 1956 erschienenen, Studie über griechische Dichtung, *The Marble Threshing Floor*. Dieses Buch ist bemerkenswert, nicht nur wegen der Sensibilität, mit der er die dichterischen Qualitäten der fünf von ihm ausgewählten Autoren beschreibt, sondern auch wegen des durchgängigen Interesses, mit dem er die zugrunde liegenden spirituellen Faktoren erforscht, die alle fünf in unterschiedlicher Weise beeinflussen. Er behandelt sie als Zeugen, die von einer Realität künden, die größer ist als sie selbst. Echte Künstler sind für Philip immer Boten, die uns auf eine Welt ewiger Schönheit und Harmonie hinweisen.

Dieser Ansatz zeigt sich im ersten Kapitel von *The Marble Threshing Floor*, das Dionysios Solomos (1798-1857) gewidmet ist. Der auf den Ionischen Inseln geborene Solomos war italianisiert und beherrschte die griechische Sprache erst als Erwachsener. Die byronschen Vorstellungen von Heldentum und Freiheit faszinierten ihn. Auf den ersten Blick erscheint er nicht als vielversprechender Kandidat für die Rolle des Sprechers einer heiligen Tradition. Aber Philip sieht das anders. Er beobachtet, dass Solomos bei der Erläuterung seines dichterischen Ziels die bedeutsame Formulierung „die Großen Realitäten" verwendet. In Solomos' Augen besteht der höchste Zweck seiner Dichtung darin, eine höhere und transzendente Wahrheit zu offenbaren. Damit steht er beispielhaft für eine Einstellung zur Kunst, die weder „klassisch" noch „romantisch" ist, sondern „traditionell". Nach diesem traditionellen Verständnis, so Philip weiter, „beginnt und endet der künstlerische Prozess nicht mit dem Individuum. ... Die Kunst beginnt mit einer überindividuellen Welt, die nicht durch Beobachtung oder diskursive Argumentation, sondern nur durch Kontemplation erkannt werden kann. Dies ist die Welt der spirituellen Realitäten, der Archetypen und der archetypischen Erfahrung, und es ist die Aufgabe des

Künstlers, diese Welt in seinem Werk zu verkörpern." Dies tut er durch die Verwendung von Mythen und Symbolen, die an den „Großen Realitäten" oder „Urwahrheiten" teilhaben, von denen unser menschliches Leben abhängt. Der Künstler kann nur dann als wahrhaftiger Zeuge dieser Wahrheiten auftreten, wenn er selbst „eine innere Entwicklung durchmacht, die der platonischen Initiation entspricht, mit anderen Worten, eine Art Sterben".[12]

Durch seine kontemplative Einsicht in die Welt der Archetypen gelangt der Dichter zu der Erkenntnis, „dass der letzte subjektive Grund individuellen menschlichen Lebens und der Ursprung des Lebens in allen seinen vielfältigen und aufeinanderfolgenden Manifestationen nicht verschieden sind; dass das innere unsterbliche Selbst und die große kosmische Macht ein und dasselbe sind; und dass das, was im äußeren Leben geschieht, zugleich auch das ist, was im inneren Leben geschieht".[13] Was Dichter wie Solomos, Palamas, Sikelianos oder Seferis uns offenbaren, ist „die tatsächliche Teilhabe des Zeitlichen am Ewigen, ihre Gleichzeitigkeit nicht im Sinne objektiver Tatsachen, sondern im Sinne tatsächlicher Erfahrung". Die „überrationale Welt", auf die diese Dichter unseren Blick lenken, ist „nicht bloß als eine andere objektive Welt zu verstehen, die in einer anderen Dimension existiert, sondern als diese gegenwärtige Welt, die wir nicht aus der Sicht unseres normalen Bewusstseins erleben, sondern aus der Sicht eines Bewusstseins, das für uns durch die rein rationalen Kategorien, von denen wir uns größtenteils beherrschen lassen, verdeckt wird".[14] Die Funktion der Dichtung, wie aller Kunst, ist es nun, unser Verständnis über die Ebene der „rationalen Kategorien" hinauszuheben und so die Durchdringung von Äußerem und Innerem, von Zeitlichem und Ewigem zu enthüllen.

Wenn ich ausführlich aus *The Marble Threshing Floor* zitiert habe, dann deshalb, weil Philip hier, in seiner ersten großen Studie, bereits die Terminologie und die Ideen verwendet, die sein späteres Werk dominieren. Er spricht in erster Linie von „Einweihung" oder „Initiation", und diese „initiatorische" Sprache taucht in seinem ersten theologischen Buch, *The Greek East and the Latin West* (1959), erneut auf,

12 *The Marble Threshing Floor*, S. 19-20.
13 Ebendort, S. 239-240.
14 Ebendort, S. 244-245.

auch wenn sie in seinen späteren Schriften weniger präsent ist. Zudem betont er – und dies bleibt ständiges Leitmotiv seiner theologischen und ökologischen Untersuchungen – dass der Mensch eine Fähigkeit zur kontemplativen Erkenntnis besitzt, die dem diskursiven Verstand weit überlegen ist. Philip bezeichnet diesen Aspekt des Menschen in der Regel als Intellekt (griechisch *Nous*), aber er meint damit nicht, dass er „intellektuell" im üblichen Wortsinn ist. Für ihn ist der Intellekt nicht analytisch, sondern intuitiv, nicht logisch schlussfolgernd, sondern visionär. Durch ebendiese Kontemplationsfähigkeit können wir die Welt der göttlichen Archetypen erreichen, die Sphäre der Ur-Wirklichkeit; durch sie erkennen wir die Entsprechung zwischen innerer und äußerer Welt. Richtig verstanden, sind beide, Kunst und Theologie, Ausdruck dieser kontemplativen Fähigkeit. So schreibt Philip in *The Marble Threshing Floor*: „Kontemplation muss dem Schöpfungsakt vorausgehen. Kontemplation bedeutet, das Bewusstsein aus der Trübung zur Schau zu erheben, von der äußeren Gegenwart zur inneren Präsenz." Nur durch solche Kontemplation können wir „auf die universellen Wahrheiten antworten".[15]

Philips Einschätzung des breiteren historischen und kulturellen Umfelds, aus dem die moderne griechische Dichtung hervorgegangen ist, ist in *Modern Greece* (1968), das er zusammen mit John Campbell geschrieben hat, auf bewundernswerte Weise dargestellt. Auch wenn seither etliche Jahre vergangen sind, bleibt dies meiner Meinung nach die erhellendste Einführung ins Thema. Doch die tiefere und persönlichere Bedeutung Griechenlands für Philips Leben kommt am besten in dem kurzen, aber meisterhaften Essay zum Ausdruck, den er als Einleitung zu seinem Sammelband *The Pursuit of Greece* (1964) geschrieben hatte und der als einleitendes Kapitel zu seinem Buch *The Wound of Greece* neu aufgelegt wurde: *Studies in Neo-Hellenism* (1978). Hier sieht er Griechenland als ein Land, in dem die Vergangenheit kaum jemals stirbt, und in bewegenden Worten beschwört er dessen „lebendiges Schicksal": „... das lebendige Schicksal Griechenlands, das nicht Verhängnis, sondern Vorsehung ist, ein Prozess, in dem Vergangenheit und Gegenwart sich vermischen und verschmelzen, an dem Natur und Mensch und etwas, das mehr ist als der Mensch, teilhaben: ein

15 Ebendort, S. 234.

Prozess, schwierig, verwirrend, rätselhaft, mit einem magischen und einem tragischen Element, der sich abspielt in einer Landschaft mit kahlen Hügeln und einem unersättlichen Meer, in der wundersamen Grausamkeit der Sommersonne und in den langen Generationen des Lebens des griechischen Volkes".[16] Philipps Liebe zu Griechenland hat nichts Enges und Ausschließendes. Was er an der griechischen Tradition schätzt, ist nicht ihr ethnischer Partikularismus, sondern ihre Universalität und ihre Wahrheit.

Heilige Tradition

Die Ideen, die Philip in *The Marble Threshing Floor* im Kontext der modernen griechischen Dichtung bereits skizziert hat, werden in seinen theologischen Schriften weiter vertieft. Seine Haltung zur Orthodoxie, ja zu jedem religiösen Glauben, lässt sich gut in zwei Worten zusammenfassen, die auch im Titel des vorliegenden Werkes vorkommen: „Heilige Tradition". Betrachten wir beide Schlüsselbegriffe etwas genauer. Zunächst einmal ist Philip zutiefst davon überzeugt, dass der Mensch die Wahrheit nur durch die Zugehörigkeit zu einer Tradition erlangen kann. Wir empfangen die Wahrheit, wir können sie nicht einfach beliebig erfinden. Mit Tradition meint Philip, in seinen eigenen Worten, „die Bewahrung und Weitergabe einer Kontemplationsmethode". Hier, wie auch in *The Marble Threshing Floor*, fällt auf, dass er den Schwerpunkt auf die Fähigkeit zur Kontemplation legt. Kontemplation, so fügt er hinzu, „muss der Aktion vorausgehen". Dies gilt auf jeder Ebene, in der künstlerischen Kreativität ebenso wie in der sozialen *Diakonia* und im religiösen Leben.

Jede echte Tradition, so erklärt Philip im ersten Kapitel dieses Buches, beruht auf göttlicher Offenbarung, und diese Offenbarung ist zuallererst in einer Schrift enthalten, in einem oder mehreren heiligen Büchern. Aber der Schrift darf man sich nicht einfach archäologisch als einer schriftlichen Aufzeichnung aus der fernen Vergangenheit nähern, sondern sie muss von „inspirierten spirituellen Meistern" ausgelegt werden, die in unserer heutigen Zeit leben. Hier besteht Philip auf einem Aspekt, der für das Erleben der orthodoxen Kirche wie auch anderer religiöser

16 *The Pursuit of Greece*, John Murray 1964, S. 15.

Glaubensrichtungen von zentraler Bedeutung ist: Lebendig und aktuell wird die Tradition durch das fortwährende Zeugnis charismatischer Führungspersönlichkeiten oder „Ältester" (Griechisch *gerontes*; Slawisch *startsi*), also geistlicher Väter und Mütter in jeder nachfolgenden Generation. Mit den Worten von Martin Buber: „Es kann ja der Weg aus keinem Buch und keinem Bericht, sondern allein von Person zu Person erfahren werden."[17]

Tradition wird im orthodoxen Christentum auch durch die Feier der Göttlichen Liturgie lebendig und unmittelbar. Dies ist „ein ganz entscheidender Aspekt heiliger Tradition", denn Tradition kann an uns „nur durch einen rituellen, sakramentalen oder liturgischen Akt" weitergegeben werden. Im weiteren Sinne hat heilige Tradition zwei Aspekte: *Praxis* oder asketische Observanz, wobei der Begriff „asketisch" im weitesten Sinne zu verstehen ist, und *Gnosis* oder spirituelles Wissen. Es kann keine *Gnosis* ohne *Praxis* geben, keine Orthodoxie ohne Orthopraxie. Heilige Tradition ist nicht bloß eine Ideologie oder eine philosophische Theorie, sondern bedeutet das aktive Beschreiten eines spirituellen Weges. So ist Tradition nicht statisch, sondern dynamisch, nicht individualistisch, sondern gemeinschaftlich, nicht theoretisch, sondern praktisch, nicht abstrakt, sondern mystisch oder sakramental.

Die menschliche Fähigkeit, mit der wir Tradition erfassen, ist nicht die diskursive Vernunft (*Dianoia*), wie sie bei mathematischen Berechnungen oder bei der deduktiven und induktiven Argumentation zur Anwendung kommt, sondern der Intellekt oder die noetische Einsicht (*Nous*). Wie wir gesehen haben, unterscheidet Philipp bereits in *The Marble Threshing Floor* zwischen Vernunft und Intellekt, und diese Unterscheidung bleibt auch in seinen späteren Schriften entscheidend. Wir werden Philips Standpunkt nur dann verstehen, wenn wir den Unterschied zwischen beidem grundlegend begriffen haben. Die Vernunft bildet auf der Grundlage von durch die Sinne erlangten Gegebenheiten abstrakte Begriffe, und unter Anwendung dieser Begriffe gelangt sie argumentativ von Prämissen zu einer Schlussfolgerung. Der Intellekt hingegen „ist nicht einfach ein Klassifizierungsvermögen, sondern ein Spiegel der

17 Martin Buber, *Die Erzählungen der Chassidim*, Manesse 1949 (Nachdruck 2006), S. 400. Kallistos Ware zitiert aus: *The Tales of the Hassidim*: Vol. 1, *The Early Masters*, Schocken Books 1968, S. 256.

göttlichen Intelligenz". Er ist „überrational, intuitiv und unmittelbar" und vermittelt „metaphysisches Wissen".[18]

Soweit Philips Vorstellung von Tradition. Was versteht er nun zweitens unter dem Begriff „heilig"? Wie er zu Beginn seines Werkes *The Sacred in Life and Art* (1990), das er speziell diesem Thema widmet, erklärt, ist „Das Heilige … etwas, in dem das Göttliche gegenwärtig ist oder das mit göttlichen Energien aufgeladen ist." Wenn wir also sagen, dass Tradition, Kunst, das Leben, die Erde, die Natur oder irgendetwas anderes „heilig" ist, dann bedeutet dies, dass „es der Ausdruck oder die Offenbarung von etwas ist, das unendlich viel mehr ist als es selbst, etwas, das es lediglich offenbart oder manifestiert". Das Heilige bezeichnet also „das Eindringen des gänzlich Anderen". Streng genommen, ist dann allein Gott heilig. Dies wird in der Göttlichen Liturgie der orthodoxen Kirche deutlich, wenn der Priester kurz nach der Konsekration das heilige Brot erhebt und ausruft: „Das Heilige den Heiligen", worauf die Gläubigen antworten: „Einer ist Heilig, einer ist der Herr, Jesus Christus, zur Verherrlichung Gottes, des Vaters".[19]

Doch obwohl im letzten Sinne nur Einer heilig ist – nämlich Gott selbst –, gilt auch, dass alle existierenden Dinge heilig sind, jedenfalls in ihrem inneren Wesen, und zwar aufgrund der Tatsache, dass Gott sie fortwährend erschafft und ihnen innewohnt. (In Kapitel Zehn dieses Buches, wie auch andernorts in seinen Schriften, betont Philip, dass die göttliche Schöpfung kein Ereignis in der Vergangenheit ist, sondern eine fortwährende Beziehung in der Gegenwart; sie besagt, nicht dass Gott von außen auf das Universum einwirkt, sondern dass Er von innen darauf einwirkt.) Daher lehnt Philip jegliche Zweiteilung in Heiliges und Weltliches ab. Obwohl die Schöpfung durch das Böse und die Sünde entstellt worden ist, ist nichts Erschaffenes von Natur aus „weltlich" oder in seiner wahren Wirklichkeit von Gott getrennt. „Nichts im Leben – in der erschaffenen Ordnung – ist oder kann gänzlich profan oder nichtheilig sein."[20] Das Böse ist kein „Ding", kein existierendes

18 Zur Unterscheidung zwischen Vernunft und Intellekt siehe insbesondere Sherrard, *The Rape of Man and Nature*, Golgonooza Press 1987, S. 33-35, 80-86; sowie auch das Glossar in der englischen Übersetzung der *Philokalie*, übersetzt von G.E.H. Palmer, Philip Sherrard und Kallistos Ware, Bd. 1 (London 1979), S. 361,363.

19 Sherrard, *The Sacred in Life and Art*, Golgonooza Press 1990, S. 1-2.

20 Ebendort, S. 24.

Objekt, sondern eine verzerrte Haltung, die aus dem Missbrauch des freien Willens durch Menschen- oder Engelwesen resultiert (siehe Kapitel Sieben).

Nachdem wir „Einer“ gesagt haben, sagen wir also sogleich „Alle“. Wir sollen „Gott in allen Dingen schauen“ (was Philip „Einweihung in die kleineren Mysterien“ nennt), und wir sollen „alle Dinge in Gott schauen“ („Einweihung in die größeren Mysterien“). Die Natur ist „theophanisch“, Gottes Selbstoffenbarung, „ein Modus der Rede“ Gottes zu den Menschen: „Die gesamte Natur vom Anfang bis zum Ende ist eine einzige Ikone Gottes.“ Es gibt „eine Art heilige, von Gott geschaffene Ordnung, in der alles, nicht nur der Mensch und die menschlichen Artefakte, sondern jede lebendige Form von Pflanzen, Vögeln oder Tieren, die Sonne, der Mond und die Sterne, die Gewässer und die Berge, als Zeichen des Heiligen zu sehen sind … Ausdruck einer göttlichen Kosmologie, Symbole, die das Sichtbare und das Unsichtbare, Erde und Himmel miteinander verbinden“.[21] In diesem Zusammenhang spricht Philip in Kapitel Zehn dieses Buches von „Pantheismus“. Die Verwendung dieses Wortes könnte irreführend sein, aber im weiteren Verlauf klärt er seine dahinterstehende Absicht, indem er „Pantheismus“ durch den präziseren Begriff „Panentheismus“ ersetzt. Er glaubt nicht, dass die Welt Gott ist, sondern dass Gott überall in der Welt gegenwärtig ist. Obwohl immanent, ist der Schöpfer jedoch auch transzendent: „Auch dies ist Du, auch dies ist nicht Du.“[22]

Diese Vorstellung von der Heiligkeit alles Erschaffenen – von der Welt als Sakrament – erfordert, dass wir die Lehren von der Dreifaltigkeit, der Schöpfung und der Menschwerdung in Einheit halten. Christologie, Kosmologie und Anthropologie sind eng miteinander verflochten; Christus, der göttliche Logos, besitzt als Schöpfer und zweiter Adam eine kosmische Bedeutung.[23] Insbesondere lädt uns dieses Bewusstsein für das Heilige als Allgegenwärtiges dazu ein, der Verklärung Christi auf dem Berg Tabor ihre volle Bedeutung beizu-

---

21 *The Rape of Man and Nature*, S. 64.

22 Diese Formulierung stammt nicht von Philip Sherrard, sondern von dem anglikanischen Schriftsteller Charles Williams (1886-1945): siehe *Seed of Adam and Other Plays* (London 1948), S. 12. Williams pflegte in diesem Zusammenhang vom „Inklusiv-Exklusiven“ zu sprechen: siehe Alice Mary Hadfield, *Charles Williams: An Exploration of His Life and Work* (New York 1983), S. 113.

23 Siehe Sherrard, *Human Image: World Image*, Golgonooza Press 1992, S. 148.

messen. „Eng verbunden mit der Idee des Heiligen“, schreibt Philip, „ist das Wort Verklärung … Das Geschehen, das es bezeichnet, ist von zentraler Bedeutung für das Schicksal des Menschen und der gesamten erschaffenen Welt.“[24]

Philips Sinn für die der Natur innewohnende Heiligkeit durchdringt seine Lyrik. Voller Wehmut spricht er von „einer Zeit, in der es noch einfach war zu atmen“, einer Zeit, in der wir

> in unserer Sprache
> den Rhythmus des Erdreichs spürten.

Selbst in seiner düsteren „Elegy for an English Winter“ unterstreicht er den sakramentalen Charakter unserer materiellen Umgebung:

> Denn es gibt ein Zeitalter im Leben des Menschen, in dem das Herz ein getreuer Spiegel ist,
> in dem das getreue Auge ein Wahrzeichen der Liebe
> im Grashalm erkennt,
> in dem die aufgehende Sonne ein Siegel anderer Sonnen ist, die Weizen wecken
> in den Welten jenseits dieser Welt.

Alltägliche Handlungen, ganz gleich wie gewohnt und unscheinbar, erhalten einen Wert, der weit über sie hinausreicht:

> Isst der Mensch Brot, das er mit eigenen Händen bereitet hat, wird ein Gedicht geboren.

Hier denkt Philip sicherlich an seine Kindheitserinnerungen auf einem englischen Bauernhof sowie an seine späteren Erfahrungen mit dem Dorfleben in Griechenland.

Auch als Opfer unserer technologischen Arroganz, die wir nun einmal geworden sind, können wir durch persönliche Liebe eine Sicht auf die Welt als heilig wiedererlangen:

---

24 *The Sacred in Life and Art*, S. 85.

Doch was haben wir mit dieser Stadt zu tun, die lange schon unmenschlich ist,
erstickt an der Schönheit, die sie metzelt?
Wir sind ins Sternbild des Reihers und
des Eisvogels eingetreten und gehören ihm nun nicht mehr an,
diesem Zeitalter brutaler Belanglosigkeit.

Dichterisch kommt Philips Sinn für das Heilige bezeichnenderweise am deutlichsten auf der letzten Seite seiner *Ausgewählten Gedichte* zum Ausdruck:

Was also ist dein Leben, wenn nicht auch das Leben Gottes?
… Auch das wollen deine Gemälde
uns in ihren Worten wohl sagen:
Nicht dort, nicht anderswann, sondern jetzt,
sondern hier, sondern dieser
Stein, diese Muschel, diese Blume, dieser Baum, dieses Meer,
jedes im Besitz seiner eigenen unzerstörbaren
Schönheit und seines Seins, im todlosen Halleluja
der gefallenen Welt, und wenn wir in diesem
Augenblick ihres ewigen Aufkeimens, ohne
vorher oder nachher, in allen Dingen
nicht den Herrn des Lebens unablässig wiedergeboren schauen,
dann werden wir nirgendwo und niemals sehen.
Denn wenngleich das Wunder stets gegenwärtig ist,
wird es doch niemals lebendig und wahrhaft wirklich für uns,
wenn wir in dem, was wir sehen
nicht die heilige Botschaft sehen, Gottes unveränderliches Auge,
das aus seinen unzähligen wechselnden Masken in unsre
nun geheiligten Augen blickt …

„Nicht dort, nicht anderswann, sondern jetzt, sondern hier“: Wir sollen das Heilige, das Transzendente, das Ewige in der unmittelbaren Gegenwart, in diesem Moment, an diesem Ort begreifen. So schreibt er in einem anderen Gedicht:

Es gibt nichts
als Erfahrung unmittelbar und direkt
die keinen Ort hat
und keine Zeit
die ewig ist
aber nicht immerwährend
die nicht benannt
oder definiert
oder analysiert werden kann
denn es ist nie gewesen
und wird nie sein
sondern ist immer
jetzt
dieser Augenblick …[25]

„Das getreue Auge [erkennt] *ein Wahrzeichen der Liebe* im Grashalm", sagt Philip und weist damit auf die eine wesentliche Eigenschaft hin, ohne die wir die Heiligkeit der Welt niemals würdigen können. Erschaffene Dinge können nur dann sakramentalen Wert für uns erlangen, wenn wir sie mit dem Auge der Liebe wahrnehmen. Zur wahren Naturbetrachtung gehört unsererseits „die Liebe zu jeder erschaffenen Realität".[26] Philips Standpunkt entspricht dem des Heiligen Isaak von Ninive, wenn er über das barmherzige Herz schreibt: „… ein Herz, das für die gesamte Schöpfung brennt, für die Menschen, die Vögel, die Tiere, die Dämonen und für alles, was existiert".[27] Die Liebe ist der einzige Schlüssel: „Außer der Liebe gibt es keinen Grund für die Existenz der Welt – „also hat Gott die Welt geliebt" – und außer der Liebe hat die Welt keinen Daseinszweck." Die Liebe ist „der endgültige, nicht verminderbare Prüfstein; sie ist Siegel und Vollendung des Heiligen".[28]

Wenn Philip auf diese Weise von der Liebe als „Siegel und Vollen-

25 Sherrard, *In the Sign of the Rainbow*, Anvil Press Poetry 1994, S. 43, 45, 62, 63, 114, 168, 72.

26 *The Sacred in Life and Art*, S. 21.

27 Allchin, A M. (Hrsg.) und Brock, Sebastian (Üb.), *The Heart of Compassion: Daily Readings with St Isaac the Syrian* (London 1989), S. 9; vgl. *The Ascetical Homilies of Saint Isaac the Syrian*, Übersetzung ins Englische von Dana Miller, Holy Transfiguration Monastery, Boston 1984, S. 344.

28 *The Sacred in Life and Art*, S. 21.

dung" spricht, denkt er dabei unter anderem auch an die Erfahrung der sexuellen Liebe zwischen Mann und Frau. Er ist überzeugt, dass die Unterscheidung zwischen Männlichem und Weiblichem und ihre eheliche Beziehung zueinander „nichts Willkürliches oder Zufälliges ist, sondern Ausdruck eines höchsten Mysteriums, verborgen in den Tiefen des göttlichen Lebens".[29] Diese Vorstellung arbeitet er in seiner kurzen Studie *Christianity and Eros: Essays on the Theme of Sexual Love* (1976) näher aus. Darin zeigt er, wie sich beide Partner durch eine in ihrem vollen sakramentalen Sinn vollzogene sexuelle Liebe „dem heiligen Wesen des oder der anderen, dem Gott in ihm und ihr, hingeben … beide werden einander zur Ikone". Wenn die sexuelle Beziehung zu ihrer wahren persönlichen Erfüllung gebracht wird, „verwandelt sie die individuelle Existenz der beiden in eine einzige Realität" und schafft „ein einziges Herz und eine einzige Seele in zwei Körpern … ein gegenseitiges Gewahrsein und Erkennen, das ein vollkommener Seelenakt ist". Auf diese Weise findet eine „Geburt in Schönheit" statt, von der man sagen kann, dass sie „potenziell an der Ewigkeit teilhat". In einer „sexualisierten sakramentalen Liebe" wird die übliche Unterscheidung zwischen *Eros* und *Agape* „transzendiert und aufgehoben".[30] Glücklicherweise ist dieses Buch, das lange vergriffen war, jetzt (1995) neu aufgelegt worden; es verdient größere Bekanntheit.

Von innen und von oben: den Kompass kalibrieren

Aus Philips Verständnis der Tradition und des Heiligen lassen sich zwei methodische Prinzipien ableiten, die eng miteinander verbunden sind und sich in allen seinen Büchern wiederfinden, von seiner ersten Studie *The Marble Threshing Floor* bis hin zum vorliegenden posthumen Werk *Alles, was lebt, ist heilig*. Diese beiden Prinzipien lassen sich mit den Wendungen „von innen nach außen" und „von oben nach unten" zusammenfassen. Beide Prinzipien werden in Philips letztem öffentlichem Vortrag besonders klar ausformuliert: „Denn alles, was lebt, ist heilig" – Worte, die er bei William Blake entliehen hat, einem seiner Lieblingsschriftsteller. Diese Rede wurde 1994 am 13. Juni vor der Temenos Aka-

29 Ebendort, S. 108.
30 Sherrard, *Christianity and Eros*, Limni 1995, S. 2-3, 47 (Erstausgabe SPCK 1976).

demie und am 27. Juni vor den Freunden des Zentrums gehalten und bildet Kapitel Neun dieses Buches.

„Von innen nach außen“: Mit Philips Worten: „Das vorherrschende konzeptuelle Paradigma unseres Bewusstseins und die Realität, die wir ihm zuschreiben, bestimmen, was wir für wirklich und was wir für unwirklich halten … Solange wir uns selbst nicht erkennen, können wir auch nichts anderes erkennen.“ Wie wir die Dinge in der Außenwelt sehen, hängt also davon ab, wie wir denken und wie wir uns selbst sehen, und das wiederum hängt davon ab, wie wir sind, von „der Qualität unseres Wesens, der Reinheit unserer Seele und dem Grad unserer Intelligenz“. Unser Weltbild ist ein Spiegelbild unseres Selbstbilds, und unser Selbstbild ist ein Spiegelbild unseres Selbst-Seins. An anderer Stelle drückt Philip es so aus: „Das Auge sieht in den Dingen nur das, wonach es sucht, und es sucht nur das, was es bereits im Sinn hat … Wie man ist, so sieht man die Welt … Wie die Welt aussieht, hängt letztlich von dem Bild ab, das wir uns von ihr machen.“[31] Der Lauf des Lebens folgt immer dem Lauf des Denkens, nie umgekehrt. „Wie Blake sehr gut wusste, ist der erste Kampf, der ausgefochten werden muss, immer der geistige Kampf.“[32]

Diese Überzeugung, dass unsere Wahrnehmung der Wirklichkeit von unserer Selbstwahrnehmung abhängt, bringt Philip in Widerspruch zu denen, die behaupten, alles menschliche Wissen rühre von der Sinneswahrnehmung her. Das kann seiner Meinung nach nicht sein, denn die Sinne liefern uns keine objektiven Gegebenheiten, ungeachtet unseres inneren Seelenzustands. Im Gegenteil, wie wir die Dinge durch die Sinne wahrnehmen, hängt von der Reinheit unseres Herzens ab oder umgekehrt von dessen Verderbtheit. „Deshalb kann Herakleitos sagen, dass die Sinne für Menschen mit unreiner Seele falsch Zeugnis ablegen.“ Wenn unser Bewusstsein uneinsichtig ist, dann ist unsere Sinneswahrnehmung nicht objektiv, sondern höchst subjektiv und tatsächlich trügerisch. Nur die Heiligen sehen die Dinge so, wie sie wirklich sind.

Um die Welt zu erkennen, muss ich also mich selbst erkennen. Aber was ist mein wahres Selbst? Hier kommt Philips zweites Grundprinzip ins Spiel: „Von oben nach unten“. Ich verstehe nicht, wer ich bin,

31 *Human Image: World Image*, S. 130.
32 *The Sacred in Life and Art*, S. 157.

und deshalb verstehe ich auch nicht, was die Welt ist, wenn ich nicht erkenne, dass ich nach dem Bilde Gottes gestaltet bin – ein erschaffener Ausdruck von Gottes unendlicher Selbstentfaltung. Wenn ich nicht von oben nach unten vorgehe, sondern von unten nach oben, wie es die Evolutionstheorie tut – wenn ich mich lediglich als eine Art überlegenen Affen sehe, in dem als Epiphänomen eines physischen Prozesses ein Bewusstsein seiner selbst entstanden ist –, dann missdeute ich fatalerweise mein Selbst und habe dadurch auch eine verzerrte Sicht auf alles andere. „Erkenne dich selbst" bedeutet: „Erkenne dich als gottgeschaffen, als gottgestaltet", erkenne deinen göttlichen Ursprung, erkenne, dass du ein heiliges Wesen bist. Ohne Gott bleiben wir als menschliche Personen unverständlich. Das Göttliche ist das bestimmende Element unseres Menschseins; verlieren wir den Sinn für das Göttliche, verlieren wir auch den Sinn für das Menschliche. Oder wie Philip sagt: „Gott ist das innerste Zentrum unserer Wirklichkeit. ... Schon der Begriff des Menschen impliziert eine Beziehung, eine Verbindung zu Gott. Wo man den Menschen bejaht, bejaht man auch Gott."[33]

Dieses Prinzip „Von oben nach unten" verallgemeinernd, schreibt Philip: „In der gesamten sichtbaren, natürlichen Welt gibt es nichts, was nicht etwas von einer höheren, unsichtbaren Welt, der spirituellen Welt, ausdrückt oder darstellt." Hier wird sofort deutlich, wie tief und entscheidend Philip von der platonschen Formen- oder Ideenlehre beeinflusst war. Die Dinge in der Natur, so fährt er fort, sind „im Wesentlichen Wirkungen, niemals Ursachen": „Jedes hat seine Entsprechung oder seinen Archetyp oder Göttlichen Namen auf der spirituellen Ebene und ist der äußere Ausdruck, die materielle Erweiterung dieses Archetyps". Ursächlichkeit ist also nicht linear, sondern vertikal: „Kausalität und Kontinuität sind Eigenschaften der Welt der Archetypen oder Göttlichen Namen. ... Alle Kausalität liegt in den göttlichen Archetypen, in der unaufhörlichen Erneuerung ihrer Epiphanien, ihres offenbarenden Erscheinens von Augenblick zu Augenblick." Eben diese Archetypen werden in der Sakralkunst durch den Dichter oder den Ikonographen offenbart.

Es gibt also kein Verständnis der sinnlichen Welt ohne Kenntnis der intelligiblen Welt, keine wahre Einsicht in die erschaffene Wirklichkeit

33 *The Rape of Man and Nature*, S. 20.

ohne Teilhabe an den unerschaffenen *Logoi* oder inneren Prinzipien, die der Logos allem Seienden eingepflanzt hat. „Physik und Metaphysik sind keineswegs zu trennen. Es kann keine wahre Wissenschaft der Phänomene – der sichtbaren Natur – geben, die nicht auf einer Wissenschaft der spirituellen Realitäten beruht und in ihr verwurzelt ist, deren raum-zeitlichen Manifestationen oder ‚Signaturen' die sichtbaren Phänomene sind."[34] In diesem Zusammenhang zitiert Philip den heiligen Gregor vom Sinai: „Eine richtige Sicht der erschaffenen Dinge hängt von einer wahrhaft spirituellen Erkenntnis der sichtbaren und unsichtbaren Wirklichkeiten ab. ... Ein wahrer Philosoph ist der, welcher in den erschaffenen Dingen ihre geistige Ursache erkennt oder die erschaffenen Dinge dadurch erkennt, dass er ihre Ursache erkennt."[35] Diese spirituelle Erkenntnis der erschaffenen Dinge im Lichte ihres unerschaffenen Ursprungs ist nicht einfach durch den Gebrauch der diskursiven Vernunft (*Dianoia*), sondern nur durch den Intellekt (*Nous*) zu erlangen.

Es gibt also keine Trennung zwischen göttlicher Ursache und erschaffener Wirkung, zwischen Archetyp und Abbild, sondern eine „unauflösliche gegenseitige Durchdringung" von beidem. Philip zufolge wurde diese einheitliche Sicht der Wirklichkeit im christlichen Westen zunächst im 12. und 13. Jahrhundert durch die lateinische Scholastik untergraben, die einen „zweigeteilten, dualistischen Ansatz" vertrat. In Anlehnung an Aristoteles unterschieden die Scholastiker zwischen natürlichem und übernatürlichem Wissen. Das natürliche Wissen beruhte nicht auf dem Verständnis der göttlichen Archetypen, sondern ausschließlich auf der Ausübung der Sinneswahrnehmung. Infolgedessen wurde die natürliche Welt von der Welt der Archetypen, von der Welt der „Großen Wirklichkeiten" des Solomos, abgekoppelt und als separates, eigenständiges Untersuchungsobjekt behandelt. Dies führte wiederum zu einer fortschreitenden Entheiligung der Natur, was sich zunächst in der modernen wissenschaftlichen Revolution des 16., 17. und 18. Jahrhunderts zeigte – die von mechanistischen und mathematischen Denkweisen geprägt

34 *Human Image: World Image*, S. 9, 131.

35 Ebendort, S. 89-90, unter Berufung auf Gregor vom Sinai, *On Commands and Doctrines* 25 und 127, in *The Philokalia*, Bd. 4 (London 1995), S. 217, 245. Ich habe mich an die Übersetzung in *The Philokalia* gehalten und nicht an Philips Wiedergabe in *Human Image: World Image*. (Die deutsche Übersetzung folgt der englischen von Kallistos Ware; Anm. d. Ü.)

war – und dann in der katastrophalen Umweltverschmutzung im 20. Jahrhundert. Philip lehnt die „doppelte Wahrheit“ der Scholastik ab und besteht leidenschaftlich auf der Einheit aller Dinge in Gott. „Diese Welt *ist* die andere Welt. Jede natürliche Lebens- und Daseinsform, bis hin zu den geringsten, ist Leben und Sein Gottes.“

Wenn die Scholastik gegen das Prinzip „von oben nach unten“ verstößt, so gilt dies in anderer Weise auch für C. G. Jung, wie Philip in Kapitel Sechs dieses Buches behauptet. Man hätte erwarten können, dass Philip Jung in seinem Kampf gegen den zeitgenössischen Materialismus als Verbündeten betrachtet. Tatsächlich erkennt Philip in Jungs Denken viele positive Elemente: Der Schweizer Psychoanalytiker protestierte zu Recht gegen „die Simplifizierungen des wissenschaftlichen Rationalismus“ und forderte uns auf, uns den Realitäten unserer Innenwelt zu stellen; er betonte die tiefe Nähe zwischen Mensch und Natur; und er schätzte den Wert des Mythos, da er in ihm „die Offenbarung eines göttlichen Lebens im Menschen“ erkannte. Doch wo Jung die Voraussetzungen der darwinistischen Evolution akzeptierte, das heißt also „von unten nach oben“ statt „von oben nach unten“ behauptete, ging er in die Irre, meint Philip. Anstatt die menschliche Persönlichkeit als göttlichen Ursprung zu betrachten, deutete Jung sie im Sinne des Unbewussten, das er als unsere psychische „Vorgeschichte“ betrachtete, als „frühere Evolutionsstufen unserer bewussten Psyche“, um es mit seinen eigenen Worten auszudrücken. Während also nach christlicher Auffassung das menschliche Bewusstsein seine Wurzeln im Göttlichen hat, ist es für Jung in der animalischen Welt verwurzelt; und wenn er das Wort „Archetyp“ verwendet, tut er dies in einem völlig anderen Sinne als die christlichen Platoniker.

Dies sind einige Punkte, die Philip bei Jung kritisiert. Wo er die Unterschiede zwischen Jungs Theorien und der Tradition des orthodoxen Christentums hervorhebt, hat Philip sicherlich Recht. Zugleich aber können wir uns fragen, ob Philip seine Beurteilung Jungs nicht auf eine zu enge Auswahl seiner Schriften stützt. Hat Philip insbesondere das Konzept des Selbst in Jungs Denken ausreichend berücksichtigt? Und hat er Jungs Verständnis der Archetypen nicht zu stark vereinfacht? Sicher sind sie nicht bloß mit den Instinkten gleichzusetzen, sondern sie vermitteln zwischen den Instinkten und der spirituellen Welt.

Getrennte Wege: Die Orthodoxie und Rom

Drei Jahre nach dem Erscheinen von *The Marble Threshing Floor* entwickelt Philip in seinem zweiten großen Werk *The Greek East and the Latin West. A Study in The Christian Tradition* (1959) die Erkenntnisse, die er bei seinen Forschungen zur griechischen Dichtung gewonnen hat, weiter und wendet sie auf die Frage des Schismas zwischen der Orthodoxie und Rom an. Dieses Buch traf, wie häufig bei Philips theologischen Schriften, auf ein gemischtes Echo. Manche hielten es für einseitig und tendenziös, andere fanden es zutiefst und überraschend erhellend. Von Beginn an macht Philip deutlich, was er vorhat. Zwar widmet er dem kulturellen und politischen Kontext, in dem sich das Schisma entwickelt hat, viel Raum, aber er wendet sich entschieden gegen die Tendenz – wie sie sich in vielen um die Mitte des 20. Jahrhunderts erschienenen Büchern zum Thema zeigt –, die Spaltung zwischen der griechischen und der lateinischen Christenheit in erster Linie auf nichttheologische Faktoren zurückzuführen. Unter Berufung auf das Prinzip „von innen nach außen" argumentiert er, dass die Trennung von Orthodoxie und Rom nicht nur auf politische und wirtschaftliche Gründe zurückzuführen war, sondern auf grundlegende theologische Differenzen. Wie immer folgte auch hier der Verlauf der äußeren Ereignisse auf historischer Ebene dem Verlauf des Denkens; das Äußere hing vom Inneren ab und nicht umgekehrt. Wenn wir die wahre Natur unserer religiösen Spaltungen würdigen wollen, kommt es letztlich nicht auf militärische Feldzüge oder Handelsrivalitäten an, sondern auf die grundlegenden Denkmuster, die jede Seite übernommen hat. „Der Bruch zwischen Lateinern und Griechen", schreibt Philip, „kam dadurch zustande, dass jede Seite bestimmte unterschiedliche Darstellungen, unterschiedliche gedankliche Bilder der Wahrheit, als absolut und unvereinbar betrachtete".[36]

Natürlich sind bei der Beurteilung der Entwicklung des Schismas Ereignisse und Entwicklungen zu berücksichtigen wie die normannische Eroberung Siziliens und Süditaliens im 11. Jahrhundert, die Ausweitung des genuesischen und venezianischen Handels im 12. Jahrhundert und die Plünderung Konstantinopels durch den Vierten Kreuzzug im Jahr

36 *The Greek East and the Latin West*, S. 50.

1204. Aber wir müssen über diese Dinge hinausblicken und uns auf die beiden großen theologischen Schwierigkeiten konzentrieren, das *Filioque* und die päpstlichen Ansprüche. Selbst diese sind allerdings eher Symptome als grundlegende Ursachen. Wir müssen noch tiefer gehen. Hinter dem *Filioque* stehen zwei unterschiedliche Auffassungen vom Dreieinigen Wesen Gottes; hinter dem Streit um das Papstprimat verbergen sich zwei unterschiedliche Auslegungen der Beziehung der Kirche auf Erden zu Christus und zum Heiligen Geist. Bei der Spaltung geht es nicht nur um einige wenige Punkte in Lehrmeinung oder liturgischer Praxis, sondern um zwei unterschiedliche „Rahmenordnungen", die auf beiden Seiten das gesamte Gebiet religiösen Glaubens umfassen.

Das ist Philips grundlegendes Thema in *The Greek East and the Latin West*. Es ist typisch für seinen Ansatz, dass er sich weigert, das *Filioque* als lästige Formalität abzutun, sondern auf dessen weitreichenden Konsequenzen beharrt: „Diese Frage impliziert zwei ‚Weltanschauungen', und nur die Akzeptanz der einen und nicht der anderen Weltanschauung durch das westliche Europa hat rund tausend Jahre später Konzeption und Gründung einer Organisation wie die der Vereinten Nationen möglich gemacht."[37] Im Vorwort zur erweiterten zweiten Auflage (1992) fügt er in diesem Zusammenhang einen Verweis auf die Europäische Wirtschaftsgemeinschaft oder den Gemeinsamen Markt hinzu, denen er ebenfalls wenig begeistert gegenübersteht.

The Greek East and the Latin West ist ein wissenschaftliches Werk, das aber auch ein seelsorgerisches Ziel verfolgt. Wie Philip in der zweiten Auflage des Buches erklärt, ist es als „eine Art Leitfaden für alle gedacht, die durch die Lage der Dinge in ihrem Umfeld beunruhigt und verwirrt sind und darin positive Orientierung suchen".[38] Diese Intention liegt allen seinen theologischen Schriften zugrunde. Er hat sich nie als bloßer Historiker der Lehre verstanden, sondern immer versucht, einen praktischen Ausweg aus unserem, wie er meinte, gegenwärtigen Zustand der Verwahrlosung und des Zerfalls aufzuzeigen. Sein Ziel war nicht, theoretische Informationen über die Vergangenheit zu vermitteln, sondern das orthodoxe Christentum lebendig als spirituellen Weg in der heutigen Zeit auszulegen.

---

37 Ebendort (1. Auflage), S. vi.
38 Ebendort (2. Auflage), S. v.

Fast zwanzig Jahre nach Erscheinen von *The Greek East and the Latin West* griff Philip das Thema in einer kürzeren und weniger komplexen Studie noch einmal auf: *Church, Papacy, and Schism: A Theological Enquiry* (1978). Der Untertitel verdient Beachtung: Wie Philip zu Beginn des Buches klarstellt, ist das Schisma zwischen Ost und West „letztlich eine Frage der Theologie".[39] Das war natürlich bereits seine Überzeugung, als er sein früheres Werk schrieb, aber in diesem Nachfolgebuch wird der theologische Schwerpunkt noch viel deutlicher. Wie Dimitri Obolensky in seinem hilfreichen Vorwort zur Neuauflage von *Church, Papacy, and Schism* von 1996 feststellt, wurde die in der Vorgängerversion enthaltene Erörterung historischer und kultureller Faktoren nun weitgehend gestrichen. Gleichzeitig stellt der neue Band einen bedeutenden Fortschritt gegenüber dem alten dar, da er eine umfassendere und klarere Analyse des Wesens der Kirche liefert.

Philipps Behandlung der Ekklesiologie in *Church, Papacy, and Schism* weist viele Gemeinsamkeiten mit dem eucharistischen Verständnis von Kirche auf, das der russische Theologe Vater Nikolai Afanassieff und sein griechischer Kollege (und zeitweise Korrektor) Ioannis Zizioulas, der spätere Metropolit von Pergamon entwickelt haben. „Wo Christus in der Eucharistie offenbar wird", schreibt Philip, „da ist die katholische Kirche. Und da Christus in jeder Ortskirche, in der die Eucharistie gefeiert wird, offenbar wird, ist jede Ortskirche die katholische Kirche."[40] Bei jeder örtlichen Eucharistiefeier ist der ganze Christus gegenwärtig, nicht nur ein Teil von ihm; in sakramentaler Hinsicht sind also alle Ortskirchen gleichberechtigt, und ebenso ist jeder Bischof als Zelebrant der Eucharistie grundsätzlich allen anderen Bischöfen gleichgestellt. Gegenüber dieser grundlegenden sakramentalen Gleichheit des gesamten Episkopats sind Primatsebenen innerhalb der Kirche zweitrangig – der Primat des Bischofs von Rom nicht ausgenommen.

In seinem Vorwort zur Neuauflage von *Church, Papacy, and Schism* hebt Dimitri Obolensky mit gutem Grund den Stil hervor, in dem das Buch verfasst ist: „Nicht zuletzt zählen Präzision der Sprache und Eleganz des Stils zu den Verdiensten des Buches – formale Qualitäten, die

39 *Church, Papacy, and Schism*, 1. Auflage, SPCK 1978, S. x.
40 Ebendort, S. 15.

Philip sehr schätzte.“[41] Diese Präzision und Eleganz finden sich in fast allem, was er schrieb. Wenn seine Argumente manchmal schwer nachzuvollziehen sind, liegt das nicht daran, dass Philip sich nicht um klaren Ausdruck bemüht hat, sondern daran, dass er Maximalist ist. Er wollte seine Botschaft nicht abschwächen oder zu stark vereinfachen. Dafür respektierte er die Wahrheit zu sehr.

Vom Verlust des kosmischen Gedächtnisses

In seinem späteren Leben konzentrierte sich Philip zunehmend auf die aktuelle ökologische Krise. Seine Anklage gegen die wissenschaftliche Sichtweise, die zu dieser Krise geführt hat, kommt in seinen beiden Büchern *The Rape of Man and Nature. An Enquiry into the Origins and Consequences of Modern Science* (1987) und *Human Image: World Image. The Death and Resurrection of Sacred Cosmology* (1992) eindringlich zum Ausdruck. Interessanterweise wurden die Texte im ersten dieser beiden Bände über zwölf Jahre vor dem eigentlichen Erscheinen geschrieben. Es war für Philip keineswegs einfach, einen Verleger zu finden, denn in vielen Kreisen war sein ökologischer Standpunkt nicht gern gesehen.

In seinen Schriften über die Umweltverschmutzung ging es Philip, wie in allen seinen Werken, nicht um äußere Symptome, sondern um die eigentliche Ursache, nicht um ökonomische oder technologische Faktoren, sondern um die spirituellen Irrtümer und Verzerrungen, die diesen zugrunde liegen. Wenn die moderne westliche Gesellschaft eine organische und lebensspendende Beziehung zur Natur verloren hat – wenn wir unsere Umwelt laut Philip in eine „riesige, schwelende Müllhalde“[42] verwandelt haben –, dann muss dies die Folge eines grundlegenden Fehlers oder Missverständnisses in unseren primären Denkmustern sein. Philip ist der Meinung, dass dieser Irrtum noch vor der modernen Stadtentwicklung, der Industriellen Revolution, der Aufklärung und der Renaissance auf die Prämissen von Thomas von Aquin und der mittelalterlichen lateinischen Scholastik zurückzuführen ist. Der grundlegende Fehler des Aquinaten und der Scholastiker bestand, wie bereits erwähnt, in Philips Augen darin, einen Gegensatz

41 Ebendort, 2. Auflage, Limni 1996, S. xii.
42 *The Greek East and the Latin West* (2. Auflage), S. v.

zwischen der Natur und dem Übernatürlichen zu behaupten. Wenngleich von Aquin und den Scholastikern weder beabsichtigt noch vorhergesehen, sind die Folgen dieser fatalen Dichotomie in der Tragödie, die sich heute vor unseren Augen abspielt, nur allzu offensichtlich: Wir verunreinigen das Wasser, das wir trinken, und die Luft, die wir atmen, wir rotten die Fische und die Wildtiere aus, wir verwandeln die Wälder in Wüsten.

In seinen Büchern und Essays über die „Vergewaltigung" der Natur wendet Philip wie überall die beiden Prinzipien an, die wir bereits kennen. „Von innen nach außen": Die sogenannte „ökologische Krise" ist in Wirklichkeit eine Krise in uns selbst. „Die Krise an sich", schreibt er, „ist nicht in erster Linie eine ökologische Krise. Sie ist nicht in erster Linie eine Krise unserer Umwelt. Sie ist in erster Linie eine Krise unseres Denkens. Wir behandeln unseren Planeten auf unmenschliche, gottverlassene Art und Weise, weil wir die Dinge auf unmenschliche, gottverlassene Art und Weise sehen. Und wir sehen die Dinge auf diese Weise, weil wir uns im Grunde selbst so sehen. … Unser Modell des Universums – unser Weltbild – basiert auf dem Modell, das wir von uns selbst haben, auf unserem Selbstbild. … Das bedeutet, bevor wir das ökologische Problem wirksam angehen können, müssen wir unser Weltbild ändern, und das wiederum bedeutet, dass wir unser Selbstbild ändern müssen." Wenn wir das innere Problem unseres Selbstbilds nicht anpacken, werden alle noch so gut gemeinten Naturschutzpläne wirkungslos bleiben; sie werden nicht zum Kern des Problems vordringen, denn sie werden sich „letztlich mit Symptomen und nicht mit den Ursachen" befassen.[43]

Daher muss jede Veränderung in unserem äußeren Handeln, wenn sie dauerhafte Ergebnisse haben soll, auf einer Veränderung in unserer inneren Einstellung beruhen. Was wir brauchen, ist kosmische *Metanoia*, ein Akt der Buße im wörtlichen Sinne dieses griechischen Begriffs, der „Sinneswandel" bedeutet. So bemerkt Philip in Kapitel Fünf des vorliegenden Buches über Georgios Gemistos Plethon: „Er hat verstanden, was offenbar nur wenige moderne Reformer verstehen, dass nämlich Reformen allein nicht die geringste Wirkung haben, wenn sie nicht mit einer entsprechenden Veränderung der religiösen Orientierung einher-

43 *Human Image: World Image*, S. 2.

gehen. ‚Bei allem im menschlichen Leben', sagte er, ‚hängt die Frage, ob wir es richtig oder falsch machen, von unseren religiösen Überzeugungen ab.'" „Es ist eindeutig so," fährt Philip fort, „solange wir uns selbst nicht erkennen, können wir auch nichts anderes erkennen. Und in diesem Fall handeln wir anderen gegenüber zwangsläufig so, dass wir sie verletzen und missbrauchen."

„Von oben nach unten": Sich selbst zu kennen, bedeutet, wie bereits erwähnt, unseren göttlichen Ursprung zu kennen. Das gilt unmittelbar auch für die ökologische Krise. Wir missbrauchen die Natur, weil wir vergessen haben, dass wir selbst und auch die geschaffene Ordnung, in der wir leben, das Werk Gottes sind. „Andere Dinge zu erkennen, setzt letztlich dasselbe voraus wie sich selbst zu erkennen: dass wir den Ursprung ihrer Existenz erkennen, der nicht weniger oder nichts anderes ist als der Ursprung unserer Existenz. ... Durch die Erkenntnis unseres eigenen göttlichen Ursprungs treten wir auch in die Erkenntnis der göttlichen Essenz anderer Dinge ein und können sie daher so sehen und ihnen gegenüber so handeln, wie es ihrer wahren Natur und Identität entspricht. Andernfalls verletzen und missbrauchen wir unweigerlich sowohl uns selbst als auch erst recht alles, womit wir in Berührung kommen."

Hier liegt also die Ursache für die aktuelle Krise. Wir haben einen (Sünden-)Fall in die Unwissenheit erlebt, der für uns zum „totalen Identitätsverlust" führt. Wir leiden an einem „Gedächtnisverlust", an einem „Vergessen, wer wir sind". Wir haben vergessen, dass wir heilige Wesen sind, die nach dem Bilde Gottes geschaffen wurden, und so „haben wir, nachdem wir uns gedanklich selbst entheiligt haben, auch die Natur gedanklich entheiligt".[44] Daraus wird deutlich, dass es zur Lösung unserer Probleme nur einen Weg gibt: Wir müssen „den Rückweg zu unserem Ursprung" suchen, wie Philipp es in einem seiner frühen Gedichte ausdrückt.[45] Wir müssen die göttliche Gegenwart in uns wiederentdecken, dann können wir auch die göttliche Gegenwart in der Natur wieder bekräftigen. „Sobald wir wieder über ein Gefühl für unsere eigene Heiligkeit verfügen, erlangen wir auch das Gefühl für die Heiligkeit der Welt um uns herum wieder, und dann werden wir unserer Umwelt mit der Ehrfurcht und Demut begegnen, die wir besitzen sollten, wenn wir eine

44 Ebendort, S. 3.
45 *In the Sign of the Rainbow*, S. 40.

heilige Stätte betreten, einen Tempel der Liebe und Schönheit, in dem wir Gott anbeten und verehren."[46]

Wenn wir die Augen öffnen und erneut das Göttliche in uns selbst und zugleich in unserer Umwelt wahrnehmen, erkennen wir unsere vollständige Einheit mit der Welt der Natur. In den Worten von Kathleen Raine:

> Meere, Bäume, Stimmen rufen:
> „Die Natur ist Eure Natur."[47]

Auch Philip bestätigt: „Unser Schicksal und das Schicksal der Natur sind ein und dasselbe"[48]; „Innenwelten sind Außenwelten, Außenwelten sind Innenwelten."[49] Der Verlust unseres Sinns für das Heilige hat zur Folge, dass wir uns der Natur entfremdet haben; einmal entheiligt, wird die Natur lediglich zu einem äußeren „Objekt", das wir für unsere eigenen egoistischen Zwecke ausbeuten. Es ist dringend notwendig, dass wir diese Entfremdung überwinden, damit unsere Beziehung zur Natur und das Werk, das wir in ihr verrichten, „repersonalisiert und rehumanisiert" werden kann.[50] Einheit mit der Natur, mit einer „repersonalisierten und rehumanisierten" Umwelt bedeutet, dass wir lernen müssen, die göttliche Schöpfung zu lieben, eine „ontologische Zärtlichkeit" für alles zu empfinden, was existiert[51]; denn wir können nicht retten und heiligen, was wir nicht lieben. Nur durch die Liebe werden wir die Welt wieder als Sakrament erfahren.

Viele, die grundsätzlich mit Philips vehementem Protest gegen den säkularen Materialismus sympathisieren, sind jedoch der Meinung, dass er seiner Sache durch Überspitzung schadet. Ist er in seiner Bewertung der modernen Wissenschaft nicht einseitig und unverhältnismäßig negativ, fragen seine Kritiker. Haben wissenschaftliche Techniken der Menschheit nicht offenkundige Vorteile gebracht, zum Beispiel auf dem Gebiet der Medizin? Verfehlt Philip nicht tatsächlich sein Ziel? Dagegen wurde eingewandt, seine scharfe Kritik beziehe sich nicht auf die Wissenschaft

---

46 *Human Image: World Image*, S. 9.
47 Raine, Kathleen; *Stone and Flower*, Nicholson and Warson 1943, S. 7.
48 *Human Image: World Image*, S. 9.
49 *The Sacred in Life and Art*, S. 157.
50 *The Rape of Man and Nature*, S. 73.
51 *The Sacred in Life and Art*, S. 21.

an sich, sondern nur auf den „Szientismus“, die Wissenschaftsgläubigkeit, nicht auf die wissenschaftliche Methodik als solche, sondern nur auf ihren Missbrauch.

Philip war der Meinung, dass diese Kritik an dem vorbeiging, was er eigentlich sagen wollte. Er leugnete nicht, dass die moderne Wissenschaft in mancher Hinsicht nützliche Ergebnisse erbracht haben mochte. Zudem räumte er ein, dass die christliche Vergangenheit im Mittelalter nicht idealisiert werden sollte, und dass uns der Rückweg ohnehin versperrt sei.[52] Darüber hinaus betrachtete er die menschliche Vernunft – unsere Fähigkeit zu diskursiver Argumentation und mathematischer Berechnung – als echtes Gottesgeschenk, das wir bei unserer Suche nach der Wahrheit voll ausschöpfen sollten.[53] (Aber er betonte auch, dass die Vernunft, wenn sie Früchte tragen soll, stets der höheren Fähigkeit der geistigen Einsicht, die die griechischen Altväter als *Nous* bezeichnen, untergeordnet werden muss). Dies alles räumte Philip zwar bereitwillig ein, beharrte aber dennoch auf seinem wichtigsten Punkt. Seine Kritik bezieht sich nicht auf den möglichen oder tatsächlichen Missbrauch der modernen Wissenschaft, sondern auf ihre Ursprünge und Grundvoraussetzungen – vor allem auf die Prämisse, dass die sichtbare Welt für sich allein und ohne Bezug zu ihrer göttlichen Grundlage untersucht werden könne und sollte. Es sei daran erinnert, dass Philip seinen Angriff nicht gegen die Wissenschaft an sich richtete, sondern gegen das, was er als *moderne* Wissenschaft bezeichnet. Er war der Meinung, dass es tatsächlich traditionelle (aber nicht archaische) Wissenschaftsformen gibt, die in ihrer Beobachtung der sichtbaren Welt rigoros und systematisch sind, dabei aber zugleich deren heiligen Charakter respektieren. Die Ehrfurcht vor dem Heiligen bedeutet keineswegs Ungenauigkeit beim Sammeln und Bewerten von Daten, sondern das genaue Gegenteil. Wie der rumänische Dissident Petre Tutea zu betonen pflegte, sind Genauigkeit und Erklärung nur dann möglich, wenn wir die Dimension der Transzendenz zulassen.

Um den Unterschied zwischen einem „traditionellen“ und einem „modernen“ Wissenschaftler zu verdeutlichen, brauchen wir uns nur die Spaltung des Atoms anzusehen. Kein „traditioneller“ Wissenschaftler, der bei „rechtem Verstand“ ist, das heißt, der ein richtiges Verständnis

52 *The Rape of Man and Nature*, S. 65.
53 Ebendort, S. 85.

von Gottes Schöpfung hat, würde jemals versuchen, das zu zerreißen, was Gott in seiner Weisheit als einheitliches Ganzes erschaffen hat. Ein solcher Versuch ist im wahrsten Sinne des Wortes „diabolisch“, denn der Name *diabolos* bedeutet genau genommen „der auseinanderreißt“. Die Explosion der Atombombe kann tatsächlich als eine Art Verklärung betrachtet werden, aber es ist eine Verklärung, die dunkel und dämonisch ist, am entgegengesetzten Pol zur Offenbarung von Christi Herrlichkeit auf dem Berg Tabor.

Zwei Implikationen von Philips Herangehensweise an die ökologische Krise sollten inzwischen deutlich geworden sein. Erstens: Die moderne Wissenschaft ist nicht wertneutral. Sie bietet nicht lediglich eine „objektive“ Darstellung der „Fakten“, sondern stellt eine Reihe von Annahmen auf, die weitreichende Konsequenzen auf der spirituellen Ebene haben. Das Endergebnis dieser Annahmen ist, dass sich die moderne Wissenschaft ausschließlich auf das beschränkt, was quantifiziert, was in mathematischen Begriffen gewogen und gemessen werden kann, und damit jegliches Bewusstsein für das „Innere“ der Dinge ausschließt, worin die göttliche Gegenwart erfahrbar wird.

Zweitens scheut sich Philip im Gegensatz zu „biozentrisch“ denkenden Ökologen nicht, dem Menschen einen zentralen Platz in der Schöpfungsordnung zuzuweisen. Es wäre irreführend, seinen Standpunkt als „anthropozentrisch“ zu bezeichnen, denn er betrachtet den Menschen nicht als das Maß aller Dinge. Seine Haltung ist nicht anthropozentrisch, sondern theozentrisch: Wir müssen Gott in allen Dingen sehen und alle Dinge in Gott. Zugleich glaubt er jedoch, dass den Menschen innerhalb der gesamten Schöpfung eine einzigartige Rolle zukommt, denn wir Menschen sind als einzige unter allen sichtbaren und unsichtbaren Geschöpfen nach dem Bilde Gottes geschaffen.

Viele zeitgenössische Ökologinnen und Ökologen haben natürlich scharfe Einwände gegen dieses christliche Verständnis des Menschen als lebendiges Abbild Gottes erhoben. Sie glauben, dass es zu einer in katastrophaler Weise arroganten Haltung geführt hat, mit der wir Menschen uns eine egoistische und zerstörerische Vormachtstellung gegenüber dem Rest der Schöpfung angeeignet haben. Philip verurteilte die hässliche Ausbeutung der Natur durch eine Menschheit nach dem (Sünden-)Fall ebenso leidenschaftlich wie alle anderen. Aber er war auch davon überzeugt, dass die Lehre von der „Ebenbildlichkeit“, richtig verstanden, uns keineswegs mit einer willkürlichen Tyrannei über die Schöpfung ausstattet, sondern vielmehr bedeutet, dass wir in all unserem Handeln gegenüber der Welt Gottes selbstentäußernde Barmherzigkeit und Sein Mitgefühl widerspiegeln sollen. Gerade weil wir nach dem Bilde Gottes geschaffen sind, sollen wir alles, was existiert, mit einer liebevollen Zärtlichkeit behandeln, die wahrhaftig Abbild und Ebenbild der göttlichen Zärtlichkeit ist. Wir dürfen die Dinge der Schöpfung nicht verdrehen und verzerren, um sie unseren sündigen Begierden anzupassen, sondern wir sollen als kosmische Liturgiker, als Priester der Schöpfung, handeln und die Welt Gott als Dankopfer darbringen. Nur durch diesen Akt des Opferns werden wir unsere authentische Identität als Mikrokosmos und Vermittler wiederentdecken. Nur durch selbstentäußernden Dank können wir die Schönheit, die allen Dingen innewohnt, zum Ausdruck bringen.

Die Philokalie

Die zweite Hauptaufgabe – neben seinen Schriften zur ökologischen Krise –, der sich Philip in seinen späteren Jahren widmete und an der er bis wenige Wochen vor seinem Tod intensiv arbeitete, war die englische Übersetzung der *Philokalie* der Heiligen Makarios von Korinth und Nikodemos vom Heiligen Berg. Es handelte sich um eine Zusammenarbeit mit dem Initiator des Projekts Gerald Palmer (gest. 1984) und mir. Unsere Pläne für eine vollständige, auf dem griechischen Original basierende englische Version der *Philokalie* entstanden erstmals 1971. Der erste Band erschien 1979, ein zweiter 1981 und ein dritter 1984. Leider erlebte Philip das Erscheinen des vierten Bandes im August 1995 nicht mehr, aber er hatte die Druckfahnen noch vor seiner letzten Krankheit korrigiert. Außerdem hatte er das gesamte Material für den fünften und abschließenden Band durchgearbeitet, dessen endgültige Überarbeitung nun allein durch mich erfolgen muss.[54]

Die Herausgabe der englischen Ausgabe der *Philokalie* war zwar ein echtes Gemeinschaftswerk, aber der Umfang von Philips Beitrag ist

54 *The Philokalia. The Complete Text. Complied by St Nikodimos of the Holy Mountain and St Makarios of Corinth. Volume 5.* Translated from the Greek and edited by G. E. H. Palmer, Philip Sherrard, Kallistos Ware, Faber & Faber, 2023.

unbedingt zu würdigen. Er war es, der bei der Überarbeitung der vorläufigen Übersetzungen für die Bände zwei, drei und vier die Hauptarbeit leistete. Gleichzeitig wurde mir die viel leichtere Aufgabe zuteil, die einleitenden Anmerkungen vor den Texten der einzelnen Autoren sowie die Fußnoten (mit Ausnahme derjenigen, die sich mit der Numerologie befassen) zu erstellen. Philips Überarbeitung wurde einer gründlichen Überprüfung durch die beiden anderen Herausgeber unterzogen, und wir haben viele Änderungen vorgenommen; aber ohne die vielen Tausend Stunden akribischer Arbeit, die er bereits in die Vorbereitung der englischen Version gesteckt hatte, wären wir erheblich langsamer vorangekommen. Das Glossar am Ende jedes Bandes haben Philip und ich gemeinsam verfasst, mit vielen Verbesserungsvorschlägen von Gerald.

Die Fertigstellung seines Anteils an der Übersetzung der *Philokalie* verlangte Philip echte Opfer ab. Vor allem in seinen letzten Lebensmonaten ging er bei der Arbeit am Material für Band fünf bis an die Grenze seiner Kräfte. Leider hielt ihn dies von seinem eigenen Schreiben ab. Auch wenn wir das alle nur bedauern können, zeigt dies doch zugleich sein großes Engagement für die englische *Philokalie.* Ich persönlich habe aus der Arbeit mit Philip an der Übersetzung mehr gelernt, als ich sagen kann. Oft haben wir stundenlang über einen einzigen Satz oder sogar ein einziges Wort diskutiert. So anstrengend diese Sitzungen auch waren, sie haben mich den Wert von Worten auf eine Weise zu schätzen gelehrt, wie ich dies vorher nie vermochte. Immer wieder erkannte ich in Philip einen wahren Meister seines Fachs.

In einem Gespräch mit Owen Barfield bezeichnete C.S. Lewis die Philosophie einmal als „Thema". Für Platon war sie kein *Thema*, erwiderte Barfield, „sie war ein *Weg.*"[55] Das war auch Philips Sichtweise. Er betrachtete Philosophie und Theologie immer als „Weg", und dies galt insbesondere für seine Einstellung zur *Philokalie.* Zu Beginn des ersten Bandes unserer englischen Übersetzung bezeichnet er die *Philokalie* in der allgemeinen Einleitung, für die Philip den ersten Entwurf erstellte, als „aktive Kraft, die einen spirituellen Weg offenbart und den Menschen dazu bringt, ihm zu folgen". Das Werk, so betont er, vermittelt nicht einfach nur „Informationen", sondern ruft uns zu einem „radika-

55 Wilson, A. N.; *C.S. Lewis: A Biography*, HarperCollins 1990, S. 108.

len Wandel des Willens und des Herzens“ auf.[56] Hier wird einmal mehr deutlich, dass Philip die doktrinelle und spirituelle Tradition der Orthodoxie nicht nur theoretisch und historisch, sondern als lebendige Realität verstanden hat. Als Übersetzer betrachteten wir drei die *Philokalie* nicht als Stimme aus ferner Vergangenheit, sondern als praktischen Leitfaden für alle, die in diesem Moment auf dem spirituellen Weg sind. Wie bei vielen großen Werken, einschließlich der Bibel, wird sich der wahre Wert der *Philokalie* nur denen erschließen, die danach suchen.[57]

Ich bin froh, dass einige unserer Redaktionssitzungen bei der Übersetzung der *Philokalie* auf dem Athos im serbischen Kloster Chilandar stattgefunden haben. Durch die gemeinsame Teilnahme am täglichen Gebet auf dem Heiligen Berg, und sei es auch nur für wenige Wochen, konnten wir drei den inneren Geist der *Philokalie* auf eine Art und Weise verstehen, wie es uns sonst nicht möglich gewesen wäre. Aber es hat mir auch geholfen, noch viel besser als bisher zu verstehen, was Griechenland und die Orthodoxie in Philips persönlichem Leben bedeutet haben. Der Athos hatte, wie bereits gesagt, einen besonderen Platz in seinem Herzen. Bei unseren täglichen Spaziergängen auf den verlassenen Pfaden des Athos und unseren abendlichen Gesprächen auf dem Balkon in Chilandar wurden die spirituellen Werte, die ihm am wichtigsten waren, für mich spürbar. In solchen persönlichen Gesprächen, die lang und tiefgründig waren, konnte man Philips Brillanz, die Feinsinnigkeit und Vielfältigkeit seines Denkens am besten erkennen. Wie Kathleen Raine schreibt, lebte „Philipp in einer reichen Ideenwelt, die eines antiken Athens würdig war“[58] – und, wie wir hinzufügen könnten, eines christlichen Kappadokiens zur Zeit des Heiligen Basilius des Großen oder eines Byzanz zur Zeit von Theodoros Metochites und des Heiligen Gregorios Palamas.

„Denn alles, was lebt, ist heilig“: Blakes Satz, den Philip als Titel seines Vortrags von 1994 verwendete, fasst sein zentrales und vorherrschendes Anliegen zusammen. Menschen, die ihn nur aus seinen Schriften kannten, die bisweilen leidenschaftlich und polemisch sein konnten,

---

56 *The Philokalia*, Vol. 1, Faber & Faber 1979, S. 13.

57 In deutscher Übersetzung ist die Philokalie erschienen als: *Philokalie der heiligen Väter der Nüchternheit*, 6 Bände (5 Bände plus Registerband), Schriftleitung Gregor Hohmann (Hrsg.), Dietmar Süssner, Verlag Der christliche Osten 2004-2016 (Anm. d. Ü.).

58 Raine, *Philip Sherrard*, S. 19.

haben vielleicht nicht immer erkannt, wie tief sein Respekt und seine Ehrfurcht vor allen Dingen und allen Personen waren, wie sanftmütig und bescheiden er war, wie sensibel für die Not oder Unsicherheit anderer, wie sehr bereit, zuzuhören und zu antworten. Er war ein äußerst unterhaltsamer Gefährte, ein großzügiger und warmherziger Freund.

Bishof Kallistos (Ware) von Diokleia

KAPITEL EINS

Bedeutung und Notwendigkeit heiliger Tradition

Seit den 1990er Jahren ist nur allzu deutlich geworden, dass wir durch unser Bekenntnis zu den vorherrschenden materialistischen und mechanistischen Philosophien, die den Kurs unserer sogenannten „Naturwissenschaften“ bestimmen, sowie zu deren Auswirkungen auf technischem, industriellem, politischem, wirtschaftlichem, edukativem und praktisch jedem anderen Gebiet eine Gesellschaft geschaffen haben, die menschliches und natürliches Leben in allen seinen Aspekten entweiht und verstümmelt. Zugleich ist ebenso klar geworden, dass die in diesen Philosophien verankerten Werte völlig nutzlos sind, wenn es darum geht, die Probleme zu lösen, die wir durch unser Bekenntnis zu diesen Philosophien geschaffen haben. Wir können die Ausbreitung von bewaffneten Konflikten und Massenmord nicht verhindern, solange wir die Produktion und den Verkauf von tödlichen Waffen nicht als eine unmenschliche Form von Kriminalität und Heuchelei betrachten, sondern als etwas, das Nationalstaaten und ihre menschlichen Arbeitskräfte völlig legitim betreiben können, um ihre Wirtschaft zu stützen. Auch der Kampf gegen Umweltverschmutzung und Hungersnöte hat keine Aussicht auf Erfolg, solange die Mittel, mit denen er geführt wird, eben jene „Produktionslogik“, jene marktwirtschaftlichen Verkaufstechniken und jenen rücksichtslosen Ausbeutungswettbewerb beinhalten, die diese ökologischen und gesellschaftlichen Katastrophen überhaupt erst hervorgebracht haben. Schlimmer noch, wir müssen erkennen, dass es bloße Wortspielerei ist, wenn wir, wie geschehen, von unserer Kultur sprechen und damit eigentlich den Luxus einiger weniger meinen, an dem die Mehrheit nicht teilhat und der sie kaum interessiert, um damit das Fehlen echter schöpferischer Lebendigkeit zu kaschieren. Kurzum, man kann ohne Übertreibung sagen, dass unser Bekenntnis zu diesen Philosophien uns auf einen Zustand des spirituellen, mentalen und kulturellen Verfalls zurückgeworfen hat, für den sich in der Geschichte der Menschheit kaum eine Parallele finden lässt.

Was bedeutet das? Oder anders gefragt: Wenn die Werte, mit denen wir unseren jetzigen Zustand herbeigeführt haben, offensichtlich so katastrophal sind, welche Werte sollen wir dann an ihre Stelle setzen? Was zeichnet die Kulturen aus, die sich einen Sinn für das Leben bewahrt haben, der uns anscheinend verlorengegangen ist? Gibt es in den von uns so bezeichneten großen Kulturen der Welt ein Element, das in unserer heutigen Kultur, wenn wir sie denn überhaupt noch so nennen können, nicht oder zumindest nicht überzeugend vorhanden ist?

Nach der Kunst dieser Kulturen zu urteilen, müssen wir sagen, dass es dieses Element gibt; denn ob wir nun von der Kunst der antiken griechischen Welt, von der Kunst Indiens, der islamischen Welt oder von der Kunst unserer eigenen christlichen Welt bis hin zur Renaissance sprechen, wir sprechen immer von einer religiösen Kunst. Das heißt, es handelt sich um eine Kunst, die sich dem Ausdruck oder der Offenbarung von Wirklichkeiten widmet, die über das Menschliche oder Natürliche hinausgehen, von Wirklichkeiten, die wir mit dem Wort „spirituell" bezeichnen. Es ist eine Kunst, die davon ausgeht, dass es eine Welt spiritueller Archetypen, wie wir sagen könnten, oder ewiger Harmonie gibt, die der Struktur der natürlichen oder physischen Welt zugrunde liegt und die der Ursprung des Lebens und der Aktivität ist, von denen diese Welt abhängt.

Die Kunst dieser Kulturen zielt also darauf ab, uns das Wesen der spirituellen Wirklichkeiten, die dem menschlichen und allem anderen Leben zugrunde liegen und sich in ihm manifestieren, zu offenbaren und so anschaulich wie möglich zu machen. Sie soll dem Menschen bei seinem zentralen Anliegen helfen, dem alles andere untergeordnet ist: bei seiner Suche nach Gemeinschaft und Harmonie mit diesen Wirklichkeiten. Denn wenn das, was durch diese Gemeinschaft und Harmonie erkannt und erfahren werden soll, als Ursprung aller Lebendigkeit und allen Sinns, aller Inspiration und Schönheit gilt, als das, was tatsächlich einzig wahrhaft wirklich ist, dann wäre es ein seltsamer Mangel an

Urteilsvermögen, dies nicht zum zentralen Anliegen seines Lebens zu machen. Und die Kunst ist ein wichtiger Aspekt dieses Anliegens. Sie ist ein wichtiger Bestandteil eben jener Gemeinschaft und Harmonie, die sie fördert. Wenn sie Gefühle weckt, soll sie doch auch Wissen vermitteln. Wenn sie sich des Natürlichen und Menschlichen bedient, ist sie doch auch die Erschließung – die Wissenschaft – des Übernatürlichen und mehr als Menschlichen.

Was unserer Kultur verlorengegangen ist oder das ihr fehlende Element, ist also im Grunde die Anerkennung und Erkenntnis der Wirklichkeiten der spirituellen Welt und damit die Gemeinschaft mit ihnen. Das heißt, es ist das religiöse Empfinden und Verständnis des Lebens. Denn auch wenn wir von Archetypen und metaphysischen Prinzipien sprechen und anerkennen, dass diese die Kunst der großen Kulturen der Menschheit prägen, ist es uns doch zumeist unmöglich zu verstehen, was damit gemeint ist, außer auf abstrakte und theoretische Weise. Es ist uns zumeist unmöglich, mit der ganzen Intensität, die sie besitzen muss, eine Wirklichkeit zu erfahren, die über das Menschliche hinausgeht.

Die den Kulturen, in denen wir eine Qualität erkennen, die sich uns heute entzieht, zugrundeliegenden religiösen Mythen sind für die Menschen dieser Kulturen nicht bloß menschliche Erfindungen, sondern Symbole und Bilder, die einen direkten und ständigen Umgang mit den universellen Prinzipien des Lebens ermöglichen. Und wenn diese Menschen sich so sehr mit solchen Bildern und Symbolen beschäftigen, dass sie nicht nur ihre Riten und Kultstätten damit füllen, sondern sie auch auf ihre Töpferwaren malen, sie in ihre Kleidung einweben, sie in ihren Liedern besingen, nach ihnen tanzen, ihre Felder nach ihrem Muster anlegen, sie in Felsen und Bäume ritzen und sie sogar in ihr eigenes Fleisch schneiden, dann deshalb, weil sie erkennen, wie sehr ihre eigene Existenz und die Existenz der Kultur, von der jeder von ihnen wie von einem lebendigen Organismus ein Teil ist, von dieser Verbindung abhängen. Und doch ist es unmöglich, bei einer breiten Mehrheit von uns ein Interesse für diese Bilder und Symbole zu wecken.

Eine ganze Seelensprache, eine ganze spirituelle Wissenschaft ist uns verlorengegangen, und das bedeutet, dass wir im Großen und Ganzen nicht nur diese Bilder und Symbole nicht kennen, sondern auch die

Wirklichkeit der Archetypen, deren Ausdruck sie sind. Diese Unwissenheit ist heute in unserem Bildungswesen, in unserer Wissenschaft, in unserer Kultur, im Pseudowissen der Gebildeten, in der Pseudoskepsis der Ungebildeten und in der ganzen verwirrenden Phantasmagorie, die unsere ihres Erbes beraubte Welt kennzeichnet, weit verbreitet. Das wäre vielleicht nicht sonderlich von Bedeutung, wenn die fragliche Wirklichkeit nur eine unter vielen möglichen Wirklichkeitsebenen wäre, die alle gleichwertig oder neutral sind. Aber wenn das, worum es geht, eine Frage der Existenz ist – unseres Lebens oder Todes – und wenn es sich bei dem, was verlorengegangen ist, um die Fähigkeit handelt, Gemeinschaft mit den Ursprüngen zu haben, von denen diese Existenz abhängt, dann hat das für uns eine nicht von der Hand zu weisende Konsequenz. Wenn die Werte, nach denen wir die moderne Welt gestaltet haben, zu dieser Situation geführt haben, ist es ganz gewiss wichtig, dass es zu einer Neubewertung und, wenn es noch nicht zu spät ist, zu einem grundlegenden Sinneswandel kommt.

Neubewertung und Sinneswandel welcher Art? Zunächst müssen wir hier eine Unterscheidung treffen zwischen den verschiedenen Arten des Sehens und Verstehens und ebenso zwischen den Wirklichkeitsebenen, auf die sie sich jeweils beziehen. Diese Erkenntnis ist unerlässlich, wenn wir erstens verstehen wollen, warum wir auf eine derartige geistige Armut geschrumpft sind, und zweitens, unter welchen Voraussetzungen wir ihr zu entkommen vermögen.

Diese Unterscheidung können wir mithilfe von Herakleitos vornehmen. Laut Herakleitos besitzen wir zwar alle einen gemeinsamen Logos – ein gemeinsames Prinzip göttlicher und schöpferischer Weisheit –, aber die meisten Menschen leben so, als hätten sie ein persönliches Verständnis der Dinge. Mit anderen Worten: Es gibt ein überindividuelles Wissen oder eine überindividuelle Weisheit, über die alle Menschen verfügen, die bei klarem Verstand sind; und es gibt eine rein individuelle Vorstellung von den Dingen, nach der die Menschen leben, wenn sie nicht bei klarem Verstand sind.

Platon greift diese Unterscheidung auf und entwickelt sie weiter. Er spricht von dem, was immer wirklich ist und kein Werden hat, und von dem, was immer im Werden und nie wirklich ist. Ersteres ist die Welt der unsichtbaren und göttlichen Ideen, die nicht als statische Abstraktionen oder Begriffe betrachtet werden dürfen, sondern als dynamische Energien, deren sichtbarer und sich verändernder Teil nur die äußere Form oder Erscheinung ist. Zweiteres ist eben die sichtbare und sich verändernde Welt, die für sich betrachtet keine absolute Wirklichkeit hat, da sie nur die Wirkung oder äußere Manifestation des Unsichtbaren und Unveränderlichen ist. Das Zweite unabhängig von seiner Beziehung zum Ersten zu betrachten, ist in etwa so, als würde man den Schatten ohne Bezug zu dem Gegenstand betrachten, der ihn wirft. Der Schatten hat natürlich eine gewisse Realität, aber es wäre äußerst töricht zu behaupten, er besäße diese Realität von sich aus und unabhängig von seinem Gegenstand.

Diesen beiden Ebenen der Wirklichkeit, der intelligiblen und der sinnlichen, entsprechen die beiden Arten des Wissens, die Herakleitos beschreibt: das axiomatische und universelle Wissen der ersten Prinzipien und das sich ständig verändernde und mutmaßliche Wissen der Ungewissheiten. Das Erstere, das sich auf das bezieht, „was immer ist und nicht beginnt“, nennt Platon Wahrheit, während das Zweitere, das sich auf das bezieht, „was beginnt und vergeht“, Ansichtssache ist. Tatsächlich ist Zweiteres gar kein eigentliches Wissen, denn, so betont Platon, Wissen über Dinge, die sich verändern, verändert sich ebenfalls, wenn sich die Dinge verändern; und wenn diese Veränderung des Wissens von einem Ding zum anderen immer weitergeht, gibt es zum Zeitpunkt der Veränderung überhaupt kein Wissen und somit auch niemanden, der weiß, und nichts, was man wissen kann. Daraus folgt: „Alles wahre Wissen hat mit dem zu tun, was farblos, gestaltlos und unberührbar ist … nicht das Wissen, dem ein Werden zukommt, nicht das, das immer ein anderes ist, je nachdem es an einem anderen der Gegenstände haftet, die wir jetzt seiende nennen, sondern das andere, das dem wesenhaften Sein anhaftende Wissen.“[59]

Christliche Autoren sprechen in gleicher Weise von diesen verschiedenen Wirklichkeitsebenen und von den zwei Arten des Wissens, die diese kennzeichnen. „Denn nur das ist wirklich, was ohne Veränderung

59 Platon, *Phaidros*, 247C 6-8, D7-E2. (Die deutsche Übersetzung hier fußt auf der bearbeiteten deutschen Übersetzung von Ludwig Georgii in *Platons Werke*, erste Gruppe, erstes und zweites Bändchen, Stuttgart 1853, https://web.archive.org/web/20150503053752/http://www.opera-platonis.de/Phaidros.html; Anm. d. Ü.)

bleibt“, schreibt Augustinus[60]; und unterscheidet im Weiteren zwischen der „schauenden Erkenntnis der ewigen Dinge“ und der „Verstandeserkenntnis der zeitlichen Dinge“.[61] „Ewige Dinge“ sind das, was Augustinus an anderer Stelle „Urformen oder feststehende, unverrückbare Sachverhalte“ nennt, „die an sich nicht geformt und daher in ihrer Seinsart – so wie sie sind – ewig und verbleibend im göttlichen Verstand begründet sind. Da [sie] weder entstehen noch vergehen, erklärt man sie mit vollem Recht als Urbilder für die Formung alles dessen, was entstehen und vergehen kann, sowie für alles, was tatsächlich entsteht und vergeht.“[62]

Nach Maximus Confessor ist die Vielfalt dieser kausalen Formen – er nennt sie *logoi* – in der einen göttlichen und universalen Intelligenz, das heißt im göttlichen und universalen Logos, verwurzelt. Jedes geschaffene Ding wird sowohl in Bezug auf sein Wesen als auch in Bezug auf sein Werden durch seine bestimmte kausale Form definiert, die ihrerseits von dieser göttlichen Intelligenz oder dem Logos umfasst wird.[63] Oder, wie es Dionysios Areopagites ausdrückt: „Gott verleiht allen Dingen seine Schau, Gemeinschaft und Ähnlichkeit, entsprechend der göttlichen Idee eines jeden Wesens“.[64]

So sind alle Dinge auf verschiedene und vielfältige Weise dem Göttlichen immanent. Dies verleiht der Welt ihre wesentliche Einheit, da ihre Verschiedenartigkeit und Ausdifferenzierung in derselben göttlichen Intelligenz verwurzelt sind. Mit anderen Worten: Es gibt eine große Spiegelung des Intelligiblen im Sinnlichen und des Sinnlichen im Intelligib-

60 *Confessiones* VII, 11, 17. (Die deutsche Übersetzung hier fußt auf Otto F. Lachmann, *Die Bekenntnisse des heiligen Augustinus*, https://www.ub.uni-freiburg.de/fileadmin/ub/referate/04/augustinus/lachmann.pdf; Anm. d. Ü.)

61 *De Trinitate* XII, 15, 25. (Die deutsche Übersetzung hier fußt auf Augustinus von Hippo, *Fünfzehn Bücher über die Dreieinigkeit (De Trinitate)*, Bibliothek der Kirchenväter, https://bkv.unifr.ch/de/works/cpl-329/versions/funfzehn-bucher-uber-die-dreieinigkeit/divisions/171; Anm. d. Ü.).

62 *De Diversis Quaestionibus Octoginta Tribus* 46. (Die deutsche Übersetzung hier ist entnommen Aurelius Augustinus, *Dreiundachtzig verschiedene Fragen*, zum ersten Mal in deutscher Sprache von Carl Johann Perl. Ferdinand Schöningh 1972.

63 *Ambigua* 7; PG 90, 1071C, 1091BC, 1084CD. (Die deutsche Übersetzung hier folgt der englischen Übersetzung von Philip Sherrard; Anm. d. Ü.).

64 *Divine Names* 1, PG 3, 588D. (Die deutsche Übersetzung hier folgt der englischen von Philip Sherrard, da in diesem Wortlaut nicht zu finden in *Des heiligen Dionysius Areopagita angebliche Schriften über „Göttliche Namen“; Angeblicher Brief an den Mönch Demophilus*, aus dem Griechischen übers. von Josef Stiglmayr. [*Des heiligen Dionysius Areopagita ausgewählte Schriften* Bd. 2; Bibliothek der Kirchenväter, 2. Reihe, Band 2] Kempten; München: J. Kösel: F. Pustet, 1933; ähnlich in Kapitel 1, §2; Anm. d. Ü.).

len. Die intelligible Welt enthält die Ursachen der sinnlichen Welt und spiegelt sich in ihr wider, während jedes sinnliche Ding ein Symbol der intelligiblen Welt und in ihr gnostisch präsent ist. Durch das Sinnliche können wir das Intelligible wahrnehmen, vorausgesetzt, wir haben unsere Wahrnehmungsorgane gereinigt. Aber jegliche wirkliche Erkenntnis über die sinnlichen Wirklichkeiten muss sich vollständig nach unserer Erkenntnis über ihre intelligible oder spirituelle Essenz richten. Ja, man kann sogar sagen, dass alle, die nur das Sinnliche sehen, in Wirklichkeit gar nichts sehen.

Der Irrtum besteht also in der Vorstellung, sinnliche Dinge seien die einzige Wirklichkeit oder könnten ohne Bezug zu intelligiblen Dingen erkannt werden – wir könnten den Schatten ohne Bezug zu dem Gegenstand, der ihn wirft, wirklich verstehen. Das stellen wir uns vor, wenn das Licht göttlicher Erkenntnis in uns verdunkelt ist und wir nur noch über die Erkenntnisse verfügen, die unser individueller und natürlicher Verstand aus den sinnlichen Dingen zu erlangen vermag. Da, wie Aristoteles bemerkt, das Reich der Sinne ein unbedeutender Teil des Ganzen ist und dieser Teil nicht ohne Kenntnis des Ganzen erkannt werden kann, folgt daraus, dass die Erkenntnisse, die wir daraus abzuleiten meinen, wenn wir versuchen, es ohne Kenntnis des Ganzen zu erkennen, nur Vermutungen sind.

Es lohnt sich, genauer darüber nachzudenken, was mit dem Verlust göttlicher Erkenntnis verbunden ist, denn dies ist für die These dieses Kapitels entscheidend. Der erste Punkt, den es zu betonen gilt, ist die Unterscheidung zwischen zwei Fähigkeiten im Menschen: dem spirituellen Intellekt und der natürlichen Vernunft. Der spirituelle Intellekt ist das, was die oben erwähnten christlichen Autoren als das „gottähnliche" Vermögen im Menschen bezeichnen, der göttliche Geist, der uns bei unserem Schöpfungsakt eingehaucht wurde, die Vollendung des göttlichen Bildes, nach dem wir geschaffen sind und das, was wir in unserem tiefsten Inneren sind. Er ist das „geheimnisvolle Seelenauge", mit dem Augustinus „das Licht, das sich niemals verändert" schaute; und er kann, wie Bernhard von Clairvaux ihn definiert, „als die wahre, untrügliche Intuition der Seele, das unverzügliche Erfassen der Wahrheit" bezeichnet werden. Er unterscheidet sich von der Vernunft dadurch, dass er seinen Sitz nicht im Kopf, sondern im Herzen hat; ferner unterscheidet er sich von der Vernunft dadurch, dass er nicht lediglich ein Einstufungsvermögen ist, sondern der Spiegel der göttlichen Intelligenz, die ihn mit der Erkenntnis erfüllt, in deren Licht er die zugrunde liegende spirituelle Identität der sichtbaren, materiellen Dinge wahrnimmt.

Diese Erkenntnis, in deren Licht der spirituelle Intellekt äußere Objekte erkennt, umfasst die schöpferischen Ideen, die archetypischen *Logoi* oder Ursachen, deren Manifestation die sichtbaren Dinge sind. Was in einer solchen Idee gesehen wird, ist keine Abstraktion, kein Begriff und keine Analogie, die durch Tätigkeit der Vernunft von einem äußeren Objekt abgeleitet wird. Im Gegenteil, sie ist die geistige Energie, die vom Göttlichen ausgeht und durch die etwas seine Existenz erhält, eine Energie, die sich in sichtbarer Form manifestiert. Der spirituelle Intellekt erkennt also alle sichtbaren Dinge dadurch, dass er ihre Ursachen erkennt, dadurch, dass er an den Ideen oder Energien teilhat, deren Manifestation sie sind. Er ist in der Lage, das intelligible und innere oder wirkliche Wesen von allem, was ist, unmittelbar zu erkennen, wobei die sinnlich wahrnehmbare Form nur dessen äußere Manifestation ist. Seine Erkenntnis erfolgt durch spirituelle Erfahrung und Intuition und nicht durch Begriffe und diskursive Überlegungen. Um noch einmal Maximus zu zitieren: „Die unmittelbare Erfahrung einer Sache verdrängt den Begriff, der diese Sache darstellt. Erfahrung nenne ich tätiges Wissen, das jenseits aller Begriffe stattfindet. Intuition nenne ich die Teilhabe an dem erkannten Gegenstand auf einer Ebene jenseits allen Denkens.“[65]

Der zweite Punkt, der betont werden muss, ist, dass dieser spirituelle Intellekt in uns nicht wirksam werden oder erwachen kann – wir können seiner Aktivität nicht teilhaftig werden –, wenn wir uns nicht zuallererst von fremden, feindlichen Anhaftungen und Überzeugungen, falschen und egozentrischen Ideen und Gewohnheiten befreien und uns dem ergeben, was über uns hinausgeht, dem Ursprung des Lichts und der göttlichen Ideen, die erst dann unseren Geist erleuchten können. Wenn der Geist von diesem Ursprung abgeschnitten ist, wenn er seine Wurzeln im Herzen verloren hat (und das ist die Verfassung unseres „[Sünden-] Falls“ und unseres „gefallenen“ Zustands), gehen unsere Erfahrung und unser Gespür für das, was immer ist, wirklich und unveränderlich, ver-

65 *Questiones ad Thalassium* 60, PG 90, 642AB. (Die deutsche Übersetzung hier folgt der englischen Übersetzung von Philip Sherrard; Anm. d. Ü.).

loren. Dann sind nur noch rein mutmaßliche und hypothetische Theorien über Dinge möglich. Uns bleibt eine Art Pseudowissen, nicht das eigentliche Wissen.

Zugleich erkennen wir uns selbst nicht mehr, denn nur über den Intellekt können wir den Kern und die Substanz dessen, was wir sind, wahrnehmen, und da dieser nun in uns verdunkelt ist, können wir nur eine oberflächliche und zufällige Meinung über uns haben. Bevor wir irgendetwas im eigentlichen Sinne erkennen können, müssen wir zuerst uns selbst erkennen, denn wenn wir dies durch die Intuition des Intellekts über die geistige und schöpferische Energie, die uns zu dem macht, was wir sind, nicht erkennen, können wir niemals die Energien oder Ursachen erkennen, durch die alles andere entsteht. Deshalb besteht die Voraussetzung für jegliche echte Erkenntnis in der Läuterung unserer selbst bis zu dem Punkt, an dem unsere Intelligenz wieder für das Licht der Göttlichen Intelligenz, für die Gnade Gottes, empfänglich wird, bis zu dem Punkt, an dem der Verstand, der Satellit des Herzens, zum Herzen zurückgeführt wird, wo er wahrhaftig im Ursprung des Lichts verwurzelt ist und dessen Kraft ihm erst das volle Leben einflößt.

Dann richtet der in uns wiedererweckte Intellekt uns auf das Göttliche und das Universelle aus. Wenn er für die göttliche Intelligenz wieder transparent geworden ist, sehen und erkennen wir uns selbst und sehen und erkennen wir alles andere im reinen Spiegel des Intellekts. So sind wir in der Lage, uns selbst und alles andere auf unseren und seinen überindividuellen Ursprung, den Göttlichen Logos, zu beziehen. Verlieren wir diesen Kontakt zum und die Teilhabe am Logos, beziehen wir, eingeschlossen in unser individuelles Selbst und das damit verbundene Ich-Bewusstsein, alle Dinge auf uns selbst als das Endgültige und betrachten uns als autarke Wesen. In Gott frei erschaffen, versuchen wir, in unserem *Proprium*, in dem, was uns vermeintlich ausmacht, in unserem Ich frei zu sein. Wir begehen eine Art Glaubensabfall, eine Verleugnung dessen, was über uns steht, die Sünde des Stolzes, die rasch in Gier umschlägt: die Sünde Adams.

Unser Verstand, der seine eigene Meinung dem allgemeinen und universellen Logos vorzieht, möchte alles für seine Zwecke und zu seinem Vergnügen nutzen. Im Bewusstsein seiner Macht über die materiellen Dinge wendet er sich ihnen zu und erzeugt zunächst in sich selbst ihre

Sinneseindrücke, um dann durch einen Abstraktionsprozess Bilder und Begriffe von ihnen zu bilden. Es findet eine Art geistige Unzucht statt, bei der sich der Verstand in einem Wirrwarr von Begriffen und Bildern verliert, die er teilt, vervielfacht, zusammenzieht, vergrößert, ordnet und durcheinanderbringt, und dies *ad infinitum*.

All das ist die natürliche und unvermeidliche Folge unseres Verlusts der Teilhabe an der göttlichen Intelligenz. Nicht mehr in der Lage, unsere Abhängigkeit von dem, was größer ist als wir, zu erkennen, betrachten wir uns nun als unabhängig und autark; wir wollen alles für uns, und da wir nur die materielle Welt zur Verfügung haben, wenden wir uns ihr zu und benutzen sie, nicht als Instrument, durch das wir das Göttliche zu schauen und zu verherrlichen vermögen, sondern als etwas, das wir ausbeuten können, um alle Bedürfnisse und Begierden unseres aufgeblasenen und egozentrischen Selbst zu befriedigen.

Anhand der drei Krisen der europäischen Neuzeit, die wir immer noch als Renaissance, Reformation und Aufklärung bezeichnen, lässt sich die Bewegung eines Verstandes nachvollziehen, der mit der Realität einer spirituellen oder metaphysischen Ordnung gebrochen und zunehmend seine Autarkie behauptet hat. Beginnend mit der bereits in den Werken einiger scholastischer Philosophen zum Ausdruck kommenden Leugnung, dass wir durch unmittelbare intellektuelle Schau den göttlichen Ursprung unserer Existenz und damit den göttlichen Ursprung alles Erschaffenen wahrnehmen können, besteht die erste Etappe dieser Bewegung in der Behauptung, der menschliche Verstand könne ohne Bezug auf göttliche Erkenntnis eine gültige Form von Erkenntnis erlangen. Dadurch nimmt eine rein relative und individuelle Fähigkeit die Stelle des auf Gott ausgerichteten Intellekts ein.

Zur Zeit von Descartes ist dieser Prozess abgeschlossen. Der menschliche Verstand ist in der Lage, so heißt es, eine gültige Form von Erkenntnis zu formulieren, nicht nur ohne Bezug auf göttliche Erkenntnis, sondern auch ohne Bezug auf die sinnliche Welt und ihre Erscheinungen. Der menschliche Verstand wird zum autarken Vermittler von Erkenntnis. Schließlich orientiert sich der menschliche Verstand im Zuge dieser Abwärtsbewegung zunehmend nicht mehr an den Ideen, die dem universellen Logos entspringen, sondern an den frei erfundenen Aussprüchen des oder der Philosophen, die gerade in Mode sind, an Aussprüchen, die immer mechanischer und banaler werden, je mehr der menschliche Verstand sein göttliches Erbe verleugnet.

Es geht nicht mehr um Wahrheit in einem absoluten Sinne, sondern nur noch um Theorien, die nichts weiter sind als die konzeptualisierten Fantasien von Menschen, die den Bezug zu einer echten Realität, sei sie nun physisch oder metaphysisch, verloren haben. Unter diesen Umständen ist es unvermeidlich, dass diese Theorien so zahlreich sind und sich so schnell ändern, wie die Menschen, die sie aufstellen. Da der Intellekt verdunkelt und die Vernunft immer mehr in den Dienst materieller Ziele gestellt wird, verwundert es nicht, dass die letzte Stufe dieser geistigen Verirrung ein Angriff auf den menschlichen Verstand an sich ist, und zwar nicht im Namen dessen, was ihm überlegen ist, sondern als Appell an die unterbewussten und subjektiven Welten der Pseudomystik, der Sinnesempfindung, der Psychologie, des Okkultismus und vieler anderer Dinge von ebenso anti-spiritueller Natur.

Was uns also plagt, die Ursache unserer Verwirrung, unserer Angst, unserer Schuldgefühle und unserer Verzweiflung, ist in erster Linie eine Verwirrung unseres Denkens, eine Krankheit des Geistes. Sie begann mit einem Glaubensabfall des Verstandes und hat sich wie ein langsames Gift über das ganze Leben ausgebreitet. Die grundlegenden Hierarchien unseres Seins sind auf den Kopf gestellt, und die ursprünglichen Beziehungen, die uns mit den Energiequellen verbinden und die volle Entfaltung unserer Möglichkeiten gestatten, sind zerstört worden. Wir haben uns auf einen Bruchteil dessen reduziert, was wir sind, und unsere Vorstellung von der Welt auf eine bloße Karikatur. Erfüllt von einer ungeheuren Sinnlosigkeit und einer verabscheuungswürdigen Schläue weiten wir unseren Eroberungszug aus und verteilen unseren Reichtum über die Wüsten der materiellen Welt, haben aber keine Kraft, uns mit den Wirklichkeiten auseinanderzusetzen, in deren Gemeinschaft allein unsere Existenz Bedeutung erlangt. Wir sind zwar bestens gerüstet, uns gegenseitig zu bekämpfen, aber wehrlos gegenüber der schrecklichen Strafe, die allen bestimmt ist, die ihrem Schöpfer und Erlöser ebenjenen Tribut der Liebe, ebenjene Geste des Vertrauens verweigern, ohne die niemand leben kann.

Ein solcher Niedergang in Irrealität und Bedeutungslosigkeit ist unausweichlich, sobald sich die Formen und Werte, die eine Gesellschaft prägen, von ihren Archetypen in der spirituellen Welt lösen oder vielmehr, wenn das Denken und Handeln der Mitglieder dieser Gesellschaft nicht mehr auf einem religiösen Empfinden und Verständnis des Lebens sowie auf den dementsprechenden Praktiken beruht. Dies ist lediglich eine andere Formulierung dafür, dass ein solcher Niedergang unausweichlich ist, sobald Denken und Handeln der Mitglieder einer bestimmten Gesellschaft nicht mehr in erster Linie durch die Zugehörigkeit zu einer heiligen Tradition und die Einhaltung ihrer Normen bestimmt werden. Wenn diese Normen für die Mehrheit ihrer Mitglieder nicht mehr gelten, löst sich die Gesellschaft einfach auf. Mit anderen Worten: Die Intaktheit einer Gesellschaft und die Wirksamkeit einer heiligen Tradition für die Gemeinschaft sind untrennbar miteinander verbunden.

Warum ist das so? Heilige Tradition im höchsten Sinne besteht im Bewahren und Weitergeben einer Methode der Kontemplation. Eine Kontemplationsmethode wiederum ermöglicht uns, unser körperliches, psychisches und rein rational schlussfolgerndes Leben zu überwinden, über unsere Empfindungen, Gefühle und argumentative Logik hinauszugehen, um durch intellektuelle Schau eine Erkenntnis des und Gemeinschaft mit dem Göttlichen, dem Ursprung von allem, zu erlangen. Quasi als Begleiterscheinung ermöglicht uns dies, die physischen Dinge als Symbole für das wahrzunehmen, was hinter ihnen liegt. Es ermöglicht uns, das verborgene Wirken der Wirklichkeit zu erkennen, die spirituelle Essenz, die allen Dingen innewohnt und deren sichtbare und greifbare Manifestation sie sind.

Natürlich, so könnte man sagen, können wir das auch selbst erreichen, wenn wir uns dazu berufen fühlen, ohne dass wir dazu eine Tradition mit ihrem Überbau aus metaphysischen oder theologischen Theorien und ihren oft aufwendigen Ritualen bräuchten. Wir müssen einfach nur meditieren, vielleicht sogar beten, oder bestimmte bewusstseinsverändernde Drogen nehmen. Wir können unser Bewusstsein mit rein natürlichen Mitteln erweitern – Mitteln, die in unserer ureigenen Reichweite liegen – ohne auf Mittel zurückzugreifen, die übernatürlich und heilig sein wollen.

Es stimmt, dass wir alle in unserem normalen menschlichen Zustand eine Vorstellung von der Natur, der Wirklichkeit oder dem Sinn des Daseins haben. Wir haben auch eine gewisse Vorstellung von unseren Potenzen und Eigenschaften und davon, wie wir sie am besten entwickeln können. Außerdem signalisiert uns etwas in uns – wir nennen es unser Gewissen –, ob wir richtig oder falsch handeln, obwohl diese Instanz nach den Handlungen zu urteilen, in die wir Menschen nur allzu oft verwickelt sind, häufig ruht oder zumindest ineffektiv ist. Trotzdem gibt es tiefgreifende und entscheidende Aspekte unserer Natur sowie tiefgreifende und entscheidende Potenzen in uns, von denen wir nichts wüssten, wenn wir nicht auf sie hingewiesen würden.

Diese Aspekte und Potenzen sind vor allem mit unserer Beziehung zum Göttlichen und mit der Erkenntnis verbunden, was menschliche Vollendung ausmacht und wie wir sie erlangen können. Das Wesen dieser Beziehung und damit die Erkenntnis, was unsere Vollendung ausmacht und wie wir sie erlangen können, sind Dinge, derer wir nur gewahr werden können, wenn Gott sie uns in einer Form offenbart, die wir zu begreifen vermögen. Ohne eine solche Offenbarung können wir nicht erkennen, worin menschliche Vollendung besteht oder was unsere wahren Potenzen sind, und noch weniger können wir erkennen, wie wir sie zu verwirklichen vermögen; denn unsere menschlichen Potenzen gehen unendlich weit über die Parameter jeglicher Art von Vollendung hinaus, die wir uns aus eigener Kraft vorstellen können oder die ohne göttliche Intervention und Führung zu verwirklichen wäre.

Selbst die absolut entscheidende Tatsache, an der sozusagen das ganze Gesetz und die Propheten hängen, dass wir nämlich zusätzlich zu unserem Vermögen rationaler Schlussfolgerung ein Vermögen der Schau – den spirituellen Intellekt – besitzen, von dessen Verwirklichung unsere Fähigkeit abhängt, direktes Erfahrungswissen über die Wirklichkeit der Dinge zu erlangen, bleibt uns unbekannt, wenn sie uns nicht mitgeteilt wird; ebenso wenig können wir wissen, wie wir dieses Vermögen verwirklichen können, wenn uns dies nicht mitgeteilt wird. Offenbarung ist das einzige uns zur Verfügung stehende Mittel, mit dem wir das ganze Ausmaß dieser Potenzen erfassen und Anleitung dazu erhalten können, wie wir sie entwickeln können. Offenbarung umreißt und beschreibt die Wirklichkeit in einer Weise, die wir begreifen können.

Offenbarung abzulehnen, bedeutet also, die Möglichkeit zur Vollendung des menschlichen Zustands abzulehnen. Es bedeutet sicherzustellen, dass wir an der Erfüllung unserer Rolle als Menschen scheitern.

Umgekehrt werden wir in dem Maße, wie wir uns an die von der Offenbarung vorgegebenen Normen halten, zur Verwirklichung der Potenzen unserer wahren Natur geführt. Da wir nur durch eine solche Verwirklichung die ansonsten unkoordinierten und anarchischen Impulse und Neigungen unseres Wesens integrieren können, bedeutet mithin unser Versagen bei der Einhaltung der von der Offenbarung vorgegebenen Normen, dass wir in einem Zustand von Auflösung und lähmender Frustration leben – in einem Zustand, der sich auch im Zustand der Gesellschaft widerspiegelt, der wir angehören. Ohne die Verwurzelung im gemeinsamen Grund unseres Seins – im universellen Logos – sind wir zu einem Individualismus verdammt, der ebenso trostlos wie selbstzerstörerisch ist.

Die Normen der Offenbarung konstituieren die Normen der Religion oder der heiligen Tradition. Was gerade über die Normen der Offenbarung gesagt wurde, gilt also gleichermaßen für die Normen der heiligen Tradition: In dem Maße, wie wir uns an die Normen der heiligen Tradition halten, werden wir uns nicht nur unserer vollen menschlichen Potenzen bewusst, sondern erhalten auch das notwendige Verständnis und die nötige Führung zu deren Verwirklichung. Umgekehrt verbleiben wir in dem Maße, wie wir die heilige Tradition ablehnen und uns nicht an ihre Normen halten, in einem Zustand der Auflösung, der Frustration und des Elends – ein Zustand, der sich auf unsere Gesellschaft überträgt.

Nur wenn wir unseren egozentrischen Individualismus und das damit verbundene Ich-Bewusstsein überwinden, können wir nicht nur mit uns selbst, sondern auch mit allen anderen Lebewesen, ob Mensch oder Natur, in Harmonie leben. Eine solche Überwindung unseres egozentrischen Individualismus bedeutet nicht, dass wir unsere Individualität als solche abschaffen. Sie bedeutet die Wiedervereinigung unserer Individualität mit ihrem wahren Zentrum und Subjekt, ihrem persönlichen göttlichen Archetyp, durch den wir eine Person und nicht nur ein Individuum sind.

Eine heilige Tradition hat also zwei Hauptaspekte. Den ersten könnte man als gnostischen Aspekt bezeichnen, denn er bezieht sich auf die Erkenntnis darüber, was den vollständig verwirklichten und vollendeten Zustand des Menschen ausmacht, auf die Beziehung zum Göttlichen, die ein solcher Zustand voraussetzt, und auf die entsprechende Beziehung zwischen Gott, uns und der natürlichen Welt, die wir als Kosmologie bezeichnen. Der zweite Aspekt betrifft die Anleitung und die Mittel, wie wir die vollen Potenzen des Menschseins verwirklichen können, was gleichzeitig erfordert, dass wir die richtige Beziehung zu Gott, zu anderen Menschen und zu allen anderen Lebewesen in der natürlichen Welt verwirklichen. Dieser Aspekt kann als der Aspekt spiritueller Praxis oder die spirituelle Methode bezeichnet werden, durch die wir den Zustand der Kontemplation und Verherrlichung erreichen können, in dem Ziel und Zweck der heiligen Tradition vollendet werden.

Bevor von einer heiligen Tradition im eigentlichen Wortsinne die Rede sein kann, müssen diese beiden scheinbar unabhängigen Aspekte Gnosis und Methode so eng miteinander verbunden und aufeinander bezogen sein, dass sie in jeder Hinsicht zwei Aspekte einer einzigen ungeteilten Wirklichkeit darstellen. Es kann keine heilige Tradition geben, wenn der Schwerpunkt gänzlich oder zum größten Teil auf dem bloßen Sammeln von Informationen über das spirituelle Leben liegt, wie es ebenso keine heilige Tradition geben kann, wenn der Schwerpunkt gänzlich oder zum größten Teil auf dem blinden Befolgen einer äußeren Disziplin von Ritualen oder asketischem oder moralischem Handeln liegt. Man kann sagen, dass alle metaphysischen, theologischen oder philosophischen Lehren, die nicht erfahrbare spirituelle Erleuchtung zu ihrem Ziel und Höhepunkt haben, eitle Spekulationen sind, während alle Suche nach mystischen Erfahrungen, die nicht auf solider Lehre beruht, wahrscheinlich in Desaster und Zerfall endet. Die beiden Aspekte Gnosis und spirituelle Praxis, Weisheit und Methode, müssen Hand in Hand gehen und sich gegenseitig ausgleichen.

Das ist ein wichtiger Punkt, den es von vorneherein zu betonen gilt. Möglicherweise unter dem Einfluss der modernen wissenschaftlichen Mentalität, der zufolge Wissen etwas ist, das wir durch Lernen und ganz gewiss ohne rituelle asketische Läuterung erwerben können, haben wir uns die Vorstellung angewöhnt, dies gelte gleichermaßen für spirituelles Wissen. Das heißt, wir neigen zu der Auffassung, durch das Studium der Werke der inspirierten spirituellen Meister und ihrer (Schrift-) Auslegungen könnten wir spirituelles Wissen erlangen, und alle äußeren Aspekte einer spirituellen Tradition – ihre Rituale und ihre asketische

Praxis – seien irgendwie zweitrangig, ja vielleicht sogar völlig unwichtig und daher verzichtbar.

Dem ist ganz und gar nicht so (und die Gründe dafür werden an späterer Stelle in diesem Kapitel noch deutlich werden). Beide sind von gleicher Wichtigkeit. Wissen ohne die dazugehörige rituelle oder asketische Praxis bleibt lediglich abstraktes Wissen, ebenso wie rituelle oder asketische Praxis ohne die dazugehörige intellektuelle Komponente, das Verständnis des inneren Sinns, für spirituelles Wachstum wahrscheinlich unproduktiv bleibt. Bei einer Haltung, die die Bedeutung der gesamten formalen – rituellen, asketischen und zeremoniellen – Seite der Religion herunterspielt, ist immer eine anti-traditionelle oder anti-spirituelle Mentalität am Werk.

Der Aspekt der Gnosis oder Weisheit in einer heiligen Tradition wird durch die sogenannte Doktrin oder Glaubenslehre dargestellt. Natürlich haben alle Religionen eine Glaubenslehre – gerade weil die Doktrin einer Religion scheinbar im Widerspruch zu der einer anderen stehen kann, hat es so viele Religionskriege und so viel Feindseligkeit zwischen Menschen unterschiedlichen Glaubens gegeben. Das hat viele Menschen dazu veranlasst, den Wert der Glaubenslehre insgesamt infrage zu stellen – eine Haltung, die die Einstellung all der Menschen ergänzt, die den Wert religiöser Praxis überhaupt infrage stellen. Doch die Glaubenslehre ist, aus Gründen, die wir bereits gesehen haben, wesentliches Element jeder heiligen Tradition und nicht ersetzbar. Die Frage, warum es in den heiligen Traditionen Abweichungen in der Glaubenslehre gibt, wird in einem späteren Kapitel erörtert.

Das erste konstituierende Element einer heiligen Tradition ist also die Glaubenslehre. Diese Glaubenslehre beinhaltet die Erkenntnis, die Gott durch Offenbarung vermittelt hat, oft in Form eines Heiligen Buches oder mehrerer Heiliger Bücher, und deren Auslegung durch die inspirierten spirituellen Meister der jeweiligen Tradition. Als solche ist sie im streng etymologischen Sinne des Wortes metaphysische Erkenntnis: Sie befasst sich mit dem, was jenseits oder hinter dem physischen oder natürlichen Wissen liegt. Das bedeutet, dass die Lehre einer heiligen Tradition auch jenseits der Naturwissenschaften in all ihren Formen liegt. Es bedeutet, dass sie etwas ist, das vollständig jenseits des Geltungsbereichs der modernen Naturwissenschaften und der modernen wissenschaftlichen Mentalität liegt. Es ist nicht lediglich so, dass die modernen Wissenschaften es bisher versäumt haben, Dinge zu erforschen, die in den Bereich metaphysischer Erkenntnis fallen, weil sie noch nicht so weit fortgeschritten sind, dies aber eines Tages tun werden, wenn sie ihre Forschungen nur entsprechend vorantreiben. Dies ist keineswegs der Fall. Das Gebiet metaphysischer Erkenntnis besteht aus dem, was von Natur aus außerhalb des Geltungsbereichs dieser Wissenschaften liegt und weit über das ihnen Fassbare hinausgeht, ganz gleich, wie weit sie mit ihren Methoden der Analyse und Zergliederung vorstoßen mögen.

Darüber hinaus sind die modernen Wissenschaften stets bis zu einem gewissen Grad von Experimenten abhängig. Metaphysische Erkenntnis ist jedoch im Wesentlichen das, was nicht experimentell oder von außen untersucht werden kann: Sie liegt „jenseits der Physik" und damit auch jenseits des Experiments, jenseits jeder Art von statistischer oder mathematischer Verifizierung oder Beweisführung. Folglich kann der Geltungsbereich jeder Wissenschaft unendlich erweitert werden, ohne dass sie jemals einen Berührungspunkt mit metaphysischer Erkenntnis erreichen würde. Manchen modernen Wissenschaftlern, die behaupten, dass sich zum Beispiel die Quantenphysik dem Stand der östlichen Metaphysik annähert, ist dies offenbar nicht bewusst. Anscheinend erkennen sie nicht, dass Physik per definitionem niemals metaphysisch sein kann – oder zumindest nur dann metaphysisch werden kann, wenn sie aufhört, Physik zu sein. Metaphysische Erkenntnis ist überrationale, intuitive und unmittelbare Erkenntnis; das Gebiet metaphysischer Erkenntnis ist das Gebiet der ewigen und unveränderlichen Prinzipien, die direkt von Gott offenbart wurden und von den Menschen erst dann begriffen werden, wenn sie den Zustand der Kontemplation oder intellektuellen Schau erlangt haben.

Eine solche Schau liegt nicht im Bereich der menschlichen Vernunft. Noch weniger hat sie mit Intuition gemein, wie sie von Philosophen wie Bergson oder Schriftstellern wie D.H. Lawrence verstanden wird, für die Intuition ein rein instinktives und unbewusstes Vermögen ist, das unterhalb und nicht oberhalb der Vernunft liegt und seinen Ursprung in Eindrücken hat, die wir über den Körper und die Sinne aufnehmen, sowie in Gefühlen und Bildern, die durch die Erfahrung unseres physischen Seins und unsere subjektiven emotionalen Reaktionen darauf in uns hervorgerufen werden. Die intellektuelle Schau ist, wie wir gesehen haben, eine Funktion, die zu einem Organ gehört, das der Vernunft übergeordnet ist. Sie gehört zu einer Art transzendentem Intellekt, der die Wahrheiten der spirituellen Welt unmittelbar zu begreifen vermag.

Wie können wir darangehen, das zu erkennen, was jenseits unserer gewöhnlichen oder natürlichen Fähigkeiten liegt? Wie können wir uns über unseren üblichen individuellen Zustand erheben oder darüber erhoben werden, damit wir die auf Erfahrung beruhende Schau der transzendenten Wirklichkeiten erlangen können, eine Schau, die per definitionem überindividuell ist? Mit anderen Worten, wie können wir das Sehorgan erwecken und einsetzen, mit dem wir diese Wirklichkeiten wahrzunehmen vermögen – wie können wir unseren spirituellen und transzendenten Intellekt erwecken und einsetzen?

Die Antwort auf diese Frage führt uns zum zweiten der beiden Aspekte, die, wie ich schon sagte, zusammen eine ganzheitliche und authentische heilige Tradition ausmachen: Gnosis und spirituelle Praxis, Weisheit und Methode. Denn hier kommt ein Einweihungsprozess in den kontemplativen Zustand ins Spiel – der Prozess einer Einweihung, durch die wir, wenn wir ihm bis zum Ende folgen, die spirituellen Wirklichkeiten zu erfahren vermögen, für die die Glaubenslehre Maßstab und Versprechen war.

Einweihung oder Kontemplation hat zum Ziel, den spirituellen Intellekt so weit zu verwirklichen, dass er über seine naturgegebenen Kräfte hinausgeht und an der spirituellen Schau Gottes teilhaben kann. Gott ist Gott, weil Er diese spirituelle Schau besitzt. Um an dieser Schau teilzuhaben, müssen wir von Gott eingeboren – aus dem Geist geboren – und selbst gottähnlich werden. So führt Einweihung unmittelbar zum Gottesbewusstsein, zur Verschmelzung unseres Bewusstseins mit dem Bewusstsein Gottes. Wenn dies geschieht, schauen wir Gott in allen Dingen und alle Dinge in Gott, nicht durch die naturgegebene Sicht unseres Intellekts, sondern weil die Sicht unseres Intellekts nun die ist, mit der Gott die Dinge wahrnimmt. Unser Sehorgan ist zu Gottes Sehorgan geworden.

Man kann also sagen, dass Einweihung zwei Hauptstufen hat. Die erste ist die, in der wir unser eigenes kausales Prinzip zu begreifen beginnen oder uns des göttlichen Bildes in uns bewusst werden. Wir erkennen, dass wir die Gestalt sind, in der ein göttlicher Archetyp sich offenbart. Gleichzeitig erkennen wir, dass jede sichtbare Realität die Gestalt ist, in der das Göttliche sich offenbart. Wir beginnen, Gott in allen Dingen zu schauen. Diese Stufe der Einweihung wird nicht durch irgendeine äußere Handlung erreicht. Sie wird durch einen sich stetig vertiefenden Prozess der inneren Konzentration des Intellekts erreicht, der aus eigenem Antrieb und aus seiner Natur heraus handelt und dabei seine Vorstellungskraft zu Hilfe nimmt.

Sie führt auch an die Grenzen dessen, was wir in Anlehnung an die Terminologie der altgriechischen Initiationsriten als die kleinen Mysterien bezeichnen könnten. Bis hierher geht es nicht darum, mehr als ein natürliches menschliches Individuum oder wirksam im Besitz eines übernatürlichen oder göttlichen Zustands zu sein. Aber wir werden uns zumindest von der Zeit und der scheinbaren Abfolge der Dinge in der Zeit gelöst haben und im Besitz von etwas sein, von dem wir vorher keinerlei Kenntnis hatten – etwas, das man als Ewigkeitssinn bezeichnen könnte. Außerdem, und wichtiger noch: Wenn wir diese Stufe erreicht haben, und nur dann, sind wir in der Lage, uns auf die zweite Stufe der Einweihung zu begeben, die Stufe der größeren Mysterien, die sich durch das Eindringen in übernatürliche, ungeschaffene und göttliche Zustände auszeichnet.

Auf dieser zweiten Stufe der Einweihung transzendiert der Intellekt die Art der Schau, die er in der ersten Stufe erlangt hat, und schaut nicht mehr nur Gott in allen Dingen, sondern schaut jetzt alle Dinge in Gott. Dies kann er nur durch die unmittelbare Erleuchtung und Gnade Gottes erlangen. Bisher hat der Intellekt beim Blick auf die Vielen oder die Welt der Vielheit in jedem dieser vielen Dinge eine spirituelle Qualität oder Dimension wahrgenommen und jedes als Manifestation des Göttlichen erkannt. Jetzt muss er die Welt der Vielheit überwinden, und zwar nicht durch Ablehnung dessen, was er bisher wahrnimmt, sondern indem er aus jedem sichtbaren Ding die jeweils in ihm enthaltene spirituelle Qualität herausfiltert und erkennt, dass alle diese Qualitäten miteinander harmonieren sowie dass sie alle Gewächs und Blüte der einen Wurzel sind. Damit wird der Verstand von den Vielen auf das Eine zurückgeführt und sieht alle Dinge als eins in dem Einen, von dem alle Vielheit herrührt. Und in dem Maße, wie er in den Dingen der natürlichen Welt das wahrnimmt, was diese Welt übersteigt, betritt er die übernatürliche Welt, Spiegelung des transzendenten Einen.

Dieses Transzendieren der Welt der Vielheit bedeutet, durch die Zustandsformen der Engel in die Welt reinen Seins zu gelangen und darüber hinaus in einen Zustand, der nur als göttliche Dunkelheit und Unwissenheit beschrieben werden kann, als der letztendliche allumfassende Grund göttlicher Potenz, der in der heiligen Tradition durch die Figur des ewig Weiblichen symbolisiert wird. Doch selbst wenn sie in diesen ungeschaffenen und unbegrenzten Zustand verwandelt werden, haben die Wesen immer noch einen konkreten und individuierten Status. Die Individuation in der göttlichen Welt zu leugnen, bedeutet, die archetypische Dimension der Theophanie zu leugnen, die jedem sichtbaren Ding eigen ist. Gnostische Kontemplation besteht nicht darin, von einer sichtbaren Form zu einer reinen Abwesenheit von Form oder zu einer reinen Formlosigkeit im Sinne einer völligen Abwesenheit von Individuation zu gelangen. Eine solche Schlussfolgerung würde bedeuten, dass man eine Vorstellung von der höchsten metaphysischen Essenz voraussetzt, zu der man dadurch gelangt, dass man dieser Essenz jegliche konkreten Eigenschaften oder jede Individuation abspricht – mit anderen Worten, indem man behauptet, sie sei negativ konditioniert. In diesem Fall wäre das göttliche Abbild eines jeden manifesten Wesens kein Symbol der Theophanie mehr, sondern nur noch eine bloße Allegorie.

Durch diese innere Verwandlung, in der sich der kontemplative Weg vollendet, erlangt der Mensch genau die Erfahrung seiner eigenen Theophanie, das heißt seiner Person als der Person, in der und durch die Gott sich für sich selbst im letzten Grund seiner Göttlichkeit offenbart. Gerade Gottes Selbstbestimmung macht diese Theophanie aus, und eben diese Theophanie macht die Individuation dieses Menschen aus. Durch diese Individuation offenbart sich Gott als Gott, aber Gott, wie Er in dieser Person ist. In diesem Zustand ist der Mensch wahrhaft im Besitz der Fülle seiner Möglichkeiten und wird vollendet.

Damit sind wir wieder bei der Frage, die uns dazu veranlasst hat, die beiden Hauptstufen des Einweihungsweges zu beschreiben: Wenn wir uns mit unseren eigenen Kräften nicht über den natürlichen individuellen Zustand erheben können, wie können wir dann nicht nur die kleineren, sondern auch die größeren Mysterien durchschreiten? Denn das

Durchschreiten dieser beiden Stufen der Einweihung setzt nicht nur voraus, dass wir das Prinzip menschlicher Individualität begreifen, sondern auch, dass wir Seinszustände oberhalb des rein natürlichen Zustands erreichen. Einweihung ist per definitionem eine „zweite Geburt", eine Geburt im Geist: Unsere spirituelle Geburt können wir ebenso wenig selbst herbeiführen wie unsere biologische Geburt.

Die Antwort auf diese Frage lautet kurz gefasst: Wenn wir Einweihung erstreben, können wir nur unter der Bedingung in den Einweihungsprozess eintreten, dass wir einen spirituellen Einfluss empfangen, der uns die Fähigkeit dazu verleiht. Wenn wir wiedergeboren werden wollen, ist der Empfang eines solchen spirituellen Einflusses eine absolute Notwendigkeit. Denn ein solcher Einfluss, der nun einmal aus einer überindividuellen und göttlichen Quelle stammt, verleiht uns die Möglichkeit, über den rein natürlichen individuellen Zustand hinauszugelangen und Seinsebenen metaphysischer Ordnung zu erreichen. So wie es in der materiellen oder körperlichen Ordnung keine Selbstentzündung geben kann, kann es auch in der spirituellen Ordnung ohne das Eingreifen eines übermenschlichen spirituellen Einflusses keine Entwicklung geben.

Selbst die Fähigkeiten und Möglichkeiten, die im natürlichen Zustand des Individuums enthalten sind, sind nicht mehr als *materia prima*, das heißt eine reine Potenz, in der nichts entwickelt oder ausdifferenziert ist. Damit diese Potenz Gestalt annimmt und sich organisiert – sich entwickelt –, muss ihr von spirituellen Kräften eine erste Schwingung vermittelt werden. Diese Schwingung ist das *Fiat Lux* – das „Es werde Licht" aus der Genesis –, welches das Chaos erhellt; und vom Standpunkt der Einweihung aus betrachtet, wird diese Erleuchtung durch die Übertragung des spirituellen Einflusses bewirkt, von dem ich gesprochen habe. Nur dank dieses Einflusses sind die Möglichkeiten, die dem menschlichen Individuum innewohnen, nicht dazu verdammt, bloße Potenz zu bleiben, sondern sie erhalten die Fähigkeit, sich in den verschiedenen Phasen des Einweihungsprozesses zu entwickeln. Wenn dies schon für die Phasen der „kleineren Mysterien" gilt, so gilt es erst recht für das Durchschreiten der überindividuellen Stufen der „größeren Mysterien".

Hier stehen wir vor einem ganz entscheidenden Aspekt heiliger Tradition; denn dieser spirituelle Einfluss kann nur durch eine rituelle, sakramentale oder liturgische Handlung oder durch rituelle Handlungen auf den Menschen übertragen werden. Daher die unbedingte Notwendigkeit von Riten für den Prozess der spirituellen Verwirklichung. Das bedeutet nicht, dass solche rituellen Handlungen, auch wenn sie gewissenhaft befolgt werden, an sich bereits ausreichen, um eine solche Verwirklichung zu erzielen. Dies können sie nur dann, wenn sie von dem fraglichen spirituellen Einfluss durchdrungen sind. Ohne einen solchen Einfluss sind sie lediglich Nachahmungen bar jeder spirituellen Bedeutung.

Riten und Sakramente sind also eine notwendige Bedingung für die Übertragung eines spirituellen Einflusses, aber sie allein reichen nicht aus, um diesen Einfluss zu erzeugen. Sie funktionieren nämlich nicht mechanisch oder automatisch. Damit rituelle Formen keine Parodie oder Karikatur sind – damit sie wirklich als Träger oder Medium eines spirituellen Einflusses dienen können –, müssen sie von einem göttlichen oder halbgöttlichen Wesen eingesetzt und von Menschen durchgeführt werden, die dafür eine besondere Weihe, eine besondere Berechtigung und Qualifikation erhalten haben. Sie müssen also von Personen durchgeführt werden, die zu einer heiligen oder hieratischen Ordnung gehören und denen der spirituelle Einfluss wiederum selbst übertragen wurde.

Eine solche Ordnung und die Riten, die sie verantwortet, sind daher für eine initiatische oder heilige Tradition unerlässlich. Eben diese Tradition, die in einer regelmäßigen und ununterbrochenen Abfolge auf der horizontalen Ebene der Zeit wirkt, begründet die Initiationskette, und allein sie ist in der Lage, durch ihre festgelegten Riten den spirituellen Einfluss zu übertragen, ohne den es keine spirituelle oder metaphysische Verwirklichung geben kann. Das bedeutet, dass wir uns, wenn wir eine solche Verwirklichung anstreben, einer authentischen heiligen Tradition anschließen und auf diese Weise den spirituellen Einfluss empfangen müssen, den nur sie zu übertragen vermag. Denn ohne dies werden wir niemals die zweite Geburt erlangen, die Voraussetzung für die spirituelle Verwirklichung ist. Unser spiritueller Intellekt bleibt unerweckt und funktionsunfähig, und was wir auch tun, wir sind dazu verdammt, Gefangene unseres sterblichen, vergänglichen und in sich selbst gespaltenen individuellen Zustands zu bleiben, mit allem Leid und aller Not, die das mit sich bringt.

Was den Unterschied zwischen einer solchen authentischen Tradition und ihren fadenscheinigen, pseudotraditionellen Nachahmungen – und davon gibt es reichlich – anbelangt, so wurden bereits zwei ihrer unverzichtbaren Merkmale genannt. Das erste ist, dass sie ihren Ursprung nicht einer rein individuellen Initiative verdankt, und das zweite, dass sie die Vorstellung von einer regelmäßigen und ununterbrochenen Abfolge sowohl ihrer Einweihungsriten als auch derjenigen, die zu deren Durchführung befugt und qualifiziert sind, verbindlich anerkennt. Weitere Beweise für ihre Authentizität finden sich in den Heiligen und den beseelten Menschen, die sie hervorgebracht hat, sowie in den heiligen Künsten und Handwerken, die unter ihrer Inspiration gediehen sind. Darüber hinaus – und hier verschmelzen die beiden Aspekte der Tradition, nämlich uraltes spirituelles Wissen sowie die Mysterien der Einweihung, Weisheit und Methode, zu einer einzigen Realität – ist sie auch Hüterin und Deuterin der heiligen Glaubenslehre.

Das also ist die Bedeutung heiliger Tradition. Wie wir gesehen haben, bestehen ihre wesentlichen Merkmale darin, dass sie einerseits einen Korpus heiligen Wissens – eine uralte Weisheit – und andererseits einen Korpus heiliger Riten und Praktiken voraussetzt, durch deren Wirken ein spiritueller Einfluss übertragen wird, durch den allein wir in uns jene inneren Wandlungen unseres Bewusstseins, ja unseres ganzen Wesens zu bewirken vermögen, die uns in wirklichen Besitz der Wahrheit bringen und durch die allein es uns möglich wird, die Wahrheit zu leben. Diese beiden Voraussetzungen erfordern wiederum eine dritte: die Existenz einer Organisation, so lose sie auch strukturiert sei, durch die sowohl die heilige Glaubenslehre als auch die heiligen Einweihungsriten chronologisch in authentischer und ununterbrochener Form weitergegeben werden. Man kann sagen, dass es ohne das Zusammenspiel und die aktive Präsenz dieser drei Merkmale keine heilige Tradition im wahren Sinn dieses Wortes gibt.

Wo es keine solche Tradition und keine aktive Mitwirkung an ihr gibt, wird es wahrscheinlich auch keine spirituelle Verwirklichung im eigentlichen Wortsinne geben. Denn auch wenn wir meinen könnten, dass eine formale Bindung an die Disziplin einer bestimmten heiligen Tradition unnötig ist, weil der Geist weht, wo er will, und daher Menschen, die nicht mit einer solchen Tradition verbunden sind, genauso gut oder sogar noch besser inspirieren und erleuchten kann wie andere, die mit ihr verbunden sind, ist es sicherlich Anmaßung und spiritueller

Stolz (die am wenigsten spirituellen Eigenschaften, deren Vorhandensein bei einem Menschen ohnehin jede Visitation durch den Geist ausschließen würde) sich vorzustellen, dass der Geist uns für seine besondere und privilegierte Zuwendung auserwählen sollte, wenn wir bereits völlig ausreichende und erprobte Wege abgelehnt oder verschmäht haben, die der Geist sich für die Manifestation Seines Einflusses schon ausgesucht hat.

In einer Zeit, in der die spirituelle Verwirrung so groß ist wie in der unseren, und auf einem Gebiet, das so sehr Schikane und Scharlatanerie unterworfen ist, ist es unabdingbar, klare und eindeutige Kriterien zu haben, nach denen wir das Echte vom Falschen unterscheiden können, wenn wir einen wahren spirituellen Weg beschreiten wollen. Wie notwendig es ist, einen solchen Weg in Form einer authentischen heiligen Tradition zu finden, um die Potenzen des Lebens, der Liebe und des Bewusstseins zu entfalten, die im Großen und Ganzen von den Ideologien, Philosophien und Wissenschaften, die unsere heutige Gesellschaft beherrschen, nicht erkannt und schon gar nicht gefördert werden, sollte aus dem Gesagten ebenfalls hervorgehen. Die Verwirklichung dieser Potenzen erfordert das, was alle heiligen Traditionen eine zweite Geburt nennen, eine Geburt im Geist. Und wie kann ein Wesen selbst und auf sich selbst einwirken, bevor es geboren worden ist?

Damit sind wir wieder bei der Frage, mit der wir das Hauptthema dieses Kapitels, Bedeutung und Notwendigkeit einer heiligen Tradition, eingeleitet haben. Denn, so fragten wir, welche Neubewertung und welcher Sinneswandel sind nötig angesichts der Sackgasse und des Verfallszustands, in den die die moderne Welt prägenden und weiterhin dominierenden Werte uns gebracht haben, damit wir unser Gleichgewicht und unsere verlorene Integrität wiedererlangen können? Eine erste Antwort auf diese Frage liegt auf der Hand: Solange wir die Prämissen des Denkens und Handelns nicht umkehren, deren Vorherrschaft in unserem Bewusstsein uns in das technisch-wissenschaftliche Inferno geführt hat, in dem wir uns befinden, werden wir der Katastrophe nicht entkommen, in die sie uns unweigerlich treiben. Denn es ist klar, dass alle Überlegungen, alle Machenschaften und Erwägungen, alle Diskussionen und Konferenzen nichts nützen, solange die grundlegenden Kategorien, nach denen der Verstand arbeitet, unverändert bleiben.

Wir müssen erkennen, dass es bei der eigentlichen Frage, die sich uns stellt, nicht, wie wir häufig gerne denken, darum geht, ob wir uns für dieses, jenes oder ein Drittes entscheiden, sondern allein darum, ob wir uns dem Besten, was wir sind, dem Göttlichen in uns, unterordnen oder nicht. Es geht um Freiheit, aber um die Freiheit, zwischen dem Gehorsam gegenüber dem Höheren oder der Dominanz des Niederen zu wählen. Wenn wir uns vom Höheren abschneiden, geraten wir automatisch unter die Herrschaft des Niederen. Das ist die Strafe.

Als Wesentliches gilt es zu begreifen, dass die Krankheit, die ihren Ursprung in einer Verirrung des Geistes hat, nur durch eine Veränderung des Geistes, durch ein Umgestalten unserer selbst, kuriert werden kann. Anders ist sie nicht zu heilen. Wenn die Denk- und Urteilsfehler, deren Opfer wir heute sind, nicht korrigiert werden, ist nichts mehr zu retten. Und sie können korrigiert werden. Das Tor zur Erlösung ist niemals verschlossen. Das göttliche Bild in uns sprüht vor Lebenskraft des Logos und ist in der Lage, uns von den einengenden Grenzen dieser Welt zu befreien sowie unsere verlorene spirituelle Verbundenheit wiederherzustellen. Es ist immer noch in uns lebendig, auch wenn wir nicht in ihm lebendig sind. Nichts kann die Kräfte verletzen oder zerstören, die allein es verwirklichen kann.

So radikal unsere Abkehr auch sein mag, sie kann das Wesentliche in uns nicht beeinträchtigen; an unsere tiefste Natur kann sie nicht rühren; sie kann nie mehr als zufällig sein. Unsere ursprüngliche Natur bleibt immer unangetastet. Was uns bestraft, sogar unser Tod, ist nur parasitär; es hört auf zu existieren, sobald wir es von uns abtrennen. Und es kann sein, dass genau an dem Punkt, an dem die Krankheit am schlimmsten ist und wir uns tatsächlich selbst aufgegeben haben, die Reaktion einsetzt und wir unsere Heilung in der einzigen Richtung suchen, in der sie zu finden ist.

Damit kommen wir zur maßgeblicheren Antwort auf die oben gestellte Frage, auf die eine erste Antwort lautet, dass wir die Prämissen unseres Denkens und Handelns sowie die Werte, die sie repräsentieren und die unser Bewusstsein noch immer beherrschen, umkehren müssen. Denn das Heilverfahren für unsere derzeitige Situation kann nicht einfach darin bestehen, dass wir uns von diesen Prämissen und Werten befreien. Die These dieses Kapitels lautet, dass wir zu einem integren Sein und damit zu einer lebensfähigen menschlichen Gesellschaft gelangen können, wenn wir uns zunächst unsere wahren Potenzen als Menschen bewusst werden und dann einen Lebensweg einschlagen, durch den wir diese Potenzen in existenzieller Hinsicht verwirklichen können.

Des Weiteren haben wir behauptet, dass die einzigen Kriterien, anhand derer wir unterscheiden können zwischen dem, was wir zu sein glauben, und dem, was wir als Menschen in unserer Essenz tatsächlich sind – sowie die einzigen Kriterien, anhand derer wir zwischen Wahrheit und Irrtum, Realität und Illusion unterscheiden können –, die Kriterien sind, die durch Offenbarung vorgegeben und in einer heiligen Tradition verankert sind. Mit anderen Worten: Unsere gegenwärtige Situation kann erst dann geheilt werden, wenn unser Leben, das öffentliche wie das private, wieder auf einer religiösen Grundlage steht, und dies ist nur möglich, wenn wir nach den Normen einer heiligen Tradition leben.

Das wiederum setzt zwei weitere Bedingungen voraus. Erstens, dass wir eine heilige Tradition besitzen, nach deren Normen wir leben können, wenn wir uns dafür entscheiden; und zweitens, dass diese Tradition diese Normen in einer Art und Weise bekräftigt, die mit der Offenbarung übereinstimmt, deren Zeugin sie sein und die sie so umsetzen soll, dass diese Offenbarung für jede nachfolgende Generation eine allgegenwärtige Realität ist. Das bedeutet, dass die betreffende Tradition ihren grundlegenden initiatorischen Charakter nicht verlieren und auch nicht zulassen darf, dass dieser durch eine unverhältnismäßige Beschäftigung mit sekundären und kontingenten, also nicht wesensnotwendigen Angelegenheiten überlagert und beeinträchtigt wird, denn sonst wirkt sie nicht mehr als verklärende Kraft für alle Aspekte menschlichen und anderen Lebens. Mit anderen Worten: Sie würde sowohl ihre wesentliche Funktion als auch die Offenbarung verraten, aus der sie hervorgegangen ist.

Können diese beiden Bedingungen nicht erfüllt werden, gibt es offenbar keine Möglichkeit, unser Leben wieder auf eine religiöse Grundlage zu stellen. Es muss wohl kaum gesagt werden, dass dies keine rein akademische Frage ist. Es ist eine Frage, die unser Überleben in allen seinen Aspekten betrifft: spirituell, kulturell und physisch. Denn die Fäulnis hat sich so tief in die Fasern unserer Welt gefressen, hat alle Fäden des sozialen Gefüges, jede etablierte Bindung an Autorität und

Institution, an Familie oder Staat, so geschwächt und die Leere unserer menschengemachten, menschenzentrierten Ideen, unsere Illusion von menschlichem Glück und Wohlstand, unsere Kalkulationen mit Selbsthilfe und gegenseitiger Unterstützung so entlarvt, dass alles, worauf wir uns bisher gestützt und woran wir uns orientiert haben, jetzt, wenn nicht tatsächlich zunichte, so doch zumindest so unsicher geworden ist, dass wir dazu kein Vertrauen mehr haben können. Ob es uns gefällt oder nicht, wir sind in der Trostlosigkeit der Realität angekommen. Wir sind nackt unter den Sternen ausgesetzt. (Hamlet IV,7) Nichts steht zwischen unserem armen, gespaltenen, ausgehungerten menschlichen Zustand und den großen spirituellen Prinzipien, mit denen wir uns so lange nicht auseinandersetzen wollten. Wir wissen jetzt, dass es kein Entrinnen gibt und dass es sinnlos ist, so zu tun, als könnten wir uns in ein nicht ganz so absolutes Dilemma flüchten.

Zudem ist dieses Dilemma gefährlich, nicht zuletzt deshalb, weil es über ein Hochgefühl eigener Art verfügt: Wir werden von sehr viel Belanglosem, von sehr viel schierer und lächerlicher Verschwendung befreit. Es gibt den Käfig und darin unser zum Scheitern verurteiltes, schreiend törichtes Leben; und es gibt das Meer des Seins und die ewigen Wirklichkeiten. Es ist eine Frage des Urteilsvermögens: Wahrheit oder Irrtum. Aber der Einsatz ist nicht der gleiche, und es wird uns schwer oder vernichtend treffen, wenn wir uns nicht für den universellen Logos entscheiden, der nach wie vor am Ursprung des menschlichen Geistes steht. In den folgenden Kapiteln geht es vor allem um die Erörterung einiger Fragen in diesem Dilemma, soweit sie sich auf die heilige Tradition beziehen, die die kulturelle Welt, welche die Christenheit einst ausmachte, geprägt hat: die Tradition des Christentums.

KAPITEL ZWEI

Christentum und Christenheit

In seiner Antrittsvorlesung als Regius Professor in Cambridge, *De Descriptione Temporum*, sagte C.S. Lewis 1954, wir lebten in einer, wie er es nannte, nachchristlichen Epoche. Irgendwann gegen Ende des 17. Jahrhunderts setzte eine allmähliche „Entchristlichung" Europas ein. Die gesamte Geschichte – das heißt, die gesamte europäische Geschichte – lässt sich in drei Perioden einteilen: die vorchristliche, die christliche und die nachchristliche. Diese Beschreibungen sollen eher kulturelle als intellektuelle Perioden abdecken; aber da die Entwicklung der Kultur der des Denkens folgt, beinhalten diese Beschreibungen der kulturellen Perioden unserer Vergangenheit auch einen historischen Blick auf unsere intellektuelle Entwicklung. Wir waren Nichtchristen (oder Vorchristen), wurden dann Christen und sind schließlich Nachchristen geworden.

Es ist ganz einfach. Andere, etwa T.S. Eliot, haben uns im Wesentlichen das Gleiche gesagt. Und doch ist es verwirrend. Es ist verwirrend, weil es jede Unterscheidung zwischen dem Christentum und der christlichen Gesellschaft, die durch die Kirche geschaffen und erhalten wurde, vermeidet. Wenn wir in einer nachchristlichen Epoche leben, liegt das möglicherweise nicht in erster Linie daran, dass wir unserer christlichen Gesellschaft etwa seit dem Ende des 17. Jahrhunderts untreu geworden sind. Möglicherweise liegt es daran, dass wir bei der Schaffung dieser Gesellschaft und dem Versuch, sie zu erhalten, den wesentlichen Charakter des Christentums geopfert oder vernachlässigt haben.

Schauen wir einmal, wie es dazu gekommen sein könnte. Die Anfänge des Christentums sind trotz aller Forschungen immer noch undurchsichtig und werden es wohl auch bleiben. Das Neue Testament ist auf Griechisch verfasst – das heißt, es gibt keinen direkten Bericht über die Worte Christi in der Sprache, in der er sehr wahrscheinlich gesprochen hat. Die Beziehung zwischen Christentum und Essenern ist unklar. Klar ist jedoch, dass das Christentum, so sehr es auch ein Höhepunkt oder eine Erfüllung ist (in welcher Hinsicht bleibt allerdings selbst für Christen oft sehr vage), nichtsdestotrotz in einer Weisheits- und Wissenstradition steht, deren historisches Auftreten lange vor dem Aufkommen des Christentums liegt. Es ist lächerlich, die gesamte Zeit vor der historischen Geburt Christi mit dem Begriff „heidnisch" zu belegen – der etwa im 4. Jahrhundert n. Chr. gebräuchlich wurde und als abfällige Bezeichnung für die bäuerlichen Zauberer gemeint war, die etwas von den magischen Künsten der antiken Welt bewahrt haben, meist allerdings in völlig entstellter Form. Noch lächerlicher ist es, wenn man damit implizieren will, die historische Geburt Christi stelle einen völligen Bruch mit den intellektuellen und religiösen Traditionen der antiken Welt dar, als ob Denken und Religion der antiken Welt nur Irrtum und Unwahrheit und ihr Glaube oberflächlich und fehlgeleitet gewesen wären.

Das bedeutet nicht nur, Geistesgrößen wie Herakleitos und Platon zu vergessen, sondern auch die nichtchristlichen Märtyrer, die für ihren Glauben ebenso grausame Qualen erlitten und sie mit demselben Mut und derselben Integrität ertragen haben wie die christlichen Märtyrer. Es bedeutet überdies zu vergessen, dass viele christliche Kirchenväter – darunter Augustinus – durch die Schriften von Platon und seinen Nachfolgern zum Christentum gekommen sind. Ferner bedeutet es zu vergessen, dass die Sprache vieler christlicher Kirchenväter (vor allem der griechischen) sowie die Sprache der Liturgie die Sprache des Neuplatonismus ist, und dass die Christen ihre Theorie der sakralen Kunst (wie die Ikone sie darstellt) schließlich in platonischen Begriffen formuliert haben.

Wenn man auf die Aussagen vieler frühchristlicher Autoren zurückgreift, könnte man sogar zu dem Schluss kommen, dass das Christentum kaum mehr ist als die Wiederherstellung oder Wiederbelebung der religiösen Traditionen der antiken Welt in ihrer höchsten Form. Nach Eusebius zum Beispiel ist das Christentum die Wiederherstellung der Religion des patriarchalischen Zeitalters, die durch das nachfolgende Judentum entwürdigt und entstellt worden war; und Augustinus höchstselbst schreibt: „Das, was heute christliche Religion genannt wird, hat es auch bei den Alten schon gegeben und es hat nie aufgehört zu existieren, vom Ursprung des Menschengeschlechts bis zu der Zeit, als Christus menschliche Gestalt angenommen hat und die Menschen begonnen haben, die wahre Religion, die schon vorher existiert hat, christlich zu nennen."[66]

In dieser Frühphase gab es in der christlichen Form und Praxis auch vieles, was an die Einweihungen oder die Esoterik der antiken Mysterien wie etwa von Eleusis, Samothrake oder Lemnos erinnerte. Es gab eine *lex arcani*. Origenes spricht davon, dass der Glaube für die Massen sinnvoll ist, und weiter sagt er, die Intelligenten seien Gott wesensverwandter als die Unintelligenten. Er spricht ausdrücklich von Geheimlehren, die nur Eingeweihten vermittelt werden können. Clemens von Alexandria sagt dasselbe, und auf eine solche geheime (und mündliche) Überlieferung verweisen ebenso Kyrill von Alexandria, Gregor von Naziana, Dionysios der Areopagit und viele andere. Wenn man nicht durch Vorurteile automatisch daran gehindert wird, muss man anerkennen, dass das Christentum in seiner wesentlichen Form eine Einweihungsreligion ist, die in vielerlei Hinsicht den Mysterienreligionen der vorchristlichen Welt ähnelt.

Das bedeutet, dass im Zentrum der christlichen Offenbarung eine Vision steht, nach der das Licht der Weisheit, das von seinem Ursprung in Gott, dem „Vater des Lichts", ausgeht, durch die Engelsordnungen bis an die einfachsten Geschöpfe weitergegeben wird, wobei der Grad der Aufnahme allein durch die Grenzen der Aufnahmefähigkeit jeder Kreatur bestimmt wird. So schreibt Dante am Anfang seines *Paradiso*:

La gloria de colui che tutto move
Per l'unverso penetra, e risplende
in una parte più, e meno altrove.[67]

---

66 *Retractationes* I, 13, 3. (Die deutsche Übersetzung hier folgt Sherrards Übersetzung ins Englische, Anm. d. Ü.)

67 „Des Allbewegers Herrlichkeit durchdringt / Das ganze Weltall, aber sie erglänzet / An einer Stelle mehr, als an der andren." Dante Alighieri, *Die Göttliche Komödie*, Das Paradies, Erster Gesang; nach der Übersetzung von Karl Witte, Askanischer Verlag 1916, http://www.zeno.org/Literatur/M/Dante+Alighieri/Epos/Die+G%C3%B6ttliche+Kom%C3%B6die/Das+Paradies/Erster+Gesang. Sherrard zitiert in seiner Fußnote die Übersetzung ins Englische von Reverend Philip H. Wicksteed. Anm. d. Ü.

Von der Teilhabe an dieser Herrlichkeit ist kein Geschöpf ausgeschlossen, denn sie strömt in die Gesamtheit allen Seins und ist für alles Geschöpfliche und in allem Geschöpflichen gegenwärtig, wie fern dem Ursprung und wie sehr der Welt der Vielfalt zugehörig es auch scheinen mag. Zugleich hängt der Grad, bis zu dem ein Geschöpf diese Herrlichkeit aufnehmen und aktiv und nicht nur passiv an ihr teilhaben kann, vom Grad seiner Läuterung ab und davon, inwieweit es sich durch das Eindringen des Heiligen Geistes über die Ebene seiner einfachen Geschöpflichkeit erheben oder erheben lassen kann.

Mit anderen Worten, es gibt eine Hierarchie der spirituellen Erleuchtung, trotz der Tatsache, dass die Wahrheit allen zugänglich ist. Es gibt ein spirituelles Wissen, das zwar allen Menschen als Potenzial innewohnt, all denen aber, deren spirituelle Verwirklichung ihnen nicht gestattet, über den materiellen und äußeren Aspekt der Dinge hinauszugelangen, verborgen und verschleiert bleibt. Und die Wahrnehmung dieses spirituellen Wissens hängt, wie wir im letzten Kapitel gesehen haben, von der Erweckung eines Sehorgans ab, das uns diese Wahrnehmung überhaupt erst ermöglicht, denn mit den natürlichen Fähigkeiten der Sinne und des Verstandes ist es nicht wahrnehmbar. Die Erweckung dieses Sehorgans – eine Frage göttlicher Gnade – hängt wiederum davon ab – zwar nicht ausschließlich, aber doch im Großen und Ganzen –, dass man den Weg der spirituellen Erkenntnis beschreitet, der *mutatis mutandis* dem Weg der Mysterienreligionen der vorchristlichen Welt vergleichbar ist.

Doch obwohl das Beschreiten eines solchen Weges – des Weges der Gnosis und der Kontemplation – allen offensteht, sind es doch relativ wenige, die die Erkenntnis und die Erleuchtung, zu denen er führt, in diesem Leben erlangen können. Es gibt höhere und niedrigere Grade der Heiligkeit, höhere und niedrigere Grade spiritueller Intelligenz. Außerdem ist die Anleitung, wie der Weg zu beschreiten ist, größtenteils mündliche Anleitung, die ein bereits in die Mysterien dieses Weges eingeweihter spiritueller Meister denen erteilt, die er für geeignet hält. In dieser Hinsicht besitzt das Christentum einen esoterischen Aspekt, der abermals dem der vorchristlichen Mysterienreligionen ähnelt.

Zugleich ist das Christentum nicht einfach eine Mysterienreligion im vorchristlichen Sinne. Es ist keine auf eine Elite von Eingeweihten beschränkte Esoterik. Tatsächlich unterscheidet sich das Christentum von den religiösen Sekten der vorchristlichen Welt unter anderem gerade dadurch, dass es die Barriere zwischen dem Esoterischen und dem Exoterischen, dem Nichtmanifesten und dem Manifesten, dem Einen und dem Vielen, dem Inneren und dem Äußeren durchbricht – ein Durchbruch, der mit dem Zerreißen des Tempelvorhangs bestätigt wird.

Das Christentum zeigt, dass eine solche Barriere eine Verzerrung der Verhältnisse darstellt. Die zentrale Botschaft des Christentums ist, dass Gott mit Seiner Manifestation „ein anderer" wird als Er selbst und sich zu Seinem eigenen Symbol macht, ohne dabei etwas von Seiner wesenhaften Wirklichkeit zu verlieren. Eben dieser Ausdruck des Nichtmanifesten im Manifesten, des Absoluten im Bedingten, der Ewigkeit in der Zeit, des Einen in den Vielen, überwindet dualistische Vorstellungen von der Beziehung zwischen Gott und der Welt. Und diese Überwindung solcher Vorstellungen hat ihre Entsprechung in der Überwindung der Barriere zwischen dem Esoterischen und dem Exoterischen. Es gibt nicht länger zwei Sphären, von denen die eine einer Elite vorbehalten ist und die andere der Allgemeinheit offensteht. Es gibt nur *eine* Sphäre: Das Licht leuchtet in der Finsternis, und die Apostel sind nicht als geschlossener Orden organisiert, um die Wahrheit vor Entweihung zu schützen, sondern sie werden ausgesandt, diese in der Welt zu verkünden. Das Christentum kann selbst den profansten Aspekten der Gesellschaftsordnung oder der Welt gegenüber nicht gleichgültig sein, ohne damit die Konsequenzen seiner eigenen Offenbarung zu leugnen. Es geht nicht um Flucht vor der Welt, sondern um Verklärung der Welt.

Das bedeutete nicht, dass die Kirche ursprünglich einen konkreten Plan zur Christianisierung der Gesellschaft gehabt hätte. Ursprünglich besaß das Christentum keine rechtlichen Vorschriften für die gesellschaftliche Ordnung, nichts, was der Scharia des Islam entspräche. Es stellte eine Art Gesellschaft in der Gesellschaft dar, wiederum ähnlich den vorchristlichen Mysterienreligionen; und die Christen mussten *trotz* der Gesellschaft und ihrer Gesetze überleben, nicht mit deren Unterstützung und unter ihrem Schutz. Wenn überhaupt, dann besaßen sie die Vorstellung, dass es eine sehr klare und kategorische Trennlinie zwischen dem Bereich des Staates und dem der Kirche gibt.

Im christlichen Evangelium werden die Befugnisse des weltlichen Herrschers, wenn nicht geleugnet, so doch stark eingeschränkt. „Gebt dem Kaiser, was des Kaisers ist, und Gott, was Gottes ist“, hatte Christus gesagt (Matthäus 22, 21) und damit angedeutet, dass es ganze Bereiche menschlichen Denkens und Handelns gibt, für die der Staat nicht zuständig ist. Er selbst hatte mit Seinem triumphalen Einzug in Jerusalem die Richtung vorgegeben für christliches Verhalten gegenüber dem Anspruch des Staates, eine Ordnung zu schaffen, innerhalb derer das menschliche Leben vollendet werden kann – ein Einzug, dessen Höhepunkt das Kreuz mit seiner unmissverständlichen Absage an jegliche diesseitige Messiasschaft war: In der feindlichen irdischen Stadt hatte Er die Loyalität vollendet, die er in der Wüste erprobt und mit geduldiger Hingabe auf dem gesamten Weg von Galiläa nach Gethsemane gewahrt hatte. Der Staat ist nicht das Reich Gottes, der Wille Gottes kann nicht durch die Autorität seiner Herrscher und Hüter vollbracht werden: Diesem Verständnis blieben die Christen in den ersten Jahrhunderten nach Christi Kommen treu. Das Christentum verbreitete sich 300 Jahre lang nicht mit dem Staat, sondern trotz des Staates, nicht in Eroberungen, sondern in Katakomben.

Das bedeutete nicht, dass Christen dem Staat gegenüber entschlossen und kompromisslos feindlich eingestellt waren. Wenn Gottes Plan für den Menschen nicht innerhalb des Staates oder durch den Staat erfüllt werden konnte, hieß das nicht, dass der Staat und seine Amtsträger in Gottes Vorsehung keine Rolle spielten. Im Gegenteil, sie spielten eine höchst gerechtfertigte Rolle, die zum Beispiel Paulus anerkennen und daher kategorisch verkünden konnte: „Jedermann sei untertan der Obrigkeit, die Gewalt über ihn hat. Denn es ist keine Obrigkeit außer von Gott; wo aber Obrigkeit ist, ist sie von Gott angeordnet. Darum: Wer sich der Obrigkeit widersetzt, der widerstrebt Gottes Anordnung ...“ (Römer 13, 1-2).

Die Christen dieser ersten Jahrhunderte setzten ihre Energien nicht dafür ein, dem Kaiser den Thron streitig zu machen. Ganz im Gegenteil, sie waren, wenn es um Recht und Ehrlichkeit ging, bereit, der weltlichen Macht zu gehorchen, auch wenn diese Macht von Figuren wie Nero oder Domitian ausgeübt wurde; und selbst wenn sie vor der Wahl standen, aufzubegehren oder zu leiden, entschieden sie sich stets für Letzteres. Sie lebten als Anhänger des neuen Evangeliums *im* Staat und nicht als Unterstützer eines neuen Kaisers *gegen* ihn.

Doch gerade als Anhänger des neuen Evangeliums, nicht als Staatsbürger, waren sie zu absoluter Loyalität verpflichtet; und auch wenn sie dem Kaiser seinen Thron nicht streitig machten, so waren sie doch nicht bereit, den Thron des Kaisers als den Thron Gottes oder seinen Inhaber als göttlich anzuerkennen. Ebenso wenig kamen sie auf die Idee, dass der Staat an der Verwirklichung des Reiches Gottes mitwirken oder seine politischen Formen und Institutionen so an den Geboten des Evangeliums ausrichten könnte, dass sich der Wille Gottes in der Herrschaft seiner Obrigkeiten und Hüter umsetzen ließe.

Dieses Verständnis des Verhältnisses zwischen Kirche und Staat wurde durch Konstantin den Großen und die Einführung einer faktisch neuen Idee in der Geschichte – der Idee vom christlichen Staat und von der christlichen Gesellschaft oder der Idee der Christenheit – grundlegend verändert. Nach dieser Vorstellung ist Gottes Wirken unter den Menschen nicht nur auf die Erlösung einzelner Seelen gerichtet, sondern auf die Erlösung der Menschheit als Ganzer, auf die Verwirklichung der gemeinschaftlichen Erlösung Seines Volkes in der Zeit. Die Gesellschaft als Ganze könnte und sollte durch eine innere Wandlung, die in der und durch die Zeit, in der und durch die Geschichte beginnt, am Reich Gottes teilhaben.

Das bedeutete, dass der soziopolitische Organismus der Menschheit, die Formen und Institutionen des Staates, die das gesellschaftliche und irdische Schicksal der Christen prägten, diesen nicht länger (vergleichsweise) gleichgültig waren. Vielmehr wurden sie nun als das Mittel betrachtet, durch das sich die Menschheit im lebendigen Leib des Reichs Gottes, in der Kirche als der Braut Gottes, verwirklichen muss. Der Staat sollte ein weltliches Instrument in der Hand Gottes zur Verwirklichung Seiner Pläne sein. Indem Konstantin der Große, wenn auch unbewusst, im Lichte einer solchen Vorstellung handelte, veränderte er das gesamte Muster der europäischen und der christlichen Geschichte: Der Staat konnte und sollte sich der Verwirklichung des Reiches Gottes widmen, und er selbst war von Gott dazu auserwählt worden, die gemeinschaftliche Erlösung Seines auserwählten Volkes in der neuen christlichen Gesellschaft, in einer theokratischen Christenheit, zu erreichen. Letztlich sollte es nur *eine* Gesellschaft geben, die des universellen christlichen Reiches, dessen Grenzen potenziell mit der ganzen Welt zusammenfielen.

Dieser radikale Wandel im Verständnis des Verhältnisses zwischen Kirche und Staat, den die *konstantinische Wende* mit sich brachte, bedeutete nicht unbedingt, dass dadurch der wesenhaft initiatorische Charakter des Christentums mit allem, was dazu gehört, aufgehoben wäre. Aber er bedeutete, dass nun die Gefahr bestand, dass die Kirche in ihrer irdischen Manifestation in ihrer Sorge um das Heil der Gesellschaft als Ganze – welche nur durch die Aufnahme aller in den universellen christlichen Staat erreicht werden kann – dazu verleitet werden könnte, etwas von diesem wesenhaft initiatorischen Charakter zu opfern oder zumindest zu kompromittieren. Dass sie dadurch auch als gesellschaftliche Institution ihre Autorität verlieren würde, ist eine Konsequenz, die erst sichtbar werden sollte, als es bereits zu spät war.

Wie könnte es dazu gekommen sein? Anscheinend gibt es zwei Hauptursachen, von denen die eine notwendigerweise mit der anderen zusammenhängt. Die erste könnte man als die Entwicklung einer abgöttischen Haltung gegenüber dogmatischen und ethischen Formulierungen beschreiben. Im Prinzip kann es natürlich kein gemeinsames Maß geben zwischen der Wahrheit als solcher und den verbalen oder anderen Formen, in denen sie sich manifestiert und uns somit bekannt wird; in diesem Sinne muss uns die Wahrheit für immer unbekannt bleiben, und die einzige konsequente Haltung, die wir einnehmen können, ist die eines völligen Agnostizismus. Andererseits kann uns die Wahrheit durch Offenbarung vermittelt werden – und in dieser Hinsicht ist jeder Aspekt der Manifestation eine Offenbarung der Wahrheit, eine Theophanie; oder wir können durch den Einweihungsprozess, von dem wir gesprochen haben, soweit kommen, dass wir über „Name und Form" einer expliziten Manifestation hinauszudringen vermögen und so zu einer intuitiven Wahrnehmung der Wahrheit in ihrem ewigen und unveränderlichen Zustand gelangen; in beiden Fällen wird die Haltung eines völligen Agnostizismus verändert oder ersetzt.

In jedem Fall ist zu bedenken, dass jede Formulierung der Wahrheit sich relativ zur Wahrheit als solcher verhält; und obwohl es verschiedene Grade der Relativität gibt, kann keine Formulierung absolute Überlegenheit gegenüber allen anderen beanspruchen: Bei der Formulierung der Wahrheit kann es naturgemäß keine strikte Exklusivität geben. Außerdem ist zu bedenken, dass ein großer Teil der Wahrheit jenseits jeglicher Formulierung, insbesondere jenseits jeglicher verbalen Formulierung liegt.

All dies wird vollkommen verständlich und kann berücksichtigt werden, wenn die Vermittlung einer religiösen Lehre, vor allem in ihren höheren Aspekten, größtenteils mündlich zwischen einem geeigneten spirituellen Meister und seinen Schülern erfolgt; Christus selbst hat es vorgemacht, indem er die Auslegung bestimmter Dinge, die er der Menge nur in Gleichnissen veranschaulichen konnte, allein den Aposteln vorbehielt – „denn mit sehenden Augen sehen sie nicht, und mit hörenden Ohren hören sie nicht; sie verstehen es nicht." (Matthäus 13, 13) – und als Er sagte, dass die Wahrheit zwar von den Dächern verkündigt, aber nicht Perlen vor die Säue geworfen werden dürften.

Doch als die Kirche mit der Bekehrung Konstantins und danach verstärkt ihre gesellschaftliche Mission verfolgte, wurde es immer schwieriger, die damit verbundenen Unterscheidungen und Gleichgewichte zu wahren. Denn nun war die Kirche gezwungen, die Lehre oder zumindest bestimmte Aspekte der Lehre sowie die moralischen und gesellschaftlichen Schlussfolgerungen, die sich aus diesen Aspekten ergaben, in Form von Formulierungen festzulegen, die die Masse begreifen konnte, unabhängig davon, ob die Mehrheit der Angesprochenen überhaupt in der Lage war, das innere Wesen dieser Formulierungen in irgendeiner Weise angemessen zu verstehen.

Die Kirche war aus zwei Gründen dazu gezwungen. Erstens musste sie ihre Lehre von den Irrlehren abgrenzen, die diese immer wieder zu verdunkeln oder zu verzerren drohten; und zweitens musste sie, da es ihr nun um die Gesellschaft als Ganzes ging, den Glauben so definieren, dass jedes Mitglied der Gesellschaft, unabhängig von seiner spirituellen Entwicklung oder Verständnisfähigkeit, sich zu ihm bekennen konnte – als leicht erkennbares Zeichen dafür, dass die oder der Betreffende die Gesetze dieser Gesellschaft angenommen hatte. In einer christlichen Gesellschaft, deren Trägerin die Kirche ist, entscheidet nicht Herkunft, Sprache oder Kultur über die Zugehörigkeit, sondern das Bekenntnis zu den Grundsätzen des christlichen Glaubens – so definiert, dass sie für alle zugänglich und anwendbar sind.

Das bedeutet nicht, dass die dogmatischen oder ethischen Formulierungen oder die Glaubensbekenntnisse der Kirche in irgendeiner Weise unwahr oder kein Ausdruck der ewigen und unveränderlichen Wahrheit sind, die unter den gegebenen Umständen so deutlich ist, wie Worte es eben auszudrücken vermögen, und universelle Bedeutung hat. Aber es bedeutet, dass das Beharren auf diesen Formulierungen in einem exklusiven Sinne, sowohl in Bezug auf konkurrierende Formulierungen häretischer Lehren als auch als Bedingung für die Mitgliedschaft in der christlichen Gesellschaft, die große Gefahr birgt, dass sie als die einzig möglichen Ausdrucksformen der Wahrheit und als die Wahrheit in mehr oder weniger erschöpfender oder allumfassender Weise umfassend betrachtet werden. Hier kann sich die erwähnte abgöttische Haltung entwickeln.

Zweitens kann der initiatorische sowie überwiegend gnostische und kontemplative Charakter des Christentums geopfert oder gefährdet werden, wenn die Hüter der Kirche in ihrer irdischen Form so sehr mit der Schaffung einer christlichen Gesellschaft beschäftigt sind, dass sie eine Einstellung zur Kirche entwickeln, durch die ihre gesellschaftliche Rolle als Körperschaft betont und praktisch alles andere ausgeschlossen wird. Wenn dies geschieht, weicht die qualitative Sorge um die Vollendung des Lebens der einzelnen Christinnen und Christen durch die Wiedervereinigung mit Gott in der *visio beatifica Dei* der quantitativen Sorge, alle Menschen zu Mitgliedern der Kirche zu machen und die gesamte Gemeinde der Gläubigen wieder in die *civitas Dei* zu integrieren. Wichtig wird dann nicht das Wissen, dass sich der Zweck der Kirche in jedem Mann oder jeder Frau oder in jeder Gemeinde erfüllt, die Gott durch direkten und persönlichen Kontakt zum Gefäß göttlicher Weisheit erwählt, wichtig werden vielmehr die Institutionen, die Gesetze und die Traditionen, durch die die universelle christliche Gesellschaft errichtet werden kann.

Das Quantitative und Kollektive wird wichtiger als das Qualitative und Persönliche. Dass die Gläubigen in moralischer Hinsicht ein gutes christliches Leben führen (was bedeutet, dass sie den Gesetzen und Institutionen der Kirche gehorchen), gilt als wichtiger als die Einweihung einiger weniger in die Mysterien des Reiches Gottes; und das Wohlergehen der gesamten Kirche, die als eine einzige Körperschaft betrachtet wird, ist wichtiger als das Wohlergehen des einzelnen Mitglieds. Und da die christliche Gesellschaft auf den Lehren des christlichen Glaubens gründet und von ihnen zusammengehalten wird, wird die Aufrechterhaltung dieses Glaubens in einer zunehmend unflexiblen und, man könnte sagen, in einer zunehmend vereinfachten oder wörtlichen Form zu einem vorrangigen Anliegen, und jede Äußerung der Wahrheit, die von dieser Form abzuweichen scheint, wird als Bedrohung für die Stabilität und Sicherheit der universellen Ordnung angesehen, die die Kirche umzusetzen hat. Deshalb gehen die Entwicklung einer abgöttischen Haltung gegenüber dogmatischen und ethischen Formulierungen und die Entwicklung der Vorstellung, dass die Kirche vor allem eine gesellschaftliche Institution ist, Hand in Hand; beides sind Symptome eines gewissen Bewusstseinsverlusts, der die wesenhafte Mission der Kirche auf Erden gefährdet.

Dass ein gewisser Bewusstseinsverlust stattgefunden hat, zeigt sich daran, dass bestimmten Theorien und Praktiken in Bezug auf die Form der Kirche in den Jahrhunderten nach der Bekehrung Konstantins sowie auf die Übernahme ihrer erweiterten gesellschaftlichen Rolle immer größere Bedeutung beigemessen wurde. Denn es besteht keinerlei Zweifel, dass diese Theorien und Praktiken eine Haltung voraussetzten, die die Kirche sowie ihre Institutionen und Gesetze als göttliche Instrumente zur Verwirklichung einer christianisierten Version des römischen Weltreichs betrachtete, und zwar nicht nur in einem territorialen Sinne, sondern unter Einbeziehung aller Aspekte des gesellschaftlichen, politischen und privaten Lebens. Aufgabe der Kirche war es, so dachte man, die säkulare Welt nach den Grundsätzen der richtigen Ordnung, wie sie im christlichen Glauben verankert sind, zu formen; und erreicht werden sollte dies sollte durch einen mehr oder weniger totalitären Kirchenstaat.

Wie sich diese Haltung entwickelt hat und angesichts der dahinterstehenden Intention zu rechtfertigen ist, ist unschwer zu erkennen. Ziel des menschlichen Lebens ist aus christlicher Sicht die Eingliederung in einen Leib, den *unum corpus* der Paulus-Briefe, der mit dem Leib Christi gleichzusetzen ist. Diese Eingliederung hat letztlich eine geistliche oder mystische Bedeutung, und die Gesellschaft, die die erlösten Christen bilden sollen, ist die himmlische Gesellschaft des Reiches Gottes. Diese Gesellschaft ist die Kirche, die Braut Christi, oder Sein mystischer Leib (*corpus mysticum*), als eine nichtmaterielle oder überirdische Realität. Aber Christus hat der Kirche auch eine materielle oder irdische Ausdehnung gegeben: Er hat sie auf der Erde gegründet. Diese irdische Form der Kirche ist natürlich nicht losgelöst von ihrer himmlischen oder mystischen Form. Im Gegenteil, sie ist eine Projektion dieser himmlischen oder mystischen Form und existiert nur als ihr Spiegelbild. Sie ist sozusagen das Gegenstück dazu, eine Übersetzung der göttlichen Form der Kirche und der himmlischen Gesellschaft in eine irdische Form.

So kann man sagen, dass die Kirche dualen Charakter hat und in dieser Hinsicht ihren Gründer als göttlich-menschliche Persönlichkeit widerspiegelt: Sie ist sowohl der mystische Leib Christi, eine vergeistigte Realität, als auch ein irdischer Leib aus lebenden Männern und Frauen. Und so wie der Zweck der himmlischen Form der Kirche durch die Eingliederung aller christlichen Seelen in den mystischen Leib Christi erfüllt wird, wird auch der Zweck der irdischen Form der Kirche durch die Aufnahme aller lebenden Männer und Frauen in ihre Gesellschaft erfüllt. Die Kirche ist also sowohl vom himmlischen als auch vom irdischen Standpunkt aus betrachtet eine Körperschaft, und insbesondere ihre irdische Erscheinungsform ist eine Zivilgesellschaft oder eine einzige politische Körperschaft, der alle Männer und Frauen potenziell angehören. Zweck der Kirche auf Erden ist es, das christliche Volk – und letztlich alle Menschen – in einer universellen politischen Körperschaft zu vereinen, verbunden durch das gemeinsame Band des christlichen Glaubens.

Daraus ergeben sich zwei miteinander verknüpfte Konsequenzen. Die erste ist, dass die Kirche auf Erden, wenn sie diese universelle christliche Gesellschaft bilden soll, entsprechend ausgestattet sein muss. Sie muss über Befugnisse, Institutionen und Gesetze verfügen, die es ihr ermöglichen, eine Ordnung zu schaffen, die dem Willen Gottes entspricht. Tatsächlich, so wurde behauptet, verfügt die Kirche durch den Akt ihrer Gründung bereits über diese Mittel: Die christliche Offenbarung sieht unter anderem die gesamte Organisation der universellen Gesellschaft und die zu ihrem Erhalt notwendigen Institutionen und Gesetze vor; und diese gesamte Rahmenordnung weltlichen Regierens ist nach dem Muster der göttlichen Ordnung des Universums gestaltet. Die Kirche muss also nichts erwerben, was sie nicht bereits besitzt; sie muss nur gegen den oft teuflischen Widerstand durchsetzen, was ihr durch Gotteskindschaft bereits eigen und der sichtbare Ausdruck von Gottes Plan für die Menschheit ist.

Mehr noch, da Christus das Haupt der himmlischen Gesellschaft ist und die Regierung der irdischen christlichen Gesellschaft mit der ihres Vorbilds übereinstimmen muss, folgt daraus, dass es einen physischen Vertreter Christi geben muss, Seinen Stellvertreter oder Vikar, der der Kirche in ihrer irdischen Form vorsteht und das Haupt der christlichen Gesellschaft bildet. Diese Rolle übernahm ursprünglich der christliche Kaiser, und im Ostchristentum wurde sie sowohl in der byzantinischen als auch später in der russischen Welt weiterhin vom christlichen Kaiser ausgefüllt. Kirche und Kaiser waren in dieser Hinsicht so eng miteinander verflochten, dass Antonios, der Patriarch von Konstantinopel, Ende des 14. Jahrhunderts an den russischen Großfürsten Wassili I. schreiben konnte, „für Christen" sei es „nicht möglich, eine Kirche und kein Reich zu haben" und der Kaiser dieses Reiches müsse der Kaiser von Konstantinopel sein.

Im Westchristentum wurde diese Rolle zunehmend vom Papst in Rom übernommen, der seine präsidiale Autorität mit etwas willkürlicher Begründung[68] aus dem Auftrag Christi an den heiligen Petrus ableitete. Der Papst ist der Stellvertreter Christi auf Erden und besitzt die gesamte rechtliche Entscheidungsmacht über die Kirche auf Erden. Er ist die abschließende Autorität über den christlichen Glauben und der oberste Gesetzgeber, der die himmlischen Ordnungen in konkrete Gesetze umwandelt, von deren Durchsetzung es abhängt, ob die Kirche fähig ist, ihre Aufgabe auf Erden zu erfüllen.

Die zweite Konsequenz ist: Wenn der einzige Weg zum Heil für den Einzelnen die Mitgliedschaft in der christlichen Gesellschaft ist und wenn die christliche Gesellschaft durch den Kirchenstaat repräsentiert wird, folgt daraus, dass Erlösung von der Unterwerfung und dem Gehorsam gegenüber den Gesetzen und Institutionen des Kirchenstaates und den Personen abhängt, die diese verwalten. Das heißt also, man kann kein guter Christ sein, wenn man nicht ein guter Bürger der christlichen Gesellschaft ist, denn nur in und durch diese Gesellschaft ist es möglich, ein gutes Leben zu führen. Außerdem kann der einzelne Bürger keine Rechte und Privilegien haben, die außerhalb dieser Gesellschaft lägen oder gegen sie gerichtet wären. Dieser Gedanke entspringt einer geradezu aristotelischen Vorstellung von der Beziehung zwischen dem

68 Siehe mein Buch *Church, Papacy, and Schism*, SPCK 1978, S. 29-30 und 54-57.

Ganzen und den Teilen, aus denen es besteht. Der Teil hat nur insofern Identität und Realität, als er am Ganzen teilhat und in ihm aufgeht, wohingegen das Ganze allein wahre Realität besitzt und darüber hinaus weit mehr ist als die Summe seiner Teile, da es außerhalb von ihnen existiert und auch ohne sie vollständig ist. In gleicher Weise existiert die Kirche als christliche Gesellschaft über all ihre Mitglieder hinaus; und während jedes Mitglied nur insoweit Bedeutung erlangen kann, als es am gemeinschaftlichen Leben der Kirche teilnimmt, gilt dies umgekehrt keineswegs: Im Vergleich zu Status und Anspruch der christlichen Gesellschaft als Ganzes ist der einzelne Mensch bedeutungslos. Das gute Leben liegt in der gemeinschaftlichen Realität dieser Gesellschaft, und um daran teilzuhaben, muss sich der oder die Einzelne ihren äußeren rechtlichen und institutionellen Formen sowie den von Gott eingesetzten Funktionsträgern vollständig unterwerfen.

Diese Sicht der Kirche vor allem als gesellschaftlicher und korporativer Organismus mit eigenen Gesetzen und einer eigenen Regierung sowie einem imperialen Recht, alle Angelegenheiten und alle Bürger einer potenziell universellen Gesellschaft zu kontrollieren, kam in der westlichen Christenheit in den großen Reformen, die zur Zeit von Papst Gregor VII. in der zweiten Hälfte des 11. Jahrhunderts begannen und sich mit stärkerer oder schwächerer Dynamik auch in den folgenden Jahrhunderten fortsetzten, kraftvoll zum Ausdruck und zur Anwendung. Kurz gesagt, ging es bei diesen Reformen darum, die irdische Form der Kirche in ein großes *instrumentum regni* zu verwandeln, das alle Menschen mit dem Reich Gottes verbindet. Alles musste kirchlicher Kontrolle unterstellt werden, alle Menschen und alle unbedeutenderen Institutionen, von den Kaisern bis hinunter zum Dorf, zum Gutshof und sogar zur Kate des Leibeigenen. Es wurde nicht zwischen geistlicher und weltlicher Macht, Kirche und Staat unterschieden: Alle Macht, alle Autorität, lag ausschließlich beim *Sacerdotium*, also bei der geistlichen Gewalt der Kirche, und letztlich beim Papst als Oberhaupt der Kirche und musste von dort aus delegiert werden. Alle Einzigartigkeit lokaler Gemeinschaften, lokaler sakramentaler Zentren, sollte in der allumfassenden Einschließlichkeit der universellen kirchlichen Körperschaft aufgehen, alle Bischöfe sollten auf einen Bischof reduziert werden, den *dominus urbis et orbis* mit Sitz in Rom.

Zugleich durfte, da alle Macht beim Papst als Oberhaupt der Kirche lag und alle Obrigkeit letztlich kirchliche Obrigkeit war, Autorität in allen Angelegenheiten nur entweder vom Papst selbst oder von seinen Stellvertretern, den Bischöfen und Priestern, ausgeübt werden. Es kam also zu einer umfassenden Klerikalisierung der Kirche, zu einer umfassenden Klerikalisierung der christlichen Gesellschaft. Da Aufbau und Ablauf dieser Gesellschaft von Gesetzen und Verordnungen abhingen, die sich aus der Kenntnis des christlichen Glaubens und seiner Prinzipien ergaben, und nur das *Sacerdotium* mit dem Papst an der Spitze in der Position war, dieses Wissen zu besitzen, musste folglich die Gesellschaft vom *Sacerdotium* regiert werden.

Die Geweihten hatten zu herrschen, sie waren Gottes Auserwählte. Die Ungeweihten konnten nur regiert werden; sie konnten nur eine völlig untergeordnete Position einnehmen, wobei sie die Wahl hatten, entweder gute Bürger zu sein (das heißt, den Gesetzen der christlichen Gesellschaft zu gehorchen) und sich damit auf den Himmel auszurichten, oder schlechte Bürger zu sein (das heißt gegen die göttlich festgelegte Ordnung zu verstoßen) und damit in die Hölle zu kommen. Da also die Einhaltung der Gesetze der christlichen Gesellschaft das Kennzeichen des guten Bürgers und damit des guten Christen war, mussten die Grundsätze der göttlichen Gerechtigkeit in einen leicht verständlichen Moralkodex übersetzt werden, nach dem der Durchschnittsmensch seine Lebensführung regeln konnte.

Moral in einem rein abstrakten Sinne wurde enorm wichtig, und Verstöße gegen das Sittengesetz mussten genauso geahndet werden wie Verstöße weltlicher Art, denn tatsächlich konnte es zwischen ihnen nun keinen echten Unterschied mehr geben: Beides waren Verstöße gegen das Gesetz des Staates, und das Gute unterschied sich vom Bösen durch den Dienst am oder Verstoß gegen das Wohl des Staates. Das Wohl der gesamten christlichen Gesellschaft definierte nun den Daseinszweck des einzelnen Christen, da das individuelle Wohl nur im Dienst an der Gemeinschaft als Ganzes zu finden war. Ein solcher Dienst war tatsächlich sowohl politische Verpflichtung als auch göttliches Gebot. In eben dieser Notwendigkeit, der christlichen Gesellschaft gegen ihre äußeren und inneren Feinde bis hin zu Märtyrertum und Tod zu dienen, liegt die Rechtfertigung für das zentrale Engagement der Kirche in so unerquicklichen Unternehmungen wie den Kreuzzügen, der Heiligen Inquisition und der Verbrennung einer Jeanne d'Arc, eines Savonarola oder eines Giordano Bruno.

Dieses übermächtige Anliegen der Kirche, eine christliche Gesellschaft zu errichten, bedeutete natürlich nicht, dass sie ihren initiatorischen Charakter völlig verloren hätte. Die Sakramente blieben die Sakramente, und die kontemplativen Traditionen der Klöster wurden nie ausgelöscht. Auch widerspricht die Hinwendung der Kirche zur gesellschaftlichen Ordnung und ihre Beschäftigung mit allen Aspekten gesellschaftlichen Lebens nicht ihrem Wesen: Sie sind, wie wir gesehen haben, der ursprünglichen Offenbarung des Christentums implizit. Aber erstens wurde der initiatorische Charakter der Kirche – persönlich und lokal, nicht gesellschaftlich und kollektiv – in den Hintergrund gedrängt. Das kontemplative Leben – der direkte und persönliche Kontakt mit der Wahrheit und ihr Erleben in einer Art und Weise, die sowohl die Institutionalisierung der Kirche als auch die Vorstellung, der Papst sei der einzige Hort der Offenbarung auf Erden, infrage stellen könnte – wurde nicht zur, wenn auch noch so fernen, Norm, nach der alle streben sollten, sondern zur verheimlichten Ausnahme. Bischöfe und Priester, so könnte man sagen, galten in der Kirche bald als von größerer Autorität und höherem Rang als nicht geweihte Heilige oder Propheten; sie wurden als repräsentativer für die Kirche angesehen und forderten diese Sichtweise auch für sich ein. Das prophetische Element und die Gnade persönlicher spiritueller Erkenntnis wurden unterdrückt – wenn sie, wie so häufig, der dogmatischen und moralischen Ordnung zuwiderliefen, die die Kirche in ihrer Sorge um die Stabilität der Gesellschaft als Ganzes entwickelt hatte.

Tatsächlich wurde offiziell gerne vergessen, dass es einen Weg der Erkenntnis und der Liebe oder vielmehr der Erkenntnis durch Liebe gibt, der zur göttlichen Weisheit führt und nicht unbedingt mit dem Weg des Erwerbens von Verdiensten zusammenfällt. Einheitlichkeit, auch wenn sie eine gewisse Mittelmäßigkeit im inneren spirituellen Leben bedeutete, wurde den beunruhigenden, möglicherweise verstörenden Einsichten des Sehers oder des inspirierten Dichters vorgezogen; Gehorsam gegenüber dem Sittengesetz, selbst in rein äußerlicher Hinsicht, wurde wichtiger als Gehorsam gegenüber dem inneren Gewissen oder die Feststellung, dass die Unterwerfung unter den göttlichen Willen mit den offiziellen Vorschriften für gutes christliches Verhalten im Widerstreit stehen kann und tatsächlich auch häufig steht.

Zweitens setzte die Art und Weise, wie dieser Versuch einer Christianisierung der Gesellschaft durchgeführt wurde, eine Reihe von Kettenreaktionen in Gang, die schließlich genau das Gegenteil dessen bewirken sollten, was beabsichtigt war. Tatsächlich sollten sie zu eben jener Entsakramentalisierung der Gesellschaft führen, die wir nun übernommen haben. Denn der Anspruch des Papstes, das Oberhaupt des totalitären Kirchenstaates zu sein – also sowohl Weltpriester als auch König – und alle geistliche und weltliche Macht auf Erden in sich zu vereinen, durchkreuzte die Ansprüche sämtlicher Kaiser und Könige und schloss die weltliche Macht faktisch von jeglicher echten Beteiligung an der Führung der Gesellschaft aus.

Es war nicht so, dass die weltliche Macht das Grundkonzept einer universellen christlichen Gesellschaft infrage gestellt hätte, aber sie bestand darauf, dass bei der Umsetzung dieses Konzepts eine Trennung zwischen geistlicher und weltlicher Autoritäts- und Handlungssphäre vorgenommen werden müsse. Eben dies hatte Christus höchstselbst zu verstehen gegeben, als Er anordnete, dem Kaiser zu geben, was des Kaisers ist, und als Er eine irdische Krone für sich ablehnte. Das *Sacerdotium* hatte die absolute Autorität in allen spirituellen Angelegenheiten, aber für das weltliche Leben seines Reiches war der Kaiser oder König verantwortlich, und solange dieser in einer Weise handelte, die mit den Grundsätzen des Christentums übereinstimmte, hatte das *Sacerdotium* kein Recht einzugreifen. Wie unter anderem Dante betonte, leitet die weltliche Macht ihre Autorität direkt von Gott ab, und auch wenn die Kirche diese Autorität „krönen" konnte, bedeutete dies nicht, dass sie einzig aufgrund der Erlaubnis der Kirche überhaupt einen Stellenwert hatte. Als die Kirche im Grunde genau dies behauptete, sahen sich die weltlichen Machthaber zur Revolte gezwungen.

Sie revoltierten mit der Begründung, im Bereich des Weltlichen seien sie in Bezug auf die Gesellschaften, über die sie herrschten, niemandem unterstellt außer Gott. Da aber das *Sacerdotium*, vertreten durch den Papst, behauptete, diese niederen Gesellschaften gingen in der größeren Körperschaft der gesamten christlichen Gesellschaft auf, weshalb die lokale Autorität der weltlichen Herrscher auch in weltlichen Angelegenheiten in der universellen spirituellen und weltlichen Souveränität des Papstes aufgehen müsse, musste die Revolte in der Praxis die Form des Versuchs annehmen, die Unabhängigkeit der lokalen Königreiche von der Einmischung durch den Papst zu sichern. Die Folge war die Errichtung einer Reihe selbstständiger nationaler Königreiche, von denen einige, die sich eigentlich rein politisch von der päpstlichen Kontrolle emanzipieren wollten, gezwungen waren, diese Kontrolle auch in spirituellen Angelegenheiten abzulehnen – so untrennbar waren die beiden Bereiche im päpstlichen Denken und Handeln miteinander verflochten. Auf diese Weise führte die päpstlich-imperialistische Vorstellung von einer christlichen Gesellschaft zu einer Zersplitterung der Christenheit.

Doch damit nicht genug. Die weitgehende Klerikalisierung der Kirche und die Herabsetzung der Laien insgesamt auf eine Position der völligen Unterordnung, in der alle individuelle Gewissensfreiheit unterdrückt wurde, löste ihrerseits eine Revolte gegen das Priestertum aus, die derjenigen der Laienherrscher gegen den Papst entsprach. Denn wenn Gott den Menschen nach seinem Bilde geschaffen hatte, dann konnte man mit gutem Grund behaupten, dass jeder Einzelne, so tief er auch gefallen sein mochte, etwas vom Göttlichen in sich trug und dadurch in direkter Beziehung zu seinem Schöpfer stand und in dieser Hinsicht sein eigener Priester und, wie man hinzufügen könnte, sein eigener Beichtvater war. Auf die Spitze getrieben, muss dieses Argument zweifellos zu einem Zustand völliger Anarchie führen, in dem jeder sein eigener Richter wird und entscheidet, was richtig und was falsch ist. Doch der Versuch, dieses Argument und die Realität, auf der es beruht, in voller Gänze zu bestreiten, konnte nur zu der Behauptung individueller Unabhängigkeit führen, und zwar in einer Weise, die schließlich einen Angriff auf jegliche priesterliche Einmischung in private Gewissensangelegenheiten bedeutete, auf jegliche priesterliche Kontrolle über die ureigene Freiheit des Volkes Gottes, seine Erlösung auf seine eigene Weise zu erwirken.

In dieser Hinsicht kann man sagen, dass die Bemühungen der Kirche, einen überindividuellen und allumfassenden Kirchenstaat zu schaffen, einen Prozess in Gang gesetzt haben, dessen *reductio ad absurdum* die moderne säkulare Demokratie ist, deren ethische Eckpfeiler die sogenannten Rechte des Einzelnen und die Freiheiten des Subjekts sind. Hält man sich außerdem vor Augen, dass die Kirche in ihrem Eifer, diesen Staat zu gestalten, die metaphysischen Prinzipien der christlichen Religion immer stärker in moralische Zwangsregeln übersetzt hat, denen alle gehorchen müssen, ist es nicht verwunderlich, dass eine der Absurditäten, zu denen die Revolte des Individuums geführt hat, in dem Versuch der Konstruktion eines Moralkodex besteht, der keinerlei Grundlage in der Religion hat, und schließlich sogar im Versuch der Leugnung, dass es überhaupt eine Moral gibt.

Denn wenn die metaphysischen Prinzipien einer Religion von weniger wirksamer Bedeutung werden als die moralischen Regeln, die sich völlig sekundär aus ihnen ableiten, so dass die Religion in der Praxis zu einer Frage der Moral wird – des guten Verhaltens auf der Grundlage eines dualistischen Richtig oder Falsch – und nicht in erster Linie zu einer Frage spirituellen Erkennens und Verstehens, dann dauert es nicht lange, und die eigentlichen Prinzipien sind vergessen. Wenn dies geschieht, verkommt die Religion zu einem ethischen System, das nicht mehr, aber auch nicht weniger Autorität besitzt als jedes andere derartige System; und die Formen der Religion, deren lebendige Wurzeln in ihrer überirdischen Realität nun ignoriert werden, verkommen zu nicht mehr, aber auch nicht weniger als Instrumenten zu Verwaltung und Erhalt einer bestimmten Gesellschaftsordnung. Wenn dies geschieht, ist die Bühne für die Entstehung einer rein säkularen Gesellschaft bereitet – und die moderne westliche Gesellschaft ist ein Beispiel dafür.

Unterdessen hatte sich in der östlichen Christenheit ein ähnlicher Prozess vollzogen, mit letztlich sehr ähnlichen Folgen. Seit dem Konzil von Nicäa (325 n. Chr.), nach dessen Abschluss die andersdenkenden Bischöfe von Konstantin dem Großen abgesetzt und verbannt wurden, griffen die Kaiser offen und häufig durch Unterdrückung, Diktat und Ahndung in das innere Leben der Kirche ein, um sie dem Staat zu unterwerfen und sie in den Dienst ihrer autokratischen Macht zu stellen. Der byzantinische Staat verstand sich als christlicher Staat, und wenn die Kaiser die Kirche ihren Bedürfnissen unterstellten, betrachteten sie sich als Werkzeuge des göttlichen Willens, um die Struktur einer potenziell universellen Gesellschaft aufzubauen und zu erhalten. Dabei lag es keineswegs in ihrer Absicht, die Kirche zu zerstören – sie bildete den Grundpfeiler ihrer kaiserlichen Ideologie –, sondern sie gleichsam zu zähmen, in die Schranken zu weisen und schließlich die Vorstellungen vom Reich Gottes und vom Reich des Kaisers so weit miteinander zu vermischen, dass sie praktisch austauschbar wurden.

Der kirchliche Organismus litt weniger unter der äußeren Gewalt des Staates, als dass er sich insgeheim von innen heraus mit ihm verband, und zwar in einem Prozess der Gleichsetzung von Kirche und Reich, der Aufhebung der Grenzen zwischen Kirche und Staat und der Bekräftigung ihrer unauflöslichen Einheit, wie sie der Patriarch von Konstantinopel gegen Ende des 14. Jahrhunderts bekräftigte. Der Höhepunkt dieses Prozesses war mit den Reformen des russischen Zaren Peter der Große (reg. 1682-1725) erreicht, durch die die Kirche faktisch zu einer für religiöse Angelegenheiten zuständigen staatlichen Behörde – zur „Behörde für das orthodoxe Bekenntnis“ – innerhalb der zaristischen Regierung degradiert wurde. Dass Peter im Zuge der Umsetzung seiner Reformen einen abtrünnigen Patriarchen ermorden musste, steht ganz im Einklang mit der früheren imperialen Politik, die Konstantin der Große eingeführt hatte, als er beim Konzil von Nizäa die andersdenkenden Bischöfe absetzte und verbannte – dies war schlicht der Preis, den die Kirche für ihre „Symphonie“ oder „Einheit“ mit dem Staat zahlen musste.

Es ist keineswegs unbeabsichtigt, dass der von Konstantin dem Großen in Gang gesetzte Prozess, der sich in byzantinischer Zeit und im zaristischen Russland fortsetzte und in der kommunistischen Revolution von 1917 seinen Höhepunkt fand, – ebenso wie der entsprechende päpstliche Feldzug in der westlichen Christenheit – auf den Versuch hinauslief, auf einer rein säkularen und materialistischen Grundlage eine Weltgesellschaft zu errichten. Sowohl im christlichen Westen als auch im christlichen Osten hat die Mitwirkung der Kirche an einem Prozess, der verlangte, den Formen und Institutionen des Staates sakralen Charakter zuzuschreiben, unweigerlich zur Säkularisierung dieser Formen und Institutionen geführt. Umgekehrt führt die Säkularisierung dieser Formen und Institutionen ihrerseits dazu, ihnen eine Art Pseudo-Sakralität zuzuschreiben; und der totalitäre säkulare Staat tritt an die Stelle der Kirche als Gestalter einer potenziellen Weltgesellschaft aller Menschen.

Was ist das Ende vom Lied? Das Ende vom Lied ist, dass die Entchristlichung oder Säkularisierung der modernen westlichen Gesellschaft die unmittelbare Folge eines Verlustes an christlichem Bewusstsein ist, zunächst bei den offiziellen Hütern der Kirche und dann bei der Gemeinde der Gläubigen; und dass dieser Verlust zum Ausdruck kam in dem Versuch – der ihn zugleich weiter befördert hat –, die Kirche auf Erden in eine umfassende korporative Organisation umzuwandeln, die sich vor allem mit der Schaffung einer christlichen Weltgesellschaft befasst. Infolge dieses Versuchs sowie der Art und Weise, wie er durchgeführt wurde, ist das eigentliche Wesen der Kirche in den Hintergrund getreten. Das Verständnis der und die Beschäftigung mit den metaphysischen Prinzipien der christlichen Glaubenslehre beschränkte sich zunehmend auf *die* Aspekte und ihre moralischen Ableitungen, die sich in verbaler oder anderer für die christliche Gesellschaft als Ganzes anwendbarer Form zum Ausdruck bringen ließen. Die Präsenz von Personen, die nicht nur von diesen Prinzipien erleuchtet, sondern auch direkt oder indirekt in der Lage waren, jeden Aspckt des Lebens in ihrem Licht zu beeinflussen, versuchte man nach Möglichkeit zu verhindern, schwächte oder unterdrückte sie sogar, mit der Folge, dass die lebendige Realität der Kirche auf Erden selbst immer mehr geschwächt und sogar unterdrückt wurde.

Angesichts dessen, dass die Kirche ihr wesentliches initiatorisches und kontemplatives Ziel offenbar dem Streben nach Errichtung einer christlichen Weltgesellschaft unterordnet, ist die Frage angebracht: Auf welcher Grundlage wird Konstantin der Große von der Kirche als Heiliger anerkannt? Auf der Grundlage dessen, dass er das „Schwert des Cäsar“ benutzte, um seine Untertanen zur Unterwerfung unter den christlichen Glauben zu zwingen? Aber war es nicht genau dieses Schwert, das der Teufel Christus bei der dritten Versuchung in der Wüste anbot? Durch welche Verdrehung von Werten wird das, was im Evangelium als Werkzeug des Teufels dargestellt wird, von der Kirche als Waffe christlicher Rechtschaffenheit gepriesen?

Das ganze tragische Problem führt uns Dostojewski in seiner Erzählung über den Großinquisitor mit unmissverständlicher Klarheit vor Augen. Warum, so fragt der Inquisitor Christus, hast du die letzte Gabe des Teufels, das Schwert des Cäsar, zurückgewiesen? Und er fährt fort: „Hättest du diesen dritten Rat des mächtigen Geistes angenommen, so hättest du alle Wünsche erfüllt, die der Mensch hier auf Erden hegt. Er hätte jemand gehabt, den er anbeten und dem er sein Gewissen anvertrauen kann; er hätte die Möglichkeit gesehen, dass sich endlich alle gemeinsam und einmütig zu einem umfassenden, von niemand bestrittenen Ameisenhaufen vereinigen. Das Bedürfnis zu universeller Vereinigung ist nämlich die dritte und letzte Qual des Menschen. Immer hat die Menschheit in ihrer Gesamtheit danach gestrebt, sich unter allen Umständen universell zu gestalten. … Hättest du das Schwert und den Purpur des Cäsar angenommen, so hättest du eine Weltherrschaft begründet und der ganzen Welt Ruhe gebracht. Denn wem anderes steht es zu, über die Menschen zu herrschen, als denen, die das Gewissen der Menschen in ihrer Gewalt haben und in deren Händen das Brot der Menschen ist? Wir unsererseits [die Kirche] haben das Schwert des Cäsar ergriffen; dabei haben wir uns freilich von dir abgewandt und sind *ihm* [dem Teufel] gefolgt."[69] Hat sich die Kirche damit nicht selbst verpflichtet, die christliche Offenbarung in ihrem Kern zu leugnen?

Die Kirche ist mit ihrem imperialen Vorhaben gescheitert, und die Welt, die einst die Christenheit bildete, hat die Kirche verlassen. Der Traum, den die Kirche nicht zu erfüllen vermochte, wurde von säkularen und materialistischen Organisationen wie der Europäischen Gemeinschaft übernommen; doch nun erfolgt der Versuch seiner Erfüllung unter Bedingungen, die von den Mitgliedern dieser potenziell weltweiten Union verlangen, dass sie die letzten Reste ihrer spirituellen Identität und ihrer Menschenwürde verraten und der ersten Versuchung des Teufels in der Wüste nachgeben – vom Brot allein zu leben und nicht von jedem Wort, das aus dem Munde Gottes kommt.

Doch so wie die Welt die Kirche verlassen hat, hat offenbar zugleich auch die Kirche die Welt verlassen. Ihr „Zeugnis" angesichts der Verwüstungen, deren immer weiteres Vordringen zur heutigen Entchristlichung praktisch aller öffentlichen und privaten Lebensbereiche geführt hat, kann nur als kläglich bezeichnet werden. So hat sich die Kirche nicht gegen die gigantische Ungeheuerlichkeit des modernen Industrialismus ausgesprochen und noch viel weniger gegen die unmenschliche Perversion des Denkens, wie sie die gesamte moderne wissenschaftliche Bewegung darstellt, die dieser Industrialismus voraussetzt und durch die

69 Fjodor M. Dostojewski, *Die Brüder Karamasow*, aus dem Russischen von Hermann Rühl, VMA-Verlag 1981, Fünftes Buch, 5. Der Großinquisitor, S. 373-374. Sherrard zitiert aus der englischen Übersetzung von David Magarshack.

er gefördert wird. Sie hat sich auch nicht annähernd zu dem geäußert, was wir die ökologische Krise nennen, der, wie wir in einem späteren Kapitel noch sehen werden, einige ihrer Theologen den Weg bereitet haben. Die Aufgabe, angesichts dieser Erscheinungsformen des säkularen, materialistischen Geistes die Wahrheit zu sagen, wurde in den letzten 200 Jahren Menschen wie Blake, Dostojewski, Yeats und anderen prophetischen Persönlichkeiten überlassen.

Natürlich legt die Kirche durch ihre liturgischen Mysterien sowie durch persönliche Heiligkeit und Gebet weiterhin Zeugnis ab; und trotz der Säkularisierung sind christliche Grundsätze auf Gebieten wie moralischen Entscheidungen, Achtung vor menschlichem und anderem Leben, Höflichkeit und der Suche nach nichtmateriellen, nichtweltlichen und ewigen Werten weiterhin wirksam, wenn auch nicht direkt durch die Kirche und obgleich in abnehmendem Maße. Aber der Geist, der das Leben und die Welt transformieren will, scheint sie verlassen zu haben. Die Kirche stolpert schlicht der Welt hinterher und übernimmt Ideen und Praktiken, die ihr völlig fremd sind, aber ihr zum Trotz unsere heutige Gesellschaft in ihren vorherrschenden Formen geprägt haben.

Die Wahrheit ist, dass die Kirche der säkularen Kultur abgrundtief hörig ist. Gleichzeitig wird das Scheitern der Kirche, die Welt zu erobern und ihre Kultur zu spiritualisieren, als Ablehnung der Kirche durch die Welt, als unverzeihlicher Akt des Ungehorsams seitens der Welt betrachtet. Damit hat die Kirche sich quasi die Hände von der Welt reingewaschen: Die Welt und ihre Kultur können nun auf ihre Weise zum Teufel gehen. Das ist schlicht die gerechte Strafe für ihre Abtrünnigkeit.

Die Kehrseite dieser Medaille ist, dass die Kirche und die Eucharistie ihre Bedeutung als integrierender und kreativer Mittelpunkt des Gemeindelebens verloren haben. Von einer „gemeinsamen Sache" sind sie zum Mittel individueller Erlösung geworden. Ihre individuelle Religiosität ist für Christen zur Hauptbeschäftigung geworden. Und in diesem Kontext hat der Begriff der Verantwortung des Christen für das Schicksal der Welt unausweichlich jegliche Bedeutung verloren.[70] Dies ist nicht nur die Tragik des Christentums und der Kirche; es ist die Tragik der ganzen Welt, oder zumindest jenes Teils der Welt, der einst die Christenheit ausmachte.

70 Siehe mein Buch *The Rape of Man and Nature*, Golgonooza Press 1987.

Denn das Leben in dieser Welt – in dieser säkularisierten, materialisierten, technisch-wissenschaftlichen Welt – ist ein Leben in zunehmender Verzweiflung und wachsendem Elend. Ob es uns gefällt oder nicht, es ist unmöglich, ohne Gott und ohne ein Gefühl der Gegenwart Gottes, das all unser Handeln und die Gesellschaftsformen, in denen wir leben, durchdringt, eine menschliche Form des Lebens zu führen. Es ist unmöglich, eine menschliche Form des Lebens in einer Welt zu führen, der es an Bedeutung fehlt, der es an Realität fehlt, die uns in einem Wust von Artefakten von einer Hässlichkeit und Banalität gefangen hält, die jeder Beschreibung spottet, in Arbeitsformen, die, angefangen bei Computertechnologie und Massenmedien, von uns nicht nur nichts verlangen, was man zurecht als Intelligenz und Vorstellungskraft bezeichnen könnte, sondern die unsere Würde erniedrigen und zerstören, die jedes wahre kreative Streben in uns ersticken und uns auf wenig mehr als Zahlencodes und Roboter in einem Totentanz von Ignoranz und Einfalt reduzieren.

Dies ist der tragische Ausgang des Lebens in einer Gesellschaft, deren vorherrschende Formen, wie in unserer modernen Gesellschaft, eine Weltanschauung widerspiegeln, in der Gott so gut wie keine Rolle mehr spielt. Denn ohne eine lebendige Teilhabe am Göttlichen und an den absoluten und unbedingten Werten, die dessen Wirklichkeit widerspiegeln, enden eine Gesellschaft und ihre Kultur damit, dass sie sich selbst verleugnen und zu einer Fälschung verkommen, die zwar den Anschein einer Art Kultur haben mag, aber im Grunde falsch, wertlos und unmenschlich ist.

Was den Teil der Welt betrifft, der durch die vormalige Christenheit repräsentiert wird, so ist das einzige Mittel, diese Teilhabe wiederzuerlangen, die heilige Tradition des Christentums. Aus der schrecklichen Sackgasse, in der wir uns befinden, können wir nur herausfinden und das wahre Licht, das wir verleugnet und von dem wir uns abgeschnitten haben, wieder wahrnehmen, wenn wir unser Leben wieder auf eine religiöse Grundlage stellen; und die einzige Religion, die uns eine solche Grundlage bieten kann, ist für uns das Christentum. Das Christentum und die Möglichkeit spiritueller und kultureller Erneuerung sind für uns untrennbar miteinander verbunden.

Das Christentum ist die Religion, die seit mindestens 1500 Jahren allen bedeutenden Erscheinungsformen unserer Kultur zugrunde liegt. In diesem gesamten Zeitraum bildet es die Wurzel unserer Architektur – von unseren Kathedralen und zahllosen Landkirchen bis hin zu den bescheidenen Wohnhäusern in unseren Dörfern –, unserer Kunst, unserer Musik, unserer Malerei und unserer Dichtung, es prägt und inspiriert ihre Schönheit und Bedeutung. Es durchzieht die Hügel und Täler unserer Landschaft mit der Gegenwart und Heiligkeit der heiligen Männer und Frauen, die sie einst bewohnten – einer Gegenwart, die wir vielleicht vergessen haben und nicht würdigen, die aber jederzeit in unser Leben treten kann, sobald wir uns ihr zuwenden und Segen und Beistand der Heiligen anrufen. Es ist die einzige heilige Tradition, die wir besitzen, die uns die lebendigen sakramentalen und liturgischen Formen des Gottesdienstes vermitteln kann, die für die volle Entfaltung eines wahren spirituellen Lebens unerlässlich sind – Formen, die von Christus selbst geschaffen und geweiht wurden, ganz gleich, wie sie später im Leben der Kirche ausgestaltet worden sind.

Solche Formen können weder vom Menschen erfunden noch durch andere heilige Traditionen ersetzt werden, die nicht Teil unseres gesamten spirituellen und kulturellen Erbes sind: Der Versuch, sie in dieser Weise zu ersetzen, würde lediglich zu psychischer Entfremdung und Schizophrenie führen. Kurzum, ohne Christentum und Kirche ist unsere Welt – die Welt, die einst die Christenheit ausmachte – Verfall und Untergang geweiht. Nur das Christentum und die christliche Kirche sind in der Lage, in der gesamten Gesellschaftsordnung jenen spirituellen Einfluss zu verbreiten, der allein die ansonsten unkontrollierbaren Kräfte von Unfruchtbarkeit und Zusammenbruch ausgleichen und überwinden kann.

Einen solchen Einfluss vermag die Kirche jedoch erst dann zu verbreiten, wenn sie ihre eigene innere Erneuerung vollendet hat. Eine solche Erneuerung hat zwei Aspekte. Der erste besteht in der Überwindung und Befreiung von ihrem imperial-ekklesiastischen Erbe und der damit einhergehenden Vorstellung, die Beziehung zwischen Kirche und Welt sei ein Verhältnis von Oberhoheit und Unterordnung. Die Kirche muss nicht nur jede Vorstellung aufgeben, dass sie selbst einen christlichen Weltstaat bildet oder an der Bildung eines solchen beteiligt ist, sondern auch die Idee, zur Bildung eines Weltstaates beitragen zu wollen. Ferner muss sie die Vorstellung aufgeben, dass sie eine Art Staat im Staat bilden sollte. Sie muss also die Vorstellung aufgeben, dass das Christentum die Ausübung von autoritärem Zwang befürwortet, ganz gleich, welche Form dieser Zwang annimmt.

Das bedeutet, dass die Kirche des christlichen Westens ausdrücklich und bewusst auf den Anspruch verzichten muss, den Papst Bonifatius VIII. 1302 in seiner berühmten Bulle *Unam sanctam* zusammengefasst und dogmatisiert hat: „Vom Glauben gedrängt sind wir verpflichtet, an die eine heilige, katholische und apostolische Kirche zu glauben …", außerhalb derer es „weder Erlösung noch Vergebung der Sünden" gibt, sowie von dem in dieser Bulle implizit enthaltenen Anspruch, dass die Kirche potenziell die universelle politische Körperschaft ist, deren Oberhaupt der Papst darstellt. Das bedeutet auch, dass sie explizit und bewusst die Art der Unfehlbarkeit aufgeben muss, die von der römisch-katholischen Kirche auf dem Ersten Vatikanischen Konzil (1870) definiert wurde. Dies wiederum bedeutet, dass sowohl im christlichen Westen als auch im christlichen Osten (wo die ökumenischen Bischofskonzilien sich eine ähnliche Unfehlbarkeit anmaßen) die Kirche als Ganzes den Anspruch aufgeben muss, die christliche Offenbarung stelle die einzige und ausschließliche Offenbarung der universellen Wahrheit dar.

Was die Kirche des christlichen Ostens anbetrifft, so erfordert die Überwindung des imperial-ekklesiastischen Erbes außerdem eine Reform der bischöflichen Hierarchie, soweit diese nach den Erfordernissen der imperialen Verwaltung und Rechtsprechung eingerichtet wurde. Ein solches Muster stellt heute einen völligen Anachronismus dar, da zum Beispiel Bistümer in den wichtigsten städtischen Zentren eines längst untergegangenen Reiches, denen der Rang eines Patriarchats zuerkannt wurde, nach wie vor einen Status haben, dessen Existenzberechtigung (ohnehin in erster Linie reine Staatsraison) in keiner Weise mehr begründet ist. Gleichzeitig widersprechen die Pracht und Souveränität, mit der die Bischöfe in imperialen Zeiten ausgestattet waren und die sie immer noch beanspruchen, dem Verständnis, dass unter Christen der eine ebenso sehr ein Repräsentant des königlichen Priestertums ist wie jeder andere, ganz gleich ob Kleriker oder Nichtkleriker.

Der zweite Aspekt der Erneuerung, ohne den die Kirche ihre Rolle bei der Verklärung der Welt und bei der Hinführung der Welt auf das Reich Gottes nicht wird erfüllen können, besteht darin, ihren wesenhaft gnostischen und kontemplativen Charakter zu bekräftigen und an die erste Stelle zu setzen. Denn letztlich hängt die Ausbreitung eines spirituellen Einflusses auf die gesamte Gesellschaftsordnung nicht von irgendeinem Kreuzzug oder einer „christlichen Erneuerungsbewegung“ ab, die unisono von Klerus und Gemeinde unternommen würden, sondern von der Gegenwart derer, von denen es heißt: „Selig ist das Reich, in dem einer von ihnen wohnt, denn sie werden in einem Augenblick mehr Gutes bewirken, als alles äußere Tun je bewirkt hat.“ Es hängt also von der Gegenwart von Heiligen und Weisen, heiligen Männern und Frauen, inspirierten Dichtern und Propheten ab, ob sie nun der christlichen oder einer anderen heiligen Tradition angehören, deren Leben dem Streben nach spiritueller Schau und der Verherrlichung Gottes gewidmet ist. Indem sie den Weg von Gnosis und Kontemplation – den mystischen Weg – beschreiten, werden diese Menschen zu lebendigen Flammen göttlichen Lichts und Lebens. Das bedeutet, dass die Kirche die Gegenwart solcher Menschen kaum fördern und begünstigen wird, es sei denn, sie grenzt ihren wesentlichen Charakter wieder kraftvoll von jenen Theorien und Praktiken ab, die sie zu einer sozialen Einrichtung christlicher Wohlfahrt degradiert haben, welche zwischen den Extremen senile Protektion, Modernismus und verweichlichte Nachahmung oszilliert, mit einer Lehre aus vagen, schlecht zusammenpassenden und inhaltsleeren theologischen Begriffen, vermischt mit negativen moralischen Geboten. Ob sie dazu in der Lage ist, bleibt abzuwarten. Was man aber sagen kann: Wenn die Kirche dazu nicht in der Lage ist und wenn sie in ihrer irdischen Form nicht im Wesentlichen zum Ausdruck einer spirituellen, nicht durch diese Theorien und Praktiken eingeschränkten, Weisheit und Erleuchtung wird, dann können wir nicht mit Recht davon sprechen, überhaupt eine menschliche Gesellschaft zu besitzen, geschweige denn eine, die in irgendeinem Sinn dieses Wortes christlich ist.

KAPITEL DREI

Christentum und andere heilige Traditionen

Gegen Ende des letzten Kapitels habe ich darauf hingewiesen, dass eine der Bedingungen für eine Erneuerung innerhalb der christlichen Kirche im Verzicht auf den Anspruch besteht, die christliche Offenbarung sei die einzige und ausschließliche Offenbarung der universellen Wahrheit. Denn man muss zugeben – mit Bedauern, um nicht zu sagen mit Scham –, dass die Christen in der Vergangenheit im Großen und Ganzen alle nichtchristlichen Religionen und jegliche nichtchristliche religiöse Erfahrung als so offensichtlich verdächtig betrachtet haben, dass sie entweder zu gefährlich sind, um sich damit zu befassen, oder die Mühe nicht lohnen. Tatsächlich bestand die typische christliche Reaktion auf nichtchristliche Religionen aus einer Mischung aus Abscheu, Angst und Aggression.

Zugleich heißt es, die Menschwerdung des einen wahren Gottes in der historischen Gestalt Jesu Christi und die daraus folgende Gründung der Kirche auf Erden stelle eine radikale Veränderung des gesamten Wesens der Wirklichkeit dar. Dadurch würden alle früheren religiösen Lehren hinfällig und überholt, da sie sich auf eine Ordnung der Dinge bezögen, die nun aufgehoben und abgelöst worden sei. Die einzige Glaubenslehre, die jetzt die neue Ordnung authentisch repräsentiere, sei die, welche die Kirche auf der Grundlage der neuen Offenbarung der Wahrheit, wie sie in den Evangelien zum Ausdruck komme, verkünde. Das Christentum sei die einzig wahre Religion, und Zugang dazu sei einzig durch das Bekenntnis zum christlichen Glauben und die Mitgliedschaft in der christlichen Kirche möglich. Erlösung sei ein ausschließliches Vorrecht der Christen und werde durch das Bekenntnis zu einer anderen als der von der Kirche verkündeten Glaubenslehre automatisch ausgeschlossen.

Doch heute, wo die jahrhundertealten Schranken zwischen den großen heiligen Traditionen der Welt gefallen sind, stellt sich die Frage, ob das Christentum von Natur aus so exklusiv ist, wie es behauptet hat. Ist der Glaube an eine solche Exklusivität für einen Christen obligatorisch? Kann man Christ sein und gleichzeitig anerkennen, dass Erlösung auch ohne formale Mitgliedschaft in der christlichen Kirche möglich ist? Und wenn ja, welches müssen die positiven theologischen Gründe für diese Anerkennung sein, denn wenn sie nicht auf Prinzipien beruht, die mit der christlichen Lehrmeinung vereinbar sind, kann sie ja wohl nicht mehr als ein Ausdruck guten Willens, ja womöglich sogar bloße Sentimentalität sein?

Diese Frage ist nicht bloß eine praktische. Sie betrifft mehr als die Frage der christlichen Mission und des Weltfriedens. Es ist eine Frage nach der Wahrheit an sich. Wenn der Geist nur innerhalb der Rahmenordnung oder der Grenzen der christlichen Kirche als historischer Institution gegenwärtig und wirksam ist, dann ist die spirituelle Lebensführung das eine; wenn Er jedoch in vielen anderen Formen auf der ganzen Welt gegenwärtig und wirksam ist, ist sie etwas ganz anderes. Es ist bereits gut ausformuliert worden[71], dass Liebe in Tat und Theorie bei einem exklusiven Christentum das eine, bei einem inklusiven Christentum hingegen etwas ganz anderes ist. Es liegt auf der Hand, dass ein wie auch immer gearteter Dialog niemals ernsthafte Bedeutung haben kann, wenn in den Köpfen derer, die ihn führen, weiterhin der Verdacht besteht, die nichtchristlichen Religionen seien im Grunde genommen alle fehlerhaft und was sie als ihre höchste Vollendung und Erfüllung ausgeben, nichts als eine Form der Illusion.

Man könnte sagen, dass einen solchen Verdacht heute nur noch wenige intelligente Christen hegen. Wie dem auch sei, gleichwohl trifft zu, dass es einen gewissen legalistischen Dogmatismus, der in der christlichen Welt lange überwog und weitgehend auf Unkenntnis anderer Religionen beruhte, nach wie vor gibt. Wichtiger noch: Nach wie vor fehlt es an einem Verständnis, das eine Anerkennung der spirituellen Authentizität

71 Von Georges Khodr, in seinem Artikel „Christianity in a Pluralistic World" (*Sobornost*, Sommer 1971, S. 166-74), dem ich mich hier sehr verbunden fühle. Auch William C. Chittick bin ich zu Dank verpflichtet für seinen Aufsatz „A Sufi Approach to Religious Diversity", erschienen in S. H. Nasr und W. Stoddart (Hrsg.), *Religion of the Heart*, Foundation of Traditional Studies, Washington D.C., 1991, S. 50-90.

nichtchristlicher Traditionen in positiver theologischer Hinsicht zulässt und rechtfertigt.

Welche Möglichkeiten für ein solches Verständnis kann die christliche Tradition bieten? Ausgangspunkt muss hier die Apostelgeschichte sein, die ja das erste Buch der christlichen Ekklesiologie ist. In der Apostelgeschichte (10, 35) heißt es, „in jedem Volk, das ihn fürchtet und Recht tut, das ist ihm angenehm". Barnabas und Paulus sagen den Menschen in Lystra, Gott habe „in vergangenen Zeiten alle Heiden ihre eigenen Wege gehen lassen, und doch", so fügen sie hinzu, „hat er sich selbst nicht unbezeugt gelassen" (Apostelgeschichte 14, 16-17). Es gibt unter den Heiden eine Sehnsucht nach „dem unbekannten Gott" (Apostelgeschichte 17, 23), eine Suche nach Gott, der „nicht ferne [ist] von einem jeden unter uns. Denn in ihm leben und weben und sind wir" (Apostelgeschichte 17, 27-28).

Dies deutet auf eine gewisse Offenheit gegenüber der nichtchristlichen Welt hin. Es gibt jedoch keine Anzeichen dafür, dass dieser Welt ein positiver theologischer Status eingeräumt würde. Eher scheint das Gegenteil der Fall, denn „von Menschenhand geschaffene Götter sind gar keine Götter", wobei davon ausgegangen wird, dass alle anderen Götter als der christliche Gott von Menschenhand geschaffen sind. Tatsächlich ist Paulus recht kategorisch: „Ein falscher Gott hat keine Existenz in der wirklichen Welt" (1. Korinther 8, 4); und in der Offenbarung, einem sehr ekklesiologischen Buch, wird jegliche nichtchristliche Religion als Lüge (21, 8) und als Betrug (22, 15) bezeichnet. Es scheint also, als führe das Neue Testament einfach die Linie des Alten Testaments fort und als seien für die Apostel Christi wie für die Propheten Israels andere Religionen als ihre eigene ein absoluter Gräuel. Die berühmte Ausnahme von dieser allgemeinen Regel ist die Rede des Paulus vor den Athenern, in der er ihnen sagt, dass sie den wahren Gott anbeten, ohne ihn zu erkennen, weil seine wahre Identität ihnen nicht offenbart worden ist. Mit anderen Worten: Sie waren Christen, ohne es zu wissen.

Es scheint also von Anfang an gegenüber der nichtchristlichen Welt zwei verschiedene Haltungen gegeben zu haben. Zum einen gibt es die aus dem Judentum übernommene, durchweg negative Haltung, in der die Götter mit von Menschenhand geschaffenen Bildern aus Holz oder Stein gleichgesetzt und als Dämonen betrachtet werden, die gegen den einen wahren Gott kämpfen. Diese Haltung verhärtete sich zunehmend, als sich die Dogmatik zu einem offiziellen Lehrwerk verdichtete und Kirche und Christentum eindeutig institutionellen Charakter annahmen. Ein Beleg für diese Verhärtung ist der Kampf gegen die Häresie, der in den Köpfen der Apologeten aller Epochen eine Feindseligkeit gegenüber dem Irrtum hervorrief, die oft bis zum Hass reichte. Darüber hinaus hatte die Intoleranz der Christen untereinander unmittelbare Auswirkungen auf ihre Haltung gegenüber nichtchristlichen Religionen, was den Hass nur noch verschärfte. Man muss den anderen entweder retten oder töten.

Neben dieser negativen Einstellung gibt es jedoch auch die positivere Haltung, die in der Rede des Paulus an die Athener zum Ausdruck kommt. Diese Haltung machten viele christliche Theologen zur Grundlage der Lehre. Wie zu erwarten, wurde sie mit dem Verständnis des göttlichen Logos und seiner Inkarnation in menschlicher Gestalt verbunden. Für Justin den Märtyrer zum Beispiel ist ein Keim des Logos – der *logos spermatikos* – dem ganzen Menschengeschlecht und der gesamten Schöpfung vor der Geburt Christi im Fleisch eingepflanzt[72], sodass diejenigen, die nach dem Logos lebten, wie Sokrates und Herakleitos bei den Griechen und Abraham und Elias und viele andere bei den „Nichtgriechen", schon vor Christus Christen waren.[73]

Clemens von Alexandrien sieht die gesamte Menschheit als eine Einheit und als von Gott geliebt. In Anlehnung an den Hebräerbrief (1, 1) bekräftigt er, dass Gott „vorzeiten" nicht nur zu Israel, sondern zur gesamten Menschheit „vielfach und auf und vielerlei Weise geredet hat". Die Menschheit als Ganzes ist einem Erziehungsprozess, einer Pädagogik, unterworfen. Die ganze Welt hat den zum Lehrer gehabt, „der das Weltall mit heiligen Beweisen seiner Macht erfüllt hat, mit der Schöpfung, der Erlösung und der wohltätigen Fürsorge, mit der Gesetzgebung, der Weissagung und der Lehre".[74] Innerhalb dieser göttlichen Ökonomie nimmt die Philosophie eine besondere Rolle ein: Sie ist nicht bloß ein Sprungbrett zu einer spezifisch christlichen Philosophie. Sie ist sogar

72 Justin der Märtyrer, *Apologia secunda* – Zweite Apologie (Bibliothek der Kirchenväter), 8.

73 Justin der Märtyrer, *Apologia prima – Erste Apologie* (BKV), 46.

74 Clemens von Alexandrien *Protrepticus* (BKV) XI, 112.

„den Griechen als ihnen eigenes Vermächtnis gegeben worden".[75] Die griechische und folglich auch alle anderen nichtchristlichen Philosophien sind Bruchstücke eines einzigen Ganzen, das der Logos ist. Und dieses „Leben nach dem Logos", das eine allen Völkern, christlichen und nichtchristlichen, innewohnende Fähigkeit ist, ist nicht einfach mit einem vernünftigen Leben gleichzusetzen, und der der Schöpfung eingepflanzte Logos ist auch nicht einfach mit dem „rationalen Gesetz" der mittelalterlichen Scholastiker gleichzusetzen; denn „der göttliche Logos aber … erfüllte durch den Heiligen Geist diese Welt und dazu auch die Welt im Kleinen, den Menschen".[76]

Vor die Frage gestellt, ob Christi Aussendung die Bestätigung eines Verständnisses der Dinge bedeutet, das seit jeher, und einigen sogar vollständig, bekannt ist, aber vergessen oder verzerrt wurde, oder um eine radikale Veränderung des Wesens der Wirklichkeit und damit des Wesens dessen, was erkannt werden soll, entscheidet sich Origenes für Ersteres. Es gibt, so schreibt er, „ein Kommen Christi vor seinem leiblichen Kommen, und das ist sein spirituelles Kommen für jene Menschen, die eine gewisse Stufe der Vollendung erreicht hatten, für die die ganze Fülle der Zeiten bereits gegenwärtig war, wie zum Beispiel die Patriarchen, Moses und die Propheten, die die Herrlichkeit Christi schauten".[77] Die Propheten, so fügt er hinzu, „haben die Gnade der Fülle Christi empfangen …" und „vom Geist geführt, sind sie, nachdem sie in die Gestalten (*typoi*) eingeführt worden waren, zur eigentlichen Schau der Wahrheit gelangt".[78] Für Maximus Confessor weilte der Logos Gottes vor seinem Erscheinen im Fleisch auf spirituelle Weise unter den Patriarchen und Propheten und kündigte die Mysterien seines Kommens an.[79]

Eine ähnliche Haltung ist bei einigen westlichen Theologen zu finden. Eine so ehrwürdige Gestalt wie Augustinus behauptet, seit Anbeginn der Menschheitsgeschichte habe es in Israel und außerhalb Israels Men-

---

75 Clemens von Alexandrien, *Stromateis*, 6. Buch, Kapitel VIII, 67, 1. Clemens von Alexandrien, *Teppiche: Wissenschaftliche Darlegungen entsprechend der wahren Philosophie (Stromateis)*. Aus dem Griechischen übersetzt von Geh. Regierungsrat Prof. Dr. Otto Stählin. (Bibliothek der Kirchenväter, 2. Reihe, Band 17, 19, 20) München 1936-1938. Unter der Mitarbeit von Jürgen Voos.

76 Clemens von Alexandrien *Protrepticus* (BKV) I, 5, 3.

77 Origenes, *Commentarii in Iohannem* I, 7. (Die deutsche Übersetzung folgt der englischen Übersetzung bei Sherrard; Anm. d. Ü.)

78 Ebendort VI, 3.

79 PG 90, II37BC.

schen gegeben, die am Mysterium der Erlösung teilhatten, und das, was ihnen bekannt gewesen sei, sei in Wirklichkeit die christliche Religion gewesen, ohne dass ihnen diese offenbart worden wäre. Und Irenäus von Lyon fasst diese Linie patristischen Denkens zusammen, wenn er sagt, es gebe „nur ein und denselben Gott, der vom Anfang bis zum Ende in mancherlei Ordnungen dem menschlichen Geschlechte beistand".[80]

Ergänzt und untermauert wird diese Lehre, dass der Logos vor seinem Erscheinen im Fleisch im Menschen und in der ganzen Schöpfung gegenwärtig ist und von allen Menschen unabhängig von Zeit und Ort wahrgenommen werden kann, durch ein Verständnis der Inkarnation als universal. Dieses Verständnis besagt, dass sich der göttliche Logos durch die Menschwerdung nicht nur in den Leib eines einzelnen Menschen, sondern in die Gesamtheit der menschlichen Natur, in die Menschheit als Ganzes, in die gesamte Schöpfung einbringt. So schreibt Kyrill von Jerusalem: „Nicht umsonst behauptet Johannes, dass der Logos kam und unter uns wohnte, denn so lehrt er uns das große Geheimnis, dass wir alle in Christus sind, und dass die gemeinsame Persönlichkeit des Menschen dadurch wieder zum Leben erweckt wird, dass Er sie angenommen hat. Der neue Adam wird so genannt, weil er für die gesamte menschliche Natur alles erwirbt, was zur Glückseligkeit und Herrlichkeit gehört, so wie der alte Adam erwarb, was zu ihrem Verderb und ihrer Schande gehört. Im Wege des einen kam der Logos, um in allen zu wohnen, so dass der einzige Sohn Gottes, wenn Er in Seine Macht eingesetzt ist, Seine Würde durch den Heiligen Geist auf das ganze Menschengeschlecht ausstrahlt; und so sollte sich in jedem einzelnen der Satz aus der Heiligen Schrift bestätigen: ‚Ich habe gesagt: Ihr seid Götter und Söhne des Höchsten'. (Psalm 82,6) … Der Logos wohnt in uns, in jenem einen Tempel, den Er durch uns angenommen hat, damit wir alles in Ihm besitzen und Er uns alle in *einem* Leib zum Vater zurückbringt."[81] Oder wie Pseudo-Chrysostomus formuliert: „Durch das Opfer Christi wurde der erste Mensch gerettet, jener Mensch, der in uns allen ist."[82] Das bedeutet, dass die gesamte menschliche Natur – ja, das gesamte geschaffene Sein – am göttlichen Leben teilhat, ob sich einzelne Menschen dessen

80 Irenäus von Lyon, *Contra Haereses – Gegen die Häresien* (BKV) III, 12, 13.
81 PG 73, 161-164.
82 PG 59, 725, 723.

bewusst sind oder nicht. Jeder einzelne Mensch kann eben dadurch, dass er die ursprüngliche adamische Natur, die jedem Menschen innewohnt und in und durch die Inkarnation des Logos vollständig wiederhergestellt wurde oder auferstanden ist oder verklärt wurde, in seinem individuellen Leben aktiviert, seine persönliche Teilhabe am Leben und am Charakter der letzten Wirklichkeit verwirklichen.

Leider ist dieses Verständnis, das in der Lehre vom universalen Logos wurzelt, der der von Ihm geschaffenen Schöpfung innewohnt, einer Ekklesiologie gewichen, die die Kirche auf Erden mehr oder weniger ausschließlich mit einer körperschaftlichen, kollektiven Institution gleichsetzt, die innerhalb der Geschichte agiert und eine bestimmte Sicht der Geschichte hat. Kurzum, die Ekklesiologie wurde historisiert. Die Kirche nahm eine zunehmend soziologische Form an, die mit der Christenheit gleichgesetzt wurde. Die Christenheit – die christliche Gesellschaft oder die Kirche – war die Wohnstatt von Frieden, Licht und Erkenntnis. Die nichtchristliche Welt war die Wohnstatt von Krieg, Finsternis und Dämonen. Das Gebiet außerhalb der Kirche, außerhalb der historischen, institutionellen, soziologisch definierten Gemeinschaft der Kirche, musste entweder christianisiert – durch Aufnahme in die Christenheit gerettet – werden, oder es würde untergehen. Nichtchristen, Häretiker und Schismatiker mussten mit allen verfügbaren Mitteln in die Kirche gebracht oder zu ihr zurückgeführt werden – durch Missionierung, durch bekehrungseifrigen Proselytismus oder durch kulturellen Kolonialismus, sofern Verfolgung, Krieg und militärische Besetzung nicht mehr praktikabel oder akzeptabel waren – denn nur so konnte das Jesus-Wort „es wird eine Herde und ein Hirte sein“ (Johannes 10, 16) Wirklichkeit werden.

Die etablierte institutionelle Kirche wird zum Mittelpunkt der Welt. Die Geschichte der christlichen Kirche als soziologischer Einheit wird zur Geschichte an sich. Was in der Erfahrung der christlichen Welt geschieht, prägt die Geschichte. Die übrige Welt ist ahistorisch, bis sie die christliche Erfahrung und die christlichen Formen annimmt und sich zu eigen macht. Diese Erfahrung und diese Formen sind dazu bestimmt, die Welt zu beherrschen. Nichtchristliche Religionen – Religionen wie Hinduismus, Buddhismus und Islam – werden *per definitionem* als minderwertig und sogar teuflisch angesehen. Folglich sind die Anhänger dieser Religionen nur zu retten, indem sie historisiert werden und die überlegene hierarchische Form des Christentums annehmen. Die übrige Welt muss in das Zeitkontinuum der Kirche eintreten, und zwar durch eine Erlösung, die durch universelle Ausbreitung der christlichen Lebensweise auf der Grundlage der Autorität der christlichen Tradition erreicht wird.

Diese Haltung entspringt einem linearen Geschichtsverständnis im Verbund mit einer monolithischen Ekklesiologie, die das Christentum als eine Reihe oder Abfolge von Heilsereignissen betrachten, die im Erscheinen Christi als dem Ende der Geschichte des Alten Bundes und als dem Ende der menschlichen Geschichte gipfeln sollen. Es ist ein Verständnis, das stillschweigend die Idee einer allgegenwärtigen, die Geschichte übersteigenden Ewigkeit ignoriert. Ebenso ignoriert es die Idee der Kirche, in der Christus, der Logos, nicht nur chronologisch, sondern ontologisch als das immanente Prinzip des Mysteriums gesehen wird, in dem sich das Göttliche zu jedem Zeitpunkt und in jedem Geschöpf offenbart, sodass jeder Mensch und jedes geschaffene Ding eine Theophanie ist und in einer unmittelbaren, transhistorischen Beziehung zum göttlichen Archetyp steht, dessen Manifestation er oder es ist. Ferner wird damit stillschweigend der Gedanke der Universalität der Menschwerdung ignoriert: dass nämlich das göttliche Ereignis, das die Menschwerdung bezeichnet, nicht einfach das Einbringen des Logos in den Leib eines einzelnen historischen Menschen ist, sondern auch und vor allem ein Einbringen des Göttlichen in das Menschliche als solches, so dass es kein individuelles menschliches Wesen geben kann, bei dem der Logos nicht das letzte Subjekt ist, so unverwirklicht er im Einzelfall auch sein mag.

Zuletzt sind diese Sicht der Geschichte und ihre dahinterstehende Theologie im Grunde genommen antikontemplativ. Für die Mentalität, die sich aus dieser Theologie speist, ist Kontemplation kaum mehr als eine Form der Flucht vor der „realen“ Welt, ein Rückzug aus der Geschichte und aus der Zeit, der egoistisch und letztlich fruchtlos ist. Wichtig für diese Mentalität ist die Vorstellung, dass der Logos Gottes die Strukturen einer zusammenbrechenden Welt durchbrochen hat, um einen neuen Äon, ein neues Zeitalter zu begründen. Kontemplation mit ihrer Abstraktion, ihrer Hinwendung nach innen zu sich selbst in der

Erwartung eines reinen und gnostischen Lichts, wird daher lediglich als eine Verfeinerung des alten, nicht erneuerten Äons betrachtet, bevor Gott in die Geschichte eingetreten ist, die demzufolge wenig mit dem christlichen Reich Gottes zu tun hat. Wir sind nicht zur Reinheit des Herzens oder zu den Gaben der Weisheit und der Erkenntnis aufgerufen. Wir sind nicht eingeladen zu jener Jungfräulichkeit und Einfachheit des Geistes, die schon jetzt das Licht der Verklärung erfasst. Wir sind schlicht aufgefordert, auf die Wiederkunft des Kyrios und die endgültige Errichtung des Reiches Gottes zu warten. Unsere Kontemplation sollte keine andere Form annehmen als den Lobgesang und das reine und makellose Opfer, das wir weiterhin zum Gedenken des Herrn darbringen, „bis Er kommt".

Absolut genommen wäre diese Beschreibung natürlich übertrieben; wahr bleibt gleichwohl, dass die kontemplative Sicht der Dinge, wie sie von Menschen wie Symeon dem Neuen Theologen oder Meister Eckhart und der Tradition, der sie angehören, zum Ausdruck gebracht wurde, durch die Hauptströmung des nachmittelalterlichen Christentums weitgehend verdrängt wurde. Das macht den Dialog mit anderen Religionen, insbesondere mit den überwiegend kontemplativen asiatischen, praktisch unmöglich. Wenn Christen andere Religionen in positiver und kreativer Weise in die Perspektive ihrer eigenen Glaubenslehre einbeziehen wollen, müssen sie tatsächlich über dieses Konzept einer linearen „Heilsgeschichte", das die endgültige Entfaltung jener negativen exklusivistischen Haltung darstellt, die das Christentum vom Judentum übernommen hat und die, wie wir gesehen haben, bereits in der Apostelgeschichte deutlich wird, hinausgehen und es verwerfen.

Diese Haltung muss durch eine Theologie ersetzt werden, die die positive Haltung in den Schriften von Justin dem Märtyrer, Clemens von Alexandrien, Origenes, den Kappadokiern, Maximus Confessor und vielen anderen bestätigt. Die Ökonomie des göttlichen Logos kann nicht auf seine Manifestation in der Gestalt des historischen Jesus reduziert werden: Die Idee der Gottmenschlichkeit besitzt eine Bedeutung, die der menschlichen Natur als solcher innewohnt, ganz unabhängig von ihrer Manifestation in einer historischen Gestalt, die sie verkörpert. Dementsprechend kann auch die Kirche nicht auf eine sichtbare institutionelle und soziologische Form reduziert werden. Die Kirche ist, mit Origenes'

Worten, der Kosmos des Kosmos. Sie ist die innerste Wirklichkeit der Menschheit und der Schöpfung, auch wenn dies nicht erkannt wird. Sie ist der Ort, an dem sich das Christus-Geheimnis ständig entfaltet. Sie ist auch der Ort des Pfingst-Ereignisses – der Manifestation des Heiligen Geistes, der persönlich der Schöpfung die innere Gegenwart des Logos offenbart.

Aufgabe der Christen und vor allem der christlichen Theologen ist es, diese Gegenwart und dieses Geheimnis nicht nur innerhalb der Grenzen der historischen Kirche zu erkennen und zu bejahen, sondern auch in jenen Zeugnissen dieser Gegenwart und dieses Geheimnisses, die in anderen Religionen zu finden sind. Dabei ist unerheblich, ob die betreffende Religion historischen Charakter hat oder nicht. Die Frage, ob sie sich als mit dem christlichen Evangelium vereinbar betrachtet, erübrigt sich. Der Logos in Seiner *Kenosis*, Seiner Selbstentäußerung, ist überall verborgen, und die Formen Seiner Wirklichkeit, ob in Gestalt von Personen oder Lehren, werden außerhalb der christlichen Welt nicht dieselben sein wie innerhalb. Dennoch sind diese Formen gleichermaßen authentisch: Jede vertiefte Lektüre einer anderen Religion ist eine Lektüre vom Logos, von Christus. Es ist der Logos, der in der spirituellen Erleuchtung eines Brahmanen, eines Buddhisten oder eines Moslems empfangen wird. Denn wenn man den Baum an seinen Früchten erkennt, kann nur geistige Blindheit uns an der Erkenntnis hindern, dass diejenigen, die in allen Völkern leben und sich nach dem Göttlichen sehnen, bereits den Frieden empfangen, den der Herr den Menschen Seines Wohlgefallens schenkt (Lukas 2, 14).

Doch angenommen, Christen seien bereit, die Konsequenzen der Lehre vom universellen Logos anzuerkennen, und ebenso, dass andere heilige Traditionen göttlich eingesetzte Wege spiritueller Verwirklichung sind, dann löst dies immer noch nicht die Frage nach einer Erklärung für die Divergenzen zwischen diesen verschiedenen Traditionen. Wie sollen wir das Auftreten von Konflikten und Meinungsverschiedenheiten zwischen ihren Lehrformen erklären? Wir könnten sagen, dass es viele verschiedene Götter gibt, und dass jeder Gott eine eigene, unterschiedliche Form hat, in der Er sich ausdrückt. Aber ganz abgesehen von den weiteren Problemen, die dies aufwirft, bringt uns das nicht viel weiter, denn wir stehen dann vor der Frage, welcher dieser Götter der Höchste

Gott ist, denn wenn das Ganze überhaupt irgendeine Kohärenz besitzen soll, kann es natürlich nicht mehr als einen Gott geben, der der höchste ist. Wenn wir andererseits von der Vorstellung ausgehen, dass es einen Höchsten Gott oder eine Höchste Wirklichkeit gibt, eine absolute und allumfassende Wahrheit (und dies ist in der einen oder anderen Form das gemeinsame Bekenntnis aller großen Traditionen), wie kommt es dann, dass diese Wahrheit sich in Formen offenbart, die so unvereinbar scheinen?

Eine Antwort auf diese Frage lautet, dass diese Unterschiede oder scheinbaren Unvereinbarkeiten in den äußeren Formen, in denen sich der Höchste Gott offenbart, nicht mit irgendwelchen inhärenten Gegensätzen in Seiner Natur zusammenhängen, sondern mit den unterschiedlichen Neigungen, Fähigkeiten und Temperamenten der verschiedenen Menschheitsgruppen, an die sich die jeweilige Form richtet. Die Wahrheit ist eine; aber wenn sie sich so ausdrückt, dass sie der menschlichen Intelligenz zugänglich wird, muss sie nicht nur die Grenzen des Menschseins als solche berücksichtigen, sondern auch die verschiedenen, wenn auch relativen, Unterteilungen innerhalb der Menschheit, die ihrerseits Ausdruck verschiedener Facetten der göttlichen Fülle sind. Im weitesten Sinne könnte man sagen, dass die Unterschiede zwischen den verschiedenen Traditionen auf die Unterschiede in den kulturellen Milieus zurückzuführen sind, für die sie jeweils von der Vorsehung bestimmt sind und an die sie daher angepasst werden müssen.

Was verbirgt sich hinter dieser Behauptung? Hinter den wechselnden Erscheinungen der phänomenalen Welt – der Welt, wie sie uns durch unsere Sinnesorgane erscheint – befindet sich eine zugrunde liegende metaphysische Ordnung, eine Reihe unveränderlicher und universeller Prinzipien, aus denen sich alles ableitet und von denen alles abhängt. Unser Leben, in jeglichem wahren Sinne des Wortes, hängt wiederum nicht nur von der Erkenntnis, sondern auch von der Verwirklichung dieser Prinzipien ab. Aber aufgrund der dem Menschsein innewohnenden Beschränkungen können wir sie nicht direkt, in ihrer blanken Essenz, erkennen und verwirklichen. Wir können nur allmählich und Schritt für Schritt in sie eingeweiht werden. Hier kommen die verschiedenen Traditionsformen ins Spiel: Sie sind die unverzichtbaren Hilfsmittel und Stützen, mit denen wir zur vollen Erkenntnis und Verwirklichung der metaphysischen Prinzipien geführt werden können, von denen unser wahres Leben abhängt.

Zu verschiedenen Zeiten und an verschiedenen Orten hat der Höchste geruht, entweder durch direkte Offenbarung durch einen Gesandten oder Avatar oder durch das inspirierte Wirken von Weisen und Propheten die blanke Essenz dieser Prinzipien in äußere, lehrmäßige und rituelle Formen zu kleiden, in denen wir sie erfassen und durch die wir allmählich zu einem vollständigen Bewusstsein ihrer präformalen Realität geführt werden können. Diese Formen mögen vielfältig sein – in gewissem Sinne gibt es so viele Wege zu Gott, wie es einzelne Menschen gibt –, aber unter dieser Vielgestaltigkeit können alle, die Augen haben zu sehen, stets die wesentliche Einheit der unveränderlichen, nichtmanifesten und zeitlosen Prinzipien erkennen.

Dies ist natürlich an sich keine neue Idee. Man braucht nur zu den westlichen Gnostikern zu gehen, um festzustellen, dass sie in einem extremen und oft geradezu lächerlichen Ausmaß eingesetzt wurde. Ausgehend von der Vorstellung einer wesenhaften Einheit der Wahrheit, die den verschiedenen Formen religiöser Mythen und Symbole zugrunde liegt, fühlten sie sich berechtigt, letztere im Lichte ersterer zu deuten. So hatten Zeus, Dionysos, Orpheus, Epimenides, die Mysterien von Eleusis, die Attis-Klage, alle ihre Entsprechung im christlichen Kult. Adonis, Endymion, Attis waren allesamt Bilder der Seele, und alle Mythen über sie ließen sich in diesem Sinne deuten. Unterstützung für derartige Auslegungen ließe sich in einer (gewaltsam aus dem Zusammenhang gerissenen) Bibelstelle sowie in assyrischen, phrygischen und ägyptischen Mysterien finden. Okeanos ist ein Symbol wie der Jordan; der Becher, der in Benjamins Weizensack gefunden wurde, ist der mystische Becher, den Anakreon besingt, und so weiter. Eine gnostische Sekte hatte an ihrem Versammlungsort gekrönte Bilder von Pythagoras, Platon, Aristoteles und Christus. Es ist heute Mode, solche gnostischen spekulativen Angleichungen der einen religiösen Form an eine andere mit Spott zu überziehen, und tatsächlich ging die Tendenz dahin, aus allen Religionen eine Art Amalgam zu machen. Dabei sollte jedoch nicht vergessen werden, dass dem eine ähnliche Annahme zugrunde lag wie die, von der wir gerade gesprochen haben, nämlich dass „alle Wahrheit eine ist“; dass eben diese Wahrheit der Vielfalt ihrer formalen Ausdrucksformen zugrunde liegt; und dass derjenige, der in die Erkenntnis der präformalen Natur der ewigen Prinzipien dieser Wahrheit eingeweiht ist, dadurch qualifiziert ist, die wesenhafte Einheit zu erkennen, die diese formalen Ausdrucksformen repräsentieren. Mit ganz denselben Vorannahmen versuchen auch alle, die heute eine „traditionalistische" oder „synkretistische" Position vertreten, den Anschein der Verschiedenheit und oft auch des Konflikts und der Uneinigkeit zwischen den traditionellen Formen aufzuheben, die trotz allem in der modernen Welt noch wirken.

Durch diese Betrachtungsweise könnte es allen, die einer bestimmten religiösen Tradition angehören, leichter fallen, sich einzugestehen, dass ihre Tradition kein Monopol auf die universelle Wahrheit besitzt und dass andere Traditionen sehr wohl Offenbarungen derselben Wahrheit sein können, die aufgrund der unterschiedlichen Begabungen, Fähigkeiten und Temperamente der verschiedenen Menschheitsgruppen, an die sich die jeweilige Form richtet, eine ganz andere Form annehmen. Es gibt die Wahrheit, wie sie in ihrem präformalen und rein metaphysischen Zustand „im Himmel bereitliegt" (Kolosser 1, 5); und es gibt dieselbe Wahrheit, wie sie in die verschiedenen Glaubenslehren und symbolischen Sprachen der Menschheit übersetzt ist, die jeweils *per definitionem* ihre eigene Färbung und Begrenztheit besitzen, was jedoch in keiner Weise verhindert, dass sie eine authentische Sprache sind, durch die man sich einer Erkenntnis der Wahrheit in ihrem universellen und unausgesprochenen Stadium nähern kann. Dies unterscheidet sich schließlich nicht allzu sehr von dem, was auf der rein menschlichen Ebene geschieht, wenn wir zum Beispiel eine abstrakte philosophische Idee von einer Sprache in eine andere übersetzen.

Doch auch wenn auf diese Weise dem Anspruch auf einzigartige Exklusivität einer bestimmten Tradition die Tür verschlossen wird, bleibt sie immer noch offen für eine quasi verdeckte Form dieses Exklusivitätsanspruchs, nämlich die Behauptung, eine bestimmte Tradition stelle eine überlegene, vielleicht sogar unendlich überlegene Offenbarung der universellen Wahrheit dar und sei in dieser Hinsicht, wenn nicht exklusiv, so doch zumindest so überragend, dass sie faktisch einzigartig wird. Denn die Aussage, dass alle traditionellen Formen letztlich dieselbe universelle Wahrheit zum Ausdruck bringen, ist das eine, etwas völlig anderes hingegen ist die Feststellung, dass sie sie alle in gleichem Maße zum Ausdruck bringen. Trotz ersterer These bleibt also immer noch die Frage, ob eine bestimmte Tradition die Wahrheit umfassender darstellt als die anderen oder nicht.

Diese Frage muss allerdings erst dann akut werden, wenn zwischen den Traditionen ein Konflikt oder eine Unstimmigkeit besteht; und selbst dann ist dies, wiederum theoretisch, nur möglich, wenn eine fehlerhafte Interpretation vorliegt, so dass sie in dem Moment gelöst werden kann, in dem man sie richtig verortet hat. Aber wenn es so weit kommt, ist es offenbar unmöglich, nicht implizit oder explizit ein qualitatives Urteil über die relative Vollständigkeit oder Unvollständigkeit der verschiedenen Traditionen zu fällen und den Prinzipien *einer* Tradition eine gewisse Überlegenheit oder Priorität zuzuschreiben.

Um einen offensichtlichen Konflikt oder eine Unstimmigkeit zwischen Traditionen zu lösen, benötigt man Ausgangsprinzipien, in deren Licht der Konflikt gelöst werden kann. Man kann sagen, dass diese Prinzipien „im Himmel bereitliegen", und das ist eine berechtigte Haltung, solange man sich damit begnügt, den augenscheinlichen Konflikt oder die Unstimmigkeit „im Himmel" zu lösen. Sobald man aber versucht, ihn durch eine menschlich verständliche Interpretation zu lösen, muss man seine Prinzipien vom Himmel herabholen und sie in einer menschlich verständlichen Form erkennen – in der lehrmäßigen Form einer der Traditionen, die aufgrund ihrer höheren Natur in der Lage ist, den vorliegenden Konflikt oder die Unstimmigkeit zu lösen.

So behaupteten die Gnostiker – um noch einmal auf sie zurückzukommen – zwar, im Lichte universeller Prinzipien zu interpretieren, erkannten diese aber tatsächlich als am vollständigsten in einer mit der christlichen Religion verwandten Form griechischer religiöser Spekulation verankert, und diese wurde für sie zu der Tradition, nach deren Kriterien sie den Anschein von Konflikten und Meinungsverschiedenheiten zwischen den verschiedenen religiösen Formen interpretierten und lösten. Der Neuplatoniker Proklos etwa, der zwar behauptete, im Namen der „Wahrheit, die so alt ist wie das Universum", zu sprechen, erkannte diese Wahrheit in Wirklichkeit als diejenige an, die am angemessensten in den inspirierten Schriften Platons und in den chaldäischen Orakeln, verkündet durch ihren Diener Julian der Theurg, „dem nicht zu glauben, unrechtmäßig ist", offenbart wurde, (auch wenn dem späteren Neuplatoniker Psellos zufolge die vollkommene Übereinstimmung des inneren Gehalts dieser beiden Offenbarungsformen darauf zurückzuführen ist, dass Julian sich mit dem Geist Platons beraten hat); und dies wurde für Proklos zur Tradition. In unserer Zeit wiederum sehen diejenigen, die hinter den einzelnen religiösen Formen eine ursprüngliche und universelle Tradition suchen, deren Prinzipien gerne im Wesentlichen in einer bestimmten Form enthalten – zum Beispiel im Neuplatonismus oder im Vedanta oder in einer Form, die eine Verschmelzung mehrerer Formen darstellt.

Es lohnt sich, genauer zu untersuchen, wie dieser Übergang zustande kommt – von der Vorstellung, dass es einen paradigmatischen Korpus der Wahrheit oder universeller Prinzipien gibt, der „im Himmel bereitliegt“, zu der Vorstellung, dass dieser in einer bestimmten formalen Tradition am vollständigsten zum Ausdruck kommt, denn dies ist die Crux, die Schwierigkeit, mit der wir es hier zu tun haben. Die These lautet wie gesagt, dass sich hinter allen traditionellen Religionen dieselbe metaphysische Wahrheit verbirgt oder umgekehrt, dass jede Tradition auf unterschiedliche Weise dieselben unveränderlichen und ewigen Prinzipien verkörpert. Die Wahrheit selbst ist also das wirklich Universelle, während die verschiedenen Traditionen bestenfalls eine Übersetzung dieser Wahrheit in eine menschlich verständliche Form darstellen. Die Traditionen sind also nicht universell, oder besser gesagt, sie sind nur in dem Maße universell, wie sie an der Wahrheit teilhaben. Theoretisch gibt es also den paradigmatischen Korpus totaler und körperloser Wahrheit, und es gibt die verschiedenen Traditionen, über denen sie steht und in denen sie teilweise verankert ist.

Wenn allerdings ein Konflikt oder eine Unstimmigkeit zwischen den Traditionen auftritt, steht man, wie gesagt, vor der Entscheidung, wo die Wahrheit am vollständigsten wiedergegeben wird: Welche Tradition also die körperlosen und universellen Prinzipien am vollständigsten darstellt. Die Beantwortung dieser Frage setzt voraus, dass man bereits im Besitz des Wissens ist, mit dem sie beantwortet werden kann: Klar zu erkennen, inwieweit eine bestimmte Tradition universell ist, setzt bereits voraus, dass man über das Wissen verfügt, durch das man zu dieser Erkenntnis in der Lage ist, wobei dieses Wissen notwendigerweise nichts Geringeres als das höchste dem Menschen mögliche ist. Genau hier handelt es sich um eine *petitio principii,* einen Zirkelschluss, wie man sagen könnte, und es tritt die fragliche Verschiebung ein.

Wie wir gesehen haben, wird der Grad der Erkenntnis, den man besitzt, eben der sein, den die Tradition wiedergibt, von der man ihn erhalten hat: Sonst wäre man nicht im Besitz dieser Erkenntnis. Zu sagen, dies sei der höchstmögliche Grad der Erkenntnis, der vollständigste Ausdruck der Wahrheit, der möglich ist (was man sagen muss, wenn man den Akt der Unterscheidung, mit dem wir uns befassen, vollziehen will), und folglich, die Tradition, durch die man ihn erlangt hat, sei eine universelle Tradition im vollen Sinne des Wortes, bedeutet schlicht, im Kreis zu argumentieren. Es bedeutet, als Kriterium dafür, was den höchsten Grad der Erkenntnis ausmacht, und somit dafür, wo dieser vollständig wiedergegeben wird, genau die Prinzipien heranzuziehen, die in der Tradition verankert sind, aus der man sie ursprünglich erhalten hat.

Man erkennt dann womöglich, dass dieselben Prinzipien auch in anderen Traditionen oder sogar in überragender Weise in einer bestimmten anderen Tradition vollständig vertreten sind, so dass man nun diese letztere und nicht die eigene Tradition als die mit dem reinsten universellen Charakter betrachtet. Das ändert aber nichts an der Tatsache, dass die These, der Grad an Verständnis und Erkenntnis, den man durch eine bestimmte Tradition erlangt hat, sei der höchste, den es gibt, eine willkürliche These oder ein Glaubensakt ist; und dass man, hätte man seine Erkenntnis und sein Verständnis von einer Tradition erlangt, deren Grundprinzipien zumindest auf der Ebene menschlichen Verständnisses nicht mit denen der eigenen Tradition harmonieren, zu einer völlig anderen Einschätzung dessen gelangen könnte und wahrscheinlich auch würde, was das höchste Verständnis und die höchste Erkenntnis ausmacht, und somit, in welcher Tradition sie am vollständigsten zum Ausdruck kommen.

Bedeutet dies, dass die Behauptung, mit der diese Diskussion eröffnet wurde – wonach jede der großen religiösen Traditionen ein gültiger Ausdruck der Wahrheit ist –, zurückgewiesen werden muss und dass die Christen mit Recht zwar nicht behaupten können, ihre Tradition sei die einzig authentische Offenbarung der Wahrheit, aber doch zumindest, die Lehre anderer Traditionen, soweit sie von der der Christen abweicht, sei schlicht falsch und fehlgeleitet, möglicherweise sogar das Werk des

Teufels? Dies lässt sich daraus keineswegs ableiten, und schon gar nicht lässt sich die fragliche Behauptung rechtfertigen, denn eine solche Behauptung kann nicht ohne Verletzung einiger tiefster Erkenntnisse im Kern der christlichen Tradition aufgestellt werden. Zum Abschluss dieses Kapitels will ich versuchen aufzuzeigen, inwiefern dies so ist.

Hier ist zunächst zu bedenken, dass die Form oder Tradition, durch die ein Einzelner oder eine Gruppe von Menschen Gott verehrt und in Gemeinschaft, in *Communio*, mit Ihm gebracht wird, von einer wechselseitigen Beziehung abhängt: Sie betrifft Gott und den Menschen gleichermaßen. In der christlichen Tradition ist die Grundlage für das Verständnis dieser Beziehung die Behauptung, dass Gott den Menschen nach Seinem Bild geschaffen hat. Der Mensch ist ein Abbild Gottes, und als solches hat er Anteil an allen Eigenschaften Gottes. In unserem ursprünglichen Zustand – das heißt in unserem ursprünglichen ontologischen Zustand – ist dieses Abbild nicht nur potenziell, sondern real oder befindet sich im Prozess der Verwirklichung: Wir haben aktiv und bewusst teil an Gottes vergöttlichenden Energien, und durch diese Teilhabe können wir alle göttlichen Eigenschaften, die uns aufgrund dessen innewohnen, dass wir nach dem Bilde Gottes geschaffen sind, vollständig verwirklichen. Die vollständige Verwirklichung dieser göttlichen Eigenschaften – eben dies ist mit unserer Vollendung gemeint: Wir werden vollkommen, wie unser Vater im Himmel vollkommen ist, und erreichen so unsere Gottwerdung.

Dies ist die Situation in unserem ursprünglichen oder natürlichen Zustand, dem Zustand, der für uns durch die Figuren Adam und Eva im Paradies symbolisiert wird und in dem die Kommunikationskanäle zwischen Gott und uns nicht blockiert sind sowie der wechselseitige Fluss von Leben und Liebe vom Göttlichen zum Menschlichen und vom Menschlichen zum Göttlichen ungehindert stattfindet. In diesem Zustand ist es für unsere Gottwerdung – die Verwirklichung der Eigenschaften Gottes in uns, so dass sie zu unseren eigenen Eigenschaften werden – nicht erforderlich, dass wir spirituelle Führung durch irgendwelche indirekten Mittel erhalten: Wir erhalten sie direkt von Gott, denn unser Bewusstsein ist offen und durchlässig für das göttliche Bewusstsein.

Als Folge des in der christlichen Terminologie so bezeichneten Sündenfalls – in einem späteren Kapitel werden wir genauer sehen, was damit gemeint ist – sind die Kanäle der direkten Kommunikation zwischen Gott und den Menschen, wenn nicht blockiert, so doch zumindest so stark beeinträchtigt, dass das menschliche Bewusstsein für das göttliche Bewusstsein nicht mehr durchlässig ist. Stattdessen unterliegt es den Illusionen, Verzerrungen, Phantasien und so weiter, die den vom Ich beherrschten menschlichen Zustand kennzeichnen. Wir sind sozusagen von Gott geschieden – geschieden von dem, was wirklich ist – und können daher nicht mehr mit dem Ursprung unseres eigenen Seins oder dementsprechend auch nicht mit dem Ursprung des Seins von allem anderen Gemeinschaft halten. Unser Verstand verstrickt sich in Knoten, die wir selbst gemacht haben, in „Ketten, die der Geist geschmiedet", wie Blake sie nennt. [83]

In dieser Situation können wir uns nicht auf unseren eigenen Ratschluss verlassen, wie wir die Potenziale des göttlichen Bildes in uns verwirklichen können; denn nicht nur ist dieses Bild jetzt verdeckt, verborgen, verschleiert durch die Unwissenheit und Verwirrung unseres gefallenen Zustands, sondern eine solche Verwirklichung erfordert darüber hinaus, dass wir das aufgeben, was wir jetzt zu sein glauben – die falsche Identität, die wir uns jetzt zuschreiben –, und dies vermögen wir nicht ohne Anleitung dafür, was unsere wahre Wirklichkeit ausmacht und wie wir sie wiedererlangen sollen. Ohne solche Anleitung können wir nicht vollendet werden. Ohne göttliches Eingreifen können wir nicht Seligkeit oder Unsterblichkeit erlangen oder unserer Armseligkeit entfliehen.

Dieses Eingreifen und diese Führung werden durch die göttliche Offenbarung gewährt, die an der Wurzel jeder heiligen Tradition liegt. Im Allgemeinen nimmt eine solche Offenbarung die Form eines Heiligen Buches oder einer Heiligen Schrift sowie der Lehren von Propheten, Heiligen sowie beseelten Männern und Frauen an, die auf den Schriften beruhen, jedoch im Licht persönlicher spiritueller Erfahrung und göttlicher Inspiration überprüft wurden. Mithilfe einer auf diese Weise vermittelten Führung sind wir in der Lage, einen spirituellen Weg zu beschreiten, durch den wir schließlich unser göttliches Ebenbild in sei-

83 Aus „London" in *Songs of Experience / Lieder der Erfahrung*, in William Blake, *Zwischen Feuer und Feuer, Poetische Werke, Zweisprachige Ausgabe*, aus dem Englischen von Thomas Eichhorn, dtv 3. Auflage 2000, S. 101.

ner ganzen Fülle wiedererlangen können, und zwar in der Gewissheit, dass wir nicht bloß von den Irrlichtern unseres verwirrten und verzerrten Ich-Bewusstseins verführt und getäuscht werden.

An diesem Punkt stellt sich jedoch die Frage nach den Begrenzungen, die jede derartige göttliche Offenbarung notwendigerweise und unweigerlich kennzeichnen. Diese Begrenzungen werden von beiden Polen der wechselseitigen Beziehung zwischen Gott und Mensch auferlegt. Sie kommen von oben, von der Seite Gottes, und sie kommen von unten, von der Seite des Menschen. Von Seiten Gottes werden sie in dem Sinne auferlegt, dass Gottes ganzes Wissen oder seine ganze Weisheit unmöglich in einer einzigen Offenbarungsform, ja nicht einmal in mehreren Offenbarungsformen, *in actu* und vollständig zum Ausdruck gebracht werden kann. Gott übersteigt in Seiner nichtmanifesten Natur alle Formen, seien sie verständlich, vorstellbar oder sinnlich erfahrbar. In diesem Sinne steht Er jenseits aller Bestimmung und Begrenzung. Wenn Er sich aber den Menschen in ihrem gefallenen Zustand offenbaren will, muss Er sich auf eine bestimmte verständliche, vorstellbare oder sinnlich wahrnehmbare Form festlegen und damit begrenzen; denn sonst können wir nicht die konkrete und bestimmte innere Anschauung Gottes besitzen, durch die allein wir Ihn anzubeten vermögen. Und da Gott unendlich ist, hindert Ihn nichts daran, sich in einer unendlichen Zahl begrenzter Formen zu offenbaren, die Er in Seiner nichtmanifesten Natur unendlich übersteigt und die alle, sowohl einzeln als auch in ihrer Gesamtheit, die Fülle Seines Wissens und Seiner Weisheit nicht erschöpfen: Ganz gleich, in wie vielen Formen Er sich offenbart, immer bleiben Aspekte Seiner vollständigen Wirklichkeit verdeckt.

Das bedeutet nicht, dass jede Form, die wir für eine Offenbarung Gottes halten, notwendigerweise auch eine Offenbarung Gottes ist; noch bedeutet es, dass bestimmte Formen, in denen Er sich offenbart, Seine Wirklichkeit nicht umfassender zum Ausdruck bringen als andere. Aber es bedeutet, dass keine einzige Offenbarungsform mit Recht für sich beanspruchen kann, die einzige und schon gar nicht die vollständige Offenbarungsform zu sein, durch die der Mensch zu einer konkreten und persönlichen Anschauung Gottes und damit zur Erlösung gelangen kann; denn einen solchen Anspruch zu erheben, würde bedeuten, dem Wesen Gottes Gewalt anzutun.

Was ich gerade gesagt habe, weist auch auf die Begrenzung hin, die jeder Offenbarungsform von unten, vonseiten des Menschen, auferlegt wird. Gott ist der Ursprung der Offenbarung, und vonseiten Gottes wird die Form einer bestimmten Offenbarung dadurch bestimmt, welche Aspekte Seiner unendlichen Wahrheit Gott durch sie zum Ausdruck bringen will. Aber der Mensch, im individuellen wie im kollektiven Sinne, ist der Ort oder das Medium dieser Offenbarung; und eine logische Folge der Behauptung, der Mensch sei nach dem Bilde Gottes geschaffen, besteht darin, dass jedes einzelne Individuum, ganz zu schweigen von der kulturellen und sprachlichen Gruppe, der es angehört, dieses Bild und damit die göttlichen Eigenschaften, die es ausmachen, auf einzigartige Weise zum Ausdruck bringen wird.

Zugleich bestimmt der Grad, in dem ein bestimmtes menschliches Wesen diese Eigenschaften verwirklicht oder nicht zu verwirklichen vermag, die Art und Weise, wie diese Person ist und erkennt – ihre Bewusstseinsweise. Dies ist wiederum eine andere Formulierung dafür, dass die Seins- und Erkenntnisweise eines jeden Menschen, seine Bewusstseinsweise, von seiner Erfahrung mit Gott abhängt. Alles ist eine besondere Form der Selbstoffenbarung Gottes. Ein Baum ist eine göttliche Realität, die sich in der Form eines Baumes ausdrückt.

Doch das Ausmaß, in dem ich die einzigartige göttliche Realität, deren Selbstoffenbarung ich bin, bewusst erfahren kann, hängt davon ab, inwieweit ich ihre Gegenwart in mir verwirklicht oder nicht verwirklicht habe, denn eine solche Verwirklichung oder Nichtverwirklichung bestimmt die Bewusstseinsweise, durch die ich die Dinge erfahren kann, darunter Gott und Sein Abbild in mir. Die Grenzen meiner Bewusstseinsweise begrenzen meine Erfahrung von Gott und folglich meine Erfahrung von mir selbst.

Dies bedeutet, ich muss erstens erkennen, dass Gott nicht darauf begrenzt ist, wie Er sich in mir offenbart oder in welcher Form ich Ihn wahrnehmen kann, und zweitens, dass die Art und Weise, wie Gott sich in mir offenbart, und die Form, in der ich Ihn wahrnehmen kann, sich davon unterscheiden, wie Er sich in anderen Menschen offenbart und von ihnen wahrgenommen werden kann. Dies nicht anzuerkennen und nicht im Geiste dieses Anerkennens zu handeln, bedeutet, dass ich – aktiv oder passiv – einen Akt der Tyrannei begehe.

Im Lichte des soeben Gesagten können wir nun klarer erkennen, warum die Selbstoffenbarung Gottes oder seine Selbstenthüllung von unten, von der Seite des Menschen her, unweigerlich begrenzt ist, sowohl im individuellen als auch erst recht im kollektiven Sinn. Die göttliche Offenbarung kann gar nicht anders, als sich an die Seins- und Erkenntnisweise – die Bewusstseinsweise – des oder der Wesen anzupassen, an die sie gerichtet ist, und zwar aus dem einfachen Grund, dass sie ohne die entsprechende Anpassung gar nicht erfahren oder empfangen werden kann. Es hat absolut keinen Sinn, dass Gott mir Seine Wahrheit auf eine Weise offenbart, die ich nicht erleben oder empfangen kann. Zugleich zwingt der Heilige Geist die Menschen nicht, und Er kann Menschen nicht über ihr Fassungsvermögen für Inspiration hinaus inspirieren. Dementsprechend bleibt uns auch die klarste Offenbarung verborgen, wenn wir unfähig oder unwürdig geworden sind, sie wahrzunehmen.

Wenn ich und der Teil der Menschheit, zu dem ich gehöre, die Wahrheit nur in einer mit den Sinnen wahrnehmbaren Form empfangen und erfahren kann, dann muss die Wahrheit das „Gewand" oder die Erscheinungsform der dunklen Welt anlegen, in die sie hinabsteigen muss, um sich uns mitzuteilen. Sie muss sich in der einen oder anderen Form in sinnlich wahrnehmbare Bilder kleiden. Bei einem solchen Abstieg oder beim Anlegen eines solchen Gewands wird das reine Licht der Wahrheit seinerseits von der Dunkelheit unserer Unwissenheit, Unfähigkeit und Sünde verdeckt, verborgen und verhüllt. Wären die Augen unseres Herzens nicht auf diese Weise geblendet worden, hätte Gott einfach spirituelle, nichtsinnliche Formen seiner Weisheit in unseren geheiligten Intellekt projizieren können, offen und durchlässig für das göttliche Bewusstsein, wie es im adamischen Zustand vor dem Sündenfall ist. Dann würde die Aufforderung „seid fruchtbar und mehret euch" so verstanden, dass wir diese intelligiblen oder spirituellen Formen (der Schönheit, der Liebe) in der Welt verbreiten sollen.

Indem er vom verbotenen Baum aß, war Adam gezwungen, die Gewalttat zu begehen, Dinge des Geistes zu *naturalisieren*, anstatt die geschaffenen, sinnlichen Realitäten zu spiritualisieren – oder ihre spirituelle Dimension wahrzunehmen. Dementsprechend wird Gott durch unseren Zustand der Blindheit, der Unwissenheit und der Unfähigkeit im Fall der christlichen Offenbarung gezwungen, eine sichtbare, „historische" menschliche Gestalt anzunehmen, um sich selbst und die Wirklichkeit der geschaffenen und ungeschaffenen Dinge zu offenbaren. In diesem Sinne sind sowohl die Menschwerdung als auch die Kreuzigung die Folge unseres verachtenswerten Verhaltens. Christen haben deshalb also keinen Grund zu Stolz oder Selbstgefälligkeit. Wäre die jüdisch-hellenistische Welt, der sie kennzeichnende Bewusstseinstyp, fähig gewesen, diese Offenbarung in einer subtileren oder spirituelleren Form zu empfangen, dann wäre sie auch in einer solchen Form erfolgt.

Dass die Offenbarungen anderer heiliger Traditionen nicht auf eine der Menschwerdung Christi gleichwertige Inkarnation ausgerichtet und davon abhängig sind, bedeutet dementsprechend nicht, dass das, was sie als die in ihrer Lehre verankerte Weisheit beanspruchen, unecht oder falsch oder in irgendeiner Weise der in der christlichen Lehre verankerten Weisheit unterlegen ist. Es kann schlicht bedeuten, dass das Bewusstsein des menschlichen und kulturellen Milieus, dem diese Offenbarungen zuteilwerden, von einer solchen Art oder Qualität ist, dass Gott sich nicht in einer sichtbaren, historischen menschlichen Gestalt manifestieren muss, um wahre Erkenntnis und Verständnis zu vermitteln. Oder anders ausgedrückt: Hätte Gott sich diesen anderen Milieus in einer solchen Form offenbart, wäre Er nicht gekreuzigt worden.

Wenn Christen einen anderen Glauben angreifen oder verunglimpfen, weil dessen lehrmäßige oder andere Formen bei wörtlicher und exoterischer Betrachtung im Widerspruch zu den ihren stehen, dann machen sie sich schlicht die – nach neuerer Auffassung längst überholte (Anm. d. Verlags) – Rolle der Juden in den Evangelien zu eigen, die Christus gekreuzigt haben, weil ihnen bestimmte Äußerungen und Handlungen von Ihm, ebenfalls bei wörtlicher und exoterischer Betrachtung, als direkter Widerspruch zu den Grundsätzen ihres eigenen Glaubens erschienen. Dass die Juden so handelten, weil sie für die innere Bedeutung zentraler Aspekte ihres Glaubens blind geworden waren, und dass Christus dem verirrten menschlichen Bewusstsein das Gewahrsein dieser Bedeutung wiedergeben wollte, bezeugt der Bericht über die Begegnung Christi mit Nikodemos (Johannes 3, 1-11): Bei dieser Begegnung gesteht Nikodemos seine Unkenntnis der gesamten Lehre von der geistigen Wiedergeburt, die ihm als „Israels Lehrer“ hätte bekannt sein müssen.

Wie ich bereits sagte, bedeutet dies nicht, dass alle religiösen Traditionen, die behaupten, auf einer wahren Offenbarung Gottes zu gründen, tatsächlich auf einer solchen Offenbarung beruhen; ebenso wenig bedeutet es, dass, selbst wenn religiöse Traditionen auf einer wahren Offenbarung beruhen, eine von ihnen Gottes Weisheit und Erkenntnis nicht umfassender zum Ausdruck bringen kann als die anderen. Es bedeutet jedoch, dass die Annahme einer Form des Glaubens und der Anbetung, die in der göttlichen Offenbarung verwurzelt und für die Erlösung des Menschen vollständig gültig ist, durch eine bestimmte Religionsgemeinschaft nicht im Geringsten rechtfertigt, dass diese Gemeinschaft behauptet, ihre Form der Offenbarung und die darin wurzelnde Tradition seien die einzige derartige Form und Tradition, durch die Erlösung erlangt werden könne.

Unsere primäre Loyalität und unser Glaube müssen sich selbstverständlich auf unsere eigene Tradition und auf die Vertiefung der Erfahrung mit ihr richten – obwohl wir auch hier bedenken müssen, dass die Bedeutung, die unsere Tradition für uns hat, sowie Grad und Intensität unserer Zustimmung zu ihr möglicherweise weniger von ihren inhärenten „objektiven" Qualitäten und Möglichkeiten abhängen als vielmehr in erster Linie von der Stärke unserer Akzeptanz oder unseres Glaubens an sie, und dass dies von vielen Faktoren etwa kultureller, ethnischer und politischer Natur abhängen kann, die wenig mit der Tradition im spirituellen Sinne zu tun haben. Wenn wir uns überhaupt mit dem inneren Wesen anderer Traditionen befassen, müssen wir versuchen, sie so vollständig wie möglich zu verstehen, und zwar nicht im Lichte unserer Vorurteile, sondern ihrer eigenen Kriterien, wobei wir immer bedenken müssen, dass niemand sich der lebendigen Dimensionen und der Potenziale einer bestimmten heiligen Tradition bewusst sein kann, ohne sie zuvor durch aktive Teilnahme an ihren Glaubensformen und ihrer liturgischen Praxis erfahren zu haben. Vor allem aber sind wir nicht in der Position, uns über den spirituellen Wert anderer heiliger Traditionen oder über die Beziehung des Christentums zu diesen anderen Traditionen auszulassen, wenn wir uns nicht zuvor von der Feindseligkeit, Bigotterie und Arroganz befreit haben, die jedes wahre Verständnis unmöglich machen. Solange wir uns von solchen Leidenschaften nicht befreit und sie durch Liebe und Mitgefühl ersetzt haben, können wir lediglich unsere eigene Ignoranz und Kleingeistigkeit offenbaren.

Die Befreiung von dieser Ignoranz und Kleingeistigkeit ist nicht möglich ohne einen Akt der Buße, eine *Metanoia*, die jede konfessionelle Voreingenommenheit und jedes Gefühl kultureller und historischer Überlegenheit vertreibt. Sie ist nicht möglich ohne die Art von Demut, die zwar mitfühlende Ermahnungen und sogar Kritik nicht vermeidet, aber dennoch in der Lage ist, selbst in Form eines positiven Unglaubens, eine mutige Zurückweisung all jener Lügen zu akzeptieren, die Christen zu lange nicht zurückweisen wollten oder konnten.

Schließlich wird diese Befreiung erst dann möglich sein, wenn die kontemplative Tradition des Christentums im christlichen Bewusstsein wieder eine zentrale Stellung einnimmt. Das bedeutet, dass wir die Vorstellung ablegen müssen, christliche Kontemplation sei lediglich Rückzug und Besinnung, oder bloße Einkehr in eine geheimnisvolle innere Gegenwart im „Gebet der Stille“, im „Gebet der Vereinigung“ oder in der „geistlichen Hochzeit“. Dies ist eine verkürzte Vorstellung von ihrer Bedeutung. Wir müssen die volle liturgische und patristische Dimension der christlichen Kontemplation wiederherstellen. Wir müssen erkennen, dass die christliche *Theoria* in erster Linie eine Antwort auf die Selbsterscheinung Gottes in Seinem Logos ist. Zugleich ist sie ein kontemplatives Verständnis der gesamten Schöpfung im Licht der Verklärung.

Christliche Kontemplation ist, ebenso wie die des Hinduismus, des Buddhismus und des Islam, nicht auf eine vage innere Erkenntnis des Mysteriums der spirituellen Essenz des Menschen ausgerichtet. Im Mittelpunkt steht vielmehr die Selbstentäußerung Gottes, die *Kenosis*, die ihr Gegenstück in der Selbstentäußerung des Menschen haben muss, der Entleerung von aller rein menschlichen Erkenntnis und sogar vom gesamten Ich-Bewusstsein des Menschen. Wir müssen unsere Seele verlieren, um sie zu finden, oder um in der Lage zu sein, dem Licht und der Macht Gottes unmittelbar zu begegnen. Genau hier, im Innersten des christlichen Weges, wo wir auf den christlichen Ausdruck der Dialektik von Fülle und Leere, von Alles oder Nichts, von Leere und Unendlichkeit treffen, können wir eine schöpferische Antwort auf die tiefgreifenden Erkenntnisse geben, die im Innersten anderer heiliger Traditionen liegen, und uns auf eine kreative Begegnung mit ihnen einlassen. Außerhalb dieses Terrains oder unterhalb davon befinden wir uns immer in einem Zustand des Nichtverstehens, der Verwirrung oder des Konflikts.

Ob wir die Versöhnung, die wir so lange verschmäht haben, noch feiern werden, bevor die Welt in ihrer gegenwärtigen Form vergeht, können wir nicht wissen. Aber wir können uns zumindest bewusst machen, was wir tun müssen, bevor es zu einer solchen Versöhnung kommen kann.

KAPITEL VIER

Das Christentum und die Metaphysik der Logik

Von den vielen Faktoren, die zu radikalen Divergenzen bei der Formulierung metaphysischer Lehren beitragen können, ist die Rolle, die der Logik beigemessen wird, einer der wichtigsten – und einer der am wenigsten beachteten. Damit soll nicht gesagt werden, dass einige Lehren logisch aufgebaut, andere hingegen unlogisch sind – dass also zum Beispiel die vedantische Lehre logisch, die christliche hingegen unlogisch ist. So einfach ist es nicht. Die christliche Lehre ist, angesichts ihrer Prämissen, genauso logisch wie die vedantische und sogar genauso logisch wie ein profanes Gedankengebäude wie das der modernen Wissenschaft, deren Anhänger lediglich zu sehr darauf bestehen, dass dies nicht der Fall ist, weder bei der christlichen noch bei irgendeiner anderen spezifisch religiösen Lehre. Es geht nicht darum, ob eine bestimmte metaphysische Lehre angesichts ihrer Prämissen logisch ist oder nicht. Es geht um die Rolle, die der Logik bei der Bestimmung der Prämissen – der Urdaten oder alles ursprünglich Gegebenen – der Doktrin eingeräumt wird.

Was ich damit meine, hätte ich etwa durch eine Gegenüberstellung des christlichen Ansatzes mit dem Ansatz von Proklos in seinem Werk *Elemente der Theologie* erklären können. Stattdessen habe ich mich für einen Vergleich des christlichen Ansatzes mit dem von René Guénon (1886-1951) entschieden, dem großen Metaphysiker des 20. Jahrhunderts. Wenn es im letzten Jahrhundert in der westlichen Welt auch nur zu einer leichten Wiederbelebung des Bewusstseins für das gekommen ist, was mit Metaphysik und metaphysischer Tradition gemeint ist, dann ist dies vor allem Guénons Verdienst. In einer Zeit, in der die Verwirrung, in die das moderne westliche Denken geraten war, die wenigen verbliebenen Spuren echter spiritueller Erkenntnis in Kopf und Herz seiner Zeitgenossen auszulöschen drohte, machte es sich Guénon praktisch im Alleingang zur Aufgabe, die Werte und Prinzipien wieder zu bekräftigen, die nach seinem Verständnis die einzig solide Grundlage für ein menschenwürdiges und sinnvolles Leben oder für die Bildung einer Zivilisation darstellen, die diesen Namen verdient. Er selbst hätte gar nicht erwartet, den Strom des weiteren Verfalls in Unwissenheit und Zersetzung aufhalten, geschweige denn umkehren zu können, denn das hätte seinem Verständnis der zyklischen Phase, die die Welt heute durchläuft, widersprochen. Allenfalls hoffte er, bei einigen wenigen das Bewusstsein für diese Werte und Prinzipien wiederzuerwecken; und tatsächlich kann es wohl nicht viele geben, die heute im Besitz eines solchen Bewusstseins sind und dies nicht in der einen oder anderen Weise seinem Werk zu verdanken haben.

Leistungen dieser Größenordnung sind mit entsprechenden Gefahren und Fallstricken verbunden, und es hat keinen Zweck, in unangebrachter Lobhudelei zu behaupten, diejenigen, die sie vollbringen, seien vor menschlichen Fehlern und Vorurteilen gefeit. Guénon war ganz gewiss nicht frei von beidem. Teils lag dies an Temperament, Ausbildung und Erfahrung, teils an der Unkenntnis der vollumfänglichen Natur des Themas, mit dem er sich befasste, wie im Fall seines nur unzureichend begründeten Widerwillens, im Buddhismus eine vollwertige metaphysische Tradition zu erkennen, bis ihm weitere Beweise vorgelegt würden, die ihn zu dieser Anerkennung zwängen.[84] In neuerer Zeit sind einige Ansichten, die Guénon in seinem Buch *Le Roi du Monde* dargelegt hat, wegen der offensichtlichen Fehldarstellung von Fakten kritisiert worden, einer Fehldarstellung, die eher an einen Sinn fürs Okkulte als fürs Heilige appelliert.[85] Bei früherer Gelegenheit wurden einige seiner Schluss-

84 Siehe Marco Pallis, „A Fateful Meeting of Minds“, in *Studies in Comparative Religion*, Sommer-Herbst 1978, S. 176-88.

85 Siehe Whitall N. Perry, Rezension der englischen Übersetzung von *Le Roi du Monde*, in *Studies in Comparative Religion*, Sommer-Herbst 1983, S. 244-7. Siehe auch Marco Pallis, „Ossendowski‘s sources“, in *Studies in Comparative Religion*, Winter-Frühjahr 1983, S. 30-41.
(In deutscher Übersetzung ist *Le Roi du Monde* erstmals 1956 erschienen als *König der Welt*, aus dem Französischen von Ursula von Mangoldt, O.W. Barth; sowie in revidierter Übersetzung, ebenfalls von Ursula von Mangoldt als *Der König der Welt*, Aurum 1987; Anm. d. Ü.)

folgerungen hinsichtlich der christlichen Tradition infrage gestellt[86]; und es mag weitere Artikel geben, die ich nicht kenne und die bestimmte Ideen von ihm hinterfragen oder kritisieren.

Mir geht es in diesem Kapitel nicht darum, Fehler in der Beurteilung oder Auslegung zu korrigieren oder zu kritisieren, die Guénon nach einer zu voreiligen Bewertung unzureichender Daten oder Ähnlichem unterlaufen sein mögen. Es geht mir einzig und allein darum, die Frage zu klären, von der ich gesprochen habe, nämlich die Rolle der Logik bei der Bestimmung der grundlegenden Prämissen oder alles Urgegebenen metaphysischer Lehren.

Der Grundgedanke metaphysischer Lehre, wie er von Guénon dargelegt wird, ist die Idee des Unendlichen, das zugleich universelle Möglichkeit ist. Diese Idee kann daher als die Schlüsselidee bezeichnet werden, die für Guénon sozusagen das Urdatum, das ursprünglich Gegebene, genuiner metaphysischer Exegese darstellt und die eine solche Exegese von Gedankengebäuden unterscheidet, die, so sehr sie sich auch als metaphysisch ausgeben mögen, in Wirklichkeit nur Konstruktionen philosophischer Art sind. Guénon schreibt: „Es ist anzumerken, dass die Philosophen bei der Konstruktion ihrer Systeme immer bewusst oder unbewusst davon ausgehen, dass sie der universellen Möglichkeit irgendeine Beschränkung auferlegen, was zwar widersprüchlich, aber nichtsdestoweniger für die Konstruktion eines Systems als solches erforderlich ist. Es wäre tatsächlich interessant, die Geschichte der verschiedenen modernen philosophischen Theorien, die in höchstem Maße systematischen Charakter haben, unter dem Gesichtspunkt der Beschränkungen zu schreiben, die sie der universellen Möglichkeit auferlegen wollen."[87] Die Implikation hinter dieser Bemerkung ist natürlich, dass die universelle Möglichkeit – das Unendliche – vom metaphysischen Standpunkt aus gesehen *per definitionem* frei von jeglicher und aller Beschränkung ist.

86 Siehe Marco Pallis, „Le Voile du Temple", in *Études Traditionnelles*, Juli-August, September-Oktober 1964, S. 155-176; November-Dezember 1964, S. 263-267; März-April 1965, S. 55-66.

87 René Guénon, *Le Symbolisme de la Croix*, Paris 1950, S. 20, Anm. 2 (meine Übersetzung). (Die deutsche Übersetzung folgt hier der Übersetzung von Sherrard ins Englische unter Hinzuziehung des französischen Ausgangstextes. Auf Deutsch ist erschienen: *Die Symbolik des Kreuzes*, Aurum 1987 [keine Angaben zur Übersetzung]; Anm. d. Ü.)

Betrachtet man jedoch die Idee der universellen Möglichkeit, wie sie von Guénon dargestellt wird, genauer, so kann man sich fragen, ob er ihr nicht selbst, „bewusst oder unbewusst", eine gewisse Begrenzung auferlegt. Gräbt man tiefer, wird klar, dass diese Begrenzung – wenn es denn eine ist – an sich einer Vorstellung von einer Beziehung zwischen der Logik und dem Absoluten, die für Guénon den Status eines Axioms annimmt, implizit ist. Wenn man noch weiter geht, stellt man fest, dass Aspekte von Guénons Metaphysik weniger Schlussfolgerungen aus durch Offenbarung oder Einweihung gewonnenen Data sind als vielmehr die unmittelbaren Folgen der Anwendung des durch das erwähnte Axiom vorgegebenen exegetischen Prinzips auf die metaphysische Ordnung.

Um zu klären, was diese Aussagen beinhalten, muss ich zunächst kurz auf die Idee der universellen Möglichkeit eingehen, wie Guénon sie darstellt. Zu diesem Zweck genügt es, eines seiner Hauptwerke, *Les États multiples de l'Être*, zu konsultieren.[88] Wie bereits erwähnt, ist die Idee der universellen Möglichkeit austauschbar mit der Idee des Unendlichen. Guénons Konzeption des Unendlichen hat ihren Ursprung in dem Satz, dass „jede Bestimmung notwendigerweise eine Begrenzung ist".[89] Da sich zeigen lässt, dass jede Begrenzung – oder Endlichkeit – eine Verneinung des Unendlichen bedeutet und bedeuten muss (*omnis definitio est negatio* ist die bekannte Spinozasche Formulierung dieses Arguments), folgt daraus, dass jede Bestimmung auch eine Verneinung des Unendlichen ist. Daher kann die Idee des Unendlichen nur in negativen Begriffen ausgedrückt werden. Das Unendliche ist das, was jenseits aller und jeder Bestimmung ist. Es ist absolute Unbestimmtheit, völlig unpersönlich und uneingeschränkt. Daraus folgt, dass das Unendliche mit der universellen Möglichkeit zusammenfällt, denn gäbe es eine einzige Möglichkeit, die dem Unendlichen fehlt, so wäre seine Unendlichkeit begrenzt und würde daher durch diese Möglichkeit, derer sie beraubt wurde, verneint. Folglich müssen alle Möglichkeiten im Unendlichen vorhanden sein. Mit anderen Worten, das Unendliche ist auch universel-

88 Die Zitate (in meiner Übersetzung) aus diesem Werk sind der Pariser Ausgabe von 1947 entnommen, und alle in den folgenden Fußnoten angegebenen Seitenzahlen beziehen sich auf diese Ausgabe. Eine englische Übersetzung von Jocelin Godwin ist unter dem Titel *The Multiple States of Being* bei Larson Publications (New York, 1984) erschienen. (Deutsch: *Stufen des Seins: Die Vielzahl der Welten*, Aurum 1987 [keine Angaben zur Übersetzung)]; Anm. d. Ü.)

89 René Guénon, *Les États*, S. 17.

le Möglichkeit – das Allmögliche. Die Idee des Unendlichen, die auch als universelle Möglichkeit bezeichnet werden kann, ist es also, die für Guénon das höchste metaphysische Prinzip darstellt, das Absolute, das seinerseits das Urdatum seiner doktrinären Exegese bildet.

Die Idee der Möglichkeit impliziert jedoch ihr Gegenteil, die Idee der Unmöglichkeit. Unmöglichkeit, so erklärt Guénon, ist das reine Nichts, absolute Negativität.[90] Hier stellt sich nun die Frage: Wie erkennt oder bestimmt man eine Unmöglichkeit oder (andersherum ausgedrückt) wie erkennt und bestimmt man, was möglich ist? Da Guénons Antwort auf diese Frage nicht nur die Art der Begrenzung anzeigt, die er der universellen Möglichkeit aufzuerlegen scheint, sondern auch das Hauptanliegen dieses Kapitels einführt – nämlich die Untersuchung, inwiefern Guénons Darstellung metaphysischer Lehre von seiner besonderen Einstellung zur Logik und von einer bestimmten Auffassung vom Verhältnis zwischen der logischen Ordnung und der metaphysischen Ordnung beeinflusst wird –, ist es wichtig, sie in besonderem Maße zur Kenntnis zu nehmen. Für Guénon ist eine Unmöglichkeit eine Absurdität im logischen Sinne des Wortes. Das Absurde im logischen Wortsinne ist das, was einen logischen Widerspruch impliziert. Umgekehrt definiert die Abwesenheit eines inneren Widerspruchs *sowohl logisch als auch ontologisch* (meine Hervorhebungen) eine Möglichkeit.[91]

In welchem Sinne diese Schlussfolgerung eine Begrenzung der universellen Möglichkeit impliziert, wird in einem späteren Abschnitt dieses Kapitels aufgezeigt. Im Moment ist es wichtig, die Einstellung zur Logik und zum Verhältnis zwischen der logischen und der metaphysischen Ordnung zu klären, die sie voraussetzt, sowie zu zeigen, welche Konsequenzen dies für die Art und Weise hat, wie Guénon metaphysische Lehre betrachtet.

Wir haben bereits gesehen, dass Guénon das Unendliche mit Begriffen bezeichnet, die mit den Gesetzen der Logik übereinstimmen – und tatsächlich sogar von ihnen abhängen. Nach den Gesetzen der Logik muss jede Bestimmung alle Aspekte der Wirklichkeit ausschließen, die nicht unter die Grenzen der betreffenden Bestimmung fallen. Eine Mauer kann weder ein Baum noch eine Kuh noch irgendetwas anderes sein, das

90 Ebendort, S. 40.
91 Ebendort, S. 17 und Anm. 1 auf S. 17.

nicht unter die Bestimmung fällt, die mit dem Wort „Mauer" bezeichnet wird. Das heißt, dass nach den Gesetzen der Logik jede Bestimmung im Vergleich zur Gesamtwirklichkeit, die das Unendliche umfasst, eine mehr oder weniger große Begrenzung impliziert. Es bedeutet auch, dass das Unendliche in letzter logischer Analyse jenseits aller Bestimmung sein muss, da jede Bestimmung, wie wir gesehen haben, eine Begrenzung und damit den Ausschluss eines oder mehrerer Aspekte der Gesamtwirklichkeit vom Unendlichen impliziert, was ein Widerspruch in sich wäre. Daher muss das höchste Prinzip in der metaphysischen Ordnung – das, was die gesamte mögliche Wirklichkeit umfasst und in seinem Wesen unendlich ist – in Begriffen, die mit den Gesetzen der Logik übereinstimmen, jenseits aller Bestimmung sein. Es muss völlig unbestimmt, unpersönlich und uneingeschränkt sein.

Mittels einer solchen Beweisführung gelangt Guénon zur Idee des Unendlichen oder Allmöglichen, das als höchstes Prinzip in der metaphysischen Ordnung sogar über das Sein hinausgeht. Ebenfalls mittels einer solchen Beweisführung stellt er das Gesetz auf, dass jedes metaphysische Prinzip, das logisch vom unbestimmten Unendlichen unterschieden werden kann und daher eine Bestimmung der Gesamtwirklichkeit des Unendlichen darstellen muss, mithin weniger Wirklichkeit besitzen muss als das Unendliche, weil es *per definitionem* einen oder mehrere Aspekte der im Unendlichen subsumierten Gesamtwirklichkeit ausschließen wird. Je größer der Grad seiner Bestimmtheit, desto mehr von der Gesamtsumme der im Unendlichen subsumierten Wirklichkeit schließt es aus und desto geringer ist dementsprechend sein Wirklichkeitsgrad.

So wird zum Beispiel das Sein, das die erste Bestimmung des Unendlichen darstellt und somit auf das Unendliche folgt, aus diesem Grund einen geringeren Grad an absoluter Wirklichkeit besitzen als das Unendliche; dasselbe gilt in graduell zunehmender Weise für all jene Bestimmungen, die ihrerseits aus dem Sein und aus dem, was unter dem Sein steht, hervorgehen oder emanieren. Auf diese Weise wird die metaphysische Ordnung als eine Hierarchie von Abstufungen konstruiert – die Stufen des Seins –, von denen jede auf ihrer Ebene wirklich ist, aber einen Wirklichkeitsgrad besitzt, der von ihrer relativen Nähe zum präontologischen Unendlichen abhängt. Nur das Unendliche ist absolut wirklich; alles, was auf das Unendliche folgt und sich logisch vom Unendlichen durch den Grad seiner Bestimmung unterscheidet, ist nur relativ wirklich.

Tatsächlich geht Guénon sogar noch weiter, denn in Bezug auf das Unendliche ist jede Bestimmung, wie er sagt, „rigoros nichts" und kann keine Beziehung zum Unendlichen haben.[92] Dies ist lediglich eine andere Formulierung dafür, dass jegliche Wirklichkeit, die einer Bestimmung zugeschrieben werden kann, dieser nicht insofern zukommt, als sie eine Bestimmung ist, sondern nur insofern, als sie in der Ordnung der unendlichen Möglichkeiten angelegt ist. Die Wirklichkeit, selbst in einem relativen Sinn, einer Bestimmung ist nicht die der Bestimmung als solcher – denn diese ist „rigoros nichts" –, sondern die des *Ensembles*[93] der Möglichkeiten der Bestimmung, insofern als diese *sich nicht selbst manifestieren, sondern die Manifestation in ihrem Wesen lediglich implizieren* (meine Hervorhebung).[94] Letztlich ist nur das wirklich, was eine Möglichkeit ist, und dies auch nur insofern, als es Möglichkeit bleibt und nicht verwirklicht wird.[95] Manifestation und Multiplizität sind wesenhaft unwirklich und illusorisch.[96]

All dies folgt logisch und notwendigerweise aus den beiden grundlegenden Aussagen, erstens, dass jede Bestimmung notwendigerweise eine Begrenzung ist, und zweitens, dass es in der metaphysischen Ordnung einer Natur nichts gibt, das nur in Begriffen ausgedrückt werden kann, die das Nichtwiderspruchsprinzip im logischen Sinne verletzen. Mit anderen Worten, es gibt nichts in der metaphysischen Ordnung, das nicht mit einer den Gesetzen der Logik entsprechenden Formulierung ausgedrückt werden kann, denn für Guénon ist alles, was nicht so ausgedrückt werden kann, eine Unmöglichkeit und kann daher keinen Platz in der metaphysischen Ordnung haben, und übrigens auch nicht irgendwo anders. Damit soll nicht gesagt oder impliziert werden, dass die metaphysische Ordnung nicht überlogisch ist oder dass die Ordnung der Logik mit der metaphysischen Ordnung zusammenfällt. Aber es soll vorausgesetzt werden, dass die Ordnung der Logik auf ihrer Ebene die

92 Ebendort, S. 19 und Anmerkung 2.
93 Der Gesamtheit, Anm. d. Ü.
94 Ebendort, S. 123.
95 Ebendort, S. 127.
96 Ebendort, S. 83, 107, 122.

Struktur der metaphysischen Ordnung widerspiegelt, so dass die Gesetze der Logik sich nicht nur von der metaphysischen Ordnung ableiten, sondern auch analog auf sie anwendbar sind.[97] Das heißt, wenn sich die metaphysische Wirklichkeit auf der logischen Ebene des menschlichen Verstandes widerspiegelt, werden die Begriffe, die sie von sich bildet, logisch konsistent und widerspruchsfrei sein – oder sollten dies prinzipiell zumindest –, denn letztlich verstößt nichts in der metaphysischen Ordnung gegen das Prinzip der logischen Konsistenz und des Nichtwiderspruchs. Zwischen der metaphysischen Ordnung und der Ordnung der Logik besteht eine strikte Korrelation oder Adäquanz. Aus diesem Grund zögert Guénon nicht, die Gesetze der Logik auf seine Bezeichnung der metaphysischen Welt anzuwenden und kann so positiv behaupten, dass alles in dieser Welt „logisch wie ontologisch" dem Nichtwiderspruchsprinzip im logischen Sinne des Wortes entsprechen muss.

Was hier gesagt wird, sowie zum Teil auch, welche Bedeutung dies hat, wird vielleicht klarer, wenn man Guénons Formulierung der metaphysischen Lehre der einer Tradition wie der christlich-orthodoxen gegenüberstellt, wo die strikte Korrelation zwischen der Ordnung der Logik und der metaphysischen Ordnung nicht in gleicher Weise vorausgesetzt wird. Für die Lehrmeister dieser Tradition ist das oberste Prinzip der metaphysischen Ordnung nicht das unbestimmte und unpersönliche Unendliche, wie bei Guénon. Das oberste Prinzip ist die Trinität, die Dreieinigkeit. Sie erkennen an, dass die letztendliche Natur der Trinität – das, was sie als die Essenz bezeichnen – nicht erkannt werden kann und sich als solches sowohl der Bestimmung als auch der Nichtbestimmung entzieht; aber sie erkennen darin kein metaphysisches Prinzip, das der Trinität übergeordnet wäre. Im Gegenteil, sie behaupten, dass die Essenz zwar jenseits von Bestimmung und Nichtbestimmung liegt, aber kein unpersönliches oder nicht personengebundenes Prinzip ist, denn die Essenz existiert nur insofern, als sie in den drei Personen der Trinität „enhypostasiert" ist. Sie weigern sich, die Idee einer unbestimmten und unpersönlichen Essenz – oder des Unendlichen – zu akzeptieren, die die Trinität übersteigt, ebenso wie sie sich damit einhergehend auch

97 Oder, wie Guénon es an anderer Stelle ausdrückt: „Metaphysik kann der Vernunft nicht widersprechen, aber sie steht über der Vernunft". Siehe seine *Introduction to the Study of Hindu Doctrines* (London, 1945), S. 116 (Original: *Introduction générale à l'étude des doctrines Hindoues*, Paris 1921, S. 81; Anm. d. Ü).

weigern, die Idee zu akzeptieren, dass die Trinität gewisse Bestimmungen der Essenz in dem Sinne repräsentiert, dass jede Person der Trinität die Essenz nur in relativer Weise zum Ausdruck bringt und aus diesem Grund in gewisser Weise weniger wirklich oder weniger absolut und unendlich ist als die Essenz. Für sie ist jede Person der Trinität, auch wenn sie sich von den anderen Personen unterscheidet, ebenso wirklich und absolut wie die jeweiligen beiden anderen Personen, und die Wirklichkeit, Absolutheit und Unendlichkeit, die jede Person besitzt, sind die der Wirklichkeit, des Absoluten und des Unendlichen selbst, im wahrsten Sinne dieser Worte.

Das bedeutet natürlich nicht, dass sie drei Absolute mit jeweils eigener Essenz anerkennen, die zufällig die gleiche ist wie die der anderen. Es gibt nur *ein* Absolutes. Dieses einzige Absolute ist aber einerseits nicht so zu verstehen, dass es durch die Essenz in einer Weise konstituiert wird, die die Essenz als ein Prinzip ansieht, das aus eigenem Recht und unabhängig von seiner Enthypostasierung in den drei Personen existiert; andererseits ist es auch nicht so zu verstehen, dass es durch irgendeine der drei Personen in einer Weise konstituiert wird, die eine Person der Trinität so von den beiden anderen unterscheidet, dass diese Person als ein unabhängiges Prinzip angesehen werden kann, zu dem die beiden anderen Personen nur relativ sind. Unter den Personen der Trinität gibt es absolute Einheit und absolute Verschiedenheit; und so wie es keine nichthypostasierte Essenz gibt, so gibt es auch keine nichtessenzialisierten Personen: Es gibt nur eine Konkomitanz, ein gleichzeitiges Bestehen, von einer Essenz und drei Personen, ohne Priorität oder Unterordnung in jeglicher Richtung. Die Vorstellung einer einfachen Essenz, die nicht enthypostasiert ist, oder einer Person, die nicht essenzialisiert ist, wäre daher ein Verstoß gegen die ganze Fülle und Komplexität des Absoluten.[98]

Daraus folgt, dass man, ganz gleich, wie weit man in die metaphysische Welt vordringt – über alle formalen und informalen Manifestationen, über das Sein hinaus in die unergründlichen Tiefen des präontologischen *Ungrunds*[99] – niemals über die Personalität des Absoluten hinauskommt,

98 Eine ausführlichere Darstellung der Trinitätslehre, um die es hier geht, findet sich in meinem Buch *Church, Papacy and Schism*, SPCK 1978, S. 96-110.

99 Jakob Böhme, https://www.spektrum.de/lexikon/philosophie/ungrund/2095

und zwar aus dem einfachen Grund, dass es in der metaphysischen Welt nichts gibt, was diese Personalität übersteigt. Die Perspektive, auf die selbst die erhabenste Idee der metaphysischen Ordnung hinausläuft, ist immer eine persönliche.

Aus dieser Art der Bezeichnung des Absoluten wird ersichtlich, dass für die betreffenden Lehrmeister (wie auch für Guénon) das Absolute nicht nur die logische Ordnung transzendiert, sondern dass es auch gar nicht in anderen Begriffen bezeichnet werden kann (es sei denn, man würde es grundlegend falsch darstellen), als in solchen, die die Gesetze der logischen Konsistenz und des Nichtwiderspruchs verletzen. Denn, logisch gesprochen, Unterscheidungen im Absoluten anzuerkennen, ohne zu akzeptieren, dass diese Unterscheidungen in Bezug auf das, was unterschieden wird, eine gewisse Relativität – und sei es nur eine relative Absolutheit – implizieren müssen, bedeutet, dass man sich selbst in die Lage bringt, etwas bejahen zu müssen, was Guénon eine Absurdität nennt. Mit anderen Worten: Die Idee der Trinität, wie sie von den Lehrmeistern der christlich-orthodoxen Tradition vorgelegt wird, durchtrennt unmittelbar die Korrelation zwischen der Ordnung der Logik und der metaphysischen Ordnung, die für Guénon jeder metaphysischen Lehre, die diesen Namen verdient, zugrunde liegt. Die Aussage, dass jede Bestimmung notwendigerweise eine Begrenzung beinhaltet, ist eine Wahrheit der logischen Ordnung. Da aber für Guénon zwischen der Ordnung der Logik und der metaphysischen Ordnung eine strenge Korrelation besteht, kann eine Wahrheit der logischen Ordnung analog auf die metaphysische Ordnung angewendet werden. In der metaphysischen Ordnung eine Bestimmung zu postulieren, bedeutet daher auch, in dem Bestimmten einen relativen Grad der Begrenzung zu postulieren – im Vergleich zur unbestimmten und uneingeschränkten Natur der unendlichen und absoluten Wirklichkeit.

In dem speziellen Kontext, mit dem wir uns hier befassen, bedeutet dies, dass jede Person in der Trinität, da sie eine Bestimmung *in divinis* darstellt, nach den Kriterien Guénons nicht das Absolute an sich sein kann, weil jede Bestimmung naturgemäß eine Begrenzung beinhaltet und daher nicht das Absolute im vollen Wortsinne sein kann. Jede Person in der Trinität muss daher etwas weniger Absolutes und folglich weniger Wirkliches sein als das Absolute selbst, denn Absolutheit in diesem letztendlichen Sinne kann nur das Vorrecht eines vollkommen unbestimmten Prinzips sein. Wenn also dieses höchste und unbestimmte Prinzip der metaphysischen Ordnung mit dem Begriff Essenz bezeichnet wird, dann muss für Guénon die Essenz alle persönliche Enthypostasierung übersteigen und aus eigenem Recht als selbstständiges Prinzip bestehen, wohingegen jede Person der Trinität die Essenz nur in relativer Weise zum Ausdruck bringen kann.

Aus dieser Sicht verrät die Behauptung, das oberste Prinzip der metaphysischen Ordnung sei sowohl trinitarisch als auch persönlich, lediglich, dass man die uneingeschränkte und unpersönliche Natur dessen, was in Wirklichkeit das oberste Prinzip dieser Ordnung ist, nicht begreift, und zeigt, dass man das Absolute mit etwas gleichsetzt, das in Wirklichkeit eine gewisse, wenn auch minimale, Relativierung des Absoluten ist, denn Letzteres übersteigt rigoros alle Unterschiede und jede Unterscheidung. In Anbetracht von Guénons Auffassung von der Beziehung zwischen Logik und Absolutem ist es absolut unmöglich, eine lehrmäßige Idee wie die der Trinität, die impliziert oder postuliert, dass das Absolute im letztendlichen Wortsinne nur mit Begriffen bezeichnet werden kann, die vom logischen Standpunkt aus widersprüchlich sind, anzuerkennen oder als ihrem Zweck angemessen zu akzeptieren. So kam Guénon dazu, zwischen der von ihm so bezeichneten „wahren Metaphysik" und der „Theologie" zu unterscheiden und letzterer einen genuin metaphysischen Status abzusprechen.

Aber ist es wirklich so einfach? Die Trinitätslehre beschreibt die Einheit und Verschiedenheit der drei Personen im Absoluten. Sie ist Ausdruck des Mysteriums eines Absoluten, das zugleich Eins und Drei ist, Monade und Triade. Aber die Idee an sich, dass es drei Personen im Absoluten gibt, die jede für sich das Absolute konkretisieren und damit jegliche Form von Relativität transzendieren, ist für Christen keine theologische Spekulation. Für sie ist die Trinität die Urwirklichkeit des göttlichen Lebens, eine metaphysische Tatsache, die durch göttliche Offenbarung enthüllt wurde und daher für sie das Urdatum der lehrmäßigen Exegese darstellt. Als solches ist sie das Prinzip, dem sich der menschliche Verstand anpassen muss, vorausgesetzt, es wird dem Wesen der höchsten Wahrheit in irgendeiner Weise gerecht.

Mit anderen Worten, für Christen spielt die Idee der Trinität in Bezug auf die Formulierung der Lehre die gleiche Rolle wie für Guénon die Idee des Unendlichen und Allmöglichen: Sie liefert den Ausgangspunkt, an dem die Lehrexegese beginnt. Dass es sich also um eine antinomische und paradoxe Idee handelt, in dem Sinne, dass sie vom logischen Standpunkt aus nicht dem Nichtwiderspruchsprinzips entspricht, ist nicht willkürlich oder auf einen Mangel an logischer Differenziertheit und Feinsinn auf Seiten der christlichen Exegeten zurückzuführen. *Es ist ihnen auferlegt durch die Art und Weise, wie das Absolute für sie durch göttliche Offenbarung bezeichnet wurde.* Das heißt, das Absolute hat sich als wesenhaft paradox offenbart. Folglich bedeutet der Versuch, dieses Paradoxon aufzulösen, indem man entweder eine Aussage des Paradoxons auf Kosten der anderen bestätigt oder eine „höhere" Idee formuliert, in der beide Aussagen so aufgehen, dass jeglicher innere Widerspruch ausgebügelt wird, *ipso facto* das Absolute auf eine weniger angemessene Weise darzustellen. Aus christlicher Sicht ist die translogische und paradoxe Idee der Trinität die ursprünglichste Idee von allen. Sie bildet den Grenzbegriff, das Nonplusultra menschlichen Denkens, und es gibt keine andere Idee und kann sie auch gar nicht geben, die das Absolute adäquater darstellt.

Für Guénon hingegen kann dies nicht der Fall sein, da er, wie wir gesehen haben, die Aussage als axiomatisch akzeptiert, dass die adäquateste Idee des Absoluten, die dem menschlichen Verstand zugänglich ist, eine Idee sein wird und sein muss, die mit den Gesetzen der Logik übereinstimmt. Faktisch bedeutet dies, dass sich die menschliche Intelligenz bei der Formulierung ihrer Vorstellung vom Absoluten nicht an ein durch göttliche Offenbarung bezeichnetes metaphysisches Datum anpassen muss, indem sie dieses als Ausgangspunkt akzeptiert, der die Form der Lehrexegese bestimmt. Im Gegenteil, jedes solche Datum muss hinsichtlich seiner Bezeichnung den Kriterien der Logik unterworfen werden, und diesen Kriterien muss sich die menschliche Intelligenz bei der Formulierung der Idee des Absoluten anpassen. Es ist wahr, dass diese Forderung, die menschliche Intelligenz müsse sich bei der Bezeichnung des Absoluten den Kriterien der Logik anpassen, keine willkürliche Forderung ist, denn es wird davon ausgegangen, dass es einen Zusammenhang zwischen der Ordnung der Logik und der metaphysischen Ordnung gibt, der diese Forderung rechtfertigt und sogar zwingend macht.

In der Konsequenz wird nun aber unvermeidlich, dass der Grenzbegriff, das Nonplusultra des menschlichen Denkens, wenn es um die Idee des Absoluten geht, nicht eine translogische und paradoxe Idee ist, sondern eine, zu der man durch rein logische Beweisführung gelangt. Man könnte sagen, dass aus dieser Perspektive der höchste Richter über die Form, die der lehrmäßige Ausdruck annehmen muss, nicht ein durch göttliche Offenbarung bezeichnetes Datum ist, sondern ein Datum, das durch die Normen logischer Unterscheidung und Beweisführung bezeichnet wird.

Nun sind wir in der Lage, den Gegensatz zusammenzufassen, dessen Konturen wir sozusagen umrissen haben. Aus christlicher Perspektive ist der höchste Richter über die Form, die die Lehrexegese annehmen muss, das ursprüngliche, durch göttliche Offenbarung bezeichnete Datum, und diesem muss sich die menschliche Intelligenz anpassen, selbst wenn sie dabei gegen die Gesetze der Logik verstoßen muss. Aus Guénonscher Perspektive hingegen ist der höchste Richter über die Form, die die Lehrexegese annehmen muss, nicht ein durch göttliche Offenbarung bezeichnetes Datum, sondern ein durch die Normen logischer Unterscheidung und Beweisführung bezeichnetes Datum, und dem muss sich die menschliche Intelligenz anpassen.

Wenn also das durch göttliche Offenbarung – in diesem Fall durch die christliche Offenbarung – gekennzeichnete Urdatum so beschaffen ist, dass es seine lehrmäßigen Exegeten dazu zwingt, es in Begriffe zu fassen, die logisch widersprüchlich sind, kann dies aus Guénonscher Perspektive nur ein Beweis dafür sein, dass das Urdatum dieser Offenbarung nicht der höchsten Ebene metaphysischer Wirklichkeit entspricht, sondern lediglich einer untergeordneten Ebene – nicht dem absoluten Absoluten, sondern einer Relativierung des Absoluten. Um dem absoluten Absoluten zu entsprechen, müsste das Urdatum einer bestimmten Offenbarung offen sein für eine Bezeichnung in Begriffen, die den Gesetzen der Logik entsprechen. Auch hier sind es die Normen logischer Unterscheidung und Beweisführung, die letztlich darüber entscheiden, ob das Urdatum einer bestimmten Offenbarung dem absoluten Absoluten oder lediglich einer Relativierung des Absoluten und damit einem relativen Absoluten entspricht. Das muss auch so sein, denn aus Guénonscher Perspektive kann es letztlich keinen Widerspruch zwischen der Idee des absoluten Absoluten und der höchsten logischen Beweisführung geben, zu der die menschliche Intelligenz fähig ist. Die höchste logische Beweisführung, zu der die menschliche Intelligenz fähig ist, muss naturgemäß dem absoluten Absoluten entsprechen.

Aus der Art und Weise, wie sich dieser Gegensatz definiert hat, wird ersichtlich, dass die Aussage über die Beziehung zwischen Logik und Absolutem, die Guénon als axiomatisch annimmt, für die Lehrmeister der orthodoxen christlichen Tradition nicht dieselbe Autorität besitzt. Es ist klar, dass Letztere nicht akzeptieren können, dass es diese für Guénon maßgebende Korrelation oder Übereinstimmung zwischen der metaphysischen Ordnung und der Ordnung der Logik gibt, denn in diesem Fall würden sie zu ähnlichen Schlussfolgerungen gelangen, da diese Schlussfolgerungen angesichts der betreffenden Aussage noch für die durchschnittlichste Intelligenz vollkommen offensichtlich sind. Außerdem waren die Grundsätze aristotelischer Logik, die diese Schlussfolgerungen ebenfalls voraussetzen und auf die sich Guénon so stark stützt, die Gemeinplätze der philosophischen Ausbildung, die sie alle durchlaufen haben. Wenn sie also sowohl die betreffende Aussage als auch die Schlussfolgerungen ablehnen, so tun sie dies im vollen Bewusstsein ihres Handelns. Warum also lehnen sie sie ab? Liegt es schlicht daran, dass das Urdatum ihrer Offenbarung, das sie fraglos akzeptieren, nicht damit in Einklang zu bringen ist? Gewiss, wenn sie das Urdatum ihrer Offenbarung zum Ausgangspunkt nehmen, setzen sie ihre Fähigkeit zu logischer Unterscheidung und Beweisführung ebenso umfassend ein wie Guénon die seine. Aber sie setzen sie nur deduktiv ein. Das heißt, sie setzen sie nicht nach oben hin ein, um das Absolute an sich zu bezeichnen, denn sie betrachten ein solches Vorgehen als Überschreitung der für die Gesetze der Logik geltenden Grenzen.

Für die Meister der christlich-orthodoxen Tradition ist das Absolute kein logisches Prinzip oder ein Prinzip, das den Gesetzen der Logik unterliegt. Seine Definition fällt nicht in die Zuständigkeit der Dialektik. Seine Essenz ist nicht durch Syllogismen zu konstruieren oder nach einem anderen als Seinem eigenen Kriterium zu demonstrieren oder zu beweisen. Es ist selbst Seine eigene Demonstration, Sein eigener Beweis, und die Evidenz, die es von sich gibt, kann nur durch direkte Offenbarung oder prophetische Inspiration erkannt werden. Folglich würden sie nicht zustimmen, dass das, was logisch notwendig ist, deshalb auch ontologisch real ist, oder dass das, was möglich ist, *per definitionem* frei von inneren Widersprüchen sein muss, wie dies die Normen der Logik vorschreiben.

Darüber hinaus aber und in einem positiveren Sinne würden diese Meister die Logik als eine Funktion der *Ratio* betrachten; und da die *Ratio* ein relatives und endliches Vermögen ist, das nur in Bezug auf einen gegebenen Ausgangspunkt wirken kann, halten sie die Kriterien der Logik für die Feststellung, was dieser Ausgangspunkt sein muss oder nicht sein darf, wenn es um das höchste Prinzip der absoluten und unendlichen Ordnung geht, nicht für zuständig. Anders zu denken, hieße, dass man sich in die absurde Lage bringt, behaupten zu müssen, dass die *Ratio*, die *per definitionem* nur von einem gegebenen Ausgangspunkt aus wirken kann, befähigt ist, den Ausgangspunkt festzulegen, von dem allein aus sie zu wirken vermag, denn dies käme natürlich der Behauptung gleich, dass sie ohne einen gegebenen Ausgangspunkt wirken kann, und genau das kann sie nicht. Wäre sie dazu in der Lage, wäre die *Ratio*, relativ und endlich, wie sie ist, nicht nur Herrin über ihre eigenen Schlussfolgerungen, sondern im vorliegenden Zusammenhang auch über das Absolute. Daher halten sie sich, wie gesagt, nicht für berechtigt, die Kriterien der Logik anzuwenden, um zu beweisen, und sei es streng negativ, was das Absolute sein muss oder nicht sein darf.

Warum oder aus welchen Gründen ist dann diese Aussage für Guénon so maßgeblich, dass es nicht nur legitim, sondern sogar zwingend ist, die Kriterien der Logik anzuwenden, um – wenn auch in negativer Weise – zu demonstrieren, was das Absolute sein muss oder nicht sein darf, sowie um zu demonstrieren, was alles, was auf das Absolute folgt, sein muss oder nicht sein darf? Weder in *Les États multiples de l'Être* noch, soweit ich weiß, in einem seiner anderen Werke liefert Guénon eine Erklärung, die die Gültigkeit dieser Aussage als unbedingtes Gesetz der metaphysischen Exegese begründet. In *Les États multiples* verkündet er sie einfach als eine Art *Ipse dixit*, also als unbegründete Behauptung, wenn er beschreibt, wie man eine Möglichkeit von einer Unmöglichkeit unterscheidet. Wir können lediglich sagen, dass sie, sofern sie nicht völlig willkürlich ist, wie gesagt voraussetzen muss, dass sich die Struktur der metaphysischen Ordnung, die an sich supralogisch ist, in der Ordnung der Logik widerspiegelt, so dass die Prinzipien der metaphysischen Ordnung am besten durch Anwendung der Gesetze der logischen Beweisführung zu bezeichnen sind. Mit anderen Worten: Es ist durchaus legitim, die Kriterien der Logik auf die metaphysische Ordnung anzuwenden und diese Ordnung entsprechend zu bezeichnen – zu sagen, was sie sein muss oder nicht sein darf –, weil man dabei schlicht in einer Art und Weise vorgeht, die ihre Rechtfertigung in der metaphysischen Ordnung selbst hat. Dies ist allerdings ein reiner Zirkelschluss und lässt immer noch die Frage unbeantwortet, wer oder was die Aussage bestätigt, von der er abhängt, nämlich, dass es diese inhärente und notwendige Korrelation oder Adäquanz zwischen der metaphysischen Ordnung und der Ordnung der Logik gibt.

Wenn also die Akzeptanz der betreffenden Aussage weder willkürlich noch ein unbestimmter Glaubensakt ist, müssen immer noch objektive Gründe dafür nachgewiesen werden. Denn es handelt sich keineswegs um eine selbstverständliche Aussage und auch nicht um eine, deren Verbindlichkeit die Logik beweisen könnte. Tatsächlich gibt es keinerlei Möglichkeit, sie zu beweisen, ohne sich auf Prinzipien oder Kriterien der Beweisführung zu berufen, die ihrerseits auf der Grundlage eben dieser Aussage aufgestellt worden sind, und das bedeutet natürlich, dass gar nichts bewiesen wird: Der Zirkelschluss wird lediglich in anderer Form wiederholt. Man kann also nur annehmen, dass die Aussage gültig ist, und dann die Gesetze der Logik auf die Formulierung der metaphysischen Lehre anwenden, als ob sie tatsächlich gültig wäre. Aber die Verbindlichkeit der Aussage als solche ist weder beweisbar noch widerlegbar; und man hat gewiss nicht das Recht zu behaupten, dass nur eine Lehre, die unter der Annahme ihrer Verbindlichkeit formuliert wird, den Anspruch erheben kann, metaphysisch zu sein.

Wendet man diese Aussage auf die Darstellung der metaphysischen Lehre an, so offenbart sich darüber hinaus anscheinend tatsächlich eine Unfähigkeit zu bestätigen, was sie behauptet. Wenn man, wie Guénon, von der Vorstellung eines Absoluten ausgeht, zu dem man durch Anwendung der Kriterien der Logik gelangt und das völlig unbestimmt, unwandelbar, unpersönlich und so weiter ist, steht man vor der Frage, wie oder warum das Absolute, in dem die Gesamtheit der Wirklichkeit subsumiert ist, in die Manifestation oder in den Anschein der Manifestation „übergeht"; wie oder warum das Bestimmte aus dem Unbestimmten, die Welt des Wandels aus dem Unwandelbaren, das Persönliche aus dem Unpersönlichen entsteht. In Guénons Darstellung dieses Prozesses wird das Prinzip der Manifestation als reines Sein bezeichnet. Als das Prinzip der Manifestation transzendiert das Sein selbst die manifeste Ordnung und gehört der nichtmanifesten Ordnung an. Zugleich gilt es als die erste Bestimmung dieser Ordnung, und aufgrund dessen vermag es die gesamte Hierarchie der vielfältigen Stufen des Seins zu bestimmen, die von ihm ausgehen.

Damit bleibt aber immer noch die Frage unbeantwortet, wodurch oder wie das Sein selbst bestimmt wird. Die nichtmanifeste Ordnung, schreibt Guénon, setzt sich aus Sein und Nichtsein zusammen. Das Sein umfasst alle Möglichkeiten der Manifestation, formelle und informelle, soweit sie zu manifestieren sind, während das Nichtsein alle Möglichkeiten der Nichtmanifestation umfasst, einschließlich der des Seins selbst und derjenigen der Manifestation, soweit sie reine Möglichkeiten bleiben.[100] Heißt das, dass das Nichtsein in dem Sinne das Prinzip des Seins ist, dass das Nichtsein das Sein bestimmt? Das kann man nicht sagen, denn was in seiner Nichtbestimmtheit vollständig und unendlich ist, kann sich nicht selbst bestimmen, ohne in gewisser Weise weniger und anders zu werden als es selbst und damit seiner eigenen Natur zu widersprechen, was ein Ding der Unmöglichkeit ist. Daher enthält das Nichtsein kein Prinzip oder keine Möglichkeit der Selbstbestimmung: Es ist durch nichts bestimmt (denn Nichtsein ist „nichtdual", und wo es keine Dualität gibt, kann nichts durch irgendetwas bestimmt werden) und damit zugleich machtlos, irgendetwas zu bestimmen (denn in der Welt des Absoluten Nichtseins gibt es nichts zu bestimmen und nichts, was bestimmt werden kann).

Das bedeutet, dass man vor einem Dilemma steht. Es muss eine erste Bestimmung geben, denn ohne eine erste Bestimmung kann es keine weiteren Bestimmungen geben, und damit würde die gesamte Theorie der vielfältigen Stufen des Seins jeder ontologischen Grundlage entbehren. Andererseits gibt es aber im Absoluten selbst nach Guénon kein Prinzip, das die erste Bestimmung bestimmen kann. Die Notwendigkeit zur Auflösung des diesem Dilemma innewohnenden Widerspruchs treibt

100 René Guénon, *Les États*, S. 31-32.

Guénon dazu, zu seiner Auflösung sozusagen einen metaphysischen Quantensprung zu vollziehen und zu behaupten: „Das Sein ist nicht bestimmt, sondern es bestimmt sich selbst“.[101]

Diese Aussage ist beachtenswert. Der erste Teil kommt für sich genommen der Aussage gleich, dass eine Bestimmung nicht bestimmt ist, was sicherlich einen Widerspruch in sich darstellt; während die Einschränkung im zweiten Teil wiederum den Anschein einer von Guénon so bezeichneten Absurdität erweckt, da sie gegen das Nichtwiderspruchsgesetz verstößt, dessen Einhaltung für Guénon das Mögliche kennzeichnet. Denn in welchem Sinne kann von einer Bestimmung gesagt werden, dass sie sich selbst bestimmt oder ihr eigenes Prinzip ist? Keine Bestimmung kann das Prinzip ihres eigenen Seins – das heißt ihrer eigenen Bestimmung – in sich tragen, denn das würde bedeuten, dass es ein Prinzip gibt, das vom Unendlichen getrennt oder ihm entgegengesetzt ist, und dies würde der gesamten Idee des Absoluten, wie Guénon sie zum Ausdruck gebracht hat, widersprechen. Doch wie wir gesehen haben, kann das Absolute nicht selbst das Prinzip der Bestimmung sein, ohne damit seiner eigenen Natur zu widersprechen. Wenn also das Sein sich durch eine Art Selbstentzündung selbst bestimmt, besteht die Möglichkeit einer Unmöglichkeit: die Möglichkeit, dass eine Bestimmung, die das Prinzip ihrer eigenen Bestimmung nicht in sich trägt und daher in Bezug auf das Absolute ein Nichts und ohne jedes Sein oder Dasein ist[102], dennoch das Prinzip ihrer eigenen Bestimmung ist und sich selbst bestimmt.

Es wird ersichtlich, warum diese in sich widersprüchliche Bestimmung des Seins notwendigerweise postuliert werden muss, denn ohne sie ist es unmöglich, den Übergang vom unbestimmten Absoluten zur ersten Bestimmung, dem reinen Sein, zu erklären und somit auch die gesamte nachfolgende Theorie vom Aufbau des Universums zu erstellen. Aber dies macht sie nicht weniger zu einer Art *Deus ex machina*, ohne den es keine Lösung des betreffenden Dilemmas geben kann; und sie wird dadurch auch nicht weniger zu einem Verstoß gegen das Nichtwiderspruchsprinzip und damit zu einer Absurdität nach Guénons Definition des Begriffs. Es scheint, dass der Versuch, das oberste meta-

101 Ebendort, S. 132.
102 Ebendort, S. 19.

physische Prinzip in logisch konsistenten Begriffen darzustellen, bei der Erklärung jeder Bestimmung, die diesem Prinzip folgt, und somit bei der Erklärung jeder wie auch immer gearteten Manifestation (oder jedes Anscheins von Manifestation) notwendigerweise eine logische Inkonsistenz einführt.

Etwas Ähnliches passiert, wenn Guénon versucht, „Freiheit metaphysisch zu beweisen"[103]. Da, wie wir zu Beginn dieses Kapitels festgestellt haben, Guénons Idee des Absoluten eine ist, die nur in negativen Begriffen zum Ausdruck gebracht werden kann, folgt daraus, dass Freiheit im höchsten Sinne als Abwesenheit von Zwang und nicht als Fähigkeit zur Selbstbestimmung definiert werden muss. Tatsächlich lässt sich Freiheit unter Guénons Prämissen unmöglich anders als in negativen Begriffen beschreiben. Wie wir ebenfalls bereits festgestellt haben, ist für Guénon das Absolute nicht nur völlig unbestimmt, sondern es kann auch weder sich selbst noch etwas anderes bestimmen; denn wenn es sich selbst oder etwas anderes bestimmen könnte, müsste es sich und anderes bestimmen, weil es sonst gegen Guénons Axiom verstoßen würde, dass eine Möglichkeit sich verwirklichen muss, einfach weil sie eine Möglichkeit ist; und das würde nicht nur bedeuten, dass das Absolute unter Zwang steht und damit der Freiheit beraubt ist, sondern auch, dass es weniger als das Absolute werden müsste, was eine Unmöglichkeit ist. Daher besitzt das Absolute, qua Absolutem, kein Prinzip oder keine Möglichkeit der Selbstbestimmung oder Bestimmung, mit der Konsequenz, dass die Freiheit im höchsten Sinne nicht als eine Fähigkeit zur Selbstbestimmung, sondern nur als eine Abwesenheit von Zwang beschrieben werden kann.

Das anschließende Argument „zum Beweis der Freiheit" in der Welt des Seins oder der Manifestation stößt auf die gleichen Schwierigkeiten wie das Argument zur Bestimmung des Seins. Das Sein, die erste Bestimmung, ist metaphysische Einheit. Was eins ist, ist offenkundig ausgenommen von allem Zwang. Folglich besitzt das Sein Freiheit, wiederum im negativen Sinne, als Fehlen von Zwang. Während also das Nichtsein von Zwang ausgenommen und daher frei, weil „nichtdual" ist (wie wir festgestellt haben, kann dort, wo es keine Dualität gibt, nichts durch irgendetwas bestimmt sein), ist das Sein von Zwang ausgenommen und daher frei, weil es eins ist.

---

103 Ebendort, S. 127.

Dieses Argument, das an sich schon einige Fragen aufwirft, beinhaltet offenbar ebenfalls einen Widerspruch; denn das Sein ist eine Bestimmung – es ist *per definitionem* die erste Bestimmung. Eine Bestimmung ist laut Guénons Axiom eine Begrenzung; und, so Guénon weiter[104], ein Zwang ist eine Begrenzung. Wie kann dann das Sein, das *per definitionem* eine Begrenzung ist und daher unter Zwang steht, von Zwang ausgenommen sein? Wieder einmal führt der Versuch, um jeden Preis logische Konsistenz zu erreichen, anscheinend zur Einführung eines offenkundigen Widerspruchs, und sei es auch in äußerst subtilem Gewand.

Wie die Schwierigkeiten bei der Erklärung der Bestimmung des Seins erwarten lassen, gibt es im Kern von Guénons Metaphysik gewissermaßen einen *Hiatus*; und nirgendwo wird dies deutlicher als in der Art und Weise, wie er aufgrund seiner anfänglichen Bezeichnung des Absoluten (die ihm durch seine Prädikation der notwendigen Beziehung zwischen Logik und Absolutem auferlegt wurde) gezwungen ist, sich die Welt der Manifestation, die Welt der Erscheinungen vorzustellen. Tatsächlich könnte man angesichts der ursprünglichen Bezeichnung des Absoluten sagen, das wirklich Unerklärliche sei die Existenz dieser Welt oder der Anschein ihrer Existenz. Es wäre leicht – angesichts der betreffenden Bezeichnung –, die Nichtexistenz dieser Welt zu erklären; aber es ist – wiederum angesichts der Prämisse – praktisch unmöglich, ihre Existenz oder den Anschein ihrer Existenz zu erklären. Folglich kann die Existenz (oder deren Anschein) nur dadurch erklärt werden, dass man sagt, ihr fehle jede echte Wirklichkeit, was der Aussage gleichkommt, ihre Existenz sei in Wirklichkeit nicht existent.

Inwiefern sich eine solche Schlussfolgerung aufdrängt, liegt auf der Hand, wenn man den Ausgangspunkt von Guénons Argumentation berücksichtigt. Wenn, wie er behauptet, die universellen Möglichkeiten in ihrem nichtmanifesten Zustand in sich selbst, in ihrer eigenen, in sich geschlossenen Ausschließlichkeit, vollständig und total wirklich sind, so dass sie die Gesamtwirklichkeit in sich selbst absorbieren oder subsumieren, dann folgt daraus, dass jedes Verlassen des Zustands der Nichtmanifestation auch ein Verlassen des Wirklichen ist, ein Abfallen in die Nichtwirklichkeit. Wäre es anders, könnte man nicht sagen, wie es aber doch heißt, dass eine Möglichkeit in ihrem nichtmanifesten Zustand die

104 Ebendort, S. 127.

Gesamtheit des Wirklichen besitzt: Wenn ihr Zustand der Manifestation qua Zustand der Manifestation überhaupt irgendeine Wirklichkeit besäße, müsste die Schlussfolgerung lauten, dass eine Möglichkeit in ihrem nichtmanifesten Zustand (in dem sie nicht vom Absoluten selbst unterschieden werden kann) in sich nicht die Gesamtheit des Wirklichen besitzt, und eine solche Schlussfolgerung widerspricht der ursprünglichen Behauptung, dass eine nichtmanifeste Möglichkeit in sich vollständig und ausschließlich wirklich ist.

Denn wie wir bereits festgestellt haben, ist der manifeste und bestimmte Zustand einer universellen Möglichkeit in Bezug auf ihren nichtmanifesten und unbestimmten Zustand „rigoros nichts". Daher ist man gezwungen zu sagen, dass die Existenz oder der Anschein von Existenz im Grunde nicht existent ist. Deshalb ist der Versuch, die Welt der Manifestation zu erklären, sozusagen von vornherein vereitelt, denn es gibt keine plausible oder auch nur mögliche Erklärung für das, was nicht ist – und es kann sie auch gar nicht geben: Manifestation qua Manifestation ist eine Art Illusion oder böser Traum. Jede Lehre, die die Gesamtwirklichkeit nicht nur außer- und oberhalb der phänomenalen Existenz, sondern auch außerhalb des Seins ansiedelt, führt zwangsläufig dazu, dass das Sein und erst recht die phänomenale Existenz auf eine Art unbedeutenden Schatten reduziert werden. Darüber hinaus führt sie zu einer extremen Form des Pantheismus: nicht zu einer Vergöttlichung des Seins, sondern zur Behauptung seiner endgültigen Nichtigkeit und Unwirklichkeit. Die Schöpfung – selbst die Idee der Schöpfung – kann letztlich keinen positiven oder bedeutsamen Wert und das Geschöpf qua Geschöpf kann keine konkrete ewige Bestimmung haben.

Diese Schlussfolgerung ergibt sich aus Guénons anfänglicher Vorstellung von der Natur der nichtmanifesten und universellen Möglichkeiten. Diese stellen faktisch eine Art Gottheit ohne Gott dar, in dem Sinne, dass sie keinen Urheber haben. Anders ausgedrückt: Wenn man im Rahmen dieser Lehre von Gott sprechen darf, dann ist es nicht Gott, der diese nichtmanifesten und universellen Möglichkeiten bestimmt (denn sie sind *per definitionem* wesenhaft unbestimmt und unbestimmbar). Im Gegenteil, sie sind es, die den idealen Gehalt der präontologischen Natur Gottes „bestimmen". Ja, sie konstituieren diese Natur, in dem Sinne, dass zwischen beiden kein Unterschied gemacht werden kann: Gott als das Absolute ist die universelle Möglichkeit, das Allmögliche. Das bedeutet, dass es keine Vorstellung von Gott als dem Absoluten als dem freien, bestimmenden Prinzip seiner eigenen Möglichkeiten geben kann. Daher kann es auch keine Schöpfungslehre im christlichen Sinne geben, denn eine solche Lehre setzt voraus, dass Gott als das Absolute nicht ausschließlich mit seiner präontologischen Natur gleichzusetzen ist. Die Idee eines Gottes, der seine eigenen Möglichkeiten bestimmt, durch die Vorstellung von einer Gottheit oder einem *Ungrund* universeller Möglichkeiten zu ersetzen, die nicht nur keinen Urheber haben, sondern in sich das Absolute konstituieren, bedeutet, das Absolute als einen im Wesentlichen in sich geschlossenen, selbstgenügsamen und vollkommenen Kreis zu kennzeichnen, unpersönlich, unbestimmt und präontologisch, ohne mögliche wirkliche und lebendige Beziehungen *ad extra*. Aus diesem Grund kann man sagen, dass eine metaphysische Lehre wie die von Guénon dadurch gekennzeichnet ist, dass sie die Schöpfung – oder die Manifestation – radikal abwertet, bis zu einem Punkt, an dem diese nur noch eine rein negative Dimension ist. Aus eher spezifisch christlicher Sicht lässt sich kurz und bündig sagen, dass sie durch ihren anti-inkarnatorischen und anti-sakramentalen Charakter gekennzeichnet ist.

Aus diesen Ausführungen folgt keineswegs, dass eine metaphysische Lehre diesen Typs grundsätzlich unwahr ist: Dies ist eine ganz andere Frage, die ich hier nicht zu beurteilen versuche. Ich habe lediglich zu zeigen versucht, inwiefern Guénons Formulierung einer metaphysischen Lehre durch seine Akzeptanz einer bestimmten Aussage über die Beziehung zwischen der logischen und der metaphysischen Ordnung beeinflusst worden ist, inwiefern ihn dies dazu veranlasst hat, sogar das oberste Prinzip der metaphysischen Ordnung mit Begriffen zu bezeichnen, die der Ordnung der Logik entsprechen, und inwiefern dies wiederum seine Darstellung anderer Aspekte metaphysischer Lehre beeinflusst hat. Für ihn ist diese Beziehung, wie wir bereits mehrfach erwähnt haben, eine notwendige, naturgemäße, und daher betrachtet er die Aussage, die sie bekräftigt, als axiomatisch. Aber in Ermangelung objektiver Gründe, die ihren Status als hermeneutisches Prinzip von absoluter und universeller Gültigkeit deutlich machen könnten, ist sie offenbar kaum mehr als eine Annahme, deren mögliche Wahrheit sich sowohl dem Beweis als auch der Widerlegung entzieht. Wichtiger ist jedoch, dass ihre Anwendung in der Praxis offenbar ihrem eigenen Zweck zuwiderläuft und zu eben jenem Fehler führt, den Guénon den Philosophen vorwirft, nämlich der universellen Möglichkeit eine gewisse Begrenzung aufzuerlegen.

Wir haben bereits gesehen, wie etwa bei Guénons Darstellung der Bestimmtheit des Seins und bei seinem Versuch, die Freiheit „metaphysisch zu beweisen", offenbar gegen die Einhaltung der betreffenden Aussage verstoßen wurde. Um aber zu zeigen, inwiefern sie auch zu einer Begrenzung der universellen Möglichkeit selbst führt, müssen wir auf Guénons ursprüngliche Bezeichnung des höchsten metaphysischen Prinzips, des Absoluten, zurückkommen, welches das Urdatum seiner Exegese darstellt. Ausgehend von der Wahrheit der logischen Ordnung, dass jede Bestimmung notwendigerweise eine Begrenzung ist, kommt Guénon zur Idee von diesem Absoluten – dem Unendlichen oder der universellen Möglichkeit –, die nur in negativen Begriffen ausgedrückt werden kann – Begriffen wie „unbestimmt", „unpersönlich", „uneingeschränkt" und so weiter. Aber durch eine Art Zweischneidigkeit, die der Logik möglicherweise innewohnt, bedeutet die Anwendung selbst negativer Begriffe auf das Absolute in dem Versuch, es vor Bestimmung und damit vor Begrenzung zu bewahren, dass man eben das tut, was man nicht zu tun versucht. Denn zu sagen, das Absolute sei unbestimmt, unpersönlich und so weiter, bedeutet zugleich, etwas über Es zu behaupten und Es folglich zu begrenzen – nämlich Es zu begrenzen, indem man alles, was von bestimmter, persönlicher oder eingeschränkter Natur ist, von Ihm ausschließt. Ja, selbst die Aussage, das Absolute könne nur negativ gekennzeichnet werden, bedeutet zugleich, etwas über Es zu behaupten und Es damit zu begrenzen, indem man Ihm die Möglichkeit zur positiven Kennzeichnung nimmt. Es scheint also, dass Guénons Festhalten an der Prämisse, das höchste metaphysische Prinzip müsse mit Begriffen bezeichnet werden, die mit den Gesetzen der Logik übereinstimmen – eine Prämisse, die ihrerseits die Akzeptanz der Aussage voraussetzt, dass es eine strikte Korrelation zwischen der Ordnung der Logik und der metaphysischen Ordnung gibt –, paradoxer- und ironischerweise dazu führt, der universellen Möglichkeit eben jene Art von Begrenzung aufzuerlegen, die er ihr gerade nicht auferlegen wollte.

Gibt es eine Möglichkeit, ein solches oder ähnliches Prädikament zu vermeiden? Vielleicht nicht, es sei denn, man nimmt eine apophatische

Haltung ein, eine negative Annäherung an das Absolute, die radikaler ist als die von Guénon gewählte. Denn Guénons *via negativa* lässt dem Absoluten schließlich nicht die beabsichtigte Unbestimmtheit, sondern erlegt ihm eine Begrenzung auf, die entscheidende Auswirkungen auf Guénons gesamte Darstellung metaphysischer Lehre hat. Denn die von Guénon vorgetragene Idee des Absoluten wird auf die auf den Seiten 17-18 des betreffenden Buches dargestellte Art und Weise erreicht, und zwar durch eine rein logische Beweisführung und somit durch eine Art apodiktischer Apophatik. Eine radikalere Apophatik – die nicht selbstzerstörerisch wäre – würde von einer Art heiliger *Agnosia* ausgehen, die sich weigert, irgendeinen Begriff, sei er positiv oder negativ formuliert, auf die letztendliche Natur oder Essenz des Absoluten anzuwenden.

Nach dieser radikaleren Form der Apophatik kann das Wesen des Absoluten also weder als bestimmt noch als frei von Bestimmung, weder als Sein noch als Nichtsein, weder als persönlich noch als unpersönlich bezeichnet werden: Es ist jenseits aller Bejahung, ebenso wie es jenseits aller Verneinung ist. Diese Aussage bedeutet jedoch nicht, dass über das Absolute nichts bejaht oder verneint werden kann und dass es daher keine Möglichkeit gibt, überhaupt eine Lehre zu formulieren. Dies wäre nur unter der Bedingung der Fall, dass das Absolute – die Gesamtsumme der Wirklichkeit – ausschließlich mit der Essenz gleichgesetzt wird. Genau das tut Guénon: Er setzt das Absolute mit der Essenz gleich; die Begriffe sind für ihn austauschbar, und beide bilden das höchste Prinzip, das Urdatum seiner Exegese, zu dessen Idee er gelangt, indem er auf sie eine einzige Negativität anwendet, wie man sagen könnte, so dass er zu dem Schluss kommt, dass das höchste Prinzip nur negativ beschrieben werden kann. Aber die Apophatik, die sich weigert, auf die Essenz irgendeinen Begriff anzuwenden, sei er nun positiv oder negativ formuliert, setzt das Absolute nicht mit der Essenz gleich oder betrachtet die Essenz nicht gewissermaßen als den höchsten Aspekt des Absoluten. Diese Apophatik beinhaltet daher nicht eine einfache, sondern eine doppelte Negativität: Wenn das Absolute frei von Bestimmung ist, ist es auch *nicht* frei von Bestimmung; wenn es Nichtsein ist, ist es auch *nicht* Nichtsein; wenn es unpersönlich ist, ist es auch *nicht* unpersönlich; wenn es nichtmanifest ist, ist es auch *nicht* nichtmanifest; wenn es nicht in der Zeit ist,

ist es auch *nicht* nicht in der Zeit; und so weiter. Jedes Negativ ist nur unter der Bedingung wahr, dass es selbst verneint wird, wohingegen die Wahrheit in der Gleichzeitigkeit dieser doppelten Verneinung liegt. Das bedeutet, dass das Absolute sowohl frei von Bestimmung als auch bestimmt, sowohl persönlich als auch unpersönlich, sowohl Sein als auch Nichtsein ist, und so weiter, ohne dass einem der beiden Begriffe einer Bezeichnung eine ontologische oder sonstige Überlegenheit zugeschrieben werden kann. Dies gilt selbst dann, wenn keiner der beiden Begriffe einer Bezeichnung auf die Essenz des Absoluten anwendbar ist, denn – ich wiederhole – das Absolute ist nicht ausschließlich mit der Essenz gleichzusetzen. Prägnanter ausgedrückt könnte man sagen, dass das Absolute Seine eigene Essenz transzendiert.

Mit anderen Worten: Die Weigerung, das Absolute allein mit der Essenz gleichzusetzen, verlangt die Anerkennung, dass das Absolute in Seiner allumfassenden Wirklichkeit, Seiner Unerkennbarkeit und Erkennbarkeit, Seinem Nichtsein und Sein, Seiner Unbestimmtheit und Bestimmtheit so beschaffen ist, dass die angemessenste der menschlichen Intelligenz zugängliche Idee von Ihm eine ist, die nur in antinomischer und paradoxer Form ausgedrückt werden kann. Es handelt sich also um eine Idee, die nicht den Anforderungen der Aussage entspricht, an der Guénon mit so bedingungsloser Zustimmung festhält.

Damit sind wir wieder bei dem Thema angelangt, das in diesem gesamten Kapitel mitschwingt. Wenn man eine metaphysische Lehre darlegen will, muss man *per definitionem* von einem bestimmten Ausgangspunkt ausgehen. Dieser Ausgangspunkt wird mit dem metaphysischen Prinzip gleichgesetzt, das man als das Absolute akzeptiert, und dieses Absolute stellt somit für einen das Urdatum oder den Ausgangspunkt der Exegese dar.

Dieses Absolute, welches für einen das Urdatum der Exegese darstellt, wird jedoch nicht das Absolute als solches in seiner unbezeichneten Quiddität sein, wie man sagen könnte. Es wird ein Absolutes sein, das für einen auf eine bestimmte Weise bezeichnet wird. Das heißt, es wird als dieses oder jenes oder als nicht dieses oder nicht jenes bezeichnet werden: als bestimmt oder unbestimmt, persönlich oder unpersönlich, als Sein oder Nichtsein, als Eins oder Drei oder als beide Begriffe der jeweiligen Bezeichnung gleichzeitig. Mit anderen Worten: Nicht das Absolute als solches, sondern die Idee, die man vom Absoluten hat, bildet das Urdatum der Exegese.

Diese Idee des Absoluten, die für einen das Urdatum der Exegese bildet, kann durch göttliche Offenbarung festgelegt werden. In Ermangelung einer solchen besteht die einzige Alternative darin, als Urdatum eine Idee des Absoluten zu akzeptieren, die jeweils nach einem anderen Kriterium festgelegt wurde. Im letzteren Fall bildet jedoch nicht göttliche Offenbarung, sondern eben dieses andere Kriterium das Urdatum der eigenen Exegese. Faktisch bedeutet dies, dass man dieses andere Kriterium zum obersten Bestimmungsprinzip der Exegese macht. Es ist daher von entscheidender Bedeutung, dass man weiß, welches dieses Kriterium ist und warum man ihm zustimmt, denn letztlich bestimmt eben dieses Kriterium und nicht die eigene Idee vom Absoluten, geschweige denn das Absolute als solches, die Form, die die eigene Darlegung metaphysischer Lehre annimmt.

***

Guénon selbst behauptete, sein Verständnis metaphysischer Lehre sei aus dem Vedanta in der extremen nichtdualen Auffassung von Shankaracharya abgeleitet; und einige Schwierigkeiten, die es aus christlicher Sicht aufwirft, haben offenbar ihre Entsprechung in dieser metaphysischen Auffassung des Vedanta. Denn gemäß dieser Auffassung hat metaphysische Lehre, wie bei Guénon, ihren Ausgangspunkt in einer Idee des Absoluten oder des Unendlichen, die völlig uneingeschränkt und frei von jeglicher Bestimmung oder Partikularisierung ist. Über das Absolute etwas zu behaupten, bedeutet in gewisser Weise, es zu begrenzen und zu bestimmen und es damit zu weniger als dem Absoluten zu machen; jede Unterscheidung oder Einschränkung, die vorgenommen wird, wird durch die absolute Nichtbestimmung des „einen wahrhaft Nichtdualen" (des *ekam ena advaitam*) der Upanishaden transzendiert. Dadurch, dass es seine Unterscheidung zwischen dem Dauerhaften und dem Unbeständigen, dem Unveränderlichen und dem Veränderlichen, zwischen Sein und Werden bis zum Äußersten treibt und mit einer *via negativa* oder Apophatik, die letztlich jede Vorstellung von Bestimmtheit oder Differenzierung im Absoluten ablehnt, weil sie diese als notwendigerweise mit Begrenzungen und Unvollkommenheiten verbunden ansieht, neigt vedantisches Denken dazu, sich auf die Idee der reinen Isoliertheit (*kaivalya*) des nicht kommunizierbaren, nicht teilhabbaren Absoluten (*nirguna brahma*) zu „versteifen".

Hier stellt sich in dieser extremen nichtdualen Perspektive die Frage nach der Manifestation oder Erscheinung der Dinge. Was ist es, das in der Manifestation tatsächlich wird oder zu werden scheint? In der extremen Form des *advaita* lautet die Antwort, dass letztlich nichts wird; die Welt existiert nicht oder ist nur die Erscheinung von *maya* (weder Sein noch Nichtsein, weder Mischung aus Sein und Nichtsein noch unvermischt). In gewissem Sinne stellt sich die Frage nach der Manifestation überhaupt nicht, denn *maya* ist die eigentliche Kategorie der Frage, und sie kann nur gestellt werden, solange das Individuum, das sie stellt, in *maya* verstrickt ist. Sobald das Individuum das ausgeprägte Bewusstsein seines individuellen Selbst (das selbst eine Illusion ist) überwunden hat und frei ist von der flüchtigen und mangelhaften Kategorie der *maya*, verschwinden sowohl die Frage als auch der Fragende und tauchen ins Absolute, ins wahre Selbst, ins Nichts-als-Selbst ein. Das Absolute war nie und kann nie etwas anderes sein als Es ist; Es denkt weder die Welt noch das Selbst; Es denkt nicht einmal sich selbst, sondern schließt in sich alle „Andersheit", alles „außerhalb Seiner selbst" aus. Es ist nichtdual.

Diese Vorstellung von der Isoliertheit und Reinheit des Absoluten hat jedoch einen weiteren Aspekt, nämlich den seiner Allgegenwart. Nur von einem niederen und individuellen Standpunkt aus kann man das Absolute *maya* oder dem Kontingenten gegenüberstellen. In Wirklichkeit existieren diese Unterscheidungen nicht und werden durch das Absolute rigoros transzendiert. Die Wirklichkeit von allem ist das Absolute; denn gäbe es irgendeine Wirklichkeit, die weniger oder anders wäre als das Absolute, wäre das Absolute nicht Alles: Es gäbe etwas außerhalb von Ihm, durch das Es nicht unendlich, sondern begrenzt wäre. Daher ist die Wirklichkeit von allem das Absolute: Es ist vollkommen und erschöpfend allen Dingen immanent, denn Es kann nicht nur nichts anderes als Es selbst geben, sondern Es kann auch keinen anderen Inhalt als sich selbst haben, denn Es schenkt sich in Seiner unendlichen Großzügigkeit ganz und unendlich sich selbst. Alle Wirklichkeit, die die Manifestation besitzt, liegt in ihrem nichtmanifesten Prinzip und zwar insofern, als sie sich nicht von ihrem Prinzip unterscheidet: Aller Anschein der Wirkung als solcher oder ihres Unterschieds von ihrer prinzipiellen Ursache ist illusorisch. Die Wirklichkeit der Manifestation ist dieselbe wie die ihres Prinzips, und es gibt keine andere Wirklichkeit. In diesem Sinne ist die Lehre pantheistisch: Alles und Absolutes sind eins. Obwohl es in dem bekannten Bild aus der Upanishad heißt, dass zwei Vögel auf demselben Baum sitzen, gibt es in Wirklichkeit nur einen Vogel, denn die Unterscheidung zwischen dem einen und dem anderen ist lediglich eine illusorische Angelegenheit.

Nach alledem bleibt dennoch die ursprüngliche Frage, die Frage des *jivatman*, der noch nicht erkannt hat, dass „der Fluss und das Absolute dasselbe sind", oder – was dasselbe ist – seine essenzielle und existenzielle Identität mit dem unendlichen Selbst, dem Brahma: Woher kommt diese Illusion des einzelnen Seins und diese Erscheinung der Welt? Was sind ihre gegenseitigen Beziehungen zum Selbst, zum Absoluten? Was ist ihr letztendlicher Sinn? Hier zerfällt die vedantische Metaphysik, die der Sphäre von Nichtsein und Nichtdualität entspringt, in zwei verschiedene Begriffe, die zusammen anscheinend eine unlösbare Zwickmühle bilden: der eine Teil ist der Begriff der illusorischen Transformation (des Absoluten in seine Bestimmungen: *vivarta-vada*), und der andere ist der der wirklichen Transformation (*parinamavada*).

Die Vorstellung von der illusorischen Transformation des Absoluten – alles, was ist, ist in Wirklichkeit das Absolute, und nur aufgrund individueller Unwissenheit erscheint es anders als das Absolute – bewahrt die völlige Reinheit, Einfachheit, Unveränderlichkeit und Beständigkeit des Absoluten, lässt aber die Tatsache des Irrtums, ob fiktiv oder real, unberücksichtigt. Das Absolute kann sich nicht irren; von welcher kosmischen oder überkosmischen Ursache rührt dann diese Unwissenheit her, der zufolge ich mich irre, wenn ich mich für etwas anderes als das Absolute halte? Wenn die Vorstellung meiner getrennten Identität eine Illusion ist, der ich durch spirituelle Verwirklichung entkommen muss, warum kommt sie dann überhaupt zustande? Und wenn ihr Entstehen nur eine Erscheinung ist und keine letztendliche Wirklichkeit hat, so dass sie in gewissem Sinne nie wirklich entstanden ist, warum entsteht dann diese Erscheinung? Dies wird nicht dadurch beantwortet, dass ich sage, ich irrte mich aufgrund dessen, was durch frühere oder mittelbare Ursachen vorbestimmt und festgelegt ist, ob ich für sie verantwortlich bin oder nicht, denn dies lässt immer noch unbeantwortet, warum ich mich verpflichtet habe oder verpflichtet wurde, mich überhaupt für ein bestimmtes Wesen zu halten, und warum diese Kausalkette der Unwissenheit, deren Opfer ich nun bin, überhaupt in Gang kam. Das heißt, wer oder was hat diese ursprüngliche falsche Identitätsentscheidung bestimmt? Wer oder was hat ursprünglich bestimmt, dass ich an mich als Ich denken soll? Und warum wurde das so bestimmt?

Wird zur Beantwortung dieser und ähnlicher Fragen der Begriff der illusorischen Transformation des Absoluten durch den der realen Transformation des Absoluten ersetzt, wird eine Erklärung möglich, wie und warum die Welt, das Selbst sowie ihre Identität und Getrenntheit entstanden sind. Aber in diesem Fall werden die Reinheit, die Nichtspezifizierung und die Unveränderlichkeit des Absoluten geopfert und eine ganze Reihe neuer Dilemmata aufgeworfen. Die Schlussfolgerung ist wohl unausweichlich, dass es dem Vedanta zufolge kein Verständnis der Beziehungen zwischen dem Absoluten und der Manifestation geben kann, das nicht entweder einen „Akosmismus" beinhaltet, der die Welt und die einzelnen Wesen auf die unerklärliche Erscheinung der *maya* und die damit verbundene Unwissenheit reduziert, oder aber die absolute Einfachheit, Unveränderlichkeit und Transzendenz der Göttlichen Essenz zunichtemacht.

Aus christlicher Sicht fällt an dieser Lehre ihre offensichtliche Weigerung auf, der Schöpfung als solcher irgendeinen positiven Wert oder eine Bedeutung beizumessen. Unter diesem Gesichtspunkt könnte man sie als vor- oder antiinkarnatorische Denkstruktur bezeichnen, in dem Sinne, dass sie die Wirklichkeit, die sich in der Inkarnation des Absoluten in der Person des Theanthropos, Christus, offenbart, nicht erfasst und auch nicht erfassen kann. Trotz solcher Vorstellungen wie der wirklichen Transformation des Absoluten ins Kontingente besteht offenbar ein totaler *Hiatus*, eine Kluft, zwischen dem Absoluten und der manifesten sinnlich wahrnehmbaren Welt, und zwar so sehr, dass man sagen könnte, das wirklich Unerklärliche sei die Existenz der Welt beziehungsweise der Anschein ihrer Existenz. Wie wir weiter oben im Zusammenhang mit der Guénonschen Metaphysik bemerkt haben, wäre es unter den Prämissen dieser Lehre zwar einfach, die Nichtexistenz der Welt zu erklären, aber unter denselben Prämissen ist es praktisch unmöglich, ihre Existenz oder den Anschein ihrer Existenz zu erklären. Folglich kann die Existenz (oder der Anschein der Existenz) der Welt nur erklärt werden, indem man sagt, dass ihr jede genuine Wirklichkeit fehlt, was gleichbedeutend ist mit der Behauptung, dass das Existierende in Wirklichkeit nicht existiert oder eine Art „böse" und negative Denkkategorie ist.

Denn wenn das Absolute in seinem nichtmanifesten Zustand in sich selbst, in Seiner eigenen, in sich selbst eingeschlossenen Ausschließlichkeit, vollständig und total wirklich ist, so dass Es das Pleroma der Wirklichkeit in sich aufnimmt oder ausschöpft, dann folgt daraus, dass jedes Abweichen von diesem Zustand der selbstgenügsamen Nichtmanifestation auch ein Abweichen von der Wirklichkeit ist, ein Abfallen in die Nichtexistenz. Wenn der Zustand der Manifestation als Manifestation überhaupt irgendeine Wirklichkeit besitzt, dann lautet die Schlussfolgerung, dass das Absolute in Seinem nichtmanifesten Zustand in sich nicht die Totalität des Wirklichen besitzt. Daher muss man logischerweise und gezwungenermaßen sagen, dass die Existenz oder der Anschein der Existenz als solche im Grunde eine Illusion ist. Deshalb haben die Versuche, die Welt der Manifestation zu erklären, etwas von einem *Deus ex machina*, denn für etwas, das im Grunde eine Illusion ist, kann es eigentlich keine plausible oder auch nur mögliche Erklärung geben. Jede Lehre, die das Absolute als totale Wirklichkeit außerhalb und oberhalb nicht nur der phänomenalen „Existenz", sondern auch des Seins selbst ansiedelt, reduziert zwangsläufig sowohl das Sein als auch erst recht die individuelle Existenz gleichsam auf einen unbedeutenden Schatten.

Darüber hinaus führt sie, wie wir ebenfalls bereits bemerkt haben, zu einer extremen Form des Pantheismus: nicht in Gestalt einer Vergöttlichung der Existenz, sondern in Gestalt der Behauptung ihrer endgültigen Nichtigkeit und Unwirklichkeit. Die Kreatur qua Kreatur kann keine konkrete und ewige Bestimmung haben. Tatsächlich stellt die Kreatur qua Kreatur einen Zustand geistiger oder körperlicher Unfreiheit in der Unwirklichkeit dar, aus dem eine vollständige Erlösung nur unter der Bedingung möglich ist, dass sie aufhört, in jeglicher Art und Weise als Kreatur zu existieren. Mit anderen Worten, für die Kreatur ist im

Absoluten kein Platz. Wie bereits erwähnt, ist das Absolute ein im Wesentlichen in sich geschlossener, selbstgenügsamer und vollkommener Kreis, unpersönlich und frei von jeglicher Unterscheidung, ohne mögliche wirkliche und lebendige Beziehungen mit irgendeinem *alia a se ad extra*; und deshalb kann man sagen, dass diese Lehre, wie etwa die von Guénon, offenbar gekennzeichnet ist von ihrer Weigerung, in der Schöpfung als solcher irgendeine positive und ewige Bedeutung anzuerkennen, durch ihren antiinkarnatorischen Charakter; und eben dies spiegelt sich in ihrer deinkarnatorischen Sicht spiritueller Verwirklichung.

Die christliche Lehre von einem Absoluten, das dreieinig und persönlich ist, und ihre Vorstellung, dass das Geschaffene und Relative eine ewige Bestimmung im Absoluten haben kann, ohne dass es deshalb aufhört, geschaffen und relativ zu sein, steht ganz klar im Widerspruch zu dieser extremen nichtdualen Form metaphysischer Lehre. Aus der Sicht dieser Form der Lehre kommt sie fast einem Götzendienst gleich, oder zumindest einer Einordnung des Absoluten auf einer niedrigeren Ebene als der, auf die diese Form der Lehre Es stellt, und die daher in die übergeordnete Perspektive dieser Form der Lehre einbezogen werden kann. Aus der Sicht einer solchen radikalen Nichtdualität und auch, wie wir oben gesehen haben, aus der Sicht der Guénonschen Metaphysik, bedeutet die Qualifizierung des Absoluten in irgendeiner Weise – indem man zum Beispiel sagt, dass Es dreieinig und persönlich ist – in gewisser Weise, Es zu definieren. Jede Definition oder jedes finit, also endlich Machen kann seinerseits nur einen bestimmten Aspekt des Absoluten auf Kosten eines anderen Aspekts herausgreifen und betonen, und dies bedeutet, Es weniger allumfassend, weniger gesamtheitlich zu machen, als Es ist, noch bevor man ihm irgendeinen Charakter hinzufügt; es bedeutet, Es in gewisser Weise auf ein lediglich relatives Absolutes zu reduzieren. Jede Bestimmung ist daher notwendigerweise eine Begrenzung, die eine gewisse Leugnung der unendlichen Natur des Absoluten mit sich bringt. Daher kann die christliche Qualifikation des Absoluten als dreieinig und persönlich sich lediglich nicht auf das Absolute selbst, sondern auf eine begrenzte Bestimmung des Absoluten beziehen, die rigoros und absolut durch das Absolute transzendiert wird und in Bezug auf dieses ein Nichts ist. Das absolute Absolute ist und muss völlig undefinierbar, völlig unqualifiziert, völlig unbestimmt sein. Es lässt keine irgendwie geartete Partikularisierung oder Teilhabe zu.

Das Argument ist anscheinend erneut eines der Logik; und wenn Christen behaupten wollen, dass ihre Sicht eines Absoluten, das dreieinig und persönlich ist, keinen begrenzteren Standpunkt darstellt als der einer so radikalen Nichtdualität, dann müssen sie auch behaupten, dass sie nicht dieselbe Auffassung von der offenbar dahinterstehenden Beziehung zwischen Logik und Metaphysik teilen. Denn diese extreme Form der Nichtdualität, wie etwa in der neuplatonischen Lehre oder der Guénonschen Metaphysik, setzt doch anscheinend voraus, dass, wenn sich rein logisch nachweisen lässt, dass ein bestimmtes metaphysisches Prinzip höher – allumfassender, weniger begrenzt und bestimmt – ist als ein anderes, dieses erstere Prinzip dann aus eben diesem Grund in der metaphysischen Ordnung höher stehen muss als das zweitere. So lässt sich die Überlegenheit der nichtdualen Idee des Absoluten gegenüber der christlichen Idee beweisen; denn im logischen Sinne muss jede wie auch immer geartete Qualifikation des Absoluten einen Grad der Begrenzung und damit der Unvollkommenheit implizieren, so dass nur ein Absolutes, das vollständig unqualifiziert ist, vollständig unendlich und vollkommen sein kann.

Deshalb müssen Christen, wenn sie behaupten wollen, dass ihre Idee des Absoluten die Wahrheit vollständiger abbildet als die Idee des Absoluten gemäß nichtdualer Metaphysik, ebenfalls behaupten, dass diese Art der Argumentation von der logischen Beweisführung zur metaphysischen Schlussfolgerung eine Frage in der Beziehung zwischen Logik und Metaphysik aufwirft, über die sie wahrscheinlich ganz andere Ansichten vertreten als die in dieser nichtdualen Lehre offenbar implizierten; und dass ihre Vorstellung von einem Absoluten, das sowohl dreieinig als auch persönlich ist, trotz ihres eingeschränkten und daher vom logischen Standpunkt aus begrenzteren Anscheins die Natur des Absoluten angemessener widerspiegelt als die nichtduale Vorstellung. Ebenso müssen sie sagen, dass ihre Ideen zur positiven und ewigen Bedeutung der Kreatur zwar ein völlig paradoxes und widersprüchliches Verständnis der Beziehungen zwischen dem Absoluten und dem Relativen implizieren, aber dennoch die Wahrheit über die Dinge adäquater widerspiegeln als die nichtdualen Manifestationslehren. Wie wir bereits gesagt haben, muss für den Christen nicht der logische Beweis, sondern der logische Widerspruch oder das Paradoxon den Grenzbegriff, das Nonplusultra menschlichen Denkens bilden.

***

Um die Ergebnisse dieses Kapitels etwas elliptisch zusammenzufassen: Von den beiden Sichtweisen, die einander gegenübergestellt wurden, stellt die erste sozusagen eine extreme Form der Nichtdualität dar, wohingegen die zweite die der christlichen Tradition ist, insbesondere in ihrer orthodoxen Form.

Vom Standpunkt der extremen Nichtdualität aus ist das Absolute in jeder Hinsicht überindividuell, überpersönlich, überformal und göttlich. Daher ist die metaphysische Wahrheit, die mit dem Absoluten identisch ist, ebenfalls überindividuell, überpersönlich, überformal und göttlich.

Da das Absolute jedoch die Wirklichkeit selbst ist, stellt in dem Maße, in dem man sagen kann, dass nichts außer dem Absoluten Wirklichkeit besitzt, jede Differenzierung und Individuation, alles, was Form besitzt und persönlich ist und daher vom Absoluten unterschieden werden kann, ein Abfallen vom Wirklichen, eine Entäußerung des Wirklichen dar. Es stellt etwas dar, das letztlich unwirklich und illusorisch ist.

Alle Differenzierung und Individuation bringt notwendigerweise eine Begrenzung mit sich; und da das, was begrenzt ist, nicht mit dem Absoluten, das *per definitionem* grenzenlos ist, gleichgesetzt werden kann, muss es etwas anderes als das Absolute sein.

Aber das Absolute besitzt die Gesamtheit des Wirklichen. Daher muss alles, was vom Absoluten unterschieden werden kann oder sich selbst als etwas anderes als das Absolute betrachtet, dem Unwirklichen und Illusorischen verhaftet sein.

Das bedeutet, dass es im Absoluten kein Prinzip der Differenzierung oder Individuation gibt und geben kann; denn wenn es eines gäbe, müsste es wirken und so das Differenzierte und Individuierte hervorbringen.

Da aber das, was differenziert und individuiert ist, aus diesem Grund etwas anderes als das Absolute ist und als solches unwirklich und illusorisch sein muss, ist die Behauptung, das Absolute besitze ein Prinzip der Differenzierung und Individuation, das zwingend wirken muss, gleichbedeutend mit der Behauptung, das Absolute müsse zwingend das Unwirkliche und Illusorische hervorbringen, was absurd ist.

Daher kann die Einheit des Menschen mit dem Absoluten, die Identität von Gewusstem und Wissendem, die Voraussetzung jeder metaphysischen Erkenntnis ist, keine Zwei-Einheit sein, kein Zustand des Zwei-in-Eins-Seins, des *unus-ambo*, der die individuelle Person und das Absolute einschließt. Sie kann keine Einheit sein, was nicht erfordert, dass alle Unterscheidung zwischen dem einen und dem anderen transzendiert wird.

Im Gegenteil, die Einheit des Menschen mit dem Absoluten, die Identität von Gewusstem und Wissendem, kann nur dadurch erreicht werden, dass die einzelne Person ihr individualisiertes Personsein transzendiert und sich vollständig mit dem überformalen, überindividuellen, überpersönlichen Absoluten identifiziert.

Diese Sichtweise beinhaltet also eine totale Leugnung des letztlichen Wertes und der Wirklichkeit des Persönlichen. Sie verlangt als Bedingung metaphysischer Erkenntnis einen totalen Impersonalismus – die Aufhebung und Entäußerung der Person.

Es bedeutet auch eine Leugnung des apophatischen Prinzips, demzufolge es unabhängig vom Grad der metaphysischen Erkenntnis, die ein Mensch besitzt, immer Grade gibt, die über diesen Grad hinausgehen, da die göttliche Gnosis unendlich ist.

Doch wie kann sich das menschliche Denken in Bezug auf die supraformale Wahrheit ausdrücken, *wenn nicht* in apophatischen Begriffen?

Das Prinzip der Nichtdualität findet seinen Ausdruck, so heißt es, in der Formel: *tat tvam asi*: „das (das Absolute) bist auch du (das Selbst oder Ego)“.

Aber wie ist das in dieser Formel genannte Selbst noch ein Selbst, wenn es mit dem überindividuellen und überpersönlichen Absoluten gleichgesetzt wird?

Oder in welchem Sinne kann das „Ich“, das sagen kann „Ich bin“, mit dem Absoluten identisch sein?

Ist es der wirkliche Mensch oder das illusorische Ich, das erklärt „Ich bin das“?

Genügt es zu sagen, „Ich bin das“, damit das Ich nicht mehr illusorisch ist?

Und wenn es eine wesenhafte Identität zwischen dem individuellen Selbst und dem überpersönlichen Absoluten gibt, wie kommt es dann, dass das Selbst der Täuschung verfällt zu denken, es sei nicht das überpersönliche Absolute, sondern besitze eine individuelle Existenz?

Ist das individuelle Selbst dafür verantwortlich, dass es die Illusion hat, es besitze eine individuelle Existenz?

Und wenn es im Absoluten kein Prinzip der Differenzierung oder Individuation gibt, wie kommt es dann, dass ein Selbst, das mit dem Absoluten gleichgesetzt wird, sich vom Absoluten unterscheidet und sich selbst als eine individuelle persönliche Existenz denkt?

Ein Differenzierungsprinzip kann nicht in einem Vakuum existieren, selbst wenn seine Wirkung nur die Illusion einer Differenzierung erzeugt. Entweder ist es dem Absoluten inhärent, oder es ist ein Prinzip, das außerhalb des Absoluten existiert, als ein vom Absoluten verschiedenes Prinzip. In diesem letzteren Fall ist das Absolute aber nicht das Absolute, da es ein aktives Prinzip gibt, das unabhängig von ihm wirkt, und damit liegt den Dingen ein nicht ableitbarer Dualismus zugrunde.[105]

An dieser Stelle kann man sich fragen: Warum diese Weigerung, ein Prinzip der Differenzierung und Individuation im Absoluten anzuerkennen?

Warum diese Weigerung anzuerkennen, dass das Absolute in einer Mannigfaltigkeit individueller Existenzen existiert, die von ihm verschieden sind? Warum wird es als eine grundlegende Form von Unwissenheit betrachtet, zu sagen, dass die Realität vielfältig ist?

Was ist die Metaphysik, die dem Absoluten ein Prinzip der Differenzierung und Individuation abspricht?

Und wenn es im Absoluten ein Prinzip der Differenzierung und Individuation gibt, wie kann es sich dann ausdrücken – das heißt, wie kann das Absolute Seine eigene Natur erfüllen –, wenn nicht dadurch, dass es die Wirklichkeit individueller Existenzen postuliert, die nicht mit ihm gleichgesetzt werden?

Individuation an sich ist keine Illusion: Sie ist das Entstehen des Absoluten – ein Entstehen in Formen, die geistige und persönliche Individualitäten sind, unvergänglich und unveräußerlich.

---

105 Dualismus, der zwei völlig gegensätzliche und sich nicht gegenseitig durchdringende Wirklichkeiten beinhaltet, ist nicht mit Dualität zu verwechseln.

Von diesem Standpunkt aus – der der christliche ist – könnte man tatsächlich sagen, dass das Geheimnis des Absoluten in den vielfältigen Formen liegt, in denen Es sich manifestiert, so wie das Geheimnis dieser Formen im Absoluten liegt.

Nicht meine Individuation oder meine persönliche Existenz ist eine Illusion. Die Illusion wird vielmehr erzeugt durch mein Versäumnis, meine individuelle, persönliche und spirituelle Existenz in Gott aktiv zu bejahen; denn dadurch schreibe ich mir eine Art unabhängige, autonome Existenz zu, in der ich mein eigener Gott bin, und diese Vorstellung von mir selbst ist illusorisch und für Christen ein Ausdruck des Zustands des Menschen nach dem Sündenfall.

So ist der Mensch nach christlicher Auffassung *per definitionem* eine Form, in der das Absolute eine Virtualität Seiner eigenen Natur manifestiert; und sein höchstes Erkenntnisvermögen – der Intellekt – ist, obwohl deiform und, wenn geläutert, zu direkter, erfahrungsmäßiger metaphysischer Gotteserkenntnis fähig, nicht mit dem Absoluten gleichzusetzen (obwohl er deswegen nicht nichtabsolut ist) oder als undifferenziert vom Absoluten oder als überpersönlich und überformal zu betrachten.

Das bedeutet, dass der Mensch bei allen Wandlungen, die er durchläuft – und diese sind grenzenlos –, und so tief seine Vereinigung mit dem Absoluten auch sein mag, niemals seine persönliche, spirituelle und unverwechselbare Identität verliert, denn diese Identität ist seiner ewigen Bestimmung wesenhaft.

Er muss also erkennen, dass er die Fülle der göttlichen Gnosis nie ausschöpfen kann und dass seine Haltung gegenüber dieser Gnosis immer eine apophatische sein muss.

Darüber hinaus muss er erkennen, dass, so tief seine Vereinigung mit dem Absoluten auch sein mag, diese Einheit nicht nur immer eine Zwei-Einheit, ein Zwei-in-Eins-Sein, ein *unus-ambo* sein wird, sondern dass er auch die Fähigkeit zu immer noch tieferer Vereinigung nie ausschöpfen wird.

Dies wiederum bedeutet, dass er *in actu* niemals mehr metaphysisches Wissen besitzen kann, als ihm der Zustand seiner Vereinigung mit dem Absoluten erlaubt.

Schließlich muss er anerkennen, dass er unabhängig vom Grad der Vergöttlichung oder Theosis, den er erreicht, niemals die spirituelle und persönliche Form transzendieren kann, durch die das Absolute eine unveräußerliche und unvergängliche Virtualität Seines Seins manifestiert und ihr damit konkrete Existenz verleiht.

Dies wiederum ist gleichbedeutend mit der Aussage, dass seine Erkenntnis und seine Erfahrung metaphysischer Wahrheit niemals seine Erkenntnis und seine Erfahrung seines eigenen Seins, seines eigenen Selbst übersteigen können.

Eine Folge davon ist, dass diese Erkenntnis, unabhängig vom Seinszustand und damit vom Grad metaphysischer Erkenntnis, den er erlangt hat, stets seinem Seinszustand, dem Zustand seiner persönlichen Identität, entspricht und durch ihn geprägt wird.

Jeder Versuch, diese Identität zu transzendieren, mit dem Ziel, absolute metaphysische Erkenntnis zu erlangen, muss daher aus christlicher Sicht nichts Geringeres als den Versuch darstellen, die hierarchischen Formen der universellen Harmonie zu transzendieren. Und: „*Ηλιος οὐχ ὑπερβήσεται μέτρα· εἰ δὲ μή, Ἐρινύες μιν Δίκης ἐπίκουροι ἐξευρήσουσιν.*“ („Die Sonne wird ihre Grenzen nicht überschreiten; denn sollte sie es tun, werden die Furien, die Diener der Gerechtigkeit, sie aufspüren.“)[106]

Der Gegensatz zwischen diesen beiden Ansichten spiegelt sich natürlich in ihrem jeweiligen Verständnis des Absoluten und wird durch dieses untermauert. Das Prinzip der Nichtdualität stützt sich auf ein Verständnis des Absoluten, das es mit einer Essenz gleichsetzt, die nicht nur einheitlich, sondern auch vollständig undifferenziert ist: In ihr sind keinerlei Unterscheidungen zu erkennen.

Die christliche Sicht stützt sich auf das Verständnis, dass das Absolute zugleich sowohl einheitlich als auch triadisch ist: Das heißt, es gibt im Absoluten Unterscheidungen von Personen, und diese Unterscheidungen sind zwar wirklich und unauflöslich, stören aber deshalb nicht seine Einheitlichkeit.

Daher ist das christliche Absolute, das eine Differenzierung zulässt, aus der Sicht des Absoluten, auf das sich das Prinzip der Nichtdualität stützt, nicht das absolute Absolute: Die Personen der Dreieinigkeit kön-

106 Herakleitos, Diels-Kranz 94. (In der Ausgabe *Die Fragmente der Vorsokratiker*. Griechisch und Deutsch von Hermann Diels. Hrsg. von Walther Kranz, Erster Band, Weidmann 2004 lautet Diels Übersetzung: „(Denn) Helios wird seine Maße nicht überschreiten; sonst werden ihn die Erynien, der Dike Schergen, ausfindig machen.“ S. 172. Anm. d. Ü.)

nen nach dieser Auffassung nur Begrenzungen des Absoluten und daher nicht mit diesem gleichzusetzen sein, das in sich selbst alle Begrenzungen und folglich allen Personalismus transzendieren muss.

Dies steht im Gegensatz zum christlichen Verständnis, wonach die Vorstellung von einem Absoluten, das nichtpersönlich ist, oder von einer Person, die nichtabsolut ist, inkorrekt ist.[107]

Man kann diesen Gegensatz vielleicht einfacher formulieren und sagen, dass von diesen beiden Ansichten die erste der logischen Konsistenz hohe Priorität einräumt und daher eher kataphatisch ist, während die zweite in ihrem Ansatz stärker antinomisch und daher eher apophatisch ist.

So wird in der ersten Sichtweise die logische Konsistenz so weit getrieben, dass behauptet wird, da das Absolute wesenhaft nichtdifferenziert ist, sei alles, was differenziert ist, etwas anderes und weniger wirklich als das Absolute, und daher relativ oder zumindest nur relativ absolut; und was relativ ist, kann nicht das Absolute als solches sein.

In der zweiten Sichtweise hingegen wird die Antinomie so weit getrieben, dass nicht nur behauptet wird, das Differenzierte müsse nicht anders und weniger wirklich als das Absolute und damit relativ sein, sondern es sei durchaus möglich, dass das Relative das Absolute und das Absolute das Relative ist, ohne dass dies bedeuten würde, dass die Relativität des Relativen oder die Absolutheit des Absoluten dadurch in irgendeiner Weise gefährdet wäre.

Oder man kann sagen, dass von diesen beiden Ansichten die erste eine Metaphysik beinhaltet, in der der Primat des Ursprungs im Absoluten einer nicht differenzierten Essenz zuerkannt wird, während die zweite eine Metaphysik beinhaltet, in der dieser Primat dem Akt des Seins zuerkannt wird, der eine Differenzierung nach sich zieht: Der Akt des Seins bestimmt die Essenz, wohingegen nach der Metaphysik, die für die erste Ansicht gilt, der Akt des Seins als ein unwesentlicher und sogar unwirklicher und illusorischer Zufall betrachtet wird, der dem Absoluten hinzugefügt oder aufgesetzt wird.

107 Dieses Verständnis wird in der theologischen Tradition, die auf Augustinus zurückgeht und über Anselm von Canterbury und Bonaventura bis zu den Scholastikern reicht, in gewissem Maße modifiziert; denn in dieser Tradition besteht eine Tendenz zum Primat einer nichtpersönlichen Essenz in der Trinität über die konkrete Realität der Personen, was allerdings die volle Integrität und Kohärenz der christlichen Trinitätslehre verdunkelt.

Hinzuzufügen ist, dass die im Konzept der Nichtdualität implizit enthaltene Vorstellung, es sei uns möglich, in diesem Leben unsere wesenhafte Identität mit dem überpersönlichen Absoluten zu verwirklichen und somit in diesem Leben einen Zustand zu erreichen, in dem nicht nur unser Wissen universell und unfehlbar ist, sondern auch wir selbst unanfällig für Wechselhaftigkeit und Irrtum sind, aus christlicher Sicht nicht zutrifft; denn aus dieser Sicht ist jeder Mensch, unabhängig vom Grad der Vollendung, den er erlangt hat, in diesem Leben immer noch diesen beiden Kontingenzen ausgesetzt. Anders zu denken, hieße aus dieser Sicht, das Mysterium menschlicher Freiheit zu ignorieren, die unveräußerlich ist, ganz gleich, welcher Gnadenstand uns zuteilwurde.

KAPITEL FÜNF

Das Christentum und die Herausforderung durch Georgios Gemistos Plethon und Friedrich Nietzsche

Georgios Gemistos Plethon wurde Mitte des 14. Jahrhunderts in Konstantinopel geboren. Über den Werdegang dieses Mannes ist nur wenig bekannt, und nichts davon ist sonderlich bemerkenswert. Anscheinend lebte er viele Jahre in Mistra auf dem Peloponnes, wo er sich bereits in jungen Jahren niederließ und Richter wurde. Er vertrat die orthodoxe Kirche auf dem Konzil, das 1439 in Florenz zur Frage der Union von Ost- und Westkirche gehalten wurde (damals fügte er seinem Namen den Zusatz „Plethon" hinzu); und in Florenz errang er auch die Bewunderung von Cosimo de' Medici. Er starb 1450, und fünfzehn Jahre nach seinem Tod überführte ein venezianischer General, Sigismondo Pandolfo Malatesta, seine sterblichen Überreste von Mistra in die Kirche San Francesco in Rimini und legte sie in ein Marmorgrab, auf dem in lateinischer Sprache eine passende Inschrift angebracht wurde. Dennoch hieß es in Bezug auf Gemistos, die Renaissance könne „auf viele größere Lebensläufe verweisen, aber auf keinen, der so eigentümlich symbolisch ist".[108]

Womit lässt sich diese Aussage rechtfertigen? Zunächst einmal ist da seine Beziehung zur westlichen Scholastik. Seit Boethius' Übersetzung der *Isagoge* des Porphyrios, wenn nicht sogar schon früher, bewegten sich die westlichen scholastischen Philosophen stetig auf einem Weg, der in den Werken des Thomas von Aquin gipfeln sollte. Im Großen und

108 E. M. Forster, „Gemistus Pletho" in *Abinger Harvest* (London, 1942), S. 186.

Ganzen war die scholastische Philosophie ein Versuch, das Christentum mit einem reflektierten und systematischen Organ des Denkens und der formalen Logik auszustatten, das auf den Lehren des Aristoteles fußte. Tatsächlich war sie ein Versuch, christliche Theologie und aristotelische Philosophie miteinander zu versöhnen. Letztlich wurde diese Versöhnung aber so eng, dass jeder Angriff auf die Philosophie des Aristoteles als Angriff auf die christliche Lehre empfunden wurde. Dadurch entstand ein gewisses Dilemma. Aristoteles war kein Christ gewesen. Er war „Heide" gewesen. Seine Schriften waren weder göttliche Offenbarung, noch waren sie sakrosankt. Die Kirche konnte nicht so tun, als besäßen seine Lehren – die eines Heiden – die gleiche Autorität wie die Lehren der Heiligen Schrift. Sie konnte Angriffe auf Aristoteles nicht verbieten und auch nicht verhindern, dass zwischen seiner Lehre und dem Geheimnis des christlichen Glaubens unterschieden wurde. Wurde er aber mit seinen eigenen dialektischen Waffen angegriffen oder wurde darauf hingewiesen, dass seine Lehren wenig bis gar nichts mit dem Christentum zu tun hatten, so war der Korpus der scholastischen Theologie so tief mit Aristoteles' Konzepten verstrickt, dass die Kirche mit ihm zugleich diese Theologie hätte verurteilen müssen.

Darüber hinaus wurde Aristoteles' Status im lateinischen Westen auch durch andere Faktoren stark beeinflusst. Erstens waren seine Schriften nur durch Übersetzungen bekannt, zunächst aus dem Arabischen, später aus dem Griechischen. Zweitens, und wichtiger noch, kannte man keinen anderen antiken Autor, dessen Werke man neben die des Aristoteles oder ihnen hätte gegenüberstellen können. Die Auswirkungen dessen, dass Aristoteles die theologische und intellektuelle Entwicklung des späteren Mittelalters in Westeuropa zumindest bis zur Mitte des 15. Jahrhunderts fast ausschließlich beherrschte, sind enorm. Wären die Werke eines anderen bedeutenden Autors der Antike – beispielsweise Plotins – verfügbar gewesen, wäre diese Entwicklung möglicherweise völlig anders verlaufen.

Westeuropa war jedoch nicht ganz Europa. Aus intellektueller Sicht wurde die Hauptströmung europäischer Geschichte in den Jahrhunderten des Mittelalters tatsächlich nicht durch den lateinischen Westen, sondern durch Byzanz vertreten; und als die Werke des Aquinaten ins Griechische übersetzt wurden, wurden sie sofort einer Überprüfung durch

Männer unterzogen, die Aristoteles nicht nur – wie dies im Westen nie der Fall war – aus seinen Originalwerken und aus den Werken seiner Kommentatoren gut kannten, sondern für die Aristoteles selbst unter den „heidnischen“ Philosophen bei weitem nicht die einzige und maßgebliche Autorität darstellte. Den Theologen von Byzanz waren Platon und die Neuplatoniker ebenso vertraut wie Aristoteles. Obwohl die antiken philosophischen Schulen in Athen 529 von Justinian geschlossen worden waren, war der Platonismus im 6. Jahrhundert durch die Werke von Alexandrinern wie Clemens und Origenes, von Kappadokiern wie Gregor von Nyssa und Dionysios Areopagites in die ostchristliche Tradition aufgenommen worden; und nachfolgende byzantinische Theologen blieben, auch wenn sie den Aristotelismus als Methode verwendeten, der älteren Tradition treu. Dass so bedeutende Persönlichkeiten wie Johannes von Damaskus im 8. Jahrhundert oder Photios im 9. Jahrhundert als Aristoteliker gelten könnten, tut dem keinen Abbruch. Von Maximus Confessor, der die Schriften des Areopagiten aufgriff und weiterentwickelte, über Symeon den Neuen Theologen bis hin zu Nikolaos Kabasilas und Gregor Palamas war die Theologie von Byzanz mystisch und kontemplativ geprägt, eine Theologie, „die die Wahrheit nicht beweist, sondern sie nackt, in Symbolen, darlegt, so dass die Seele, verändert durch Heiligkeit und Licht, ohne den Verstand in sie eindringt“.[109]

Darüber hinaus gab es neben und häufig auch entgegen dieser Theologie eine eher rein philosophische Tradition des Platonismus, die von Persönlichkeiten wie Michael Psellos, Johannes Italos und Georgios Gemistos vertreten wurde; Georgios Gemistos war es auch, der auf dem Konzil von Florenz 1439 in seinem Traktat „Über den Unterschied zwischen Platon und Aristoteles“ den lateinischen Westen darauf hinwies, dass Aristoteles im Vergleich zu Platon nicht nur nicht in der gedachten Weise mit dem Christentum übereinstimmte, sondern sich in einigen seiner Lehren sogar dem Vorwurf des Atheismus ausgesetzt sehen könnte.[110] Gemistos war also der erste, der die Hegemonie des Aristoteles im

109 Dionysios: *Epist.* IX, 1. P.G.3, 1105 CD.

110 Siehe J. W. Taylor: *Georgius Gemistus Pletho's Criticism of Plato and Aristotle*, University of Chicago 1921, S. 7. Eine englische Übersetzung dieses Traktats findet sich in C.M. Woodhouse, *George Gemistos Plethon: The Last of the Hellenes*, Oxford 1986, S. 191-214 Anm. d. Hrsg.). (Deutsche Übersetzung in Wilhelm Blum [Übers.], *Georgios Gemistos Plethon: Politik, Philosophie und Rhetorik im spätbyzantinischen Reich*, Bibliothek der griechischen Literatur (BGL) Band 25, Hiersemann 1988; Anm. d. Ü.)

westlichen Denken in maßgeblicher Weise anfocht. Wenn man weiter bedenkt, dass es Gemistos' direktem Einfluss zu verdanken war, dass die Platonische Akademie in Florenz eröffnet wurde, dass er Marsilio Ficino, den Übersetzer des *Corpus Hermeticum*, als ihren ersten Präsidenten unterstützt hat und dass Lehre und Geist der Akademie eine Bresche in den scholastisch geprägten, aristotelischen Kosmos geschlagen haben, dann wird die symbolische Bedeutung von Gemistos' Karriere vielleicht etwas nachvollziehbarer.

Diese Karriere hat jedoch noch einen weiteren Aspekt. Gemistos sah den bevorstehenden Untergang des byzantinischen Reiches voraus und hoffte dennoch, dass es möglich wäre, auf dem Peloponnes – in seinen Augen die Wiege des Hellenismus – ein kleines, aber entscheidendes Gebiet zu erhalten, in dem dieser Hellenismus auch physisch überleben und sich auf seine Zukunft vorbereiten könnte. Zu diesem Zweck entwarf er eine Reihe von Reformen, die eine vollständige Veränderung des sozialen und wirtschaftlichen Gefüges auf dem Peloponnes beinhalteten; ebenfalls zu diesem Zweck riet er zum Bau einer Mauer über die Meerenge von Korinth, um die vorrückenden Türken aufzuhalten; und schließlich strebte er zu ebendiesem Zweck eine vollständige Erneuerung und Wiederherstellung des religiösen Lebens seines Volkes an.

Hier kommen wir vielleicht zum Wichtigsten an Gemistos' Bedeutung. Er hat verstanden, was offenbar nur wenige moderne Reformer verstehen, dass nämlich Reformen allein nicht die geringste Wirkung haben, wenn sie nicht mit einer entsprechenden Veränderung der religiösen Einstellung einhergehen. „Bei allem im menschlichen Leben", sagte er, „hängt die Frage, ob wir es richtig oder falsch machen, von unseren religiösen Überzeugungen ab."[111] In dieser Frage der religiösen Überzeugungen strebte Plethon jedoch keine Reform innerhalb der bestehenden Struktur des Christentums an. Er setzte auf eine Reform durch die Neugestaltung der religiösen Traditionen der antiken Welt. Während seines Aufenthalts in Florenz 1438-1439 soll er die Überzeugung geäußert haben, dass sowohl das Christentum als auch der muslimische Glaube bald

111 C. Alexandre (Hrsg.), Pléthon, *Traité des Lois*, ins Französische übersetzt von A. Pellissier, Librairie de Firmin Didot Fères, Fils et Cie., Paris 1858, S. 130. Siehe auch Tozer, „A Byzantine Reformer", in J.H.S. VII, 1886, S. 353 ff.

von einer Religion abgelöst würden, die sich nicht wesentlich von der der alten Griechen unterscheidet.

Es wäre jedoch ein Fehler, Gemistos als einen jener akademischen Dilettanten zu betrachten, die, da sie keine wirkliche religiöse Befähigung besitzen, diese durch eine geistlose Anbetung von Göttern und Göttinnen zu ersetzen suchen, von denen sie glauben, dass sie irgendwie mit dem antiken Griechenland zu tun haben. Gemistos' Neugestaltung der antiken Tradition war ein Versuch, bestimmte Grundsätze wieder zu bekräftigen, die seiner Meinung nach vom Christentum verdrängt oder überlagert worden waren. Er betrachtete sich als Erbe der großen Lehrer der Antike, Zarathustra, Pythagoras, Platon und der Neuplatoniker, um nur einige wenige zu nennen. Sie waren die Meister einer Tradition, in der er nur ein bescheidener Vertreter war. Plethon war einer der ersten – wenn nicht sogar der erste – jener Persönlichkeiten am Ausgang des Mittelalters, die versuchten, auf einer im Grunde platonischen und neuplatonischen Tradition eine religiöse Renaissance zu begründen. Um die Bedeutung dieses Bestrebens sowie bestimmter Aspekte des Denkens späterer Autoren wie Goethe, Blake oder Nietzsche, die das Christentum modifizieren, bereichern oder abschaffen wollten, zu erfassen, müssen sie in die umfassendere historische Perspektive der betreffenden Traditionen gestellt werden.

***

Gemistos selbst betrachtete Platon als seinen direkten spirituellen Meister, und in Anerkennung dessen nahm er den Beinamen „Plethon" an, den er für eine reinere Form von Platons Namen hielt; und tatsächlich ist Platon in dieser gesamten Recherche eine Schlüsselfigur.[112] Wenn allerdings Platon eine Schlüsselfigur ist, dann nicht unbedingt eine einfache. Seine Philosophie ist komplex und widersprüchlich. Für unsere Zwecke genügt es, auf zwei widersprüchliche Aspekte hinzuweisen. Einerseits gibt es den Dualisten Platon, dessen Dualismus von extremer Natur ist. Es gibt einen absoluten Gegensatz zwischen der Welt der Ideen, die

112 Der folgende Abschnitt greift Themen auf, die in Kapitel Eins des Buches *Human Image, World Image* (Golgonooza Press 1992) des Autors ausführlicher behandelt werden (Anm. d. Hrsg.).

wirklich ist, und der sinnlichen Welt, die im Grunde unwirklich ist. Es gibt einen absoluten Gegensatz zwischen der Seele und dem Körper. Die Welt der Ideen, das höchste Gut, ist vollständig getrennt von der sinnlichen Welt; sie hat keinen Kontakt mit ihr und nimmt keine Rücksicht auf sie. Der Sinn des menschlichen Lebens ist die Katharsis, eine Askese, durch die die Seele langsam aus dem Gefängnis des Körpers befreit wird und erneut ihren Platz in der desinkarnierten, nie inkarniert werden sollenden intelligiblen Welt einnimmt. Auf dieser Seite des platonischen Denkens besteht eine vollständige Kluft zwischen der Welt der Sinne, die letztlich negativen Wert hat, und der transzendenten Welt, in der allein die Wirklichkeit zu finden ist.

Es gibt jedoch noch einen weiteren Aspekt Platons, der aus der Sicht der Tradition, aus der Gemistos zu kommen behauptet, von größerer Bedeutung ist. Unter diesem Aspekt wird der absolute platonische Dualismus, wenn nicht aufgehoben, so doch zumindest abgeschwächt. Denn hier heißt es, die sichtbare Welt sei vom Guten durchdrungen, und hier ist die Welt der Sinne unmittelbar mit der transzendenten Welt der Ideen durchsetzt. Dieser zweite Aspekt Platons – dieser Versuch, die Allgegenwart der Wirklichkeit, die Durchdringung des Sichtbaren durch das Unsichtbare und der sinnlichen Welt durch das Intelligible auszudrücken – entwickelt sich mit zunehmender Reife Platons. Zu der Zeit, als er die *Politeia* schrieb, maß er der sinnlichen Welt keine positive Bedeutung bei, weil diese Welt, da sie sich in Unordnung befand(*ἐν αταξία*), ohne Wert war; ja, sie war böse. Aber in seinen späteren Dialogen, vor allem im *Timaios* und in den *Nomoi*, wurde für ihn die Frage nach der tatsächlichen Verwirklichung der guten Stadt auf Erden immer dringlicher, und er sah sich zunehmend gezwungen, nach einer Vision zu suchen, die die sinnliche Welt, diese Unordnung, umfasst und sie der intelligiblen Welt, der gesamten „göttlichen" Ordnung des Kosmos, eingliedert. Er musste sich dem Problem stellen, die unbewegte Welt der Ideen mit der sich wandelnden Welt der Sinne in Einklang zu bringen und zwischen der einen und der anderen eine positive Beziehung zu finden. Er musste dem alten parmenideischen Dualismus von Sein und Nichtsein, von Wahrheit und Meinung, von dem er bis dahin beherrscht war, entkommen und sich der dynamischen Vision eines Herakleitos annähern, der gerade in der Bewegung das Geheimnis der Stabilität fand.

Die Lösung, um die er sich bemühte, wird erstmals im *Phaidros* angedeutet[113], wo es heißt, die Seele sei der Ursprung der Bewegung (*ἀρχὴ κινήσεως*) und nicht etwas Statisches, als das man sie bis dahin betrachtet hatte. Dieser neue Ansatz wird im *Timaios* weiterentwickelt. Die Seele, der Ursprung der Bewegung, ist selbstbewegend, bewegt sich aber nach dem Muster der unbewegten, intelligiblen Welt. Sie ist Mittlerin zwischen der statischen, ewigen Welt der Ideen und der sinnlichen Welt. Die menschliche Moral muss auf der Ordnung des Kosmos gründen. Die Menschenseele ist mit der Weltenseele verbunden. Im *Timaios* gibt es eine Art Dreifaltigkeit von Intellekt, Seele (aus der Leben und Bewegung kommen) und Weltkörper. Es gibt so etwas wie einen Inkarnationsprozess, keimhaft noch, aber zu großer Entwicklung fähig. Die sich wandelnde sinnliche Welt nimmt ihren Platz in der Welt des Seins ein; sie wurzelt in der göttlichen Welt. Die Dreifaltigkeit von Intellekt, Seele und Körper bildet „die Gesamtsumme des Seins" (der *παντελως σν* des *Sophisten)*. Der Demiurg, der die sinnliche Welt erschafft, ist weniger eine rivalisierende und eigenständige Macht als vielmehr ein mythisches Double der Weltseele. Die Welt ist ewig, ein göttlicher Kosmos, eine ständig in Bewegung befindliche Ordnung, die der ebenfalls ewigen Weltseele untergeordnet ist. Die Welt ist in gewissem Sinne der lebendige Leib des Göttlichen, eine Offenbarung des Göttlichen. Platon nähert sich hier einer Vision der organischen Ganzheit der Dinge, die er in seinen früheren Dialogen geleugnet hat.

Der *Timaios* bringt die Idee eines kosmischen Gottes zum Ausdruck, die die hellenistische Welt beherrschen sollte. Aber dieser Gott ist ein objektiver und unpersönlicher Gott. Er ist kein persönlicher und subjektiver Gott. Wie wichtig dies ist, wird deutlich, wenn man den Platz des Menschen im Kosmos und seine Beziehung zum Göttlichen betrachtet. Für den Platon des *Timaios* ist der Mensch kein isolierter Pol, der mit einem anderen isolierten Pol, nämlich Gott, verbunden ist. Die Beziehung zwischen Mensch und Gott ist keine persönliche, in sich abgeschlossene Beziehung, keine wechselseitige Beziehung zwischen dem einen und dem anderen Pol. Auch für die hellenistischen Weisen ist diese Beziehung keineswegs persönlicher. Der Gott der hellenistischen Weisen ist im Wesentlichen ein Gott des Kosmos. Der Mensch ist ein Teil des

113 Phaidros 245 d7.

Kosmos. Getrennt vom Kosmos hat der Mensch keine Existenz. Dies entspricht der vorherrschenden Tendenz in der Philosophie der Stadtstaaten.

Für das 5. und 4. Jahrhundert v. Chr. war der Mensch in erster Linie Mitglied der Stadt, der *Polis*. Erst innerhalb der größeren Einheit der Stadt erlangte er seinen eigentlichen Status. Die Zugehörigkeit zur Stadt unterschied ihn von den Tieren; oder zumindest war die Zugehörigkeit zu einer Stadt der Beweis für das Element der Vernunft in ihm, das ihn von den Tieren unterschied. Er nannte sich selbst ein politisches Tier, ein *zoon politikon*. Nur unter diesem Gesichtspunkt kann man den Schrecken und die Härte einer Verbannung aus der Stadt verstehen. Aus der Stadt verbannt zu werden, bedeutete, seines menschlichen Status beraubt zu werden; es bedeutete, an der Teilhabe an allem gehindert zu werden, was dem menschlichen Leben Wert verleiht. Außerhalb der Stadt gab es kein vollwertiges menschliches Leben.

Gegen Ende des 4. Jahrhunderts, nach dem Zusammenbruch des Stadtstaates, änderte sich die Existenz des Menschen als Bürger zwar nicht grundlegend, doch statt Mitglied einer lokalen Stadt wurde er nun Mitglied einer kosmischen Stadt. Außerhalb der kosmischen Stadt hatte er allerdings weiterhin keine echte Existenz. Er war immer noch lediglich ein Teil eines wichtigeren Ganzen, und seine Bestimmung konnte nur durch Unterordnung unter das Ganze erfüllt werden. Das Ganze war ein lebendiges Wesen, ein Gott, der dem Menschen weit überlegen war. Die Welt, die kosmische Stadt, besaß eine Seele. Sie gehorchte der göttlichen Ordnung. Der Mensch war insoweit gut oder schlecht, wie er sich der göttlichen Ordnung des Kosmos unterwarf und sich mit ihr identifizierte. Die Ordnung des Kosmos war etwas Äußeres und von ihm Unabhängiges. Gott genügte sich selbst ohne den Menschen. Für Gott war nicht der einzelne Mensch wichtig, sondern das Ganze. In der Zeit des Stadtstaates war nicht das Wohlergehen des Einzelnen, sondern das Wohlergehen der Stadt wichtig gewesen. Jetzt war die kosmische Ordnung das Wichtige. Diese konnte der Einzelne in keiner Weise entscheidend stören. Seine Aufgabe war es, mit dem Unpersönlichsten und Objektivsten in ihm – seiner Vernunft – den göttlichen Plan zu erlernen, ihm zu gehorchen, sich ihm anzupassen, eins zu werden mit der kosmischen Ordnung. Ob er dies aber tat oder nicht, war für die Ordnung als solche gleichgültig. Die Ordnung war einfach; der Mensch hatte sie nicht gemacht, und sie war außerhalb von ihm. Sie war ewig und vollständig. Selbst wenn es keinen Menschen gäbe, wäre der Kosmos immer noch, was er war: verwirklicht, vollständig, schön und immerwährend.

Der Stoizismus trieb einige dieser Tendenzen zum Äußersten. Alles in der Welt ist miteinander verbunden. Das Feuer oder der Atem durchdringt alles. Es bzw. er hält die Elemente, aus denen alles besteht, zusammen und eint sie. Eines unterscheidet sich vom anderen nur durch den Grad, in dem es vom Feuer, dem Logos, durchdrungen ist. In manchen Dingen ist mehr Logos als in anderen. Im Menschen ist mehr Logos als in einem Stein. Aber diese Unterschiede sind graduell, nicht qualitativ. Alles im Universum ist durch die Gegenwart des Feueratems in allem miteinander verbunden. Alles lebt, webt und ist[114] innerhalb des universellen Geistes. Die Welt ist ein Ganzes. Die Geschichte der Welt ist eine ununterbrochene Kette, an der nicht nur die Gegenwart, sondern die ganze Welt, die menschliche und die kosmische, die vergangene und die zukünftige, beteiligt ist.

Doch dieser Prozess ist im Wesentlichen immer noch objektiv und unpersönlich. Seine logische Folge war eine enorme Schicksalsergebenheit. Dieses Gefühl wurde manchmal dadurch überwunden, dass man Schicksal mit Vorsehung gleichsetzte – was es ja im besten Falle auch ist. Bei den Gnostikern überwand man es, indem man den Gott des Schicksals von einem völlig körperlosen, außerirdischen, reinen Gott trennte, der so weit wie möglich von jeglichem Kontakt und Bezug zur Welt entfernt war; mit anderen Worten, dieses Gefühl der Schicksalsergebenheit wurde durch den Rückgriff auf einen Dualismus überwunden, der noch extremer war als der bei Platon im *Phaidon* und im *Staat*.

In der als *Corpus Hermeticum* bekannten Schriftensammlung treffen die beiden Seiten Platons, von denen wir gesprochen haben, aufeinander. Allerdings nicht mit dem Ziel der Versöhnung. Das *Corpus Hermeticum* ist keine neue Synthese. Der Dualismus von Intelligiblem und Sinnlichem, von Seele und Körper, wird darin so stark vertreten wie eh und je. „Es gibt nämlich zweierlei Seiendes, Körperliches und Unkörperliches; das Sterbliche ist von der einen Art, und das Göttliche ist von der

114 Apostelgeschichte 17, 28

anderen Art."[115] Oder weiter: „Der Kosmos ist die Fülle des Schlechten".[116] Der Wert der sinnlich erfahrbaren Welt und ihre Teilhabe am Göttlichen wird bestritten: „Denn voller Affekte ist das Geschaffene, weil das Werden selbst sich unter Einwirkungen von außen vollzieht. Wo ein Affekt (oder eine Einwirkung von außen) ist, da ist niemals das Gute."[117] Konkrete Wirklichkeit ist Illusion. Das Wirkliche ist „das, was nicht durch Materie verunreinigt ist, … was nicht begrenzt ist, was ohne Oberfläche und Farbe ist, ohne Form und ohne Wandlung, das Unverhüllte, das Strahlende, das, was nur von sich selbst begriffen wird, das unveränderlich Gute, das Unkörperliche."[118]

Der Körper ist ein Hindernis für die Erkenntnis Gottes; er muss abgelegt, verleugnet, zurückgewiesen werden: „Zuerst musst du das Kleid zerreißen, das du trägst, das Gewebe der Unwissenheit, die Grundlage der Schlechtigkeit, die Fessel des Verderbens, den finsteren Kerker, den lebendigen Tod, den wahrnehmenden Leichnam, das Grab, das du mit dir herumträgst, den Räuber im eigenen Hause, der das hasst, was du erstrebst, und dir das missgönnt, wonach dir verlangt."[119] Mit anderen Worten: Die Verfasser einiger *Hermetica* vertreten auf der einen Seite eine die Sinne vollständig leugnende Ethik; sie verherrlichen das Transzendente auf Kosten des Irdischen; sie greifen die Urinstinkte des Menschen an und fordern ihn auf, sich von ihnen zu befreien; sie bestätigen und betonen den negativen und bösen Charakter der Welt, der Materie und des Menschen, insoweit er Teil der Welt und der Materie ist; sie möchten, dass der Mensch das Natürliche und Irdische in sich dem unpersönlichen, objektiven und transzendentalen Guten, der intelligiblen Welt opfert.

Andererseits gibt es im *Corpus Hermeticum* Passagen, die die Teilhabe der sinnlichen Welt an der göttlichen Welt in einer viel positiveren Weise bekräftigen als der *Timaios*. Das Leben ist nicht nur ein Albtraum, die

115 Corpus Hermeticum, IV, 6. Alle Zitate von Sherrard stammen aus: *Corpus Hermeticum*, Hermetica of Trismegistus, hrsg. und übersetzt von Walter Scott, Oxford 1924. (Die deutsche Übersetzung fußt auf *Das Corpus Hermeticum Deutsch. Die griechischen Traktate und der lateinische ‚Asclepius‘* (http://farlight.org/Books/Das-Corpus-Hermeticum-Deutsch.pdf) Bei Abweichungen folgt die deutsche Übersetzung hier der englischen Übersetzung, die Sherrard zugrunde gelegt hat. Anm. d. Ü.)

116 Ebendort, VI, 4.

117 Ebendort, VI, 2.

118 Ebendort, XIII, 6.

119 Ebendort, VII, 2.

Welt ist nicht ein ödes Nichts, das Schattenreich: „Gott ist der Anfang alles Seienden, Er ist der Anfang von Geist, Natur und Materie. Um Seine Weisheit zu zeigen, hat Er alles geschaffen; denn Er ist der Anfang von allem."[120] Die Welt ist Gottes Offenbarung Seiner selbst; „in Gott hat die Natur ihr Sein".[121] Auch die sinnlich wahrnehmbare, sich wandelnde Welt ist Teil einer unsichtbaren, unbewegten Wirklichkeit, in ihr könne man „den Unbewegten bewegt [sehen] und den Unsichtbaren sichtbar durch das, was Er erschafft."[122] Weil Gott „in Ewigkeit alles schafft, im Himmel, in der Luft, in der Tiefe des Meeres, in allen Teilen der Welt, in allen Teilen des Alls, im Seienden und im Nichtseienden. Nichts gibt es nämlich in jenem ganzen All, was nicht Er selbst ist. Er selbst ist alles Seiende und alles Nichtseiende."[123]

Gott – die Wirklichkeit – ist zugleich eins und viele. Er ist eine Einheit in der Verschiedenheit und eine unkörperliche Körperlichkeit: „Er ist der Unsichtbare, und Er ist der vollkommen Sichtbare. Er ist der, der durch den Geist zu erfassen ist, Er ist der, der mit den Augen zu sehen ist. Er ist der Unkörperliche, Er hat viele Körper, oder vielmehr alle Körper. Er ist nichts, was es nicht gibt. Denn alles, (was) ist, ist auch Er, und deswegen hat Er alle Namen, weil alles von dem einen Vater stammt, und deswegen hat Er allein keinen Namen, weil Er der Vater von allem ist."[124] Darin klingt das Wort des Psalmisten an: „Führe ich gen Himmel, so bist du da; bettete ich mich bei den Toten, siehe, so bist du auch da. Nähme ich die Flügel der Morgenröte und bliebe am äußersten Meer, so würde auch dort deine Hand mich führen" (Psalm 139, 8-10).

In solchen Passagen scheint der Dualismus überwunden, allerdings nicht auf eine Art und Weise, die mit der Vernunft erklärbar wäre, denn ein solcher Erklärungsversuch führt zwangsläufig zu eben dem Dualismus, dem man zu entkommen sucht. Das Wirklichkeitsverständnis, das in den *Hermetica* in Passagen wie diesen zum Ausdruck kommt und das den Dualismus des parmenideisch-platonischen Erbes zu überwinden scheint, erfordert eine Art der Erkenntnis, die über die der Vernunft hinausgeht; es erfordert die Unterordnung der Vernunft unter eine Form

120 Ebendort, III, 1.
121 Ebendort, III, 1.
122 Ebendort, V, 5.
123 Ebendort, V, 9.
124 Ebendort, V, 10.

intellektueller oder noetischer Wahrnehmung, auf die die *Hermetica* hinweisen, wenn sie sagen, zu Gott könne man allein „mit dem Herzen aufblicken".[125] Es ist dieselbe Form der Wahrnehmung, auf die auch Plotin hinweist, wenn er schreibt, dass in der Gottesschau das Sehende nicht die Vernunft ist, sondern etwas größeres und älteres als die Vernunft, etwas, das die Vernunft voraussetzt, wie das Objekt der Schau.

In einer Passage, in der von den erotischen Energien des Menschen die Rede ist, zeigen die Verfasser der *Hermetica*, wie weit sie zuweilen über die dualistische Sichtweise, über die Objektivität und Unpersönlichkeit der griechischen und hellenistischen philosophischen Tradition hinausgehen und zu einem Wirklichkeitsverständnis gelangen können, das sich den vorherrschenden rationalen Kategorien entzieht. Die erotischen Energien werden bei einer die Sinne leugnenden, dualistischen Moral ja am ehesten angegriffen. Ihr irrationaler Charakter ist Anstoß und Stolperstein für alle, die sich den „Himmel" als einen Zustand reiner rationaler Ordnung und Harmonie vorstellen; daher gelten diese Energien als „böse" und als etwas, das durch einen langen Prozess asketischer Disziplin verdrängt und ausgelöscht werden muss. Das Bild des am Kreuz der Vernunft „gekreuzigten" Eros steht über dem Großteil der sogenannten Moral. Im folgenden Abschnitt gehen die *Hermetica* über eine solche Moral hinaus; sie verbinden die erotischen Energien mit den höchsten Lebensprozessen und sehen sie als Manifestationen göttlicher Energie: „Denn beide Geschlechter sind voller Zeugungskraft, und die Verbindung dieser beiden oder, was richtiger ist, ihr Einswerden, was du Cupido, Venus oder beides mit Recht nennen kannst, ist unbegreiflich. Dies also, was wahrhaftiger und offenkundiger ist als alle Wahrheit, begreife mit deinem Verstand: Von jenem Herrn über die gesamte Natur, von Gott, ist dieses Sakrament der ewigen Fortpflanzung für alle erfunden und allen gegeben worden, ein Sakrament, dem größte Zuneigung, Freude, Heiterkeit, Leidenschaft und göttliche Liebe innewohnen. Und man müsste sagen, welch große Kraft und Unausweichlichkeit in diesem Sakrament liegt, wenn es nicht jedem einzelnen aus der Betrachtung seiner selbst in seiner intimsten Empfindung bekannt sein könnte."[126]

Eine übermäßige Betonung dieses Bruchs des *Corpus Hermeticum*

125 Ebendort, VII, 2.
126 Ebendort: Asclepius, „Das Mysterium der Fortpflanzung", 21.

mit der eher rationalen Seite der griechischen und hellenistischen Philosophie wäre allerdings ein Fehler. Es genügt der Hinweis, dass ein solcher Bruch in bestimmten Passagen des *Corpus* implizit vorhanden ist. Die Wirklichkeit ist nicht allein mit der Vernunft zu erfassen; es bedarf einer anderen Auffassungsweise, einer eher intuitiven und kontemplativen. Aber im Allgemeinen setzt das *Corpus* die objektive, unpersönliche Tradition fort, die von Platon herkommt und deren Verlauf wir kurz angerissen haben. So bekräftigt das *Corpus* einerseits den Dualismus Platons im *Phaidros*, im *Symposion* und in der *Politeia*. Andererseits bringt es aber auch jene Sicht der organischen Ganzheit des Lebens zum Ausdruck, der Vermischung von sinnlich Wahrnehmbarem und Intelligiblem, Sichtbarem und Unsichtbarem, die in Platons *Timaios* sowie in einigen Aspekten des Stoizismus anklingt. Gott schließt die Welt der Sinne nicht aus; die Wirklichkeit ist in den Formen der Natur gegenwärtig: Sie steht nicht im Gegensatz zur Schöpfung. Sowohl Form als auch Materie, das stets aktive Bewusstsein und das passive Nichtbewusstsein sind Aspekte einer einzigen Wirklichkeit, die überall und in allem ist: „Überall wird Gott dir begegnen, und überall wirst du ihn sehen, an einem Ort und zu einer Zeit, wo du es nicht erwartest, im Wachen, im Schlaf, zu Wasser, zu Lande, nachts, am Tage, wenn du sprichst und wenn du schweigst. Denn nichts gibt es, was Gott nicht ist. Und dann sagst du: ‚Gott ist unsichtbar'? Sprich nicht so. Wer ist denn sichtbarer als Gott? Aus eben diesem Grund hat er alles erschaffen, damit du ihn durch alles siehst. Dies ist das Gute Gottes, darin liegt seine Vollkommenheit, dass er durch alles sichtbar wird. Nichts ist nämlich unsichtbar, nicht einmal etwas Unkörperliches. Geist wird sichtbar im Denken und Gott wird sichtbar im Schaffen."[127]

Der große Bruch mit der Unpersönlichkeit und Objektivität der griechischen und hellenistischen Philosophie, mit ihrer Betonung der unpersönlichen kosmischen Ordnung und ihrer Anbetung eines Gottes, den sie mit dem intelligiblen Prinzip dieser Ordnung identifiziert, kommt natürlich mit dem Christentum. Der Akzent verschiebt sich vom Objektiven zum Subjektiven, vom Unpersönlichen zum Persönlichen, zu den inneren Kämpfen und Belastungen der menschlichen Seele. Wie viel vom christlichen Mysterium bereits in den Mysterienreligionen der

127 Ebendort, XI, 21-22.

Antike vorgezeichnet war, braucht uns an dieser Stelle nicht zu interessieren.[128] Wichtig ist, dass mit dem Christentum das einzelne Individuum, die menschliche Person, als isolierter Pol einer ebenso lebendigen Person, einem anderen ebenso isolierten Pol – Gott – gegenübergestellt wurde. Das Christentum gab dem menschlichen Individuum das Gefühl, dass in ihm, einem einzelnen Wesen, ganz unabhängig von einer Stadt oder einer kosmischen Ordnung, die tiefsten Geheimnisse des Lebens zu finden sind; das Übernatürliche wohnt im Inneren. Der einzelne Mensch muss sich nicht mehr einem größeren, wichtigeren, aber unpersönlicheren Ganzen opfern, um seine Bestimmung zu erfüllen. Er ist potenziell selbst das Ganze. Seine Aufgabe besteht darin, in sein eigenes Inneres vorzudringen, wo er dem Anderen, das sowohl der Ursprung als auch der realste Aspekt seiner Persönlichkeit ist, begegnen und sich mit ihm vereinen kann. Im christlichen Mysterium, wie es von den großen Meistern der christlichen kontemplativen Tradition entwickelt wird, werden die letzten Spuren jener unpersönlichen und „objektiven“ Form des klassischen Intellektualismus, die im Denken Plotins noch vorhanden sind, beseitigt, und das ganze Drama des menschlichen Lebens konzentriert sich auf einen inneren, intimen, intensiv persönlichen Austausch zwischen dem menschlichen Individuum und Gott, zwischen dem menschlichen Geschöpf und dem ungeschaffenen Licht. Es ist ein Drama, das sich in den Tiefen der isolierten und in sich zurückgezogenen menschlichen Seele abspielt.

Doch während sie die Wirklichkeit in den unerforschten Tiefen der individuellen Erfahrung verorteten, die subjektive und persönliche Seite im Leben des Menschen wiederherstellten und ihn so von seinem Gefühl der Hilflosigkeit und Bedeutungslosigkeit gegenüber den gewaltigen unpersönlichen Prozessen des Kosmos befreiten, ließen sich viele christliche Denker auch von einer Form des Dualismus verführen, die in vielerlei Hinsicht der eines Aspekts des Platonismus ähnelte und zu einer weitgehenden Abwertung der Welt führte, wie sie sich durch die Sinne darstellt. Der Kosmos wurde „entmystifiziert“, seiner Verbindung mit dem Göttlichen beraubt. Die Elemente des Kosmos – Wasser, Erde, Luft, Feuer – wurden als von gottfeindlichen Geistern beherrscht angesehen. Das Transzendente wurde auf Kosten des Immanenten, das Unsichtbare

128 Siehe oben, Kapitel Drei *passim*. (passim = an verschiedenen Stellen, Anm. d. Ü.).

auf Kosten des Sichtbaren überhöht. Es stimmt, dass zumindest in der griechisch-patristischen Theologie die Schöpfung in ihrem ursprünglichen Zustand gut ist und eine Reihe von göttlichen Theophanien darstellt; und selbst in ihrem Zustand nach dem Sündenfall zeigt sie Formen, deren Betrachtung den Geist zu einem Bewusstsein für die göttliche Schönheit zurückführen kann. Doch vor allem in der auf Augustinus zurückgehenden Theologie wird die sinnliche Welt an sich nur allzu oft als bloßer „Pfuhl des Verderbens"[129] betrachtet, der den Mächten des Bösen ausgeliefert ist. Daher verlangte eine auf einer solchen Haltung beruhende christliche Askese die Ablehnung dieser Welt, ihre Aufgabe zugunsten einer übersinnlichen Welt. In der Sphäre der Sinne, der Leidenschaften und Instinkte ist der Teufel am Werk. Ziel des Teufels ist es, die Vereinigung der Seele mit Gott zu verhindern. Daher ist der erste Schritt zu einer solchen Vereinigung die Abtötung der Sinne und der Leidenschaften und die Auflösung aller Beziehungen, die den Menschen als vernunftbegabtes Geschöpf mit dem Universum verbinden.

***

Gegen diesen Aspekt des Christentums leitete Gemistos Plethon eine Gegenbewegung ein. Allerdings lässt sich der Gehalt seiner Entgegnung nur erahnen: Das Werk, das seine zentralen Ideen versammelte, *Die Gesetze*, wurde 1453 kurz nach dem Fall von Konstantinopel vom Patriarchen Gennadios, der seit Langem ein Gegner Plethons war, verbrannt und ist nur in Fragmenten erhalten. Klar ist jedoch, dass er eine Religion, die wie das Christentum offenbar eine weitgehend negative Haltung gegenüber der Welt der Sinne einnimmt und die zur Erklärung der zerstörerischen und irrationalen Kräfte des Lebens diese mit einem Heer von Dämonen in Verbindung bringt, die keinen Anteil an der göttlichen Welt haben, als unzureichend betrachtete. Für Plethon hatte das Christentum mit seinem tatsächlichen oder scheinbaren Dualismus, der die Welt der Sinne radikal von ihrem transzendentalen Ursprung trennt, und mit seiner fast ausschließlichen Konzentration auf die historische Erlösung des Menschen mit der großen Tradition der antiken Welt gebrochen. Es hatte mit dem Mythos dieser Tradition gebrochen, der den sichtbaren Kosmos

129 Augustinus, *Confessiones* IX, 1.

mit seinen unsichtbaren Archetypen verbunden hatte. Es hatte eine Gottheit erdacht, die den Sinn für die Heiligkeit der natürlichen Ordnung ausschloss, einen Monotheismus, der Polytheismus ausschloss. Plethon wollte wieder ein Bewusstsein für die lebendigen Wirklichkeiten schaffen, von denen der Kosmos abhängt. Soweit man erkennen kann, wandte er sich gegen den Glauben an böse Dämonen, wie ihn die Christen vertraten, und versuchte, jeden Aspekt des Lebens durch eine ganze Kette des Seins, die von den höchsten bis zu den niedrigsten Existenzformen reicht, mit dem Göttlichen zu verbinden. Mit anderen Worten, er versuchte, die gesamte Schöpfung auf das Göttliche zu beziehen und die Kluft zu überbrücken, die das Christentum seiner Meinung nach zwischen beidem aufgerissen hatte.

Gemistos Plethon war natürlich nicht der Einzige, der sich gegen diesen offensichtlichen Dualismus im christlichen Denken des Mittelalters wandte. Vielmehr stand er an der Spitze einer langen und bedeutenden Reihe spekulativer Denker, zu denen nicht nur seine unmittelbaren Nachfolger wie Ficino, Pico della Mirandola, Giordano Bruno und die Cambridger Platoniker gehörten, sondern auch Schriftsteller wie Goethe und Blake. Die volle Wucht dieser Gegenbewegung entfaltete sich jedoch erst mit Nietzsche. Nietzsches Angriff richtete sich allerdings nicht nur gegen die christliche Form des Dualismus. Er sah die historischen Ursprünge dieses Dualismus nicht im Christentum, sondern in Aspekten der philosophischen Tradition der antiken griechischen Welt, und zwar in genau jener dualistischen Seite des platonischen Denkens, auf die wir an früherer Stelle in diesem Kapitel hingewiesen haben. Nietzsche zufolge hatte eben dieser Dualismus, bevor er seine christliche Form annahm, bereits das schöpferische Leben des antiken Griechenlands gelähmt: „Das Erscheinen der griechischen Philosophen von Sokrates an ist ein Symptom der décadence; die antihellenischen Instinkte kommen oben auf.“[130] Diese Philosophen stellen einen Aufstand der Vernunft gegen die Instinkte dar. Sie errichten eine absolute Moral, die sich gegen das

130 Nietzsche, *Der Wille zur Macht. Versuch einer Umwertung aller Werte*, Band 1 und Band 2 (Hrsg. Elisabeth-Förster-Nietzsche), Aph. 427, Magic Bookworld 2019. Sherrard zitiert aus *Will to Power* 1, Aph. 427, hrsg. von O-Levy. (Dieser englischen Übersetzung liegt die Zusammenstellung von Nietzsches Schwester Elisabeth Förster-Nietzsche zugrunde, weshalb diese auch für die deutsche Übersetzung hier herangezogen wird, obwohl sie sehr umstritten ist. Anm. d. Ü.)

Leben richtet. Sie lehren die Unsterblichkeit der Seele, eine Jenseitslehre und eine Verleugnung der Sinne. Sie kehren der Welt den Rücken und bereiten so dem Christentum den Weg.

Nietzsche sieht daher die große Zeit des antiken Griechenlands nicht im 5. Jahrhundert v. Chr., wie es bisher Überzeugung war, sondern im sechsten vorchristlichen Jahrhundert und sogar noch früher. Damals seien Vernunft und Instinkt, Seele und Körper eins gewesen, ein einziger Ausdruck des Lebens. Dies war die Zeit, in der das Symbol des Dionysos regierte. Es war die Zeit der Bejahung des Lebens: „Im dionysischen Symbol ist die äußerste Grenze der Bejahung erreicht"; in ihm gibt es „eine Formel höchster Bejahung, geboren aus Fülle und Überfülle, ein vorbehaltloses Ja-Sagen zum Selbst des Leidens, zum Selbst der Schuld, zu allem Fragwürdigen und Fremden im Dasein."[131] Es gab keine Flucht vor dem Leben, es gab keinen Versuch, so zu tun, als sei das Leben etwas anderes als das, was es ist, es gab keine Flucht in die schöne, aber unwirkliche Traumwelt der olympischen Götter. Im Gegenteil, es gab ein Jasagen zum Leben, wie es ist, gottlos, gebeutelt, sinnlos, tragisch: „Das Jasagen zum Leben selbst noch in seinen fremdesten und härtesten Problemen; der Wille zum Leben, im Opfer seiner höchsten Typen der eignen Unerschöpflichkeit frohwerdend – das nannte ich dionysisch".[132] Diese Einheit des Lebens und seine Akzeptanz als Ganzes, für sich, ohne Frage nach einem Jenseits oder einem anderen Sinn als dem, der sich in seiner Bejahung trotz aller Widersprüche und Unlogik erfüllt – das war es, was die späteren Philosophen zerstörten, als sie die Vernunft in eine Vormachtstellung über die Instinkte erhoben und eine von dieser Vernunft abgeleitete Moral ausarbeiteten, die an sich niemals der dualistischen Haltung entkommen kann.

Dieser Dualismus der antiken griechischen Philosophen und die damit einhergehende moralische Haltung seien vom Christentum übernommen worden, so Nietzsche weiter. Von diesem Standpunkt aus eröffnete

131 Nietzsche, *The Birth of Tragedy*, Appendix. (Diese Sätze aus dem Anhang zur englischen Übersetzung von *Die Geburt der Tragödie* sind im Original nicht enthalten. Sie beziehen sich sehr wahrscheinlich auf den Abschnitt „Versuch einer Selbstkritik", 5. Anm. d. Ü.)

132 Nietzsche, *Götzendämmerung*, 5. (Alle deutschen Nietzsche-Zitate sind, wo nicht anders angegeben, entnommen aus: *Digitale Kritische Ausgabe*, hrsg. von Giorgio Colli und Mazzino Montinari: http://www.nietzschesource.org/; Anm. d. Ü.) Sherrard zitiert aus *Twilight of the Idols*, S. 119-120.

er seinen heftigen Angriff auf die christliche Tradition, den er als seine große Leistung betrachtete: „Was mich abgrenzt, was mich bei Seite stellt gegen den ganzen Rest der Menschheit, das ist, die christliche Moral *entdeckt* zu haben.“[133] Auch die christliche Moral hatte das große Verbrechen begangen; auch sie hatte „Nein“ zum Leben gesagt. Sie hatte eine Verachtung für „die allerersten Instinkte des Lebens“ gelehrt; sie hatte eine Verachtung für den Körper und die sinnlichen Leidenschaften gelehrt. Es war eine „Entselbstungs-Moral“, die „einen Willen zum Ende verräth“, die die Wurzeln des Lebens verleugnet. Sie hatte den Menschen aus der Erde gerissen, ihn im wahrsten Sinne des Wortes entwurzelt. Ihr Geist war durch und durch von Lebensfeindlichkeit geprägt. Sie war die Schöpfung von Dekadenten, von Menschen, die das Leben hassten und verleugneten, die, da sie selbst keine Vitalität besaßen, die Äußerungen von Vitalität bei anderen Menschen nicht ertragen konnten und die in ihrem Rachedurst einen Werte- und Moralkodex aufstellten, der die aufsteigenden Kräfte des Lebens und der Energie in Ketten legte und das schöpferische Wachstum des Menschen verhinderte. „Definition der Moral: Moral – die Idiosynkrasie von décadents, mit der Hinterabsicht, *sich am Leben zu rächen* – und mit Erfolg.“[134] Sie war ein Vampirismus, der dem Leben das Blut aussaugte. Sie war die Schöpfung der schwachen, angsterfüllten Herde, die dafür sorgen sollte, dass sich niemand über eine allgemeine Ebene der Mittelmäßigkeit erheben konnte: „Alles, was den Einzelnen über die Herde hinaushebt und dem Nächsten Furcht macht, heißt von nun an böse; die billige, bescheidene, sich einordnende, gleichsetzende Gesinnung, das Mittelmaß der Begierden kommt zu moralischen Namen und Ehren.“[135]

Das war eine Kritik, die bereits der Engländer Blake geäußert hatte: „Die Giganten, welche dieser Welt die Gestalt ihrer sinnlichen Existenz gaben und nun in ihr in Ketten zu leben scheinen, sind in Wahrheit die Ursachen ihres Lebens & die Quellen allen Tätigseins; die Ketten aber sind die Schlauheit schwacher und zahmer Geister, die die Kraft haben,

---

133 Nietzsche, *Ecce Homo*, 7. (Sherrard zitiert aus der englischen Übersetzung von *Ecce Homo*, S. 138-139, in der „entdeckt“ treffend mit „unmasked“, aufgedeckt, wiedergegeben wird; auch die weiteren Zitate bis zur nächsten Fußnote sind *Ecco Homo*, 7 entnommen; Anm. d. Ü.).

134 Ebendort (Hervorhebung von Sherrard; Anm. d. Ü.)

135 Nietzsche, *Jenseits von Gut und Böse*, 201.

der Energie zu widerstehen; dem Sprichwort zufolge, der Schwache an Mut ist stark im Betrug."[136] Die Kirche mit ihrem Sittengesetz stellte den Triumph der schwachen und zahmen Geister dar; sie griff diese „Giganten", die Urenergien und Leidenschaften, an der Wurzel an und suchte so das Leben an sich zu zerstören: „... alle alten Moral-Unthiere sind einmüthig darüber ‚il faut tuer les passions'."[137] Die große Aufgabe, die auf den Menschen wartete, bestand darin, diese Leidenschaften von ihren Fesseln zu befreien, um eine neue Fülle und einen neuen Überfluss des Lebens vorzubereiten: Ziel müsse sein, so Nietzsche, „eine *Umkehrung der Werte* für eine bestimmte starke Art von Menschen höchster Geistigkeit und Willenskraft vorzubereiten und zu diesem Zwecke bei ihnen eine Menge in Zaum gehaltener und verleumdeter Instinkte langsam und mit Vorsicht zu entfesseln".[138]

Mit dem Angriff auf die christliche Moral griff Nietzsche auch den christlichen Gott an, ja, er griff die gesamte Idee eines Übernatürlichen an: „Ich beschwöre euch, meine Brüder, bleibt der Erde treu und glaubt Denen nicht, welche euch von überirdischen Hoffnungen reden! Giftmischer sind es, ob sie es wissen oder nicht."[139] Der christliche Gott war lebensfeindlich. Er war ein Zerstörer des Lebens: „Der Begriff ‚Gott' erfunden als Gegensatz-Begriff zum Leben, – in ihm alles Schädliche, Vergiftende, Verleumderische, die ganze Todfeindschaft gegen das Leben in eine entsetzliche Einheit gebracht!"[140] Er war ein getreues Abbild der bedauernswerten und erbärmlichen Geister, die ihn erschaffen hatten: „Dieser erbarmungswürdige Gott des christlichen Monotono-Theismus! Dies hybride Verfalls-Gebilde aus Null, Begriff und Widerspruch, in dem alle Décadence-Instinkte, alle Feigheiten und Müdigkeiten der Seele ihre Sanktion haben!"[141] Er war eine Verneinung und Verleugnung des Lebens: „In Gott dem Leben, der Natur, dem Willen zum Leben die Feindschaft angesagt! Gott die Formel für jede Verleumdung des

136 William Blake, „Die Hochzeit von Himmel und Hölle" in *Zwischen Feuer und Feuer*, Poetische Werke, zweisprachige Ausgabe, aus dem Englischen neu übersetzt und mit Anmerkungen herausgegeben von Thomas Eichhorn, dtv 3. Auflage Juli 2000, S. 231. (Sherrard zitiert aus „Marriage of Heaven and Hell", Nonesuch Blake, hrsg. von Geoffrey Keynes, London 1941, S. 187; Anm. d. Ü.)
137 Nietzsche, *Götzendämmerung*, „Moral als Widernatur", 1.
138 Nietzsche, *Der Wille zur Macht*, Aph. 957.
139 Nietzsche, *Also sprach Zarathustra* I, Zarathustras Vorrede, 3.
140 Nietzsche, *Ecce Homo*, „Warum ich ein Schicksal bin", 8.
141 Nietzsche, *Der Antichrist* 19.

‚Diesseits', für jede Lüge vom ‚Jenseits'! In Gott das Nichts vergöttlicht, der Wille zum Nichts heilig gesprochen!"[142] Und er stellt der heidnischen Bejahung des Lebens die christliche Verneinung des Lebens gegenüber: „Heidnisch ist das Jasagen zum Natürlichen, das Unschuldsgefühl im Natürlichen, ‚die Natürlichkeit'. Christlich ist das Neinsagen zum Natürlichen, das Unwürdigkeits-Gefühl im Natürlichen, die Widernatürlichkeit."[143]

Nietzsche wirft dem Christentum im Grunde vor, eine Form des Dualismus übernommen zu haben, ähnlich der, die Platon von Parmenides übernommen hatte. Auf der Grundlage eines solchen Dualismus habe das Christentum eine lebensverleugnende Moral errichtet, so Nietzsche weiter, deren Wirkung die Unterdrückung der Triebkräfte im Menschen sei. Es habe die Schöpfung gespalten und die Bande, die den Menschen mit dem Universum verbinden, zerrissen. Es habe alle chthonischen Seiten des Menschen, die ihn mit der Erde und den Kräften der Erde verbinden, als negativ und sogar böse betrachtet. Es habe alles Zerstörerische und Irrationale sowie alles, was seinen Vorstellungen vom spirituellen Leben zuwiderläuft, mit dem Bösen gleichgesetzt. Es habe dem Körper und der Erotik des Menschen den Kampf angesagt. Darüber hinaus habe es den Ursprung dieser asketischen Moral mit dem Ursprung des spirituellen Lebens selbst – mit Gott – gleichgesetzt. Es habe Religion mit Morallehre verwechselt. Es habe sozusagen Gott selbst für einen lebensverleugnenden Moralkodex verantwortlich gemacht. Wenn Nietzsche also die Rolle des Märtyrers für jene Seite des Lebens übernahm, die das Christentum seiner Meinung nach unterdrückt hatte – für die „gekreuzigten" Leidenschaften und die „Giganten, welche dieser Welt die Gestalt ihrer sinnlichen Existenz gaben" –, musste er, um die christliche Ethik anzugreifen, zwangsläufig auch die gesamte Idee der transzendenten Gottheit angreifen, die in den Tiefen der menschlichen Seele wohnt. Mit anderen Worten, er war gezwungen, sich an den entgegengesetzten Pol eben jenes Dualismus zu stellen, von dem seiner Meinung nach das Christentum beherrscht wurde, und auszurufen: „Hat man mich verstanden? – Dionysos gegen den Gekreuzigten".[144] – wobei „Dionysos" in die-

142 Ebendort, 18.
143 Nietzsche, *Der Wille zur Macht*, Aph. 147.
144 Nietzsche, Ecce Homo, „Warum ich ein Schicksal bin", 9.

sem Zusammenhang für all jene Instinkte und Lebensenergien steht, die das Christentum nach Nietzsches Ansicht entweder verleumdet, verleugnet, verkrüppelt oder anderweitig verhängnisvoll missbraucht hatte.[145]

Es lässt sich leicht aufzeigen, dass Nietzsche bei seinen Angriffen auf das Christentum viele entscheidende Aspekte der christlichen Lehre radikal ignoriert hat und dass zum Beispiel die Idee des Sakraments ein Verständnis der Dinge voraussetzt, das in völligem Widerspruch zu eben jenem Verständnis steht, das er als in der christlichen Mentalität vorherrschend betrachtet. Aber davon abgesehen bleibt nichtsdestotrotz wahr, dass die christliche Moral (oder das, was man christliche Moral nennt) und sogar die christliche Anthropologie als Ganzes durch eine allzu negative Einstellung zu den Dingen, die Nietzsche als dionysisch bezeichnet, verfälscht worden sind. Auch wenn die Theologie des Christentums formal keine unüberbrückbare ontologische Kluft vorschreibt zwischen dem letzten transzendenten Seinsgrund und den mannigfaltigen Formen des geschaffenen Lebens, wie sie sich in all ihrer großzügigen Fülle manifestieren, so tut sie sich doch schwer mit der Bestätigung, dass das innere unsterbliche Selbst – der transzendente Gott – und der Ursprung der großen kosmischen Energien ein und dasselbe sind, oder dass das transzendente Eine und die sich verändernde mannigfaltige Welt der Sinne eine einzige ungeteilte und unteilbare Wirklichkeit bilden. Dies gilt vielleicht ganz besonders für das Verständnis der sakramentalen Potenz der sexuellen Energien: Es dürfte schwer sein, in den Schriften der großen theologischen Meister der christlichen Tradition etwas zu finden, das der oben zitierten Passage aus dem *Corpus Hermeticum* zu diesem Thema auch nur entfernt entspricht.[146]

Unter diesem Gesichtspunkt stellt die Kritik am Christentum durch Persönlichkeiten wie Plethon, Blake, Goethe und Nietzsche (um nur diejenigen zu nennen, von denen wir hier gesprochen haben) eine positive Herausforderung dar: Wenn die christliche Tradition eine Schöpfungslehre besitzt – und das tut sie zweifellos –, die in der Lage ist, die integrale Gegenseitigkeit der beiden Pole des Lebens zu erfassen und anzuerkennen – das Transzendente und das Immanente, das Eine und das

145 Eine ausführlichere Darstellung der Bedeutung des Dionysos-Konzepts in Nietzsches Werk findet sich in M. S. Silk und J. P. Stern, *Nietzsche on Tragedy*, Cambridge 1981, *passim*.

146 Zu diesem Thema siehe auch mein Werk *Christianity and Eros*, London 1976.

Viele, das Intelligible und das Sinnliche –, die sie gemäß dem Vorwurf dieser Kritiker auf so verhängnisvolle Weise zersplittert und bekämpft hat, dann sollten die christlichen Theologen es sich zur Aufgabe machen, diese Lehre mit der ganzen gebotenen Strenge und Eindeutigkeit zu bekräftigen.

KAPITEL SECHS

Das Christentum und das religiöse Denken von C.G. Jung

Diesem Kapitel sind zwei Vorbemerkungen voranzustellen. Die erste betrifft das Quellenmaterial, auf das es sich stützt. Jung vertrat keine „Religion“ im allgemein anerkannten Sinne des Wortes. Er gehörte weder einem Zweig der christlichen Kirche an noch fühlte er sich einer anderen explizit religiösen Tradition, wie etwa dem Islam oder dem Buddhismus, verbunden. Daher akzeptierte er bei oberflächlicher Betrachtung kein Doktrin- oder Dogmensystem, das auf Offenbarung beruht und von den spirituellen Deutern der betreffenden Tradition ausgearbeitet worden war. Im Gegenteil, er behauptete, er sei Naturwissenschaftler, und die religiösen Vorstellungen, die er hatte, seien im Laufe seines Lebens im Zusammenhang mit seinen empirischen Erfahrungen als Psychologe und der Lektüre, die er unternahm, um zu einem Verständnis des Erlebten zu gelangen, entwickelt worden.

Wenn dies zutrifft, befand sich sein religiöses Denken in einem ständigen Wachstums- und Veränderungsprozess. Es war eher schwankend als stabil. Was er zu bestimmten Zeiten wahrnahm oder glaubte, konnte sich durch spätere Erfahrungen und Lektüre ändern oder sogar umkehren. Man würde Jung daher Unrecht tun, wenn man Konzepte und Gedanken aus seinem sich entwickelnden Werk herausgriffe und behauptete, diese stellten seine religiösen Ideen dar. Man müsste sich vergewissern, dass es sich um Konzepte oder Gedanken handelt, die er bis zum Schluss beibehalten und nicht aufgrund neuer Erkenntnisse verworfen oder verändert hatte. Für die Zwecke dieses Kapitels erschien es daher am besten, sich auf seine Autobiographie *Erinnerungen, Träume, Gedanken*[147] zu

147 *Erinnerungen, Träume, Gedanken von C.G. Jung.* Aufgezeichnet und herausgegeben von Aniela Jaffé, Walter Verlag 8. Auflage 1992.

beschränken, die in seinen letzten Lebensjahren zusammengestellt wurde und seine Ideen in ihrer reifsten und intimsten Form zum Ausdruck bringt.

Die zweite Vorbemerkung lässt sich in Form einer Frage formulieren: Inwieweit kann man bei Jung überhaupt zu Recht von „religiösem Denken“ sprechen? Religiöse Vorstellungen entstammen und beziehen sich in der Regel aus einer und auf eine Welt von Wahrheiten, die als übernatürlich oder metaphysisch betrachtet werden. Sie befassen sich mit metaphysischen Wirklichkeiten. Nicht, dass Jung sich geweigert hätte, Fragen zu erörtern, die gemeinhin als religiös bezeichnet werden. In der Einleitung zu seiner Autobiographie heißt es sogar, „Jung bekannte sich ausdrücklich zum Christentum“. Aber, wie es in der Einleitung weiter heißt, er betrachtete religiöse Fragen „vom Gesichtspunkt der Psychologie und in bewusster Abgrenzung zur theologischen Fragestellung“.[148] Tatsächlich ist dies eine Untertreibung, zumindest was die Intention betrifft. Jung versuchte nicht nur, Psychologie und Theologie voneinander abzugrenzen. Er bestritt die Grundlage theologischer Aussagen insgesamt.

Dies tat er sozusagen von beiden Seiten. Zunächst leugnete er die objektive Existenz jener metaphysischen oder metapsychischen Wirklichkeiten, die theologische Aussagen voraussetzen, und er bekräftigte, es gebe keine Wahrheit außer der rein subjektiven. „Wir haben es uns längst nicht immer klar gemacht, was es heißt, dass überhaupt nichts existiert, wenn nicht ein kleines – oh so vergängliches – Bewusstsein etwas davon gemerkt hat!“[149] Dann leugnete er – sozusagen als notwendige Konsequenz dieser ersten Leugnung –, dass es überhaupt eine Aussage oder ein Verständnis geben kann, das nicht psychologisch ist. Die Passage lohnt ein vollständiges Zitat, da sie zeigt, wie weit Jung bei der Ablehnung der Gültigkeit des theologischen Standpunkts (zumindest nach dem Verständnis der Theologen) zu gehen bereit war, und sie verdeutlicht die Widersprüche, in die er sich dadurch verstrickt. „Alle Aussagen, die überhaupt erdenkbar sind“, so schreibt er, „werden von der Psyche gemacht. … Die Psyche kann nicht über sich selbst hinausspringen, d. h. sie kann keine absoluten Wahrheiten statuieren; denn die ihr eigene Polarität bedingt die Relativität ihrer Aussage. … Damit ist selbstver-

148 Ebendort, Einleitung von Aniela Jaffé, S. 6.
149 Ebendort, „Sigmund Freud“, S. 159.

ständlich keine Wertung ausgesprochen, sondern vielmehr die Tatsache formuliert, dass sehr oft und sogar unvermeidlicherweise die Grenze überschritten wird. … Mit meiner Bemühung, die Begrenztheit der Psyche darzutun, meine ich nun eben gerade nicht, dass es *nur* Psyche gebe. Wir können bloß nicht über die Psyche hinaussehen, wo und insofern es sich um Wahrnehmung und Erkenntnis handelt. … Alles Begreifen und alles Begriffene ist an sich psychisch, und insofern sind wir in einer ausschließlich psychischen Welt hoffnungslos eingeschlossen."[150] Mit anderen Worten: Es gibt keine überpsychischen Wirklichkeiten, die der Mensch begreifen kann, und alle sogenannten theologischen Aussagen, die vorgeben, sich von solchen Wirklichkeiten abzuleiten und auf sie zu beziehen, sind in Wirklichkeit nicht mehr als psychologische Aussagen (wenn überhaupt), die von ihren Verfassern mit einem Status versehen wurden, den sie naturgemäß nicht besitzen können.

Wie so oft bei Menschen, die überängstlich einen anderen Standpunkt als ihren eigenen bestreiten wollen, bringt sich Jung damit in eine Position, die dem widerspricht, was er eigentlich bejahen will. Wenn er sagt, dass „jede Betrachtungsweise eine relative ist"[151], dass „alle Aussagen, die überhaupt denkbar sind, … von der Psyche gemacht" werden und dass „alles Begreifen und alles Begriffene … an sich psychisch" ist, dann will er damit offensichtlich betonen, dass keine theologische oder metaphysische Aussage die Bedeutung hat, die ein Theologe oder Metaphysiker für sie beanspruchen würde. Sie muss naturgemäß subjektiv, relativ und psychisch sein und sich nur auf subjektive, relative und psychische Wirklichkeiten beziehen. Wir sind ausschließlich zu dieser relativen, subjektiven, psychischen Welt verdammt.

Doch wenn das der Fall ist, sind auch Jungs Aussagen nicht von diesen Bedingungen ausgenommen. Auch sie sind relativ, subjektiv, psychisch. In diesem Fall ist ihr kategorischer Anschein bloßer Bluff. Objektiv, als Äußerungen allgemeiner Wahrheiten, können sie keine Bedeutung haben. Die Aussage, dass „jede Betrachtungsweise eine relative ist", ist praktisch bedeutungslos, da sie, wenn man sie für bare Münze nimmt, selbst nur eine relative Betrachtungsweise darstellt und daher nicht als allgemeine, für jede Betrachtungsweise gültige Aussage gelten kann.

150 Ebendort, „Späte Gedanken" II, S. 352-354.
151 Ebendort, „Zur Entstehung des Werkes", S. 211.

Damit eine Aussage für alle Betrachtungsweisen gültig ist, muss es eine Betrachtungsweise geben, die nicht relativ ist, sondern alle Betrachtungsweisen umfassen kann.

Wenn alles Begreifen und alles Begriffene an sich psychisch ist, dann ist Jungs Aussage, dass „alle Aussagen, die überhaupt denkbar sind, … von der Psyche gemacht" werden, ebenfalls praktisch bedeutungslos. Sie hat überhaupt keinen Status als allgemeine, für alle Aussagen geltende Wahrheit, sondern stellt lediglich Jungs eigene relative und subjektive Betrachtungsweise dar. Nur unter der Bedingung, dass sie auf nichtrelative und nichtsubjektive Weise wahr ist, könnte sie allgemeine, für alle Aussagen zutreffende Gültigkeit besitzen. Aber laut Jung ist es nicht möglich, dass irgendeine Aussage nichtrelativ und nichtsubjektiv ist. Warum also formuliert Jung diese Aussage so kategorisch, als würde er eine Feststellung treffen, die für alle Aussagen gilt? Warum stellt er faktisch ein Dogma auf – eines, das zwar die traditionelle Grundlage religiösen Dogmas untergraben soll, aber deswegen nicht weniger ein Dogma ist?

Die Antwort erscheint ziemlich klar. Tatsächlich ist es so, dass er die traditionellen Grundlagen religiösen Dogmas wie auch allen theologischen Denkens traditioneller Art untergraben wollte. Er wollte den Boden freimachen, eine Art *Tabula rasa* schaffen, auf der man neu aufbauen konnte. Solange das große Gefüge christlicher Lehre und christlichen Dogmas, das als heilig und unantastbar galt, im Wege stand, konnten seine eigenen Ideen kaum vorankommen. Wenn er aber zeigen könnte, dass dieses Gefüge alle Begrenztheit menschlichen Denkens, wie er sie sich vorstellte, aufweist und in Wirklichkeit im Wesentlichen subjektiv, relativ und psychisch ist, wäre dessen Autorität erschüttert. Es würde sich zeigen, dass es keinen größeren Anspruch auf Gültigkeit und Glaubwürdigkeit besitzt als jedes andere Denksystem. Es könnte sogar weniger Ansprüche erheben als andere Systeme, da diese zu ihrer Unterstützung oft auf sogenannte empirische Beweise verweisen können, während viele dogmatische Formulierungen des Christentums solchen empirischen Beweisen Hohn zu sprechen scheinen.

Jungs Aufgabe ging also in eine doppelte Richtung. Erstens musste er zeigen, dass der Anspruch der Theologie und des Dogmas auf eine Art ewigen und objektiven Status, unabhängig vom Urteilsvermögen und sogar vom Bewusstsein einzelner Individuen, unbegründet war und dass sie naturgemäß keinen größeren oder bedeutenderen – weniger relativen und subjektiven – Status besitzen konnten als andere Gedankenformen oder mentale Formulierungen; und dies versuchte er, wie wir gezeigt haben, indem er darauf bestand, dass alle Aussagen von der Psyche gemacht werden und dass wir, was unser Verständnis betrifft, hoffnungslos in einer ausschließlich psychischen Welt eingeschlossen sind. Und zweitens musste er dann sein eigenes Denksystem schaffen und dieses nicht als Wahrheit im theologischen Sinne darlegen, sondern lediglich als eine Reihe vorläufiger, begrenzter Beobachtungen, die auf seinen rein pragmatischen Untersuchungen der menschlichen Psyche beruhen.

Mit anderen Worten: Jungs Gedankensystem konnte nicht deshalb Gültigkeit beanspruchen, weil es metaphysisch war, sondern gerade deshalb, weil es dies nicht war; und er beteuert immer wieder, dass er im Gegensatz zu den Theologen die Grenze nicht überschreitet, sondern das, was er zu sagen hat, so individuell und relativ es auch sein mag, auf solide wissenschaftliche Grundlagen stellt. „Meine Schrift[152]", so schreibt er, „sollte nur die Stimme und Frage eines Einzelnen sein … . Es ist mir nie in den Sinn gekommen, dass jemand meinen könnte, ich wollte eine metaphysische Wahrheit verkünden. Aber das werfen mir die Theologen vor, weil das theologische Denken gewohnt ist, sich mit ewigen Wahrheiten zu befassen. Wenn der Physiker sagt, das Atom sei von der und der Beschaffenheit, und ein Modell davon entwirft, beabsichtigt er auch nicht, damit eine ewige Wahrheit auszudrücken. Aber die Theologen kennen das naturwissenschaftliche und insbesondere das psychologische Denken nicht."[153]

Das ist sehr entwaffnend, und man könnte sich leicht davon täuschen lassen, wäre da nicht die Tatsache, dass Jung, wenn es darauf ankommt, sehr wohl in der Lage ist, genau wie der dogmatischste Theologe kategorische Aussagen zu treffen, die jeder sogenannten empirischen Grundlage entbehren. Die wenigen bereits zitierten Beispiele ließen sich durch weitere ergänzen, die im ganzen Buch immer wieder vorkommen. Tatsächlich wird bei der Lektüre dieses Buches recht deutlich, dass Jungs Denken im Wesentlichen religiös ist. Man kann sogar sagen, dass er

152 *Antwort auf Hiob*, Anm. d. Ü.
153 Ebendort, S. 220-221.

sich als Apostel einer neuen Religion betrachtete, einer Religion, die für den westlichen Menschen die verbrauchten Formeln des Christentums ersetzen sollte, und die in diesem wissenschaftlichen Zeitalter eine weitaus größere Chance auf Akzeptanz hätte, wenn ihre Lehren im Gewand einer durch solide psychologische Beobachtungen untermauerten wissenschaftlichen Theorie präsentiert werden könnten. Außerdem bestehen wohl kaum Zweifel daran, dass Jung seine Mission als gottgegeben betrachtete. Er war bekanntlich der einzige Sohn eines protestantischen Pfarrers, und acht Onkel waren ebenfalls Pfarrer. Religion, so könnte man sagen, lag ihm im Blut.

Doch es war nicht die Religion seines Vaters oder gar des Christentums, wie die Kirche es darstellte. Diese Religion war ihm in vielerlei Hinsicht zuwider. In seiner Jugend, so erzählt er, war die Kirche für ihn ein Ort der Qual,[154] und erst im Alter von über 30 Jahren konnte er der *Mater Ecclesia* ohne ein Gefühl der „Beschwernis" gegenübertreten.[155] Er war zwar viel gereist, konnte aber nie nach Rom fahren, und als er sich im Alter endlich zu der Reise entschloss, erlitt er beim Kauf der Fahrkarten einen Ohnmachtsanfall und musste umkehren.[156] Diese Abneigung gegen die Kirche und ihre Theologie bedeutete allerdings nicht, dass er deshalb Atheist gewesen wäre. Im Gegenteil – und hier kann man erkennen, in welchem Ausmaß er seine Mission als gottgegeben empfand – er war der Ansicht, dass Gott die Kirche und ihre Theologie genauso ablehnte wie er selbst, wenn nicht sogar noch stärker.

Als er noch recht jung war, hatte er einen erschreckenden und „sündigen" Gedanken. Er dachte an Gott, der hoch oben in den Wolken auf einem goldenen Thron saß und ein „ungeheures Exkrement" absonderte, das auf das Münster seiner Heimatstadt fiel und es zerschmetterte.[157] Später schreibt er in Bezug auf diese Erfahrung: „Jetzt verstand ich zutiefst mein Erlebnis: Gott selber hatte in meinem Traum die Theologie und die darauf gegründete Kirche desavouiert."[158] Deshalb hatte Jung, als er die Grundlage der traditionellen christlichen Theologie untergrub und verleugnete und an ihrer Stelle sein eigenes Evangelium verkünde-

154 Ebendort; „Schuljahre", S. 51.
155 Ebendort, „Kindheit", S. 23.
156 Ebendort, „Reisen: Ravenna und Rom", S. 292.
157 Ebendort, „Schuljahre", S. 45.
158 Ebendort, „Studienjahre", S. 98.

te, nicht das Gefühl, willkürlich und unverantwortlich oder gottlos zu handeln. Er war der Auffassung, dass er den Willen Gottes ausführte. Er war von Gott mit folgender Mission betraut worden: den Menschen klar zu machen, was Gott desavouiert hatte und warum; Gott selbst und mit Ihm den Menschen von der Theologie und der Kirche zu erretten, die ihnen die Luft zum Atmen nahmen, und eine neue Religion des Lebens zu verkünden, die an die Stelle des moribunden Christentums treten sollte.

Dies berechtigt uns, von Jungs Ideen als religiös zu sprechen, ohne ihnen Gewalt anzutun. Die Hauptlinien seines Denkens, seine zentralen Begriffe und Bilder, ergeben tatsächlich eine Art Theologie und Mythologie. Er selbst hat diese Theologie und Mythologie auch nicht als antichristlich betrachtet. Wie wir gesehen haben, bekennt er sich zum Christentum. Für ihn gehört „die Christliche Botschaft … ins Zentrum des westlichen Menschen." Allerdings war er der Ansicht, dass sie „einer neuen Sicht" bedarf, „um den säkularen Wandlungen des Zeitgeistes zu entsprechen." Sonst, so schreibt er, „steht sie neben der Zeit und die Ganzheit des Menschen neben ihr." [159] Tatsächlich war er der Meinung, das Christentum habe sich zu sehr auf die ideale, helle und gute Seite der menschlichen Natur konzentriert, und dies auf Kosten der nichtidealen, dunklen und sündigen Seite. Als kleiner Junge hatte er einen Traum von einem Phallus auf einem Thron in einer unterirdischen Höhle. Dies machte es ihm schwer, das konventionelle Bild des christlichen Erlösers zu akzeptieren. „Der ‚hêr Jesus' ist mir nie ganz wirklich, nie ganz akzeptabel, nie ganz liebenswert geworden," schreibt er, „denn immer wieder dachte ich an seinen unterirdischen Gegenspieler als an eine von mir nicht gesuchte, schreckliche Offenbarung."[160]

Gemäß *einer* Interpretation des Traums stellte der Phallus die dunkle Seite Jesu dar. Bei einem späteren England-Aufenthalt wurde er ihm als der „breath of life", als „ein Schaffensimpuls" offenbart.[161] Er dachte, dass Gott, der die Theologie und die Kirche, die sich auf die ideale und gute Seite des Menschen konzentriert hatten, desavouiert hatte, nun „seine Dunkelheit und Widergöttlichkeit" fordern wollte.[162] Da es uns durch das traditionelle Christentum nicht gelungen war, unserer Angst,

159 Alle drei Zitate ebendort, „Zur Entstehung des Werkes", S. 213.
160 Ebendort, „Kindheit", S. 19.
161 Ebendort, S. 29-30.
162 Ebendort, „Schuljahre", S. 75.

unserem schlechten Gewissen, unserer Schuld, unserem Zwang, unserer Unbewusstheit und unserer Triebhaftigkeit von der hellen, idealistischen Seite her beizukommen oder zu entrinnen, „dann vielleicht von der dunklen, biologischen."[163]

In gewisser Weise könnte man sagen, dass Jung es als seine Aufgabe betrachtete, den Teufel zu erlösen. Der Teufel stand im christlichen Denken für alles Böse, Gottlose, Instinktive, Dunkle im Leben. All dies galt als das Gegenteil Gottes, der ausschließlich gut, vernünftig und hell ist. Daher hatten sich die Christen darauf konzentriert, alle diese „teuflischen" Aspekte in sich zu unterdrücken und nur ihre guten, rationalen, hellen Aspekte zu entwickeln. Die Folge war eine Entstellung und Sterilität des menschlichen Lebens. Nun sollten diese „teuflischen" Elemente freigelassen und der Selbsterfahrung des Menschen eingegliedert werden.

Außerdem dürfen diese Elemente nicht als dem Teufel als Feind Gottes zugehörig betrachtet werden, sondern als Aspekte des ureigenen Wesens Gottes. Was das traditionelle Christentum dem Teufel als eine Gott diametral entgegengesetzte Figur untergeschoben und als eine Art Sündenbock in die Wüste getrieben hatte, muss nun als in Gott begründet angesehen werden. Der Teufel ist auch Gott. Gott ist der „dunkle auctor rerum creatarum, der Einzige, der wirklich für das Leiden der Welt verantwortlich ist".[164] Der chthonische Geist, der im Traum vom unterirdischen Phallus angedeutete Geist, ist das „andere Gesicht Gottes", die „dunkle Seite des Gottesbildes."[165] Gott ist es, „der die Welt und ihre Sünde geschaffen hat",[166] und weil das Christentum dies nicht erkannt hat – weil es nicht erkannt hat, dass Gott der Urheber des Bösen ebenso wie des Guten ist –, hat es eine falsche Gottesvorstellung verkündet, deren Akzeptanz zu einem allmählichen Verkümmern des schöpferischen Lebens des Menschen geführt hat. Nun rief Gott dazu auf, Seine dunkle böse Seite wieder zu erkennen und zu akzeptieren, damit auch die dunkle böse Seite der menschlichen Natur erkannt und akzeptiert werden konnte. Sowohl Gott als auch der Mensch wollten aus der Gefangenschaft in der guten, idealen, hellen, rationalen Seite ihrer

163 Ebendort, „Sigmund Freud", S. 156.
164 Ebendort, „Studienjahre", S. 98.
165 Ebendort, „Sigmund Freud", S. 172.
166 Ebendort, „Zur Entstehung des Werkes", S. 220.

selbst befreit werden, damit sie wieder in ihrer ursprünglichen Ganzheit wirken konnten. Diesem Ruf nach Befreiung von Seiten Gottes und des Menschen fühlte sich Jung verpflichtet, auf ihn musste er antworten. Darin bestand seine religiöse Mission, und der Erfüllung dieser Mission widmete er sein kreatives Leben, dazu entwickelte sein religiöses Denken und seine Mythologie.

Aus autobiographischer und historischer Sicht lässt sich sagen, dass Jungs religiöses Denken als Reaktion auf die von seinem Vater vertretene Form des protestantischen Christentums und damit auch auf den extremen Rationalismus der westlichen Welt im 19. Jahrhundert begonnen hat. Dieses Christentum kam offenbar einem mehr oder weniger blinden Festhalten an verschiedenen Glaubensartikeln gleich, die man nie hinterfragte und die einen im Grunde von jeder wirklichen Erfahrung mit dem Menschen oder Gott abschnitten. „Als die Erzsünde des Glaubens", so schrieb er, „erschien mir die Tatsache, dass er der Erfahrung vorgriff."[167] Mit der passiven Akzeptanz dieses ungeprüften und ungelebten religiösen Dogmas ging ein elementarer Moralkodex einher, der auf einem klaren und ebenso unhinterfragten Gegensatz zwischen Gut und Böse, Schwarz und Weiß beruhte. Christliches Leben bestand anscheinend lediglich darin, den Glauben an dieses abstrakte Bündel christlicher Gebote aufrechtzuerhalten, indem man sich gegenüber allem, was dagegensprach, taub stellte und sich dem vorgeschriebenen Moralkodex anpasste. Es war eine Mischung aus geistiger Bigotterie und moralischer Willenskraft.

Aber auch der Rationalismus des wissenschaftlichen Denkens des 19. Jahrhunderts, gegen den sich Männer wie Jungs Vater so hartnäckig wehrten, war offenbar nicht befriedigender. Auch er erschien nur als ein Mittel, um den Menschen von jedem lebendigen Kontakt mit dem wirklichen Leben abzuschneiden. Der Versuch, alles durch die Vernunft zu beherrschen, diente wohl nur dem geheimen Zweck, sich in sichere Entfernung von der realen Erfahrung zu bringen und die psychische Wirklichkeit durch eine scheinbar sichere, künstliche, aber bloß zweidimensionale Begriffswelt zu ersetzen, in der die Lebenswirklichkeit durch sogenannte klare Begriffe gut verdeckt ist. Sowohl der intellektuelle Idealismus und der ethische Dualismus des protestantischen Christentums

167 Ebendort, „Studienjahre", S. 99.

als auch der naive Rationalismus der Wissenschaft des 19. Jahrhunderts ließen die Realitäten, die ihm durch seine jugendlichen Visionen und Erfahrungen bewusst geworden waren, anscheinend außer Acht und lieferten keine Erklärung dafür. Die gesamte irrationale, dunkle, primitive, „böse“ Seite der menschlichen Natur blieb unberücksichtigt und unerklärt.

Objektiver konnte Jung dies wahrnehmen, als er in einer späteren Lebensphase eine Reise nach Nordafrika unternahm und mit der arabischen Welt in Kontakt kam. Die Passage, in der er davon spricht, verdient zitiert zu werden, auch wenn sie Ausdrücke und Ideen enthält, die aus einer stärker ausformulierten Phase seines Denkens stammen, weil sie zeigt, was er wohl noch weniger explizit erkannt haben muss, als er sich zu Beginn seiner intellektuellen Entwicklung gegen die Religion seiner Kindheit und den Rationalismus des modernen westlichen Menschen wehrte. „Das emotionale, lebensnähere Wesen dieser aus Affekten lebenden, nicht reflektierenden Menschen hat einen starken suggestiven Effekt auf jene historischen Schichten in uns, die wir eben überwunden haben oder wenigstens überwunden zu haben glauben. Es ist wie das Kindheitsparadies, dem man sich entronnen wähnt, das uns aber bei der leisesten Provokation wiederum Niederlagen beibringt. ... Infolgedessen erweckt der Anblick des Kindes und des Primitiven im erwachsenen Kulturmenschen Sehnsüchte, die unerfüllten Wünschen und Bedürfnissen entstammen. Diese entsprechen Persönlichkeitsanteilen, die zugunsten der Angepasstheit, der Persona, aus dem Gesamtbild des Menschen wegretuschiert worden waren. ... Dem großenteils rational bestimmten Europäer ist viel Menschliches fremd, und er tut sich darauf etwas zugute, ohne zu merken, dass dies auf Kosten seiner Lebensintensität geht, und dass der primitive Persönlichkeitsteil infolgedessen zu einer partiellen Untergrundexistenz verurteilt ist.“[168]

Da die leblosen Abstraktionen des christlichen Glaubens, obwohl sie sich angeblich auf übernatürliche Wirklichkeiten beziehen, und die zweidimensionale Begriffswelt der Rationalisten beides Schöpfungen oder zumindest Attribute des Alltagsbewusstseins des Menschen waren und zu dem gehörten, was er bewusst glaubte oder dachte, fand Jung es zweckmäßig, diesem primitiven Teil der Persönlichkeit, den der moder-

168 Ebendort, „Reisen. Nord-Afrika“, S. 247-248.

ne Mensch zu einer partiellen Untergrundexistenz verdammt hatte, eine andere Bezeichnung zu geben und ihn „das Unbewusste" zu nennen. Dieses Konzept des Unbewussten, das später zum „kollektiven Unbewussten" weiterentwickelt wurde, ist für Jungs gesamtes Denksystem von entscheidender Bedeutung, weshalb es wichtig ist, dass man sich klarmacht, was er damit meint.

Das ist keine leichte Aufgabe, denn trotz seiner zentralen Stellung in Jungs Denken bleibt es ein etwas vager Begriff. Zunächst scheint Jung das Unbewusste als eine Art Aufbewahrungsort für all jene psychischen Elemente und Triebe betrachtet zu haben, die entweder nicht in die bewusste Welt des Menschen vorgedrungen oder aus ihr verdrängt, unterdrückt worden waren, weil er sie auf der bewussten Ebene nicht zulassen konnte oder wollte. Jung wurde dies zum ersten Mal anschaulich in einem Traum bewusst. In diesem Traum befand er sich in einem zweigeschossigen Haus, und zwar in der oberen Etage. Zunächst stieg er ins Erdgeschoss hinab, dann in den Keller und schließlich in eine Höhle, die in den Felsen unter dem Haus gehauen war, wo zwischen verstreuten Knochen und zerbrochenen Gefäßen zwei Menschenschädel lagen.[169] Er deutete den Traum als eine Art Strukturdiagramm der menschlichen Psyche. Das obere Stockwerk, in dem er sich zunächst befand, stellte das Bewusstsein dar; das Erdgeschoss stand für die erste Ebene des Unbewussten, während die Höhle die Welt des primitiven Menschen in jedem Menschen war. Dieser primitive und tiefste Teil der unbewussten Psyche des Menschen grenze an die Tierseele, schreibt er, so „wie auch die Höhlen der Urzeit meist von Tieren bewohnt wurden, bevor die Menschen sie für sich in Anspruch nahmen."[170]

Gemäß dieser Deutung stellte der Traum „eine Voraussetzung durchaus *unpersönlicher* Natur" dar, die der Psyche zugrunde liegt. Dies gab ihm, so Jung, „die erste Ahnung eines kollektiven *a priori* der persönlichen Psyche, das ich zunächst als Spuren früherer Funktionsweisen auffasste. Erst später, bei vermehrter Erfahrung und zuverlässigerem Wissen erkannte ich die Funktionsweisen als Instinktformen, als Archetypen."[171] Diese Archetypen und Instinktformen („Archetyp" und „Ins-

169 Ebendort, „Sigmund Freund", S. 163.
170 Ebendort, S. 164.
171 Ebendort, S. 165.

tinkt" sind in Jungs Terminologie Synonyme, deren Bedeutung keinesfalls mit der des „Archetyps" im traditionellen platonischen und christlichen Wortsinne zu verwechseln ist) bilden das Unbewusste. Er nennt dieses Unbewusste „kollektiv", „weil es im Gegensatz zu dem oben definierten [persönlichen] Unbewussten [das im Traum durch das Erdgeschoss repräsentiert wird, Anm. v. Sherrard] nicht individuelle, d. h. mehr oder weniger einmalige Inhalte hat, sondern allgemein und gleichmäßig verbreitete. ... Die tieferen ‚Schichten' der Psyche verlieren mit zunehmender Tiefe und Dunkelheit die individuelle Einzigartigkeit."[172] Das kollektive Unbewusste ist allen Menschen gemeinsam[173] und besteht aus „archaische[n] seelische[n] Bestandteile[n] ..., die aus keiner Tradition in die Individualseele eingedrungen sein können."[174]

Diese schematische Darstellung der Psyche in Form eines Hauses gibt sozusagen ihren vertikalen Querschnitt wieder. Aber diese vertikale Progression von unten nach oben, von der Höhle zum oberen Stockwerk, hat in der tatsächlichen historischen Evolution des Menschen auch eine entsprechende horizontale Ausdehnung. Jung war sich zwar der Grenzen des Rationalismus im wissenschaftlichen Denken des 19. Jahrhunderts bewusst geworden, lehnte dessen Theorien aber deswegen nicht ab, zumindest nicht alle, und eine dieser Theorien, die er voll und ganz akzeptierte und mit seinem eigenen Denken so eng verflocht, dass man sagen kann, sie stehen und fallen gemeinsam, war die Darwinsche Theorie von der Evolution des Menschen. Diese Theorie verband er mit seiner eigenen Vorstellung von der menschlichen Psyche und insbesondere vom Unbewussten. Das heißt, er war der Meinung, dass die verschiedenen Schichten der menschlichen Psyche ihre Entsprechung in den verschiedenen Phasen der Evolution des Menschen im Laufe der Jahrhunderte auf der Erde haben.

Der bewusste Aspekt der Psyche repräsentiert die gegenwärtige Evolutionsphase des Menschen; jene Aspekte der Psyche, die der westliche Mensch im Laufe seiner Evolution zu einer partiellen Untergrundexistenz verurteilt hat, entsprechen jenen historischen Schichten in ihm, die er überwunden und hinter sich gelassen hat, die aber immer noch in

172 Ebendort, „Glossar", S. 418-419, Eintrag zum Unbewussten.
173 Ebendort; „Psychiatrische Tätigkeit", S. 143.
174 Ebendort, „Kindheit", S. 29.

ihm begraben sind. So kommt es, dass die tiefste Ebene des kollektiven Unbewussten, der tiefste Teil der menschlichen Natur, „an das Leben der Tierseele“ grenzt.[175] Diese Verknüpfung von Psyche und evolutionärem Fortschritt des Menschen führte zwangsläufig dazu, dass Jung die christlichen Vorstellungen von der Schöpfung des Menschen und folglich vom Aufbau der menschlichen Psyche verwarf und durch seine eigenen Vorstellungen ersetzte. „Wenn dieses[176] überhaupt etwas ist, so muss es aus entwicklungsgeschichtlichen Vorstufen unserer bewussten Psyche bestehen. Man ist sich ziemlich einig darüber geworden, dass die Annahme, der Mensch sei in seiner ganzen Glorie am sechsten Schöpfungstag geschaffen worden, doch etwas zu einfach und zu archaisch sei, um uns noch zu genügen. … So wie der Körper eine anatomische Vorgeschichte von Millionen von Jahren hat, so auch das psychische System; und wie der moderne Menschenkörper in jedem Teil das Resultat dieser Entwicklung darstellt und überall noch die Vorstufen seiner Gegenwart durchschimmern lässt, so die Psyche.“ Das Bewusstsein habe „entwicklungsgeschichtlich in einem uns als unbewusst geltenden tierähnlichen Zustand“ begonnen.[177]

Die christliche Vorstellung von der Psyche des Menschen – wonach das Bewusstsein des Menschen seine Wurzeln im Göttlichen hat und erst durch seine Erniedrigung und sein Eintauchen ins irdische und tierische Dasein verdunkelt wurde – scheint hier auf den Kopf gestellt: Menschliches Bewusstsein begann in der dunklen, subhumanen Welt der Tiere und Pflanzen und ist im Laufe der Jahrhunderte allmählich ins Licht vollständiger Evolution gerückt. Vielleicht erscheint Jungs Denken nirgends so unchristlich, um nicht zu sagen antichristlich, wie in Bezug auf dieses entscheidende Konzept, die Idee des kollektiven Unbewussten.

Die Psyche des Menschen setzt sich also aus bewussten und unbewussten Bestandteilen zusammen; und obwohl ein vollständig entwickeltes Bewusstsein das Ziel darstellt, auf das das Leben des Menschen letztendlich ausgerichtet ist, ist sein tatsächlicher Bewusstseinszustand, selbst in dieser letzten Phase seiner Entwicklung, nur allzu oft erbärmlich dürftig. Vor allem durch die Überentwicklung seiner Vernunft (wo-

175 Ebendort, „Sigmund Freud“, S. 164.
176 Das Unbewusste, Anm. d. Ü.
177 Ebendort, „Späte Gedanken“, S. 350-351.

bei Jung die Vernunft häufiger als Intellekt bezeichnet, da er keinen Unterschied zwischen diesen beiden Fähigkeiten erkennt[178]) und durch seine Weigerung, irgendetwas ins Bewusstsein zu lassen, was nicht rational oder rationalisierbar ist, hat er all jene primitiven, irrationalen, instinktiven Inhalte der Psyche, von denen seine Vitalität und Schöpferkraft abhängt, in den Untergrund getrieben, unterdrückt, im Unbewussten eingeschlossen. Und dies in einem solchen Ausmaß, dass das, was man als die richtige Beziehung zwischen Bewusstsein und Unbewusstem im voll entwickelten Menschen betrachten könnte, sich nun umgekehrt hat; und da der Mensch sich bei Weitem nicht wahrhaft darüber im Klaren ist, was er ist, steht das, was er zu sein glaubt, in keiner oder fast keiner Beziehung zu seinem gesamten Wesen.

Tatsächlich ist sein wahres Leben heute keineswegs sein bewusstes Leben, sondern sein unbewusstes Leben. „Unsere unbewusste Existenz", schreibt Jung, ist „die wirkliche … und unsere Bewusstseinswelt eine Art Illusion oder eine scheinbare, zu einem bestimmten Zweck hergestellte Wirklichkeit …, etwa wie ein Traum, der auch so lange Wirklichkeit zu sein scheint, als man sich darin befindet."[179] Die Hartnäckigkeit, mit der der moderne westliche Mensch dennoch auf Kosten der unbewussten Welt an dieser bewussten Welt – dieser Illusion – festhält, führt nicht nur dazu, dass seine Existenz auf eine Art Schattenspiel reduziert wird, sondern auch zu chronischer psychischer Dislokation. Tatsächlich ist der extreme Widerstand, den das Bewusstsein des modernen westlichen Menschen den unbewussten Inhalten seiner Psyche entgegensetzt, die Ursache für das breite Spektrum psychischer Störungen, sowohl individueller als auch kollektiver Art, das unsere Zeit kennzeichnet. Der moderne Mensch hat sich mit einem bestenfalls oberflächlichen Aspekt seiner selbst identifiziert, und sein wahres Selbst liegt in seinem Inneren begraben, in den obskuren Substraten des Unbewussten. Daraus folgt, dass der moderne Mensch, wenn er seine psychische Gesundheit wiedererlangen und das verwirklichen will, was Jung seine Ganzheit oder vollständige Gestalt nennt, seine verschüttete, unterdrückte, unbewusste Existenz wieder in seine bewusste Welt eintreten lassen muss.

Für diesen Prozess, bei dem der Mensch nach und nach die verschüt-

178 Zur Klärung dieses Unterschieds siehe Kapitel Neun.
179 Jung, *Erinnerungen, Träume, Gedanken*, „Über das Leben nach dem Tode", S. 327.

teten Inhalte seines Unbewussten ins Bewusstsein holt und so die Ganzheit seines Seins erreicht, verwendet Jung den Begriff *Individuation*. Individuation, so heißt es im Glossar, „bedeutet: zum Einzelwesen werden, und, insofern wir unter Individualität unsere innerste, letzte und unvergleichbare Einzigartigkeit verstehen, *zum eigenen Selbst werden*. Man könnte ‚Individuation' darum auch als ‚Verselbstung' oder als ‚Selbstverwirklichung' übersetzen." Sie ist keinesfalls mit der Bewusstwerdung des Ichs zu verwechseln, die „zu bloßem Egozentrismus und Autoerotismus" führt. Das Selbst aber, das es durch Individuation zu verwirklichen gilt, „begreift unendlich viel mehr in sich als bloß ein Ich."[180] Das Selbst begreift in sich nicht nur die bewusste, sondern auch die unbewusste Psyche; und es begreift sie nicht nur in sich, es ist das Zentrum dieser Ganzheit, so wie das Ich das Zentrum des bewussten Geistes ist.

Das Selbst ist „die Ganzheit der Persönlichkeit",[181] das, was wir sind, „ein Prinzip und ein Archetypus der Orientierung und des Sinns".[182] Es wird durch einen Prozess der Selbsterkenntnis verwirklicht, durch den allein man „jener Grundschicht oder jenem Kern menschlichen Wesens sich nähern kann, wo man auf die Instinkte stößt. … Es ist das Unbewusste und seine Inhalte".[183] Durch Selbsterkenntnis wird die Psyche transformiert, indem die Beziehung zwischen dem Ich oder dem menschlichen Bewusstsein im gewöhnlichen, eingeschränkten Sinn und dem Inhalt des Unbewussten verändert wird. Was zuvor verborgen und in den Untergrund gezwungen war, wird nun ans Licht gebracht und befreit.

Bei dieser psychischen Transformation spielt die von Jung so bezeichnete *Anima* (oder bei Frauen der *Animus*) eine entscheidende Rolle. Die *Anima* ist in gewisser Weise das transformierende Instrument, die zwischen der bewussten und der unbewussten Welt agierende Vermittlerin. Sie ist eine Art *Psychopompos*[184], der die Beziehung zum Unbewussten herstellt. In dieser Beziehung zum Unbewussten hat sie, wie das Unbewusste, stark historischen Charakter. „Als Personifikation des Unbewussten ist sie getränkt mit Geschichte und Vorgeschichte. Sie enthält

180 Ebendort, „Glossar", S. 412.
181 Ebendort, „Die Auseinandersetzung mit dem Unbewussten", S. 199.
182 Ebendort, S. 202.
183 Ebendort, „Späte Gedanken", S. 333.
184 Seelenführer bzw. Seelenführerin, Anm. d. Ü.

die Inhalte der Vergangenheit und ersetzt das im Manne, was er von seiner Vorgeschichte wissen sollte. Alles schon gewesene Leben, das noch in ihm lebendig ist, ist die Anima."[185] Sie fungiert also als Brücke oder Tür, die ins Unbewusste führt. Dort, im Unbewussten, „bewirkt [sie] eine geheime Belebung und verleiht den anzestralen Spuren, den kollektiven Inhalten des Unbewussten, Gestalt. Wie ein Medium gibt sie [diesen Inhalten] die Möglichkeit, sich zu manifestieren."[186]

Dies tun sie in Form von Bildern und Mythen. Bilder und Mythen sind keine menschlichen Erfindungen. Sie sind die spontanen Formen, in denen sich das Unbewusste offenbart. Vom Unbewussten in die *Anima* projiziert, sind sie für das Bewusstsein erfassbar. Im Bewusstsein empfangen und dort interpretiert, stellen sie das Mittel dar, durch das die Inhalte des Unbewussten ins Bewusstsein gelangen. Durch Mythos und Symbol wird Individuation erreicht. Durch sie kann der Mensch beginnen, all jene Phasen seiner evolutionären Vergangenheit zu leben, die noch in ihm vorhanden sind. Durch sie kommt er auch in Kontakt mit seinen primitiven Instinkten, mit jenen *a priori* vorhandenen dynamischen Faktoren, von denen die ethischen Entscheidungen seines Bewusstseins letztlich abhängen.[187] Bewusstsein und Unbewusstes werden so in Beziehung und Harmonie gebracht. Der Mensch erreicht das Ziel seiner psychischen Entwicklung, repräsentiert durch das Selbst. Er erlangt seine Ganzheit.

Diese Vorstellungen von Unbewusstem, *Anima* und Individuationsprozess ließen sich, so Jung, aus der empirischen Beobachtung seiner eigenen psychischen Aktivität und der anderer Menschen ableiten, obwohl, wie er einräumt, die Psychologie weit mehr als jede andere Wissenschaft „der persönlichen Voraussetzung des Beobachters" unterliegt.[188] Tatsächlich scheint er nach einer langen und dramatischen Konfrontation mit seinem eigenen Unbewussten zu diesen Vorstellungen gelangt zu sein, einer Konfrontation, die sich über etwa acht Jahre (1912-20) hinzog und die er nach seinem Bruch mit Freud begann.[189] Man könnte also behaupten, diese Vorstellungen seien rein wissenschaftlich und fielen über-

185 Ebendort, „Reisen: Ravenna und Rom", S. 290.
186 Ebendort, „Die Auseinandersetzung mit dem Unbewussten", S. 195.
187 Ebendort, „Späte Gedanken", S. 333.
188 Ebendort, „Zur Entstehung des Werkes", S. 204.
189 Ebendort, siehe das Kapitel „Sigmund Freud".

haupt nicht in den Bereich religiöser Ideen. Aber sie sind nicht nur so sehr in seine religiösen Vorstellungen eingebettet, dass man unmöglich von letzteren sprechen kann, ohne sie mit einzubeziehen; sie setzen auch – wichtiger noch – die Akzeptanz bestimmter Vorstellungen voraus, die man in diesem Zusammenhang nur religiös nennen kann.

Dies gilt insbesondere für den Individuationsprozess. Der Prozess der Individuation oder der psychischen Transformation, durch den die Inhalte des Unbewussten ins Bewusstsein gelangen, hängt völlig von Verständnis und Interpretation der Mythen und Symbole ab, in denen sich diese Inhalte dem Bewusstsein offenbart haben. Ihr Sinn und ihre Bedeutung müssen bekannt sein und erkannt werden. Werden sie nicht verstanden und gedeutet, besteht die Gefahr eines Fehlschlags, und der gesamte psychische Entwicklungsprozess droht zu scheitern oder zumindest zum Stillstand zu kommen.

Das bedeutet, bevor man den psychischen Transformationsprozess erfolgreich abschließen kann, muss man bereits im Besitz bestimmter apriorischer Verständnis- und Interpretationsprinzipien sein, in deren Licht man den Mythen und Bildern, die die Anima aus dem Unbewussten ins Bewusstsein trägt, eine Bedeutung geben kann. Ohne diese Prinzipien tappt man schlicht im Dunkeln. Es gibt kein objektives Bedeutungsmuster, nichts, wonach man die Zeichen deuten kann, mit denen das Unbewusste seine Botschaften so dringlich zu übermitteln sucht. Der Individuationsprozess setzt daher die Akzeptanz bestimmter Vorstellungen, bestimmter Verständnisprinzipien voraus, die sich nicht aus empirischer Beobachtung ableiten lassen, sondern gleichsam *ab extra* auf den beobachteten psychologischen Prozess anzuwenden sind. Dies ist eine unausweichliche Bedingung der Individuation. Ihre Implikationen sind beträchtlich. Sie führen direkt in die Sphäre dessen, was man in diesem Zusammenhang nur als religiöse Vorstellungen bezeichnen kann.

Jung erkannte dies, wenn auch vielleicht nicht deutlich, bereits in einem recht frühen Stadium seiner Laufbahn. Sein Interesse an Mythologie setzte schon vor seiner persönlichen Auseinandersetzung mit dem Unbewussten ein. Es begann, wie er schreibt, 1909, als er sich „durch einen Berg von mythologischem und schließlich auch gnostischem Material hindurch“ las,[190] und es ist offensichtlich, dass bereits die Grund-

190 Ebendort, „Sigmund Freud“, S. 166.

prinzipien, nach denen er die Bedeutung der Fantasien, die er während seiner langen persönlichen Auseinandersetzung mit dem Unbewussten erlebte, zu interpretieren begann, aus seiner damaligen Lektüre abgeleitet waren. Aber nach seiner persönlichen Auseinandersetzung wurde das Bedürfnis, einen objektiven Bezugsmaßstab zu finden, eine Struktur von apriorischen Ideen, die es ihm ermöglichte, die Bedeutung der vom Unbewussten aufgeworfenen Mythen und Bilder zu interpretieren, viel dringlicher. Um die aus dieser Auseinandersetzung entstehenden Fantasien zu verstehen, musste er, wie er schreibt, „den Nachweis der historischen Präfiguration der inneren Erfahrungen erbringen".[191] Er musste herausfinden, wo die Prämissen, die seinen Erfahrungen zugrunde lagen, in der Geschichte bereits vorgekommen waren. Andernfalls, so schreibt er, hätte er seine „Gedanken nie zu bestätigen vermocht", da ein Psychologe in höchstem Maße „auf historisch-dokumentarische Vergleiche angewiesen [ist], um wenigstens die gröbsten Fehler in der Beurteilung auszuschalten."[192]

Bei dieser entscheidend wichtigen Suche wandte sich Jung wiederum den Gnostikern zu. Zwischen 1918 und 1926 beschäftigte er sich erneut „ernsthaft mit den Gnostikern ..., denn auch sie waren der Urwelt des Unbewussten begegnet."[193] Sei es nun, dass sie Jung eine Bestätigung und Erläuterung seiner eigenen Erfahrungen und Intuitionen lieferten, oder sei es, dass diese Erfahrungen und Intuitionen bewusst oder unbewusst zunehmend durch sie konditioniert wurden, es besteht keinerlei Zweifel, dass er in den zentralen religiösen Ideen der Gnostiker das objektive Bedeutungsmuster, den Rahmen apriorischer Verständnis- und Interpretationsprinzipien, fand, nach denen er die Bedeutung der Mythen und Bilder nicht nur seines eigenen kollektiven Unbewussten und des kollektiven Unbewussten seiner Patienten, sondern auch der verschiedenen religiösen Systeme bewertete, in denen sie in der Vergangenheit verankert gewesen waren. Sie waren die historische Grundlage, die er suchte; und nachdem er sie entdeckt und akzeptiert hatte, wandte er sie in getreuer Übereinstimmung auf seine Interpretation sowohl der Träume und Fantasien, denen er im Laufe seiner beruflichen Arbeit begegnete, als auch

191 Ebendort, „Zur Entstehung des Werkes", S. 204.
192 Ebendort.
193 Ebendort.

der christlichen und biblischen Themen wie etwa des Trinitätsdogmas oder der Hiob-Erzählung an. Ebenso auf seine Auslegung der alchemistischen Symbolik.

Jungs Interesse an der alchemistischen Symbolik ist offenbar direkt aus seiner Lektüre der Gnostiker hervorgegangen. Auch wenn die Gnostiker ihm seine grundlegenden theologischen Vorstellungen vermittelt hatten, hielt er sie doch für zeitlich zu weit entfernt, um unmittelbar an die psychologischen Fragen von heute anzuknüpfen.[194] Da er die Darwinsche Evolutionshypothese akzeptierte und sie auf das Leben der Psyche in prähistorischer und historischer Zeit anwandte, musste er einen entsprechenden evolutionären Fortschritt in den symbolischen Mustern finden, in denen sich die verschiedenen Stadien des entstehenden unterirdischen Lebens des Unbewussten während der letzten etwa 2000 Jahre widerspiegelten – also zwischen der Zeit, in der sich die Gnostiker mit dem Unbewussten auseinandergesetzt hatten, und den Jahren, in denen er sich damit auseinandersetzte. Zunächst konnte er diesen Fortschritt nicht erkennen, und es schien, als sei die Tradition, die die Gnostiker mit der Gegenwart hätte verbinden können, abgerissen. Schließlich glaubte er jedoch, sie in den Werken der Alchemisten entdeckt zu haben.

Die Alchemie, so behauptete er (obwohl seine Behauptung auf wenig mehr beruht als seinem Wunsch, eine Verbindung herzustellen), stellte die historische Verbindung zum Gnostizismus dar. „Als eine Naturphilosophie des Mittelalters schlug sie eine Brücke sowohl in die Vergangenheit, nämlich zum Gnostizismus, als auch in die Zukunft, zur modernen Psychologie des Unbewussten."[195] In der Alchemie, schreibt Jung, „hatte ich das historische Gegenstück zu meiner Psychologie des Unbewussten gefunden. Sie erhielt nun einen geschichtlichen Boden. Die Möglichkeit des Vergleichs mit der Alchemie, sowie die geistige Kontinuität bis zurück zum Gnostizismus gaben ihr die Substanz"[196], und durch das Verständnis der alchemistischen Symbolik kam er zum zentralen Begriff seiner Psychologie: dem Individuationsprozess.[197]

Die Kette war geschlossen – oder zumindest hatte es den Anschein –, und zum Nachweis schrieb Jung sein *Psychologie und Alchemie* so-

194 Ebendort.
195 Ebendort, S. 205.
196 Ebendort, S. 209.
197 Ebendort, S. 213.

wie sein monumentales *Mysterium Coniunctionis.* Aber diese scheinbar ununterbrochene Kette und ihr Nachweis in Jungs Werken sollte nicht darüber hinwegtäuschen, dass zwar das Verständnis der alchemistischen Symbolik Jung zum zentralen Begriff seiner Psychologie geführt und dieser somit anscheinend objektive Authentizität verliehen hat, dass sein Verständnis der alchemistischen Symbolik jedoch auf den religiösen Theorien der Gnostiker beruht. Diese Theorien lieferten ihm seine lehrmäßigen Prämissen. *Sie* sind der letztendliche Schlüssel zu seiner Psychologie und zu der Bedeutung, die er nicht nur der Alchemie, sondern auch dem menschlichen Leben im Allgemeinen beigemessen hat.

Auf einige dieser Theorien haben wir bereits einen kurzen Blick geworfen, ohne jedoch auf ihre gnostischen Vorläufer einzugehen. Ihr Ausgangspunkt liegt im Falle Jungs offenbar in seiner häufig wiederholten Überzeugung, dass Gott ebenso der Urheber des Bösen und des Leidens wie des Guten ist. Biblisch gesprochen: Gott in Seiner Allwissenheit hat alles so geschaffen, dass die Ureltern der Menschheit – Adam und Eva – „die Sünde begehen mussten. *Es war also die Absicht Gottes, dass sie sündigen mussten.*“[198] Dies führt unweigerlich zu der Schlussfolgerung, dass letzten Endes Gott für die Sünden der Welt verantwortlich ist.[199] Die herkömmliche christliche Vorstellung von Gott als wesentlich und ausschließlich gut und als Urheber nur des Guten muss daher revidiert werden. Gott schließt in seinem Wesen nicht nur das Gute ein, sondern auch das Böse. Er ist eine *complexio boni et mali.*

Tatsächlich sind in Gott nicht nur Gut und Böse miteinander verbunden; alle Gegensätze sind in Ihm vereint. Er ist weiblich wie männlich. Diese gnostische Vorstellung von einem Gott, der die Vereinigung aller Gegensätze in einer komplexen Gesamtform ist, bildet die Grundlage von Jungs religiösem Denken. In ihrem Licht gestaltete er die traditionelle jüdische und christliche Gottesvorstellung um. Der Gott des Alten Testaments erweist sich nun als halb-satanischer Demiurg. Die christliche Trinität wird zu einer Quaternität erweitert, mit dem Teufel als heiligem Vierten. Im Bericht über Hiobs Leiden kommt Gottes „tragische

198 Ebendort, „Schuljahre“, S. 44.
199 Ebendort, „Zur Entstehung des Werkes“, S. 220.

Gegensätzlichkeit zum Ausdruck“[200] Hiob ist eine Präfiguration Christi. Wie Christus, wenn auch in geringerem Maße, ist er der leidende Gottesknecht. Beide mussten wegen der Sünden der Welt leiden. Verantwortlich für diese Sünden ist Gott. Aufgrund seiner „Schuld“, eine Welt voller Bösem geschaffen zu haben, muss Gott einen Akt vollständiger Sühne vollziehen. Dies tut er, indem er sich mit der Kreuzigung Christi einer rituellen Tötung unterzieht. Diesen Akt Christi versuchen einzelne Christen in ihrem Leben nachzuvollziehen. Auf diese Weise helfen sie Gott bei der Sühne.

Aus dem Gesagten wird deutlich, dass Jung trotz seiner gegenteiligen Beteuerungen die Grenzen zwischen Psychologie und Theologie auf ganzer Linie überschreitet. Seine Behauptung, das Metaphysische abzulehnen und sich auf das Psychologische zu beschränken, ist lediglich ein Mittel, um das Psychische zur einzig legitimen Metaphysik zu machen. Seine Psychologie ist praktisch eine neue Religion. Es ist richtig, dass sich diese Religion im Gegensatz zu den offenkundig metaphysischen Religionen nicht mit der Beziehung zwischen der menschlichen Seele und der supra-psychischen, transzendenten Wirklichkeit befasst, die nichtsdestotrotz auf intime Weise auf die menschliche Seele und in ihr wirkt. Diese Religion befasst sich mit der Beziehung zwischen dem Bewusstsein und jenen psychischen Ereignissen, die nicht vom Bewusstsein abhängen, sondern sich jenseits davon in der Dunkelheit des psychischen Hinterlands abspielen. Es ist eine Religion reiner psychischer Immanenz. In der Auseinandersetzung mit den der Seele immanenten Inhalten begegnet der Mensch dem Göttlichen. Und diese Seele ist schlicht die Seele, wie sie ist, die „materialisierte“ Seele, nicht die von „irdischen“ Einflüssen und Widersprüchen gelöste und gereinigte Seele.

Von einer Geburt des übersinnlichen Geistes in der Seele ist nicht die Rede. Es gibt nur die Verwirklichung des psychischen Selbst. Wahr ist wiederum, dass Jung dieses Selbst die *imago Dei* im Menschen nannte. Aber bei der Verwirklichung dieses Selbst nimmt der Mensch die Projektion seines Selbst auf einen Gott außerhalb oder jenseits seiner zurück. Es ist nicht so, dass dieser Gott ausdrücklich geleugnet würde. Er wird nur nicht mehr, wie in den metaphysischen Religionen, als

200 Ebendort.

der durch seine vergöttlichende Kraft Initiierende und Vervollkommnende jenes psychischen Transformationsprozesses betrachtet, der erst dann abgeschlossen ist, wenn *Gott an die Stelle des psychischen Selbst getreten ist.* Für den praktischen Zweck der Verwirklichung des Jungschen Selbst ist Gott unnötig. Man muss weder beten noch glauben noch Unterstützung durch Gnade erbitten. Das Selbst allein wird als vereinigende, „vergöttlichende" Kraft betrachtet, als Regulator, Ausgleicher und Harmonisierer der widerstreitenden Kräfte im Menschen. Mit anderen Worten, das Selbst nimmt im Menschen die Stellung und Funktion des gnostischen Gottes ein. Es ist die Inkarnation dieses Gottes – eines Gottes, der Männliches und Weibliches, das Gute und das Böse in einer Ganzheit vereint, in der alle Gegensätze eingebunden sind. Auf diese Weise wird der Mensch zu seiner eigenen Gottheit. Er ist die endgültige Form der gnostischen *complexio* – Christus und Satan in einem –, die nun dazu bestimmt ist, auf der Erde als die Identität von Gott und Mensch zu erscheinen.

In ihrem historischen Kontext kann Jungs Psychologie als dringend notwendiger Protest gegen die Simplifizierungen des wissenschaftlichen Rationalismus gesehen werden. Sie ist ein Plädoyer dafür, dass der Mensch sich den Realitäten seiner inneren Welt stellt, seinen eigenen Weg zur Erfüllung seines selbst geschaffenen Schicksals geht und sich nicht, wie so oft, hinter einem abstrakten Gebilde religiöser oder metaphysischer Prinzipien verbarrikadiert, deren einzige echte Funktion darin besteht zu verhindern, dass er jemals erkennt, wer oder was er ist, dass er jemals die Möglichkeiten seines eigenen einzigartigen Wesens ausschöpft. „Wer den sicheren Weg geht, ist so gut wie tot",[201] schreibt Jung, und gegen diesen Tod proklamiert er „das Risiko des inneren Erlebens, das geistige Abenteuer".[202] Er versuchte zu bekräftigen, was die mechanistische Einstellung des modernen westlichen Denkens ignorierte oder leugnete – die tiefe Verbundenheit des Menschen mit der natürlichen Welt, mit der Welt der Tiere und Pflanzen, mit der Schönheit von Erde und Himmel. Er wollte, dass der Geist des Lebens in allem erkannt würde, nicht nur im Menschen, sondern auch in der anorganischen Materie, in Metall und Stein; und er vertrat die Ansicht, dass die Phänomene der

201 Ebendort, „Visionen", S. 301.
202 Ebendort, „Psychiatrische Tätigkeit", S. 147.

natürlichen Welt Ausdruck derselben Energie – der psychischen Energie, wie er sie nannte – seien, die auch den verschiedenen Phänomenen der menschlichen Seele zugrunde liegt.[203]

Bei seiner Untersuchung von Mythen und Symbolen behauptete er gegen diejenigen, die in ihnen nichts als sinnlose Spekulationen oder kindliche Phantasien sahen, ihre vorrangige Bedeutung als spontane, unersetzliche Sprache der menschlichen Seele. „Keine Wissenschaft wird je den Mythos ersetzen ...", schrieb er, „denn nicht ‚Gott' ist ein Mythos, sondern der Mythos ist die Offenbarung eines göttlichen Lebens im Menschen."[204] Aber zugleich oder trotz alledem akzeptierte er eben jene Hypothese des wissenschaftlichen Rationalismus, die vielleicht mehr als jede andere dem inneren Wachstum des Menschen feindlich und lähmend ist – nämlich die Darwinsche Evolutionshypothese. Ebenso akzeptierte er eine „Metaphysik", die durch die Bejahung der Idee einer rein immanenten Gottheit unausweichlich zu einer Idee führte, die für das menschliche Leben weit gefährlicher ist als der Atheismus – die Idee vom Menschen als einem von Natur aus vergöttlichten oder göttlichen Geschöpf. Der Mensch kann nicht den Platz Gottes einnehmen, da das Wesen des Menschen niemals die Essenz Gottes erreichen kann. Versucht der Mensch dennoch, den Platz Gottes einzunehmen, so tritt er nicht in die Sphäre Gottes ein, sondern in die der höllischen Kräfte seiner eigenen Seele.

In seiner Autobiografie erzählt Jung von einem Traum, den er erst recht spät im Leben hatte. In diesem Traum betraten Jung und sein Vater ein Haus. Sie kamen in einen großen Saal, der ein genaues Abbild der Ratshalle des Sultan Akbar in Fatehpur-Sikri darstellte. Nur dass von der Mitte des Saals eine steile Treppe zu einer Stelle hoch oben an der Wand hinaufführte. Am oberen Ende der Treppe befand sich eine kleine Tür, und Jungs Vater sagte zu ihm: „Nun werde ich dich in die höchste Gegenwart führen." Dann kniete er nieder und berührte mit der Stirn den Boden. Jung tat es ihm nach und kniete ebenfalls nieder, aber er konnte seine Stirn nicht ganz auf den Boden bringen. Als er anschließend über diesen Traum meditierte, erklärte Jung, dieses Unvermögen, seine Stirn im Traum auf den Boden zu bringen, enthülle „einen Gedanken und eine Ahnung, die schon längst in der Menschheit vorhanden sind, die Idee

203 Ebendort, „Zur Entstehung des Werkes", S. 212.
204 Ebendort, „Späte Gedanken", S. 343.

vom Geschöpf, das den Schöpfer um ein Weniges, aber Entscheidendes überragt."[205]

In der altiranischen Literatur gibt es eine Geschichte von einem ersten König, Yima, den der höchste Gott, Ahura Mazdah, über die von ihm geschaffene Welt setzt, um sie zu schützen und zu nähren. Dies tut Yima. Als Reaktion auf seine Opfer befreien die Götter Menschen und Vieh vom Tod sowie Wasser und Bäume von der Dürre. Sie übertragen Yima die Herrschaft über alle Länder und auch über alle Dämonen, damit er Ahura Mazdahs Geschöpfe vom Bösen befreien kann. Doch im Laufe der Zeit verfällt die Welt in Materialität, und Ahura Mazdah sagt, er werde einen großen Winter über die Erde schicken, so dass kein Lebewesen mehr auf ihr leben kann. Yima wird gesagt, er solle einen Pferch bauen, eine Art Festung, und dort den Samen aller Lebewesen sammeln. Auch dies tut Yima.

Dann jedoch beginnt Yima, sich selbst zu rühmen. Er beginnt zu denken, alles, was geschehen ist, all die großen Wohltaten, die der Welt und ihren Geschöpfen zuteil geworden sind, seien aufgrund dessen geschehen und eingetreten, was er ist und was er getan hat. Er sieht sich als den wahren Herrn der Schöpfung, schreibt sich die Herrschaft über alle Kräfte der Natur und sein eigenes Wesen zu und brüstet sich damit, der Urheber von Leben und Unsterblichkeit zu sein.

Genau in diesem Moment verlässt ihn seine königliche Herrlichkeit, und er gerät in die Gewalt von Dämonen, die ihn über das Antlitz der Erde treiben und schließlich vernichten. Wenn Yima sich selbst und das, was er in seinem selbstgeschaffenen Dasein ist, als autark betrachtet und sich daher von der Notwendigkeit befreit fühlt, nach dem wahren Sein jenseits seiner selbst zu suchen, verweist er seinen Gott und Schöpfer, Ahura Mazdah, ins Reich des Überflüssigen. Er erklärt sich praktisch zu seinem eigenen Schöpfer. An diesem Punkt der Selbstbehauptung fällt er in die Macht der Dämonen, die ihn schließlich vernichten.

Die Schlussfolgerung ist kaum zu vermeiden, dass Jungs Denken, das in der Idee des Geschöpfes gipfelt, das seinen Schöpfer um ein Weniges, aber Entscheidendes überragt, einen ebensolchen Punkt der Selbstbehauptung erreicht, mit all den katastrophalen Folgen, die dies für die Unversehrtheit menschlichen Lebens hat.

---

205 Ebendort, „Zur Entstehung des Werkes", S. 222-224.

KAPITEL SIEBEN

Die Gegenwart des Bösen: Christliche und neuplatonische Ansichten

Eine der schwierigsten und scheinbar unlösbaren Fragen, die sich nicht nur Christen stellen, sondern alle, die anerkennen wollen, dass menschliches und anderes Leben von einer Macht höchster Güte und Vollkommenheit inspiriert und genährt wird, ist die nach der Vereinbarkeit dieser Erkenntnis mit dem offenkundigen und verheerenden Auftreten von Bösem und Leid. Wie kann ein Gott, der im Wesentlichen gut ist und der aus Seiner Güte heraus menschliches und anderes Leben erschafft, das Böse und das Leiden, die integraler Bestandteil Seiner Schöpfung sind oder zu sein scheinen, zulassen und sogar gemeinsame Sache damit machen? Wenn es einen solchen Gott gibt, warum schützt Er dann menschliches und anderes Leben nicht vor diesen Bedrängnissen, die über es hereinbrechen und es verunstalten? Und wenn Er dies nicht tut, deutet das dann nicht darauf hin, dass er etwas geradezu Sadistisches an sich hat – in dem Sinne, dass es in Seiner Natur liegt, die Menschheit mit diesen Übeln heimzusuchen, oder zumindest zuzulassen, dass die Menschheit von ihnen heimgesucht wird? Wenn dies nicht der Fall ist und Er dennoch nicht eingreift, um die Manifestation dieser Übel zu verhindern, ist das dann nicht ein Anzeichen dafür, dass es entweder naturgemäß eine andere, ebenso wirksame Macht gibt, die wesenhaft bösartig ist und deren Aktivitäten Gott nicht kontrollieren kann, oder dass wir uns irren, wenn wir Gott ausschließlich als gut ansehen, und dass wir erkennen müssen, dass Er auch der Urheber des Bösen und des Leidens ist?

Diese letzte Schlussfolgerung war, wie wir im letzten Kapitel gesehen haben, der Vorschlag von Jung. Jung war der Meinung, dass die christliche Vorstellung von einem Gott, der ganz und gar gut ist, nun durch die Vorstellung von einem Gott ersetzt werden muss, der alle Eigenschaften und Funktionen, die die Christen bisher dem Satan zuschreiben, in sich trägt und somit für sie verantwortlich ist. Das Postulat „Deus = Summum Bonum" ist naiv und falsch, sagt er. Es hat uns blind gemacht für die naheliegende Tatsache, dass Gott ambivalent ist, dass Er auch eine dunkle, böse Seite hat und dass Er allein für das Leiden der Welt verantwortlich ist. Was die Theologie als Satan oder Antichrist bezeichnet, ist also in Wirklichkeit nur „das andere Gesicht Gottes".[206] Daraus folgt, dass der Mensch als Ebenbild Gottes erkennen muss, dass die dunkle und böse Seite seiner Natur genauso gottgegeben ist, genauso nach dem göttlichen Ebenbild geschaffen wie seine gute und helle Seite, und daher nicht unterdrückt oder geläutert werden, sondern im selben Maße die Freiheit erhalten muss, sich zum Ausdruck zu bringen. Tatsächlich kommt Jung zu dem Schluss, da es dem Menschen nicht sonderlich gut gelungen sei, den Dingen von der hellen, idealistischen Seite her beizukommen, ginge es vielleicht besser von der dunklen, biologischen.[207]

Eine solche theologische Auffassung mitsamt ihren anthropologischen Konsequenzen würde natürlich, wenn sie akzeptiert würde, das Christentum in seinem Kern zerstören – was Jung nicht entgangen sein kann und daher, trotz seines erklärten Bekenntnisses zum Christentum, Teil seiner versteckten Ambition gewesen sein muss. Dass aber diese Auffassung ebenso wie andere, die das Rätsel des Bösen in einer Weise zu lösen versuchen, die entweder direkt oder indirekt Gott als dessen Verursacher impliziert oder eine Macht des Bösen am Grund aller Dinge postuliert, die ebenso wirksam ist wie die Macht des Guten, nicht nur dem Christentum, sondern jeglichem spirituellen Verständnis, das diesen Namen verdient, völlig fremd ist, ist leichter zu behaupten als zu beweisen. Im Folgenden wird nicht versucht, das Problem des Bösen an sich zu lösen, sondern zu verdeutlichen, in welcher Perspektive es – zumindest nach christlicher Tradition – betrachtet werden muss, wenn bestimmte andere wesentliche Aspekte der christlichen Lehre nicht verletzt werden sollen.

206 Erinnerungen, Träume, Gedanken, S. 172
207 Ebendort, S. 156

Um diese Verdeutlichung zu unterstützen und einige Besonderheiten der christlichen Lehre in diesem Bereich hervorzuheben, wird die christliche Theorie mit einer anderen verglichen und ihr gelegentlich gegenübergestellt, die man als neuplatonisch bezeichnen kann, da sie in dieser Form in der westlichen Tradition am ehesten bekannt ist. Mir ist natürlich bewusst, dass ich, wenn ich den Begriff Neuplatoniker so allgemein auf diese Theorie anwende, Auslegungsunterschiede zwischen den als Neuplatoniker eingestuften Autoren ignoriere, die von erheblicher Bedeutung sind. Dennoch besteht unter ihnen in Bezug auf diese Theorie meines Erachtens ausreichend Einmütigkeit, um sie mit Recht als neuplatonisch bezeichnen zu können. Dabei ist sie keineswegs ausschließlich neuplatonisch. So weist sie etwa, ohne hier weiter ins Detail gehen zu wollen, nicht nur die erwartbaren eindeutigen Verbindungen zur platonischen, sondern auch zur hinduistischen Lehre auf, was übrigens keineswegs zufällig ist. Es erübrigt sich zu sagen, dass beide Theorien, die christliche und die neuplatonische, gleichermaßen betonen, dass der Höchsten Wirklichkeit keine böse oder „dunkle“ Seite zugeschrieben werden darf, ganz gleich, ob diese Wirklichkeit Gott, das Gute, das Eine, das Absolute oder das Selbst genannt wird.

Das Problem des Bösen ist eindeutig eines, das den Menschen als existierendes Wesen betrifft: Es ist ein existenzielles Problem, das eng mit der Existenz oder der anscheinenden Existenz der Welt verbunden ist.[208] Daher ist es auch eng mit der Frage verknüpft, wie die Welt und der Mensch als konkretes Wesen in dieser Welt entstanden sind oder anscheinend entstanden sind. In Bezug auf neuplatonisches und christliches Verständnis stehen sich hier sofort Emanations- (oder Manifestations-) und Schöpfungslehre gegenüber. Auf diese beiden Theorien müssen wir daher zuerst eingehen.

Die Emanationslehre lautet kurz gefasst wie folgt: Das Eine – das Gute oder das Höchste – ist absolut und vollkommen. Als Absolutes muss es in sich die Keime von allem, die Möglichkeit von allem enthalten; denn gäbe es eine Möglichkeit außerhalb von ihm, wäre es nicht absolut, sondern durch diese nicht zu ihm gehörende Möglichkeit begrenzt. Als Vollkommenes muss es diese Vollkommenheit so weit wie möglich ver-

208 Siehe auch Philip Sherrard, *Human Image: World Image*, Golgonooza Press 1992, S. 167-175 (Anm. d. Hrsg.).

breiten. Seine Güte muss überall sein. Denn würde sie irgendwo fehlen oder gäbe es einen Teil eines möglichen Universums, in dem etwas von dieser Güte ausgeschlossen wäre, dann würde das Eine seine eigene Natur verfehlen. Es würde sich selbst widersprechen, denn es wäre nicht so vollkommen, wie es sein könnte, und würde da, wo es eigentlich größere Vollkommenheit gewähren könnte, einen Grad von Unvollkommenheit zulassen. Das Eine muss also nicht nur die Keime von allem in sich tragen, sondern es muss die manifestationsfähigen unter ihnen auch tatsächlich manifestieren. Diese Manifestationstätigkeit drückt eine Notwendigkeit aus: Die Manifestation ist eine notwendige Folge der Tatsache, nicht dass das Eine absolut ist, sondern dass es vollkommen ist – dass es das absolut Gute ist.

Diese Notwendigkeit zur Manifestation – dieses notwendige Ausbrechen des Einen aus Seiner in sich geschlossenen Isolation – könnte einen Widerspruch implizieren: einen Widerspruch, der die Freiheit des Einen beeinträchtigt. Es könnte den Anschein haben, als stünde das Eine insofern unter Zwang, als Es sich selbst zur Manifestation bringen muss. Es muss emanieren. Aber in diesem Fall ist nicht das Eine das Höchste, sondern diese andere Macht, durch die Es gezwungen wird, in die Manifestation einzutreten. Daher kann das Eine, wenn Es das Höchste ist, nicht unter einem Zwang oder einer Notwendigkeit zur Manifestation stehen. Es besteht also der Widerspruch, dass Es sich als das absolut Gute manifestieren muss, aber als das Höchste unter keinerlei Zwang stehen kann. Dieser Widerspruch wird dadurch noch verkompliziert, dass das Eine, selbst wenn Es nicht unter dem Zwang stünde, in die Manifestation einzutreten, keinen der Manifestationskeime, die Es in sich trägt, verwirklichen könnte. Eine dieser Möglichkeiten zu verwirklichen, hieße zuzugeben, dass es etwas anderes und geringeres als das Eine gibt, und dass das Eine in sich selbst nicht allumfassend oder nicht die totale Wirklichkeit ist; und das kann nicht zugelassen werden. Daher kann das Eine nicht nur keine Möglichkeit zur Selbstbestimmung besitzen, sondern es kann auch die Manifestationskeime nicht in sich tragen, weder in einem verwirklichten Zustand noch in einem Zustand, der verwirklicht werden kann, noch in einem Zustand, der irgendeine Unterscheidung von oder Differenzierung in Seiner gänzlich einfachen und völlig selbstgenügsamen Natur impliziert.

Das Eine an sich kann also nicht das Manifestationsprinzip sein. Was also hervorbringt oder emaniert, ist nicht das Eine an sich, sondern sein erstes Produkt, der göttliche Intellekt (*Nous*), oder, im platonischen Sinne, das reine Sein. Der Intellekt oder das Sein ist die erste Bestimmung des Einen und bestimmt seinerseits alle nachfolgenden Stufen und Bedingungen der Manifestation. Das bedeutet nicht, dass das Eine das Sein bestimmt: Wir haben gesehen, dass dies eine Unmöglichkeit ist, denn damit wäre die Zerstörung der absoluten Einfachheit und Einheit, der Selbstgenügsamkeit und Unbestimmbarkeit des Einen verbunden. Im Gegenteil, das Sein ist selbstbestimmt. So ist das Eine in sich frei von jeglichem Zwang. Es ist metaphysisch frei. Selbst das reine Sein, das Manifestationsprinzip, ist noch frei, auch wenn diese Manifestation ein notwendiger Akt ist. Weil es frei ist, handelt es notwendigerweise so. Wäre es weniger frei, wäre es gezwungen, anders zu handeln. Wie es ist, nämlich frei, agiert es, was es ist: nicht gemäß seiner Natur – was voraussetzt, dass sein Handeln eine Folge seiner Natur ist, was es nicht ist –, sondern wie es ist. Sein Handeln ist es selbst, ebenso wie sein Nichthandeln es selbst ist; und beide sind das, was es will, obwohl das Wollen und das Handeln und das Nichthandeln alle eins sind.

Aus christlicher Sicht verbleibt bei dieser Emanationstheorie offenbar eine unüberbrückbare Kluft zwischen dem Einen in Seiner völlig undifferenzierten und selbstgenügsamen Einheit und jeglichem Grad von Bestimmtheit oder Vielheit. Wenn das Eine alle Manifestationskeime in sich enthält, muss es sie in einem Zustand enthalten, der nicht nur nicht verwirklicht, sondern der auch frei ist von jeglicher Möglichkeit zur Verwirklichung. Sie müssen so sehr mit dem Einen identifiziert sein, so völlig in Seiner ursprünglichen Natur aufgehen, dass es keine Möglichkeit einer Unterscheidung gibt: Sie sind wesenhaft und notwendig eins mit Seiner ganz einfachen Unteilbarkeit. In gewisser Weise bilden sie eine Art Gottheit ohne Gott. Sie haben keinen Urheber. Und insoweit sie mit dem Einen identifiziert sind, können sie selbst nichts hervorbringen oder manifestieren. Sie könnten nur unter der Bedingung etwas hervorbringen oder manifestieren, dass sie sich von dem Einen unterscheiden, und das ist unmöglich, da das Eine, das die gesamte Wirklichkeit in sich vereint, nichts anderes als sich selbst zulassen kann. Wie also entsteht überhaupt Unterscheidung oder Differenzierung, oder auch nur der Anschein von

Unterscheidung oder Differenzierung? In der neuplatonischen Theorie gibt es keine Antwort auf diese Frage und es kann sie auch gar nicht geben – oder zumindest keine Antwort, die nicht eine Art *deus ex machina* ist, wie zum Beispiel Proklos' Theorie der *Henaden*, die ein Versuch ist, diese Kluft zwischen dem Einen und der Vielheit oder dem Anschein von Vielheit zu überbrücken, und dabei die vollkommene Einheit und Nichtbestimmtheit des Einen unangetastet zu lassen.

In der christlichen Lehre – und hier vor allem unter Bezug auf die griechischen patristischen Autoren und nicht auf die Scholastiker – wird Gott, das Absolute oder Höchste, nicht als die Gott-Einheit der neuplatonischen Tradition betrachtet. Gewiss, Gott ist Einer, aber diese Einheit schließt die Vielheit ein; sie schließt – von der gesamten Trinitätslehre einmal abgesehen – die göttlichen Energien und Kräfte ein. Gottes Essenz ist, wie das neuplatonische Eine, völlig transzendent, völlig undifferenziert, völlig unbestimmt und nicht vermittelbar; aber Seine Energien und Kräfte sind vielfältig, schöpferisch, vermittelbar. Und es ist zu betonen, dass diese Energien und Kräfte zwar auf diese Weise von der göttlichen Essenz unterschieden werden, deshalb aber nicht als weniger real oder weniger absolut als die Essenz gelten. Auch darf man die Essenz nicht losgelöst von den Energien und Kräften denken oder umgekehrt, so dass man die Essenz als energielos oder die Energien als essenzlos ansieht. Schließlich ist die Essenz auch nicht als eine höhere Ordnung der Wirklichkeit zu betrachten, in der die Energien und Kräfte subsumiert werden und ihre Differenzierung und Unterscheidung verlieren. Gott – das Absolute – ist weder allein mit seiner Essenz zu identifizieren, noch ist die Essenz als Sein höheres oder umfassenderes oder absolutes Wesen anzusehen, und auch Seine Kräfte und Energien sind nicht mit Seiner Essenz zu identifizieren.

Man könnte sagen, dass in der neuplatonischen Theorie die göttliche Essenz von allen ihren prinzipiellen Bestimmungen, einschließlich der ihres Seins, abstrahiert wird und diese Essenz allein in ihrer vollkommen unbestimmten, nicht differenzierten und völlig einfachen Natur als die Gesamtheit des Wirklichen in sich enthaltend sowie an sich das Absolute konstituierend gedacht wird, so dass alle Bestimmungen – alle Kräfte und Energien, sogar das reine Sein – letztlich nur als kontingente und relative Modi oder Aspekte oder Attribute der Essenz gesehen werden, in der christlichen Theorie hingegen gerade dieser Akt der Abstraktion ein grundlegender Fehler in der Lehre ist. So stellt sich in der christlichen Theorie nicht die Frage, wie Differenzierung und Unterscheidung aus der Einheit des Einen hervorgehen: Differenzierung und Unterscheidung sind *in einem verwirklichten Zustand* in dieser Einheit „im Anfang" enthalten. Gott – das Absolute – ist Einer-in-Vielen, Einfachheit-in-Unterscheidung, eine geteilte Unteilbarkeit; und, wie gesagt, der Versuch, dieses Paradoxon durch Berufung auf ein höheres Prinzip aufzulösen, in dem seine widersprüchlichen Begriffe subsumiert und versöhnt werden, ist ein grundlegender Fehler in der Lehre.

Wegen dieser paradoxen Vorstellung vom Absoluten ist die christliche Lehre geneigt, den Schöpfungsakt im Gegensatz zum Emanationsakt der neuplatonischen Lehre als völlig frei und spontan zu bezeichnen und nicht als notwendige Folge dessen, dass das Absolute ist, was es ist. Gott erschafft, bringt aus dem Nichts hervor, durch das spontane, unbestimmte Wirken Seiner Kräfte und Energien. Was Er erschafft – die gesamte intelligible Ordnung, einschließlich der intelligiblen Archetypen der sichtbaren Welt – ist kein notwendiger Teil Seines Wesens; es ist auch nicht prinzipiell mit Seinem Wesen, Seinem Sein oder Seinen vielfältigen Kräften und Energien gleichzusetzen. Es handelt sich um eine neue Form der Wirklichkeit, die in keiner Weise notwendig ist.

Mit anderen Worten, diese Theorie betont den freien Willen Gottes – Seine Freiheit – offenbar so, dass dies einem Ausschluss der Idee von einer göttlichen Notwendigkeit gleichkommt, die in der Emanationstheorie eine so bedeutende Rolle spielt. Gott erschafft, weil es Sein „Wohlgefallen", seine „Herrlichkeit" ist zu erschaffen – mehr ist menschlicherseits dazu nicht zu sagen. Während also die Emanationstheorie anscheinend die Manifestation als eine notwendige Folge der absoluten Güte des Einen postuliert, schafft die christliche Schöpfungstheorie in Bezug auf das Göttliche offenbar jede Vorstellung einer Notwendigkeit ab: Es könnte genauso gut Gottes „Wohlgefallen" gewesen sein, nicht zu erschaffen; Er könnte Gott sein, absolute und unendliche Macht und Vollkommenheit, ohne Seine Macht und Vollkommenheit in irgendeinem Geschöpf vorzuführen. Er könnte auf die Schöpfung verzichten und wäre dennoch allmächtig.

In diesem Zusammenhang ist zweierlei zu sagen. Erstens, wie wir festgestellt haben, geht in der neuplatonischen Theorie die Notwendigkeit, die in der Manifestation wirksam ist, nicht auf Kosten der Freiheit des Manifestationsprinzips und ist auch mit dieser nicht unvereinbar: Weil es frei ist, handelt dieses Prinzip notwendigerweise so, wie es handelt, und nicht anders, wie es nämlich handeln müsste, wenn es nicht frei wäre. Mit anderen Worten, wenn Christen die neuplatonische Theorie in dieser Hinsicht kritisieren, weil sie die souveräne Freiheit des Absoluten infrage stellt, ignorieren sie ihre ganze Komplexität und ihren Scharfsinn.

Das zweite – und vielleicht wichtigere –, das es in diesem Zusammenhang zu sagen gilt, lautet, dass die christliche Tendenz, Freiheit und Notwendigkeit *in divinis* einander gegenüberzustellen, als wären sie unvereinbar oder würden sich gegenseitig ausschließen, zu einer Herabwürdigung der Schöpfung führen kann, weil man sie dadurch auf etwas Zufälliges oder sogar Willkürliches reduziert, und damit zu einer Herabwürdigung der Fülle Gottes. Denn es ist ja etwas völlig anderes ob man sagt: Mit der Behauptung, dass Gott die Welt nicht aus einer Notwendigkeit heraus erschafft, sondern durch einen Akt des souveränen freien Willens, behauptet man auch, dass nichts Äußeres oder Fremdes Gott zum Erschaffen zwingt. Oder ob man vorbehaltlos und ohne nennenswerte Einschränkung sagt, dass Er nicht aus einer Notwendigkeit heraus erschafft.

Natürlich bestimmt keine Notwendigkeit, dass Gott ist, was Er ist, oder dass Er tut, was Er tut – in dem Sinne, dass Er in der oben genannten Weise unter Zwang stünde: Gott ist einfach, was Er ist, jenseits jeglicher Determinierung in diesem Sinne. Das bedeutet allerdings nicht, dass Er generell frei von Notwendigkeiten ist. Notwendigkeit in Gott – und dies steht im Einklang mit der neuplatonischen Theorie – ist die Notwendigkeit zu sein, was Er ist: Da Er ist, was Er ist, handelt Er notwendigerweise auf bestimmte Art und Weise. Gott kann nicht nicht Liebe sein: Zu lieben ist eine Notwendigkeit dessen, dass Er ist, was Er ist. In ähnlicher Weise kann Gott nicht nicht der Schöpfer sein: Zu erschaffen ist eine Notwendigkeit dessen, dass Er ist, was Er ist. Wenn Gott nicht erschaffen würde oder gar nicht erschaffen könnte, wäre Er etwas anderes als Er ist. Die Schöpfung ist nur dann keine Notwendigkeit dessen, dass Gott ist, was Er ist, wenn Gott anders sein kann, als Er ist, genauso wie die Liebe nur dann keine Notwendigkeit dessen sein kann, dass Gott ist, was Er ist, wenn Gott anders sein kann, als Er ist. Wenn Gott nicht anders sein kann, als Er ist, dann sind Liebe und Schöpfung untrennbar miteinander verflochtene Notwendigkeiten dessen, dass Er ist, was Er ist.

Dies bedeutet nicht – um dies noch einmal zu wiederholen –, dass es irgendeinen äußeren Zwang gibt, der Gott zwingt, etwas zu tun. Nach dem zu handeln, was man ist, bedeutet, frei zu handeln. Aber dies macht die eigenen Handlungen nicht weniger zu einer Notwendigkeit dessen, was man ist. Freiheit und Notwendigkeit fallen in Gott zusammen: Sie sind ein Beispiel – vielleicht das beste Beispiel – für das Zusammenfallen der Gegensätze in Gott, von dem Nikolaus von Kues spricht. Wenn man dies vergisst und Gottes Freiheit über jegliche Art von Notwendigkeit erhebt, läuft man Gefahr, wie ich oben bereits sagte, das ganze Schöpfungsgeheimnis und damit auch Gott zu erniedrigen; und dies gilt auch umgekehrt. Natürlich ist Gottes Essenz sowohl jenseits von Freiheit als auch von Notwendigkeit, so wie sie jenseits von allem ist, was über sie behauptet oder bestritten werden kann. Darüber hinaus kann, wie weiter unten ausgeführt wird, der Begriff der Notwendigkeit aus christlicher Sicht in einem bestimmten Sinn gar nicht eigentlich auf die Welt des Göttlichen angewandt werden, wie dies in der neuplatonischen Theorie möglich ist, – obwohl man mit demselben Recht auch sagen könnte, dass in diesem Fall der Begriff der Freiheit ebenfalls nicht eigentlich auf diese Welt angewandt werden kann.

Sowohl die neuplatonische als auch die christliche Theorie stimmen also darin überein, dass Manifestation „im Anfang“ gut ist. Diese Güte ist natürlich keine absolute Güte, denn diese bezieht sich allein auf Gott oder das Gute. Es ist eine relative Güte. Verglichen mit der Vollkommenheit Gottes oder des Guten (wenn man denn in diesem Bereich Vergleiche anstellen kann), ist ein gewisser Grad an Unvollkommenheit eingetreten. Aber es sollte in aller Deutlichkeit gesagt werden, dass weder in der neuplatonischen noch in der christlichen Theorie das Vorhandensein des Bösen in der Manifestation eine notwendige Folge dieses Grades an Unvollkommenheit ist. Gelegentlich wird argumentiert, dass alles, was hinter der absoluten Vollkommenheit Gottes zurückbleibt, insofern zwangsläufig in das Böse verwickelt ist. Diesem Argument zufolge besteht ein gewisser notwendiger Zusammenhang zwischen Unvollkommenheit oder relativer Vollkommenheit und dem Bösen; in gewissem Sinne werden sie sogar gleichgesetzt, als ob sie ein und dasselbe wären. Dies ist bei den beiden untersuchten Theorien nicht der Fall. In keiner der beiden Theorien impliziert eine relative Vollkommenheit notwendigerweise das Vorhandensein des Bösen: Sie *kann* die Möglichkeit des Bösen implizieren, aber das ist etwas anderes. Im Gegenteil, in beiden Theorien kann das, was relativ vollkommen ist, völlig frei von Bösem sein. In beiden Theorien kann die Manifestation frei vom tatsächlichen Vorhandensein von Bösem sein.

Dies wird insbesondere in der christlichen Tradition betont. In gewissem Sinne steht es sogar im Zentrum des Christentums, ist es doch einer der wesentlichen Aspekte der Menschwerdung: Christus nimmt in jeder Hinsicht menschliche Natur an, außer dass diese menschliche – und geschaffene – Natur in ihm frei von Bösem ist. Daraus leitet sich die christliche Verheißung eines neuen Himmels und einer neuen Erde ab – eines geschaffenen Daseins also, das zwar nicht mit der Vollkommenheit Gottes gleichzusetzen, das aber dennoch völlig frei von Bösem ist; und auch die christliche Theorie der Sakramente leitet sich daraus ab – eine Theorie, die völlig sinnlos wird, wenn das Böse notwendigerweise in allem Geschaffenen enthalten ist. Das tatsächliche Vorhandensein des Bösen ist daher für Christen keine notwendige Folge der Schöpfung. Wenn es in der neuplatonischen Theorie eine notwendige Folge bestimmter Phasen der Manifestation ist, dann nicht, weil das, was manifest ist, notwendigerweise unvollkommen und daher böse ist. Sondern vielmehr, weil bestimmte „niedere" Phasen der Manifestation es in Kontakt mit dem Bösen bringen.

Die Frage des Bösen ist in der neuplatonischen Theorie eng mit der Frage nach dem Abstieg der Seele in eine körperliche Gestalt verbunden. Schon die bloße Existenz der Seele ist selbst eine weitere Konsequenz aus der ursprünglichen Notwendigkeit der Emanation. Der erste Grad der Emanation aus dem Einen – dem Höchsten – ist reines Sein. Das Sein ist die erste Bestimmung des unbestimmten Einen. Das reine Sein enthält alle Möglichkeiten der einzelnen Wesen – alle Seelen – in einem einheitlichen Zustand. So wie das Sein notwendigerweise bestimmt ist, so bestimmt es notwendigerweise alle seine Möglichkeiten – notwendigerweise, weil das Eine Seine Güte naturgemäß auf alle möglichen Arten manifestiert. Daher erhalten bestimmte Wesen – Seelen – ihre bestimmte Existenz.

Doch diese Seelen müssen eine andere Aktivität haben als die des reinen Seins, denn sonst wären beide identisch. Sie müssen einen anderen Seinsmodus, eine andere Seinsweise haben. Dieser andere Modus oder diese andere Weise des Seins beinhaltet die Behauptung von Vielfalt und Individualität, die, da sie Möglichkeiten im reinen Sein sind, manifestiert werden müssen. Diese Bewegung nach außen, die Bewegung weg vom Zentrum – dem Einen – muss unaufhörlich weitergehen, bis alle möglichen Manifestationsgrade erreicht und ausgeschöpft sind, oder bis es nichts mehr zu manifestieren gibt. Dies ist eine natürliche und notwendige Vollendung, die sich aus der ursprünglichen Natur des Einen ergibt.

Wo tritt in diesen Emanationsprozess dann das Böse ein? Dem Prozess selbst kann es nicht zugeschrieben werden, denn da dieser Prozess in der Natur der Sache liegt, würde dies bedeuten, dem Urheber des Prozesses, dem Einen, das Böse zuzuschreiben; und was das absolut Gute ist, kann nicht zugleich der Ursprung des Bösen sein. Es kann auch nicht den einzelnen Seelen als solchen zugerechnet werden, denn diese sind trotz ihrer Differenzierung im Wesentlichen immer noch Modi der intelligiblen Welt des reinen Seins, verwurzelt in der Substanz des reinen Seins und daher frei von Bösem. Das Böse tritt also in gewissem Sinne von außen oder vielmehr von einer Sphäre aus in den Prozess ein, die der Seinssphäre, aus der die Seele stammt, von der sie ein Modus ist und die keine Beimischung von etwas Bösem kennt, entgegengesetzt ist.

Diese Sphäre ist nach neuplatonischer Theorie die der Materie. Die Materie ist das totale Gegenteil des Seins. Sie ist totales Nichtsein, totaler Mangel und totale Entbehrung, ungeformt und unermesslich, ohne jeglichen Anteil am Sein, so unvorstellbar in ihrer Unwirklichkeit, dass sie nur durch eine Art Scheinargumentation begriffen werden kann. Wenn sie aber keinerlei Anteil am Sein hat, und das Sein wesenhafte Güte ist, kann sie keinen Anteil am Guten haben. Sie ist die Negation des Guten. Daher ist sie böse, ganz und gar böse. Und durch ihre Verwicklung in die Materie ist die Seele in das Böse verwickelt. In der letzten Phase ihrer nach außen gerichteten Manifestation versucht die Seele, die von Natur aus gut ist und versucht, diese Güte bis zum Äußersten zu verbreiten, der Materie, dem wesenhaften Nichtsein, einen Anteil am Sein zu geben; sie versucht, ihr eine Form zu verleihen. Aus dieser Bestimmung der Materie durch die nach außen strömende Seele entstehen die körperlichen Formen, und durch den Umgang der Seele mit der körperlichen Existenz oder ihren Eintritt in diese, und damit durch ihre Berührung mit der Materie, wird sie anfällig für das Böse. Durch das Anhaften an einer körperlichen Form und die Teilhabe an den Zuständen des Körpers wird die Seele verdorben.

Drei Beobachtungen sind hier von Bedeutung. Die erste ist, dass das Böse in der neuplatonischen Theorie nur in der Welt des körperlichen Daseins aktiv vorhanden ist. Die zweite ist, dass es in dieser Welt notwendigerweise aktiv vorhanden ist, denn eine Voraussetzung für diese Welt ist das Vorhandensein von Materie und damit des Bösen. In der Seele, die frei von Körper und körperlichen Zuständen ist, gibt es kein Böses. Die dritte – und in diesem Zusammenhang bedeutsamste – ist, dass der Mensch, da eine Bedingung seines Seins der Besitz einer leiblichen Natur ist, nur in einer Welt existiert und existieren kann, in der das Böse aktiv vorhanden ist: Als Mensch kann er niemals frei vom Bösen und dem damit verbundenen Leiden sein. Da es aber in der Natur der Sache liegt, dass die Seele in eine körperliche Form hinabsteigt (denn dies ist eine notwendige Phase des Manifestationsprozesses), kann offenbar weder der Seele noch dem Menschen eine Schuld an dieser Verwirklichung des Bösen angelastet werden: keine Schuld und somit keine Verantwortung für das begangene Böse.

Der Abstieg der Seele hat in der neuplatonischen Theorie jedoch noch einen weiteren Aspekt, der die Vorstellung von klarer Wahlfreiheit der Seele und damit Schuldfähigkeit einführt. Einerseits ist der Abstieg der Seele eine notwendige spontane Auswärtsbewegung ihrer Natur. Andererseits ist er jedoch eine Abkehr von einem höheren Gut hin zu einem geringeren Gut. Er ist ein Versäumnis, das Bessere zu wählen. Für die Seele ist es besser, in der geistigen Welt zu bleiben, frei vom Leib und den mit ihm einhergehenden Übeln, denn dies ist eine bessere Welt. Gleichzeitig ist die Seele (also die Seele, deren Aufgabe es ist, im Manifestationsprozess das Gute bis an die äußersten Grenzen zu verbreiten) gezwungen, an der Welt der Sinne teilzunehmen. Eine Bedingung ihres

Abstiegs ist, dass sie sich in gewissem Maß von ihrem Ursprung trennt, egozentrisch wird, das Göttliche ignoriert, in Vergesslichkeit, Schwäche verfällt. So gesehen ist ihr Abstieg in die körperliche Form eine Art Strafe für ihr Versäumnis, das Gute zu wählen. Es ist ihre Natur, in die Sinneswelt einzutreten; ihr Abstieg – ihr „Fall" – ist durch die ihr zugewiesene Aufgabe im Manifestationsprozess vorbestimmt; doch die Erfüllung dieser Aufgabe beinhaltet einen Glaubensabfall und ein Maß an Selbsteigentum[209], die wiederum ihre eigene Strafe nach sich ziehen: die Mitschuld am Bösen und an den Leiden, die daraus entstehen.

So ergibt sich nach neuplatonischer Theorie schließlich eine Situation, die in etwa folgendermaßen aussieht: Da das Gute das Gute ist, ist es unvermeidlich, dass bestimmte Seelen entstehen, deren Natur einen Abfall von ihrem Ursprung voraussetzt. Gleichzeitig ist dieser Abfall eine Folge ihres eigenen Willens und ihrer bewussten Entscheidung; der Abstieg, der auf ihre Entscheidung folgt, ist sowohl eine Verwirklichung dieser Entscheidung, als auch eine Bestrafung dafür und, drittens, eine natürliche Erfüllung der Aufgabe, die dieser Seele bei der Vollendung ihres göttlichen Zwecks im Universum zukommt. Das Gute – das Absolute – ist nur in dem Maße „schuld" an diesem Abstieg und dem Leiden, in das er die Seele verwickelt, wie das Gute schuld daran ist, das Gute zu sein. Die Alternative wäre kein Gutes, kein Sein, keine Differenzierung, keine Seelen, keine Sinneswelt, nichts, absolute Leere. Wenn dies ein besserer Zustand wäre als der jetzige, mit all seinen Bedrängnissen, aber auch mit seinen realen Möglichkeiten der Befreiung von diesen Bedrängnissen durch eine Rückkehr zum Ursprung, dann ist das Gute schuld. Wäre es das nicht, dann müsste das Gute freigesprochen werden: Gott ist schuldlos, wie Platon sagt.[210]

Trotz der Behauptung eines Elements der Wahlfreiheit und damit der Verantwortung für den leidvollen Zustand der Seele in dieser Welt ist schwer zu erkennen, wie die Dinge nach neuplatonischer Theorie anders hätten sein können, als sie sind; denn sie sind so gut, wie sie sein können, angesichts der Umstände, unter denen sie notwendigerweise zustande kommen müssen. Die „gefallene" Existenz liegt in der Natur der Sache, und die einzelnen Seelen, die sich in dieser Existenz befinden, befinden

209 also die Auffassung, dass sie allein sich selbst gehört, Anm. d. Ü
210 Platon, *Politeia*, 617d

sich darin, weil sie auf diese Weise die ihnen zugedachte Natur erfüllen: Es gibt notwendigerweise einige schwächere Seelen, denen es vorherbestimmt ist zu fallen, und wenn sie nicht gefallen wären, wäre dies gegen die Natur sowie ein Verstoß gegen die göttliche Bestimmung gewesen.

Mit anderen Worten, die gefallene Existenz und die Anwesenheit des Menschen in einer Welt, die untrennbar mit dem Bösen verbunden ist, sind vollkommen natürlich, ja unvermeidlich, eine direkte Folge dessen, dass das Absolute ist, was es ist. Das macht das Böse nicht weniger wirklich, nicht weniger schändlich und bösartig, nicht weniger leidbringend; andererseits ist es aber unvermeidlich, denn es hat seine Wurzeln in einem gewissen Mangel an Sein, einem gewissen Mangel an Wirklichkeit, der untrennbar mit der Sinneswelt und damit mit der geschaffenen Existenz des Menschen verbunden ist. Man könnte sagen, dass das Böse ein Unglück ist, das nicht in aller Manifestation als solcher auftritt, aber ganz gewiss in aller Manifestation, die den Menschen als leibliches Wesen einschließt.

Die gesamte neuplatonische Theorie über die Manifestation und das Vorhandensein des Bösen innerhalb der Manifestation ist, kurz gesagt, eine unvermeidliche Weiterentwicklung nach der Einführung der Idee einer Notwendigkeit – einer logischen Notwendigkeit, könnte man sagen, denn so stellt sie sich uns dar –, die im ursprünglichen *„fiat lux"* wirkt und der zufolge der erste Emanant, der Intellekt oder das reine Sein, bestimmt ist. Aus dieser Notwendigkeit folgt, dass diese Welt so gut ist, wie sie unter den Bedingungen, unter denen sie entstanden ist, nur sein kann – und sein muss. Das bedeutet, dass es nur sehr wenig Spielraum für eine moralische Verantwortung des Menschen gibt, wie man sagen könnte, oder entsprechend auch für moralische Schuld: Wenn jemand destruktiv handelt, anderen tiefes Leid zufügt oder mordet, wird er für sein Verbrechen durch einen Prozess natürlicher Vergeltung (die Gerechtigkeit der *Adrasteia*, unausweichliche Vergeltung) bestraft, der ihn so lange an das Rad des Werdens bindet, bis er die Neigungen, die ihn daran fesseln, ausgeschöpft hat; wenn er aber zugleich bei der Begehung seines Verbrechens wirklich gemäß seiner Natur handelt (was er tun muss, denn sonst könnte er nicht so handeln, wie er handelt), ist er letztlich moralisch schuldlos. Das Böse ist deshalb, wie gesagt, nicht weniger böse, aber erstens trägt es zum Wohl des Ganzen bei, und zweitens ist das einzelne Instrument nicht schuld daran, dass es böse handelt, denn die Harmonie und das Wohl des Ganzen verlangt, dass dieses Böse durch das Instrument zum Ausdruck kommt: Wie Plotin schreibt, muss der gut geführte Staat einen Scharfrichter haben, beziehungsweise aus Ehebruch oder den Vergehen von Gefangenen können gute Kinder hervorgehen.

Verglichen mit der neuplatonischen Theorie betont die christliche Lehre vom „Sündenfall“ das Element der Wahlfreiheit viel stärker als den Gedanken vom Fall als unvermeidlicher Folge eines notwendigen Prozesses. Der Sündenfall ist also die Folge einer solchen Wahl oder Entscheidung und nicht etwa zwangsläufig durch ein göttliches Naturgesetz zustande gekommen. Er muss nicht als Teil des unvermeidlichen Manifestationsprozesses eingetreten sein. Er ist geschehen, weil der erste Mensch – Adam – entschieden hat, dass er geschehen soll. Dies wiederum setzt zwei Bedingungen voraus. Die erste ist die bereits erwähnte Möglichkeit einer Schöpfung, einschließlich des Menschen, die frei vom Bösen ist – einer Schöpfung, deren Vollkommenheit, wenngleich relativ (im Vergleich zur Vollkommenheit Gottes), nicht notwendigerweise das Vorhandensein des Bösen mit sich bringt; und die zweite ist, dass Adam die Möglichkeit hatte, sich gegen den Sündenfall zu entscheiden. Dass diese beiden Möglichkeiten real sind und nicht bloß ideal, sentimental oder anthropomorph, wird für Christen mit der Offenbarung des menschgewordenen Gottes, des zweiten Adam, bewiesen, der als Mensch (und nicht insofern, als er Gott ist), also als geschaffenes Wesen, frei von Sünde ist und der, wiederum als Mensch, den Versuchungen des Teufels in der Wüste nicht erliegt. Mit anderen Worten, Christus erfüllt das Schicksal, das Adam nicht erfüllt hat. Was aus neuplatonischer Sicht eine metaphysische Unmöglichkeit ist, erweist sich somit als die zentrale Botschaft der christlichen Offenbarung: Dass es eine geschaffene oder geschöpfliche Existenz geben kann und gibt, die frei vom Bösen und von Leiden ist; dass das Böse und das Leiden keine notwendigen Merkmale der materiellen Schöpfung als solcher sind.

Tatsächlich ist das Böse, was den Menschen und damit die materielle Schöpfung anbelangt, gleichsam etwas Fremdes, das nur durch einen gewissen Glaubensabfall des Menschen Zutritt erhält. Dies spiegelt sich selbstverständlich im christlichen Mythos von der Verführung des Menschen durch den Teufel im Paradies und dem darauffolgenden Sündenfall wider. Das Böse ist also etwas, das zunächst nicht auf der Ebene der sinnlichen, sondern auf der Ebene der intelligiblen Schöpfung auftritt. Dies steht im Gegensatz zur neuplatonischen Theorie, in der die intelligible Welt *per definitionem* für das Böse unempfänglich ist, auch wenn die Seele, die dazu bestimmt ist, das Gute in der Welt der Materie zu verbreiten, sich einer gewissen Abkehr von einem höheren Gut hin zu einem geringeren Gut schuldig gemacht haben soll.

Das Prinzip des Bösen ist in der christlichen Theorie also nicht an und für sich totale Negativität und Unwirklichkeit, wie im neuplatonischen Denken. Im Gegenteil, es ist eine intelligible Macht, die, nachdem sie sich selbst dazu entschieden hat, die Freiheit eines Daseins außerhalb und unabhängig vom göttlichen Leben und der göttlichen Liebe für sich in Anspruch zu nehmen, und sich folglich dem völlig Unwirklichen, Nichtexistenten, Dunklen und Negativen verschrieben hat, nun ihre Energie – an sich göttlich und frei vom Bösen – einsetzt, um andere geschaffene Wesen, zunächst die Engel, dann die Menschen (in denen sich Intelligibles und Sinnliches vermischen und miteinander interagieren), dazu zu bringen, sich für eine ähnliche Scheinfreiheit zu entscheiden und so der gleichen völligen Unwirklichkeit, Nichtexistenz, Dunkelheit und Negativität eine illusorische Existenz zu verleihen, der sie selbst verpflichtet ist. Handlungen, die wir als böse bezeichnen, sind daher solche von geschaffenen Wesen, die, nachdem sie die Schau des spirituellen Intellekts und damit die Intelligenz und Reinheit, über die sie „im Himmel" verfügen, verloren haben, ursprünglich göttliche Kräfte für sich in Anspruch nehmen und sie für bösartige und gewalttätige Zwecke einsetzen. Ohne die Schau des spirituellen Intellekts und dessen Kontrolle und Ausgewogenheit können solche Kräfte, wie wir nur zu gut wissen, Formen annehmen, die ebenso unbeherrscht und zerstörerisch wie unersättlich und fanatisch sind.

Im Hinblick darauf, was zu Beginn dieses Kapitels gesagt wurde, könnte man hinzufügen, dass eines der wichtigsten Mittel, mit denen man uns dazu bringen kann, der teuflischen Überredungskunst nachzugeben, im Einflößen des Gedankens besteht, das Böse sei unserer Natur durchaus nicht fremd und unverwandt, sondern ihr fester Bestandteil, so dass wir, wenn wir unsere bösen Neigungen zum Ausdruck bringen, genauso natürlich und uns selbst treu sind, als wenn wir positive Eigenschaften der Güte und Liebe zum Ausdruck bringen. Wenn wir darüber hinaus davon überzeugt werden können, dass unsere bösen Neigungen integraler Bestandteil unserer Natur sind, weil sie die „dunkle, böse Seite" des Gottes darstellen, nach dessen Ebenbild wir geschaffen sind, dann ist die Situation noch unendlich viel schlimmer: Denn dann können wir, wenn wir unsere bösen, negativen Neigungen zum Ausdruck bringen, göttliche Billigung beanspruchen, weil wir damit im Einklang mit der göttlichen Natur handeln. Mit anderen Worten, wir befinden uns dann wirklich und unausweichlich in Gefangenschaft des Teufels, in der Illusion, dass wir unrettbar in der Welt des Bösen gefangen sind, da wir uns davon nicht läutern können, wenn wir nicht zuvor Gott selbst von seiner dunklen Seite läutern, was natürlich sowohl unsere als auch Gottes Macht übersteigen würde. Das Böse dem Ursprung der Dinge zuzuschreiben, ist daher einer der schrecklichsten Akte der Perversion, zu denen der menschliche Geist fähig ist.

Aus christlicher Sicht sind also unser Sündenfall und unsere daraus folgende Verwicklung in das Böse und das Leiden weder notwendig noch natürlich. Vielmehr sind das Böse und das Leiden eine notwendige Folge von Adams Entscheidung, aber diese Entscheidung an sich ist nicht festgelegt und verwickelt uns überdies in einen Daseinszustand, der nicht von Natur aus der unsere ist. Wenn das so ist, könnte man fragen, warum Gott das zugelassen hat? Wenn Er eine Welt schaffen konnte, die frei vom Bösen ist (nicht von der Möglichkeit des Bösen, was etwas anderes ist), und eine menschliche Natur, die fähig ist, der Verführung des Bösen zu widerstehen (und dass Er das konnte, beweist das menschgewordene Leben Christi), warum hat Er dann Adams Sündenfall zugelassen? Und wenn Er Adams Sündenfall zugelassen hat, muss dieser Sündenfall dann nicht im ursprünglichen Plan enthalten gewesen sein und daher ebenso sehr der Natur entsprechen wie der Fall der Seele in der neuplatonischen Theorie? Verwickelt die christliche Theorie Gott nicht auf die eine oder andere Weise in unseren Sündenfall und unseren gefallenen Zustand und damit in das Böse und die Leiden, die damit untrennbar verbunden sind?

Die christliche Antwort darauf ist wiederum der Verweis auf die Freiheit, in der der Mensch (Adam) ursprünglich geschaffen wurde. Gottes Absicht bei der Erschaffung des Menschen ist, dass er ein Geschöpf sein soll, das, nachdem ihm die Existenz gegeben wurde, dafür verantwortlich ist, was es daraus macht. Seine Freiheit, sich Gott zuzuwenden oder sich von Gott abzuwenden, im Leben zu existieren oder im Tod zu existieren (denn die Existenz ist das Einzige, aus dem der Mensch nicht aussteigen kann), ist daher eine inhärente Eigenschaft seiner ursprünglichen Natur: Im Gegensatz zur Seele, die in der neuplatonischen Theorie dazu bestimmt ist, das Gute in der Sinneswelt zu manifestieren, hätte Adam sich gegen den Sündenfall entscheiden können. Hätte Gott einen Adam geschaffen, der nicht zum Sündenfall fähig gewesen wäre, oder hätte Er ihn auf irgendeine Weise am Sündenfall gehindert, oder hätte Er von der Erschaffung Adams abgesehen, weil Er wusste, dass dieser mit Sicherheit oder möglicherweise den Sündenfall begehen würde, hätte Er Sein Ziel verfehlt.

Mit anderen Worten: Aus christlicher Sicht ist Gott nur insoweit „schuld" am Sündenfall und dem daraus resultierenden Bösen und Leid, in das der Mensch verwickelt ist, wie Er schuld ist an Seinem Wunsch, den Menschen in seiner Entscheidung, Seine Liebe und Sein Leben anzunehmen oder abzulehnen, frei von Zwängen zu erschaffen; wie Er schuld ist an dem Wunsch, dass der Mensch aktiv und freiwillig und nicht nur passiv und zwangsweise an dieser Liebe und diesem Leben teilhaben soll. Hätte Er den Menschen in einem Zustand erschaffen, in dem er nicht die Möglichkeit zum Sündenfall hat, wäre das Gute im Menschen in unterwürfiger und willkürlicher Weise konditioniert worden und nicht die Folge seiner Entscheidung oder Mitarbeit gewesen. Man kann sagen, Gott hat Schuld daran, dass der Mensch diese Freiheit besitzt; aber wenn man einmal davon ausgeht, dass diese Freiheit zu der Absicht gehört, mit der Gott Adam ursprünglich erschaffen hat, liegt die Verantwortung für den Sündenfall und für dessen sämtliche verhängnisvollen Folgen beim Menschen.

In diesen primären Unterscheidungen sind mehrere weitere Unterscheidungen zwischen neuplatonischer und christlicher Theorie implizit enthalten. Vier davon erscheinen in diesem Zusammenhang von unmittelbarer Bedeutung. Über die erste wurde bereits etwas gesagt; sie betrifft die unterschiedliche Einstellung zu Freiheit und Notwendigkeit. In der neuplatonischen Theorie spielt der Begriff der Notwendigkeit eine weitaus größere Rolle als in der christlichen, wo im Gegenteil vor allem die Freiheit betont wird. Dies bedeutet allerdings nicht, dass die Vorrangstellung der Freiheit in der christlichen Theorie und deren Widerstreben, in Bezug auf das Absolute Kategorien der Notwendigkeit anzuerkennen, das Resultat willkürlicher Vorurteile oder Sentimentalitäten sind. In dieser Hinsicht ergibt sich der Unterschied zwischen den beiden Theorien aus ihrer unterschiedlichen Einstellung zur Logik und ihrem unterschiedlichen Verständnis des Verhältnisses zwischen Logik und Metaphysik.[211] Der Begriff der Notwendigkeit, bei dem es darum geht, eine Sache auf rein logische Weise zu einer anderen in Beziehung zu setzen (Teil zu Ganzem, Wirkung zu Ursache und so weiter), kann selbst nur innerhalb der logischen Ordnung entstehen. In der neuplatonischen Theorie ist es legitim, einen solchen Begriff auf die überlogische Ordnung zu übertragen, und zwar mit der Begründung, dass die Gesetze der Logik metaphysische Wirklichkeiten widerspiegeln oder ihnen entsprechen. So ist es legitim, im Zusammenhang mit dem Absoluten von Notwendigkeit zu sprechen. Aus christlicher Sicht ist die Freiheit – die Abwesenheit von jeglichem Zwang, sei es logischer oder anderer Art – vom Wesen der ungeschaffenen göttlichen Ordnung, während Notwendigkeit, deren Ursprung in der relativen und quantitativen Sphäre der geschaffenen Ordnung liegt, in der auch die Logik ihren Ursprung hat, lediglich bestimmte Aspekte dieser Ordnung und ihrer Bedingungen kennzeichnet. Diesen Begriff auf die göttliche Ordnung anzuwenden, als gäbe es eine notwendige und vorherbestimmte Analogie zwischen der göttlichen und der logischen Ordnung, bedeutet, eine Beziehung zwischen den beiden Ordnungen vorauszusetzen, die das Christentum nicht voraussetzt.

Eine zweite Unterscheidung ist mit der ersten verbunden. Nach neuplatonischer Theorie gibt es eine notwendige Beziehung zwischen dem Menschen und dem Einen – oder vielmehr zwischen der Seele des Menschen und dem Einen. Die Seele des Menschen ist, obwohl sie dem Einen nichts hinzufügt, doch der natürliche und generische Abkömmling göttlichen Seins; sie ist in diesem Sein verwurzelt, Teil derselben Substanz. Die Seele kann auf der Skala des Seins auf- oder absteigen, aber sie kann ihre substanzielle Identität als eine Form oder Phase – ein emananter Strahl – des Göttlichen nicht verlieren. Das bedeutet, dass die Scheide-

211 Eine ausführliche Darstellung des Themas findet sich in Kapitel Vier.

linie zwischen dem Göttlichen und dem „Anderen als dem Göttlichen“ nach neuplatonischer Theorie nicht zwischen dem Einen und dem Sein einerseits und der Seele und der Sinneswelt andererseits verläuft; sie verläuft zwischen der Seele und der materiellen Welt schlechthin; oder vielmehr, da die Seele ein Modus, eine Weise, des Seins ist, verläuft sie zwischen dem Sein und der gesamten intelligiblen Welt einschließlich der Seele einerseits und der Welt der Materie andererseits.

In der christlichen Theorie hingegen gibt es keine notwendige (natürliche und generische) Beziehung zwischen Gott und dem Menschen oder zwischen Gott und der Seele des Menschen: Der Mensch kann als Seele oder als Körper oder als beides zusammen am Göttlichen teilhaben, aber es gibt keine substanzielle Identität zwischen seiner Seele und dem Göttlichen. Seele und Körper sind geschaffene Wirklichkeiten, neue Daseinsformen in der Gegenwart Gottes. Die Scheidelinie zwischen dem Göttlichen und dem „Anderen als dem Göttlichen“ verläuft daher in der christlichen Theorie nicht zwischen der intelligiblen Welt des Seins und der Welt der Materie, sondern zwischen Ungeschaffenem und Geschaffenem, zwischen Gott und Seinem Sein einerseits sowie der intelligiblen und sinnlichen Welt, die als einheitliche organische Schöpfung betrachtet wird, andererseits. Aus diesem Grund vermag die christliche Theorie einen Grad an menschlicher Unabhängigkeit und Freiheit vorzusehen, der nach neuplatonischer Theorie unmöglich ist.

Ein dritter Unterschied zwischen den beiden Theorien ist ebenfalls bereits angesprochen worden. Beide Theorien sind sich einig, dass das Böse keine substanzielle Existenz hat: Es ist eine Art Negation, ein Defekt, ein völliger Mangel an Sein. Beide stimmen ferner darin überein, dass es keine natürliche Eigenschaft aller Manifestation oder der Schöpfung als solcher ist: In der neuplatonischen Theorie ist die gesamte Welt des Seins frei vom Bösen, und in der christlichen Theorie sind sowohl das Paradies als auch der neue Himmel und die neue Erde frei vom Bösen. Auch sind beide Theorien nicht dualistisch. Doch während in der neuplatonischen Theorie das Böse notwendigerweise der Materie und damit unserer Existenz in der materiellen Welt innewohnt, ist dies in der christlichen Theorie nicht der Fall: Das Böse ist keine notwendige Eigenschaft der Materie und damit nicht notwendigerweise integraler Bestandteil unseres Daseins in der materiellen Welt.

In der christlichen Theorie werden sowohl die materielle Welt als auch unser Leben in ihr durch den Sündenfall, der an sich weder ein notwendiges noch ein natürliches Ereignis ist, in das Böse verwickelt. Das Böse ist eine der Schöpfung innewohnende Möglichkeit (eine Möglichkeit, die, wenn man so will, den Abstand zwischen Ungeschaffenem und Geschaffenem vermisst), die aber niemals verwirklicht werden muss. Dass sie durch Adams Entscheidung verwirklicht wird, führt zu einem Bruch in der Schöpfung. Es ist nicht so, dass wir sündigen und leiden müssten, solange wir existenzielle Geschöpfe bleiben, weil das Böse und das Leiden eine natürliche und unausweichliche Bedingung unserer geschaffenen Existenz wären – eine Auffassung, die ihr Gegenstück in einer Erlösungstheorie hat, der zufolge wir nur unter der Bedingung vom Bösen und vom Leiden befreit werden können, dass wir ganz und gar aufhören, als Geschöpfe zu existieren. Wir sündigen und leiden, und mit uns die übrige Schöpfung, weil wir die Existenz pervertiert haben; die Erlösung vom Bösen und vom Leiden ist also keine Frage des Entkommens aus den natürlichen und unvermeidlichen Begrenzungen der kreatürlichen Existenz, sondern eine Frage der Wiederherstellung oder Neugestaltung ihrer Unversehrtheit.

Das bedeutet, dass die christliche Vorstellung vom Sündenfall in das Dasein des Menschen nach dem Sündenfall eine Spannung einführt, die dem Leben des Menschen, wie es sich die neuplatonische Theorie vorstellt, völlig fremd ist. Nach neuplatonischer Theorie ist im Grunde alles an seinem Platz, es ist dort, wo es seiner Natur nach sein muss, und es liegt Ungerechtigkeit und Dummheit darin, sich zum Beispiel das menschliche Leben oder das Dasein im Allgemeinen anders zu wünschen, als es ist. Man kann an der Ordnung der Dinge in der Sinneswelt und damit am menschlichen Leben nur dann etwas auszusetzen haben, wenn man annimmt, dass alles in dieser Welt mit der ganzen Vollkommenheit jener Wesen ins Dasein kommen müsste, die, da sie in der Welt des Intellekts geblieben sind, ein solches Dasein überhaupt nicht kennen. Eine solche Annahme ist unsinnig, denn die Dinge der intellektuellen Welt können keine ununterbrochene Kontinuität mit den Dingen der Sinneswelt haben. Es wäre besser, wenn die Dinge nicht in der Sinneswelt ins Dasein gekommen wären, und zwar aus dem einfachen Grund, weil damit eine Entgleisung aus der Welt des Intellekts verbunden ist, die eine bessere Welt ist. Aber diese Entgleisung muss sein, weil das Gute ist, was Es ist: Die Seele, die sich einer solchen Entgleisung schuldig macht, steht unter göttlichem Zwang.

In der christlichen Theorie hingegen ist unser Dasein in der uns heute bekannten Form nicht so, wie es sein sollte: Es hat diesen Bruch oder Riss in der Schöpfung gegeben, und da dieser durch uns und nicht durch irgendeinen natürlichen oder notwendigen göttlichen Prozess, an dem wir unweigerlich beteiligt sind, herbeigeführt wurde, legt er uns eine andere Art von Verantwortung auf und führt eben jene Spannung ein, von der bereits die Rede war.

Diese uns obliegende Verantwortung erstreckt sich zudem auf unser Verhältnis zur gesamten geschaffenen Welt. Wenn nun die gesamte Schöpfung vom Bösen und vom Leid betroffen ist, dann nicht deshalb, weil die Schöpfung in die Materie verwickelt ist, die niemals eine positive Qualität erhalten oder näher an die Wirklichkeit und das Gute herangebracht werden kann, sondern immer das bleiben muss, was sie ist – totale Negativität, absolute Entbehrung und Andersheit. Im Gegenteil, das materielle Element der Schöpfung ist eine reale Potenz, die transformiert werden und am göttlichen Leben teilhaben und somit aus der Sphäre erlöst werden kann, in der sie vom Bösen und vom Leiden betroffen ist. Eine solche Erlösung hängt jedoch von uns ab, und zwar in dem Sinne, dass, wenn wir nicht die Unversehrtheit unserer Natur wiedererlangen und uns so in die Welt erheben – oder in sie erhoben werden –, in der das Böse und das Leiden nicht mehr wirksam sind, unsere eigene mangelnde Unversehrtheit, die eine Folge unserer Unterwerfung unter das Böse ist, sich auch auf die übrige Schöpfung auswirken und sie in das Böse sowie das damit einhergehende Leiden verwickeln wird.

Viertens unterscheiden sich die beiden Theorien, auch als Folge des oben Gesagten, in ihrer Einstellung zur Zeit und in der Bedeutung, die sie ihr beimessen. In der neuplatonischen Theorie ist die Zeit das Leben der Seele in ihren verschiedenen Transmigrationen in der Sinneswelt: Sie entsteht infolge des Abstiegs der Seele und ihrer Flucht aus der Ewigkeit. Da dieser Abstieg und die Flucht Teil eines natürlichen und notwendigen Prozesses sind, ist dies auch die Zeit. In einem Sinne muss die Zeit immer existieren: Geistige Wesen sind ewig, und da diese notwendigerweise ihre eigenen Ebenbilder erzeugen müssen, müssen die

Bilder, die sie in der Zeit hervorbringen, so lange bestehen wie ihre Archetypen, also immer: Das Gute ist immer, und daher muss auch alles, was dem Guten folgt, immer sein. Daher ist das Böse, das vom Prozess des Werdens untrennbar ist, auch untrennbar von der Zeit; und da der Prozess des Werdens unaufhörlich ist, ist auch die Verwirklichung des Bösen unaufhörlich: Es kann kein endgültiges Ende des Bösen geben, da es kein endgültiges Ende der Zeit geben kann.

Andererseits wird diese Ewigkeit der Zeit von einem bestimmten zyklischen inneren Rhythmus unterbrochen, und eine Phase dieses Rhythmus‘ ist die Rückkehr aller Dinge zu ihrem vormanifesten Ursprung: Der Prozess des Werdens und damit die Zeit kommen in dieser Phase zum Stillstand; infolgedessen schlummert das Böse während dieser Phase unverwirklicht. Aber diese Phase ist nur eine Phase, denn das Gute kann nicht aufhören, das Gute zu sein, und so muss der notwendige Manifestationsprozess wieder ausgeströmt werden. Von daher ist die Zeit in Wirklichkeit eine Funktion eines gewissen Mangels an wahrem Sein; sie ist die Bewegung der gefallenen Seele, eine Art fragmentarische Flucht, die die Ewigkeit zersplittert und die diese nur durch Zerstörung wieder für sich einfordern kann.

In der christlichen Theorie ist die Zeit, wie auch die Materie, nicht notwendigerweise in das Böse verwickelt und nicht die Folge eines gewissen Mangels an Sein oder einer Flucht vor der Ewigkeit. Im Gegenteil, sie wurzelt in der Ewigkeit. Sie ist eine Art Transmutation der Ewigkeit, durch die die Archetypen der göttlichen Welt in der Schöpfung manifest werden. Es gibt also keinen *Hiatus* oder eine ontologische Kluft zwischen Zeit und Ewigkeit, und dass wir eine solche Kluft wahrnehmen, liegt daran, dass wir unsere Augen vor der wahren Schau verschlossen haben, nicht an einer Dichotomie in der Wirklichkeit selbst. Unsere mangelnde echte Wahrnehmung hat der Zeit eine Art Unwirklichkeit verliehen, die dazu führt, dass wir sie als eine Dimension sehen, die getrennt von der Ewigkeit existiert und sich irgendwie von ihr absetzt. Folglich ist die Zeit nichts, das zerstört werden muss, damit die Ewigkeit sie erlösen kann. So wie es die eigentliche Bestimmung der geschaffenen menschlichen Natur ist, an Gottes ungeschaffenem Leben und Seiner Liebe teilzuhaben, ohne anders zu werden, als sie ihrem Wesen nach ist, ist es auch die eigentliche Bestimmung der Zeit, an der Ewigkeit teilzuhaben, ohne anders zu werden, als sie ihrem Wesen nach ist. Beide Teilhaben – und die eine ist Bedingung für die andere – erfordern nicht eine Veränderung der Natur, sondern die Erkenntnis der Unversehrtheit dieser Natur, einer Unversehrtheit, die durch den Sündenfall und seine Folgen verdunkelt und gestört wurde. Diese Erkenntnis wiederum kann nur durch einen Sieg über das Böse erreicht werden.

Eine Bedingung für das Ende der aktiven Präsenz des Bösen ist also nicht das Ende der Zeit oder der geschaffenen Natur des Menschen. Die Zeit und die geschaffene Natur des Menschen sind nicht untrennbar mit dem Bösen oder mit dessen Folgen verbunden. Beide können, während sie bleiben, was sie sind, und bei aller Begrenztheit des Geschaffenen, frei sein vom Bösen und seiner Gegenwart: frei durch die immer stärkere *Communio* im ewigen „Jetzt" und die bedingungslose Freiheit der unerschöpflichen Tiefen Gottes.

KAPITEL ACHT

Über Tod und Sterben: Ein christlicher Ansatz

Tod und Sterben sind natürlich für jede Form heiliger Tradition von entscheidender Bedeutung; und vielleicht veranschaulicht nichts so sehr unsere Entfremdung vom Ursprung unseres Seins sowie unsere Unterwerfung unter die trivialen und trivialisierenden Normen der modernen Wissenschaft wie unser nahezu vollständiger Verlust des traditionellen Verständnisses ihrer Bedeutung und ihrer Beziehung zum Leben. Christus nennt sich selbst „Leben“: „Ich bin … das Leben“ (Johannes 11,25); und es ist der Tod Christi, den wir Paulus zufolge im Leib tragen, damit sich dieses Leben – das Christus ist – auch in unserem Körper manifestieren kann. Platon nennt die wahre Philosophie das Studium des Sterbens oder eine Meditation über den Tod (*Phaidon* 81a). Und ein japanischer Zen-Meister[212] mahnt uns:

Noch im Leben werde ein Toter
Durch und durch tot
Dann tue, was du willst
Und alles wird gut –

– ein Rat, der sich in den Worten von Jalal al-Din Rumi und Angelus Silesius wiederholt: „Stirb, bevor du stirbst.“

Doch im 18. Jahrhundert ist dieses traditionelle Bewusstsein um die paradoxe Einheit, in der Leben und Sterben untrennbar miteinander verbunden sind, einer Sichtweise gewichen, nach der in mehr oder weniger absoluter Weise das Leben vom Tod und der Tod vom Leben unterschie-

212 Shidō Bunan aus der frühen Edo-Zeit.

den und ihm entgegengesetzt wird. Das Leben wird im Wesentlichen zu einer diesseitigen Kategorie, die ihren Ursprung und ihre Bedeutung nicht von Gott, sondern von der Welt ableitet. So gesehen hat es nichts damit zu tun, dass Gott Fleisch geworden ist und sich selbst das Leben nennt, zu dem Er alle aufruft. Im Gegenteil, das Leben wird auf das physische Überleben reduziert, dem der Tod ein Ende setzt. So wird das Leben zu einem Götzen, einer Karikatur, einer Blasphemie.

In der Folge haben wir Leben und Tod in zwei unvereinbare Kategorien polarisiert, und statt zu begreifen, dass wir in jedem Augenblick in ein Leben-Sterben-Dasein verwickelt sind, in dem Leben und Tod zwei Gesichter ein und derselben Wirklichkeit sind, betrachten wir sie als miteinander verfeindete Gegner und sehen den Tod gewissermaßen als das Ende des Lebens an. Wir wollen so wenig wie möglich davon hören, als wäre er etwas Schändliches und Schockierendes, das schnell und unauffällig vertuscht oder verdeckt werden sollte. Deswegen werden wir fast alle ins Krankenhaus gekarrt, um dort hygienisch auf klimatisierten Stationen zu sterben, wobei unser Geist und unsere Sinne durch Medikamente und Injektionen betäubt und umnebelt werden. Die Ärzte – die ganze Welt der modernen Medizin im Allgemeinen – mischen sich in recht beklagenswerter und unverantwortlicher Weise in den Sterbeprozess ein, geblendet von ihrer mehr oder weniger totalen Ignoranz gegenüber der Bedeutung, die der Tod für das Leben und das Leben für den Tod hat.

Diese Ignoranz, wie auch unsere Ignoranz in praktisch allen anderen Bereichen, wurde, wie ich bereits sagte, durch die Normen der modernen Wissenschaft erzeugt. Vor deren Aufstieg – wie auch in Teilen der Welt, die noch nicht von der Entwürdigung durch sie infiziert sind – gab es ein weitaus größeres und weitaus anderes Wissen und Interesse. Es gab eine Kunst zu sterben, die ebenso umfassend war wie jede Kunst zu leben – tatsächlich schloss die Kunst zu leben die Kunst zu sterben mit ein und umgekehrt. Wir brauchen uns zum Beispiel nur ins Gedächtnis zu rufen, wie wichtig die Eleusinischen Mysterien in der antiken griechischen Welt waren, und uns zu vergegenwärtigen, dass im Zentrum dieser Mysterien ein Todesritus stand, um zu begreifen, wie wichtig diese Kunst zu sterben war.

Cicero, ein Eingeweihter dieser Mysterien, schreibt, nachdem wir sie erfahren hätten, besäßen wir „endlich einen Grund …, warum wir leben sollten; und wir brennen nicht nur darauf zu leben, sondern wir hegen eine bessere Hoffnung auf den Tod". Plutarch verweist auf „die Masse der Menschen, die nicht eingeweiht und geläutert sind und die sich in der Schlammgrube [diesseitiger Vergnügungen] tummeln und in der Dunkelheit tappen und sich aus Angst vor dem Tod an ihr Leid klammern, ohne auf die Glückseligkeit des Jenseits zu vertrauen." Werke wie das *Ägyptische Totenbuch*[213] (dessen korrekter Titel „Heraustreten in das Tageslicht" lautet) und das *Tibetanische Totenbuch*[214] (das im tibetischen Original den Titel „Befreiung durch Hören im Zwischenzustand" trägt) zeugen von der Universalität dieses Wissens und dieses Interesses.

Lässt sich dieses Wissen überhaupt wieder zusammensetzen, lässt sich daraus etwas Kohärentes machen? Zunächst einmal ist dies nur möglich, wenn wir uns auf Denkkategorien einlassen, die im Großen und Ganzen aus unserem Bewusstsein eliminiert worden sind. Als Erstes müssen wir akzeptieren, dass es eine Realität gibt, die im westlichen Sprachgebrauch mit dem Wort „Seele" bezeichnet wird, und dass diese Seele entweder von Natur aus unsterblich ist oder Unsterblichkeit zumindest als eine ihr innewohnende Potenz besitzt. Sie unterliegt also nicht der Art von Sterblichkeit, der unser physischer, materieller Körper unterworfen ist. Sodann müssen wir zweitens anerkennen, dass es zwei Arten von Sterben und Tod gibt: Es gibt ein physisches Sterben und einen physischen Tod (die wir heutzutage tendenziell als einzige anerkennen), und es gibt etwas, das man als metaphysisches Sterben und metaphysischen Tod bezeichnen könnte und im Verhältnis zu dem unser rein physisches Ableben und unser physischer Tod gewissermaßen nebensächlich sind.

Ich verwende in diesem Zusammenhang das Wort „nebensächlich", weil aus Sicht der Perspektive, die ich hier zu verdeutlichen versuche, unser rein physischer Tod zunächst keinen großen Unterschied zu unserem Leben darstellt. Das heißt, dass, so überraschend dies klingen mag,

213 Ins Englische übersetzt und herausgegeben von E. A. Wallis, London 1895. (In deutscher Übersetzung u.a. Erik Hornung, *Das Totenbuch der Ägypter*, Artemis 1979; Anm. d. Ü.)

214 Herausgegeben und mit einer Einführung von W. Y. Evans-Wenz, Oxford 1927. (In deutscher Übersetzung: Walter Y. Evans-Wentz/Lama Kazi Dawa-Samdup: *Das tibetanische Totenbuch oder Die Nach-Tod-Erfahrung auf der Bardo-Stufe*, mit einem Geleitwort und einem psychologischen Kommentar von C. G. Jung, deutsch von Louise Göpfert-March, [erstmals 1935], Walter-Verlag 1971; Anm. d. Ü.)

die Form des Lebens, die wir nach unserem physischen Tod ohnehin zunächst erleben, weitgehend die gleiche ist wie die, die wir vor unserem Tod erlebt haben. Das mag überraschend klingen, denn sofern wir die Existenz der Seele überhaupt in Betracht ziehen und sogar anerkennen, dass sie nicht der Art von Sterblichkeit unterliegt, der unser physisch-materieller Körper unterworfen ist, können wir uns nur schwer vorstellen, dass unser physischer Tod keinen großen Unterschied in der Lebensform bewirken sollte, die sie danach erfährt.

Doch diese Schwierigkeit ist vielleicht auch auf die Verwirrung zurückzuführen, die wir in Bezug auf unser Verständnis der Natur der Seele und insbesondere ihrer Beziehung zum Körper geschaffen haben. Was wiederum vielleicht nur eine andere Formulierung dafür ist, dass diese Verwirrung teilweise auf die Verwirrung zurückzuführen ist, die wir darüber geschaffen haben, was den Körper ausmacht. Meist neigen wir dazu, den Körper ausschließlich mit seinen grobstofflichen Elementen gleichzusetzen, mit Knochen, Fleisch, Blut und so weiter, wie wir sie während unseres irdischen Lebens besitzen. Wenn diese Form des Körpers am Ende unseres irdischen Lebens zerfällt und vergeht, sind wir daher gezwungen, uns die Seele (vorausgesetzt, wir akzeptieren, dass sie unseren physischen Tod überlebt) als etwas Körperloses vorzustellen, ohne einen empfindungsfähigen Organismus, durch den sie wirken kann. Dieses Dasein in einem körperlosen Zustand muss, so folgern wir, einen großen Unterschied in der Art und Weise bewirken, wie wir die Dinge nach der Auflösung des sterblichen Körpers erleben.

Aus der traditionellen Sicht, um die es uns hier geht, muss dies jedoch eine völlig falsche Vorstellung sein. Für die christliche Tradition ist zum Beispiel völlig klar, dass Adam in seinem paradiesischen Zustand vor dem Sündenfall vollständig verkörpert war, und es ist ebenso klar, dass sein Körper eine ganz andere Beschaffenheit hatte als der Körper nach dem Sündenfall, da er nicht dem Verfall unterworfen war. Denn zu den Konsequenzen des Sündenfalls gehörte nicht, dass der Mensch einen Körper erhielt, sondern dass sein Körper aus dichteren, gröberen, stofflicheren Elementen zusammengesetzt wurde als die, die im Zustand vor dem Sündenfall zu ihm gehörten. Unser wahrer Leib, also unser ursprünglicher, paradiesischer Leib, ist nicht mit jenen dichten, stofflichen Elementen gleichzusetzen, die er infolge des Sündenfalls erhielt. Er ist von weitaus feinerer Beschaffenheit, so fein, dass er als spiritueller Leib, als *soma pneumatikon*, bezeichnet werden kann.

Dementsprechend bedeuten die Auflösung und der Zerfall, denen die durch den Sündenfall mit dem spirituellen Leib verbundenen grobstofflichen Elemente zum Zeitpunkt des physischen, irdischen Todes unterworfen sind, nicht, dass die Seele körperlos bleibt. Sie besitzt auch nach diesem Tod noch einen völlig ausreichenden Körper. Sie besitzt immer noch einen Organismus oder einen Komplex von Organen, mit dem sie agieren oder reagieren, denken, sehen, hören, fühlen usw. kann. Mit anderen Worten, der spirituelle Leib besitzt in spiritueller Form die ganze Palette der Sinne; und die von uns sogenannten körperlichen Sinne sind sozusagen deren Reflexe oder Verlängerungen. Das Leben des Auges ist nicht vom materiellen Körper, sondern vom Geist. Und so verhält es sich auch mit allen anderen Sinnen: Ihr Grund oder ihre Wurzeln sind nicht körperlich, sondern spirituell.

Das bedeutet, dass unser uns belebendes Selbst oder das, was wir unseren spirituell-seelischen Komplex mit seinem entsprechenden spirituellen Organismus nennen könnten, unser wirkliches oder wahres Selbst darstellt; und dass der dichte materielle Körper für diese wahre persönliche Identität lediglich das Instrument ist, angepasst an die Bedingungen dieser Welt – dieser Welt nach dem Sündenfall –, in der wir während unseres sterblichen Lebens agieren müssen. Wenn dieser Komplex von dem dichten stofflichen Körper, mit dem er verbunden ist, getrennt wird – eine Trennung, die wir als Tod bezeichnen –, lebt das wahre Selbst daher weiter. Es lebt immer noch im Besitz aller seiner Sinne. Nach der Trennung von dem dichten stofflichen Körper sieht, hört, denkt, fühlt, schmeckt usw. es immer noch genauso viel wie in diesem Körper, ja sogar noch weitaus mehr.

Deshalb ähnelt die Lebensform, die wir nach unserem physischen Tod erleben, zumindest anfänglich sehr stark derjenigen, die wir vor diesem Tod erlebt haben. Wenn wir sterben, gehen wir einfach von einem Zustand in einen anderen über; und die Bedingungen, die wir in diesem anderen Zustand vorfinden, sind fast dieselben wie in der Welt, die wir verlassen haben. Auch deshalb stellen Menschen, die zu der Vorstellung tendieren, ihre Seele sei nach dem physischen Tod körperlos, im Sterben oft mit Erstaunen fest, dass sie immer noch leben, immer noch Männer und Frauen sind wie zuvor, sehen, hören, sprechen usw. wie zuvor, und dass ihr Körper einen Tastsinn hat wie zuvor, obwohl all dies jetzt zu einer anderen Daseinsebene gehört. Sie haben nichts verloren außer ihrem grobstofflichen Körper – und anfangs ist ihnen vielleicht nicht einmal bewusst, dass sie diesen verloren haben. Doch mit dem Verlust der grobstofflichen Aspekte ihrer Sinnesorgane haben sie auch die Fähigkeit verloren, mit anderen, die sich noch in der Welt befinden, die sie verlassen haben, unmittelbar über die Sinne zu kommunizieren.[215]

Dass das, was ich hier sage, mit dem traditionellen Verständnis übereinstimmt, wird durch den Bericht über die Verklärung Christi im Neuen Testament belegt. Wie ich an anderer Stelle[216] erklärt habe, offenbart Christus Seinen Jüngern mit der Offenbarung Seines spirituellen Leibes schlicht den archetypischen menschlichen Leib, den wir alle besitzen, den wir aber wegen der Trübung unserer Sinne nicht wahrnehmen können, so wie die Jünger den Leib Christi nicht wahrnehmen konnten, bis Er ihnen den Schleier dieser Trübung von den Augen nahm. In ähnlicher Weise offenbarte der Heilige Seraphim von Sarow seinem Schüler Nikolaus Motowilow seinen auferstandenen[217] spirituellen Leib – unversehrt und makellos, trotz der vielen Verletzungen, die seinen sterblichen Körper verkrüppelt hatten, und nur diesen hatten die Menschen in seinem Umfeld wahrnehmen können. Wie W. B. Yeats sagt: „Die alte … Vorstellung, dass die Einzelseele etwas Körperloses und Abstraktes sei, führte in Henry Mores Worten zu der ‚widersinnigen Debatte' darüber, wie viele Engel ‚gestiefelt und gespornt auf einer Nadelspitze tanzen könnten', und machte es der rationalistischen Physiologie möglich, uns einzureden, dass unser Denken ausschließlich in den Gehirnmolekülen körperliche Existenz habe."[218]

---

215 In den letzten Jahrzehnten sind zahlreiche Bücher erschienen, die von Erfahrungen nach dem Tod berichten. Die bekanntesten sind vielleicht Elizabeth Kübler-Ross, *On Death and Dying*, New York 1969; dt.: *Interviews mit Sterbenden* (aus dem Englischen von Ulla Lepie, zahlreiche Auflagen, z.B. Kreuz-Verlag 1987) und Raymond A. Moody, *Life after Life*, Atlanta 1975; dt.: *Leben nach dem Tod* (aus dem Englischen von Herrmann Gieselbusch und Lieselotte Mietzner, zahlreiche Auflagen, z.B. Rowohlt 1984) oder etwas jünger: David Lorimer, *Whole in One*, Arkana 1990; dt.: *Die Ethik der Nah-Todeserfahrung*, aus dem Englischen von Christian Stahlhut, Insel 1993 (Anm. d. Hrsg.).

216 Siehe mein Buch *The Sacred in Life and Art*, Golgonooza Press 1990, S. 85ff.

217 Zum Verständnis von „auferstanden" in diesem Kontext siehe die Seiten 242 ff.

218 W. B. Yeats, *Mythologies*, London 1959, S. 352; dt.: Yeats *Werke Band II Erzählungen, Per amica silentia lunae*, „Anima Mundi", aus dem Englischen von Susanne Schaup, hrsg. von Werner Vordtriede, Luchterhand 1971, S. 199.

Hat der Umstand, dass die Lebensform, die wir unmittelbar nach unserem physischen Tod erfahren, derjenigen sehr ähnlich ist, die wir vor diesem Tod erfahren haben, nun zu bedeuten, dass wir nach unserem physischen Tod für immer in mehr oder weniger demselben Zustand weiterleben wie im irdischen Dasein? Für manche mag dies eine verlockende Aussicht oder eine gewisse Erleichterung sein, für andere hingegen eine unerträgliche Vorstellung. In jedem Fall tut die Reaktion nichts zur Sache, denn unser Leben geht nicht in derselben Weise weiter.

Die Phase unmittelbar nach dem Tod ist eine Zwischenphase. Es ist eine Phase der Selbstentdeckung oder des Selbstentdecktwerdens, in der unser wahrer Charakter zum Vorschein kommt. Man kann sie auch als eine Phase des Gerichts bezeichnen, gemäß dem Bibelwort, „Es ist aber nichts verborgen, was nicht offenbar wird, und nichts geheim, was man nicht wissen wird“ (Lukas 12, 2-3), oder mit der weiteren Stelle, „Ich sage euch aber, dass die Menschen Rechenschaft geben müssen am Tage des Gerichts von jedem nichtsnutzigen Wort, das sie reden“ (Matthäus 12, 36). Diese Sätze sind ganz wörtlich zu nehmen und beziehen sich auf die Phase unmittelbar nach unserem physischen Tod und dem Ablegen unseres grobstofflichen Körpers.

Um zu verstehen, was damit gemeint ist, müssen wir einige weitere Faktoren begreifen. Der erste ist, dass unser Körper im Zustand unmittelbar nach dem Tod weitaus biegsamer, feiner und reaktionsfähiger – man könnte fast sagen, flüssiger oder flexibler – ist als in seinem sterblichen Zustand. In seinem sterblichen Zustand bietet unser Körper, der wie die Schale einer Auster von sehr vielen erblichen und anderen äußeren Merkmalen geprägt ist, der Gestaltungskraft der Seele erheblichen Widerstand. Auch wenn er natürlich von unserer inneren Neigung, von unseren beherrschenden Liebes- und Hassgefühlen sowie anderen Leidenschaften beeinflusst und verändert wird, spiegelt er diese nicht vollständig wider: Er ist kein getreuer Spiegel unseres inneren Zustands. Man kann sagen, dass es einen gewissen Mangel an Übereinstimmung zwischen Innerem und Äußerem, zwischen unserem psychischen und unserem physischen Zustand gibt. Unsere äußere Erscheinung verrät keineswegs, was in unserem Inneren vor sich geht. Sie kann sogar verschleiern, was in uns vorgeht. Sie erlaubt uns, den Heuchler zu spielen, vorzugeben, etwas zu sein oder zu fühlen, was wir nicht sind und nicht empfinden. Sie gibt uns reichlich Spielraum zur Verstellung.

Nach unserem physischen Tod jedoch bietet unsere nun weitaus formbarere körperliche Gestalt der Gestaltungskraft der Seele nicht denselben Widerstand. Sie reflektiert die Seele viel unmittelbarer. Sie wird zum Spiegel der Seele, zum Spiegel ihrer inneren Verfassung und ihrer beherrschenden Leidenschaften. Man könnte sagen, dass sie die Form der Seele annimmt und zu ihrem wahren Abbild wird. Wir können uns nicht mehr hinter oder in ihr verstecken. Wir können uns nicht verstellen. Vielmehr ist sofort sichtbar, was wir sind. Unsere Gesichtszüge entsprechen unseren wahren Gedanken und Gefühlen, werden schön oder hässlich, je nach der Reinheit oder Unreinheit, die sie belebt.

Das ist das eine, was wir begreifen müssen, wenn wir die Phase des Gerichts verstehen wollen, in die wir unmittelbar nach unserem physischen Tod eintreten. Ein zweites betrifft die Gestaltungskraft der Seele, das bestimmende Prinzip unseres Zustands nach dem Tod. Dies ist komplizierter und hängt eng mit all jenen Prozessen zusammen, durch die die Seele ihre Eigenschaften erlangt und die von den psychologischen Meistern des spirituellen Lebens so minutiös analysiert werden. Zugleich führt es uns in unser Hauptthema ein, das Thema des metaphysischen Todes.

Das Folgende muss naturgemäß eine Vereinfachung sein. Aber zumindest kann man sagen, dass die Seele während unseres gegenwärtigen irdischen Lebens, angeregt durch die Leidenschaften, bestimmte Gedanken und Bilder in sich formt oder entwirft; und dass diese Gedanken und Bilder, wenn sie in der Seele erst einmal entworfen sind und die Seele sich an sie gebunden hat, sich nach einer eigenen Logik entwickeln. Ein solches Wachstum kann unabhängig von unserem bewussten Wissen weitergehen oder das Potenzial dazu behalten, solange die Leidenschaften, die es ausgelöst haben, ungestillt oder ungeläutert sind.

Wir setzen diese Abläufe, diese „parasitischen Pflanzen“[219], wie Yeats sie nennt, in unserer Seele immer wieder in Gang. Manchmal agieren wir die Logik ihrer Entwicklung durch eine endlose Abfolge von Objekten, die sie uns suggeriert haben, in unserem Leben aus; und manch-

219 Yeats, *Mythologies*, S. 354; dt.: Yeats *Werke Band II Erzählungen*, *Per amica silentia lunae*, „Anima Mundi“, S. 202.

mal brechen wir ihre Entwicklung ab, drängen sie zurück in die Psyche, lassen ihnen aber immer noch die volle Entwicklungskraft, es sei denn, wir haben die Seele auch von der Leidenschaft oder den Leidenschaften befreit, die sie hervorgebracht haben. Solange unsere Seele nicht von der Leidenschaft oder den Leidenschaften befreit ist, die sie hervorgebracht haben, werden diese Gedanken oder Bilder uns weiterhin verfolgen und diese parasitären Abläufe in unserer Seele ausbilden, bis wir von ihnen befreit sind.

Man muss sich klarmachen, dass diese geistigen Bilder oder Erscheinungen, an denen unsere Seele hängt – diese Gedanken –, für uns tatsächlich das darstellen, was wir Wirklichkeit nennen: Sie bilden unsere Welt. Deshalb ändert sich bei unserem physischen Tod für uns so wenig. Wir bewohnen immer noch dieselbe Welt, die wir vor unserem physischen Tod bewohnt haben, oder bilden uns das zumindest ein. Denn die Welt, die wir vor unserem physischen Tod bewohnen, besteht, wie gesagt, aus diesen gedanklichen Bildern, an denen unsere Seele hängt; und diesen gesamten psychischen Komplex nehmen wir mit in den Zustand nach dem Tod. Die Bilder, aus denen er sich zusammensetzt, haben dann genauso viel Macht über uns wie jetzt. In gewisser Weise haben sie sogar noch mehr Macht über uns als jetzt, denn jetzt können wir bei einigen durch einen Willensakt verhindern, dass sie sich entwickeln. Wir unterdrücken sie, wohingegen sie dann frei sind, entsprechend ihrer eigenen inneren Logik zu wachsen.

So kommt es, dass die Gedanken oder Bilder, die uns nach unserem physischen Tod beschäftigen und die Realität für uns darstellen, eben jene sind, die die vorherrschenden, geläuterten oder ungeläuterten, Leidenschaften in unserem Leben darstellen. Sie stellen unsere wahre, beherrschende Neigung dar und nicht irgendeine Neigung, die wir wie eine Maske angenommen haben und bei der wir andere überzeugen konnten, sie stelle in diesem Leben unser wahres Selbst dar. Ganz ähnlich verhält es sich, wenn wir träumen: Wir sind ganz und gar im Traum gefangen, und während wir träumen, stellt der Traum für uns die wahre Welt dar. Der Unterschied besteht darin, dass unsere Traumwirklichkeit im postmortalen Zustand mehr und mehr von den Bildern bestimmt wird, die unsere tiefsten und vielleicht verborgensten Leidenschaften widerspiegeln.

Zur Veranschaulichung des Gesagten sei der Fall der Frau in einer Erzählung von Balzac angeführt, die nach einem äußerlich heiligmäßigen Leben auf dem Sterbebett von Visionen des Liebhabers heimgesucht wird, dem sie entsagt hatte, um ihren asketischen Weg einzuschlagen. Ein Begehren, das ihr nicht mehr bewusst war, war wieder aufgelebt, und man kann sich vorstellen, dass es nach ihrem physischen Tod mit seiner ganzen qualvollen Sehnsucht immer und immer wiederkehrt. In ähnlicher Weise können wir uns vorstellen, dass wir von Dämonen verfolgt werden; während diejenigen, die aus dem einen oder anderen Grund in diesem Leben davon überzeugt sind, dass es kein Leben jenseits des Grabes gibt, so in diesem Gedanken gefangen sein können, dass sie ihn nach ihrem physischen Tod nicht abzuschütteln vermögen und sich weiterhin einbilden, sie seien tot und lägen im Grab. Yeats nennt das Beispiel eines Geistes in einem japanischen Theaterstück, der durch einen eingebildeten Skrupel in Flammen aufgeht, und obwohl ein buddhistischer Priester erklärt, das Feuer würde von selbst erlöschen, wenn der Geist einfach nicht mehr daran glaubte, kann der Geist nicht aufhören, daran zu glauben.[220]

In einer Fußnote zum Vorwort von *Das tibetische Totenbuch* berichtet Dr. W. Y. Evans-Wentz von einem europäischen Pflanzer, der in Südwestindien starb und von den Einheimischen begraben wurde. Einige Jahre danach fanden Freunde das Grab bei einem Besuch eingezäunt und übersät mit leeren Whisky- und Bierflaschen vor. Sie baten die Einheimischen um eine Erklärung und erfuhren, dass der Geist des Sahibs viel Unheil angerichtet hatte und durch nichts zu beruhigen gewesen war, bis ein alter Hexendoktor erklärt hatte, der Geist sehne sich nach Whisky und Bier – lang gehegte Gewohnheiten im irdischen Leben und die wahre Ursache für seine Trennung vom irdischen Körper. Die Einheimischen standen Rauschmitteln zwar ablehnend gegenüber, kauften aber dennoch Flaschen der gleichen Marke und opferten sie gemäß dem üblichen Totenritual dem Geist, indem sie sie über dem Grab ausgossen. Da sie feststellten, dass der Geist dadurch ruhig blieb, setzten sie diese Praxis aus reiner Selbstverteidigung fort.[221]

---

220 Yeats, *Mythologies*, S. 353-355; dt.: Yeats *Werke Band II Erzählungen*, *Per amica silentia lunae*, „Anima Mundi", S. 201-202.

221 Evans-Wentz, op. cit., S. xli-xlii.

Im postmortalen Zustand bleiben unsere Gewohnheiten erhalten, auch wenn die Mittel, mit denen wir sie befriedigen können, nun andere sind. Sie bleiben erhalten, weil wir immer noch im Bann jener Bilder oder Erscheinungen oder Fantasien stehen, die unsere Seele nach unserem physischen Tod genauso erfüllen wie davor und die das Ergebnis unseres ungeläuterten Ichs und unseres Ich-Bewusstseins sind – Bilder oder die entsprechenden Gedanken, die für uns völlig real sind und aus denen wir uns nicht so leicht befreien können. Wegen der Träume, die kommen könnten, sobald die sterbliche Hülle abgelegt ist, entscheidet Hamlet sich dagegen, sich das Leben mit der blanken „Nadel" zu nehmen, denn im postmortalen Zustand sind wir gefangen in jenen leidenschaftlichen, parasitären Gedanken- und Bilderfolgen – jenen Bewusstseinsströmen –, die wir in diesem sterblichen Leben durch eine „grundlegende Kongruität" unserer Seele, wie Henry Moore sagt, in Gang gesetzt haben und denen wir wie einem Traum zwangsläufig folgen müssen, wenn sie sich in unserem postmortalen Zustand entfalten.

Daher die Wichtigkeit unseres Erdenlebens, denn in unserem Erdenleben setzen wir durch unsere Entscheidung oder unser Versäumnis, eine Entscheidung zu treffen, diese Abläufe oder diese Bewusstseinsströme in Gang. Wie wir im Zustand unmittelbar nach unserem Tod sind und welche Richtung unser Leben dann nimmt, hängt davon ab, welche Richtung wir ihm hier gegeben haben. Es hängt davon ab, was wir ihm hier angeheftet haben, oder was wir uns haben anheften lassen. Das Gericht, das wir in dieser Phase erfahren, ist in dieser Hinsicht ein Gericht, das wir über uns selbst halten: Wir werden verurteilt oder erlöst, je nachdem, was wir als unsere beherrschende Neigung oder als unsere beherrschende Liebe zugelassen haben. In der Phase, die auf die jetzige Phase folgt, *sind* wir diese Neigung und diese Liebe in Aktion, ohne alle Verstellung. Unsere äußere Gestalt wird zum Abbild dieser Liebe und dieser Neigung.

In diesem Sinne ist es wahr, dass wir unsere eigene Hölle und unseren eigenen Himmel schaffen. Wenn wir in der Stunde unseres physischen Todes immer noch in der Welt der Lügen, der Falschheit und des Bösen gefangen sind – immer noch versklavt an jenes Bündel aus Illusionen und Täuschungen, das der heilige Paulus als „diesen Leib des Todes" (Römer 7, 24) bezeichnet –, befinden wir uns in der Hölle. In dem Maße, in dem wir uns von diesem Leib des Todes befreit oder aus ihm auferweckt haben, empfangen wir die Segnungen des Himmels.[222]

Hier stoßen wir auf das Thema des metaphysischen oder großen Todes im Gegensatz zum kleinen oder nebensächlichen physischen Tod. Um die Bedeutung dieses Themas begreifen zu können, müssen wir es unter dem Blickwinkel unserer eigenen existenziellen Situation betrachten. Damit nehmen wir in gewisser Weise vorweg, was ausführlicher im folgenden Kapitel dieses Buches erläutert wird – in Bezug auf das, was wir, mit christlichen Begriffen, als unseren (Sünden-) Fall und unsere Auferstehung bezeichnen können.

Kurz gesagt, in unserem natürlichen Zustand vor dem Sündenfall – dem Zustand, der in der christlichen Mythologie durch die Figuren Adam und Eva im Paradies verkörpert wird – denken und imaginieren unser Geist und unsere Vorstellungskraft im Geist und in der Vorstellungskraft Gottes. Die Gedanken und Bilder, die wir in diesem Zustand entwerfen, spiegeln Leben und Licht Gottes wider. Sie sind die Artikulation der von Gott ausgehenden Weisheit auf der menschlichen Ebene. Wir könnten sagen, dass in diesem Zustand das wahre Subjekt all unserer Gedanken, Bilder und Gefühle nicht unser eigenes Ich ist, sondern der göttliche Ursprung aller Dinge. Unser Bewusstsein reflektiert und durchdringt das Bewusstsein Gottes. Unser Bewusstsein ist vergöttlicht. Gott ist unser wahres Ich, unser wahres Selbst, und was wir denken oder uns vorstellen, stellt eine wahre Erkenntnis göttlicher Wirklichkeiten dar.

Doch der menschliche Geist und die menschliche Vorstellungskraft können fehlgeleitet, irregeführt und pervertiert werden. Wie Luzifer vor uns können auch wir diesen Zustand der gegenseitigen Durchdringung von Gott und Mensch kappen, anstatt in Gottes Geist und Vorstellungskraft zu denken und zu imaginieren. Wir können unseren Geist und unsere Vorstellungskraft von Gott und den göttlichen Wirklichkeiten abwenden und beginnen, in unserem eigenen unabhängigen Geist und unserer eigenen Vorstellungskraft zu denken und zu imaginieren, indem wir unser eigenes Bild oder unser eigenes Ich an die Stelle Gottes setzen. Die Gedanken und Bilder, die wir uns dann machen, spiegeln nicht mehr

222 Die Heiligen Johannes Klimakos und Barsanuphius von Palästina sowie andere haben bezeugt, dass es Menschen gibt, die tot sind und bereits vor der allgemeinen Auferstehung auferweckt wurden.

die Wirklichkeiten der göttlichen Welt wider. Sie stellen nichts dar, was als wahre Erkenntnis bezeichnet werden kann. Sie spiegeln lediglich die Welt unserer Selbstentfremdung und unseres Selbstexils, unseres Eigensinns und unserer Unwissenheit wider.

Dies ist eine dunkle und höllische Welt, die Welt der Selbsttäuschung des menschlichen Ichs. Es ist eine Welt der Illusion, in der wir vergeblich unseren eigenen Wünschen und Fantasien nachjagen, im Gegensatz zu den leuchtenden Formen und Bildern der göttlichen Welt. Diese Überhöhung unseres Ich-Bewusstseins und die damit einhergehende Pseudo-Erkenntnis sind Indizien des Sündenfalls: die Korruption und Perversion unseres Denkens und unserer Vorstellungskraft. Wir sollten Ebenbilder Gottes sein. Stattdessen werden wir zu Sklaven der Figurationen und Hirngespinste des Egoismus und der Sünde.

Der Strom von Gedanken und Bildern, in dem wir gefangen sind, wenn unser Geist und unsere Vorstellungskraft von Geist und Vorstellungskraft Gottes getrennt und den Normen unseres Ich-Bewusstseins unterworfen sind, sind die vielen einzelnen Zuflüsse zum Fluss der Hölle. Umgekehrt kann man auch sagen, dass die Gedanken und Bilder, die unseren Geist und unsere Vorstellungskraft erfüllen, wenn wir unsere eigenen Gedanken und Bilder denken und imaginieren und nicht die Gottes, ihren Ursprung im Fluss der Hölle haben.

Manchmal können sich diese Gedankenströme oder -folgen – diese bösen Träume –, die sich in den Köpfen und Vorstellungen einiger weniger Individuen abspielen, in Form von Ideologien gleichsam vergegenständlichen oder vergegenständlicht werden, denen ganze Kollektive – ganze Gesellschaften – sklavisch verfallen, mit der Folge, dass in ihrem Namen die entsetzlichste Verrohung und Vernichtung sowohl menschlichen als auch anderen Lebens auf politischer, gesellschaftlicher und anderer Ebene zu geltenden und akzeptierten Normen werden. Man braucht nur an Entstehung und Wachstum des fortschrittlichen, liberalen, wissenschaftlichen Humanismus der Neuzeit sowie an die technisch-wissenschaftliche Todesfalle, die daraus resultierende ökologische Krise und die unmenschlichen politischen Systeme wie etwa den Kommunismus zu denken, die aus diesem (Humanismus) hervorgegangen sind, um zu begreifen, wie dies geschehen kann. „Fürchtet euch nicht vor denen, die den Leib töten, doch die Seele nicht töten können; fürchtet vielmehr den, der Leib und Seele verderben kann“ (Matthäus 10, 28). Da das Bewusstsein, in dem diese Ströme und Abläufe in Gang gesetzt werden, von Gott getrennt ist, werden die Gedanken und Bilder, die es erfüllen, da sie nicht von Gott inspiriert sind, im Wesentlichen tote Gedanken und Bilder sein, ganz gleich, was für ein zweifelhaftes „Leben“ wir ihnen zuschreiben mögen. Sie bilden, wie gesagt, den Leib des Todes, wie Paulus es nennt, den Tod der Seele; denn Christus sagt, dass Er – Gott – das Leben ist. Was also nicht in diesem göttlichen Leben wurzelt, ist im Grunde tot.

Aus dieser Perspektive ist unser wahrer Tod also nicht unser physischer Tod. Den Leib des Todes bildet vielmehr unsere Selbstidentifikation mit Illusionen, Täuschungen und Unwissenheit. Aus diesem Leib des Todes müssen wir errettet oder erlöst werden. Dementsprechend stellt unsere Erlösung oder Errettung von *diesem* Tod unsere Auferstehung dar. „Ich glaube an die Auferstehung der Toten“. Aber diese Auferstehung meint nicht die, die eines physischen Todes gestorben sind, sondern die, die im Leib ihrer eigenen eitlen Vorstellungen und Fantasien und ihrer Unwissenheit gestorben sind. Wenn Christus sagt: „Lass die Toten ihre Toten begraben“ (Matthäus 8, 22), dann macht Er nicht lediglich eine schroffe und abschätzige Bemerkung gegenüber jemandem, der seinen Vater begraben will. Er spricht eine allgemeine Mahnung an alle aus, die leben wollen: dass sie mit ihrem toten Selbst sterben und es begraben müssen; denn wenn sie sich mit diesem Selbst identifizieren, sind sie wie tot. Mit anderen Worten, Christus sagt hier dasselbe wie das, was in den Zitaten am Anfang dieses Kapitels steht: „werde ein Toter“, „stirb, bevor du stirbst“.

Die Illusion der Täuschung und der Unwissenheit, die unseren Leib des Todes bilden, zu sterben – das macht unseren metaphysischen oder großen Tod aus. Es bedeutet, den Neigungen und Perversionen unseres Ich-Bewusstseins und all den damit einhergehenden Sünden zu sterben – all dem, was wir denken und uns vorstellen, wenn wir unsere eigenen Gedanken denken und unsere eigenen Bilder imaginieren. Es ist eine Befreiung von der Anhaftung, zunächst an eine unendliche Folge von Objekten und dann an eine unendliche Folge solcher Gedanken und Bilder, denn wir haben uns mit diesen Dingen identifiziert und dabei unser wahres Selbst und unser wahres Wesen vergessen. „Erkenne dich selbst“

ist das Gebot, das uns gegeben ist. Aber wie können wir uns selbst erkennen, wenn wir immer noch Opfer einer Amnesie sind, in der wir dieses Selbst mit unserem Ich-Bewusstsein verwechseln?

Im Grunde geht es also darum, diesem falschen Selbst unseres Ich-Bewusstseins sowie seinen Lieben und Wünschen zu sterben, denn dieses Selbst ist unser totes Selbst. Und wir können erst dann sagen, dass wir für dieses Selbst tot sind, wenn wir aufhören, alles auf uns selbst zu beziehen und aus der Perspektive unserer persönlichen Vorlieben und Abneigungen zu sehen, sondern es stattdessen auf Gott beziehen und so sehen, wie es in Gott ist. Doch um alles in Gott zu sehen, müssen wir zunächst Gott sehen. Und „niemand kann Gott sehen und nicht sterben“. Dies ist der Tod, den wir als Bedingung für unsere Auferstehung sterben müssen: dieser Tod, der einen bewussten Verlust unserer Selbstheit darstellt.

Eine scheinbare Abwesenheit von Leidenschaften ist hier natürlich keine Garantie dafür, dass wir uns wirklich von ihnen gelöst oder sie wirklich geläutert haben. Die Wurzel der Leidenschaften ist die Selbstliebe; und solange das Selbst oder das Ich nicht gestorben ist, können sie immer wieder hochkommen, so tief ihr Schlummer auch scheint. Falsche Bescheidenheit macht uns ebenso wenig Ehre: Hinter falscher Bescheidenheit verbirgt sich ein hohes Maß an Egoismus. Zudem müssen wir immer daran denken, dass die Leidenschaft, die in der Welt der Objekte oder auf der physischen oder körperlichen Ebene verleugnet wird, sich oft aus Rache auf der mentalen Ebene manifestiert: Das Denken religiöser Menschen von jenem Schlag, der die Sinne verleugnet, steckt häufig voller Leidenschaft, die umso heimtückischer ist, als sie diese subtilere Form annimmt.

Doch wenn dieses Sterben – dieses Befreien von unserem ichgebundenen Bewusstsein und all seinen Illusionen und seiner Unwissenheit – unseren metaphysischen Tod ausmacht, wie ich ihn genannt habe, und eine Bedingung für unsere Wiedergeburt oder Auferstehung ist, können wir es nicht erreichen, ohne eine weitere Bedingung zu erfüllen, nämlich dass wir ständig nach der göttlichen Welt, der Welt der Ewigkeit, streben und Verbindung zu ihr aufbauen. Das Ziel des spirituellen Lebens wird nicht durch eine abstrakte Vorstellung vom Himmelreich erreicht, auch nicht durch den Glauben an das Himmelreich im frommen Sinne. Es wird nur dadurch erreicht, dass wir unsere lebendige Beziehung zum Himmelreich stärken und in uns ebenjene Organe ausbilden, durch die wir das Leben der Ewigkeit erfahren können.

Wenn wir während unseres irdischen Lebens diese Beziehung nicht gepflegt oder diese Organe nicht ausgebildet haben, oder wenn wir in uns die Saat spirituellen Strebens und die Fähigkeiten zu spirituellem Wachstum, die uns bei der Geburt eingepflanzt wurden, zerstört haben, werden wir bei unserem physischen Tod diese Beziehung nicht herstellen oder diese Organe nicht plötzlich entwickeln können. Ja, wir werden sie nicht einmal herstellen beziehungsweise entwickeln wollen. Wir werden für das Licht der Ewigkeit und für die Segnungen des Himmelreichs unempfänglich bleiben, gefangen in unseren subjektiven Träumen, die uns inzwischen zur zweiten Natur geworden sind. Mitten in der spirituellen Welt – in der wir uns tatsächlich immer befinden – werden wir sie nicht bemerken: Wir werden draußen sein, außerhalb von ihr, in der Hölle.

Wenn wir zum Zeitpunkt unseres physischen Todes unseres toten Selbst nicht gestorben sind, werden wir einfach mit unserer Selbstliebe weitermachen; und auch das Gegenteil ist wahr: Es gibt keinen Bruch im Bewusstsein zwischen dem einen und dem anderen Zustand. Es gibt nur Kontinuität. Im postmortalen Zustand werden wir in Übereinstimmung mit den Neigungen und Veranlagungen weitermachen, die wir auf Erden gepflegt und entwickelt haben und die uns folglich im Zustand jenseits des Grabes Ton und Richtung vorgeben.

Hier spielen die rituellen und sakramentalen Formen heiliger Traditionen eine ganz entscheidende Rolle. Vor allem durch sie können diese Beziehung und diese Organe spiritueller Schau gestärkt und weiterentwickelt werden. Da sie ja einen spirituellen Einfluss vermitteln, erwecken und aktivieren sie in uns die latenten spirituellen Potenzen unseres Seins, eben die, welche unsere Wiedergeburt fördern, welche es uns ermöglichen, unser Bewusstsein zu verwandeln, es aus seinem engstirnigen, egozentrischen Zustand so zu befreien, dass es die göttlichen Wirklichkeiten wieder wahrzunehmen und widerzuspiegeln vermag und zur gegenseitigen Durchdringung mit dem Bewusstsein Gottes fähig wird. Sie erwecken und aktivieren die Kräfte der Kontemplation, durch die wir unser höheres Selbst enthüllen, das Selbst, das göttliches Leben und Licht ausstrahlt. Bildlich gesprochen, können wir sagen, dass sie gottgegebene Flöße sind, mit denen wir über den Fluss der Hölle übersetzen und „hinübergehen", das gelobte Land, die Welt des Paradieses, betreten, befreit von unseren subjektiven Traumsequenzen, von unserem toten Körper aus Illusion und Täuschung. Auch wenn unsere Teilhabe an diesen Kräften keine Garantie dafür ist, dass wir aus der „sturmgepeitschten Flut"[223] errettet oder erlöst werden – denn möglicherweise kooperieren wir ja nicht mit ihnen –, so trägt sie doch in hohem Maße dazu bei, dass uns diese Flut nicht verschlingt.

Wenn wir also in unserem irdischen Leben diese Beziehung und diese Organe spiritueller Schau gepflegt und entwickelt haben – oder sie in uns haben pflegen und entwickeln lassen – und so von unseren subjektiven Traumsequenzen befreit worden sind, dann ist unser physischer Tod ein weiterer Schritt, durch den wir in einen Zustand eintreten, in dem wir immer tiefer das erleben, wovon wir bereits einen Vorgeschmack erhalten haben. In diesem Sinne werden wir den Tod nicht sehen – auch hier ist die Formulierung biblisch: „Durch den Glauben wurde Henoch entrückt, dass er den Tod nicht sehe" (Hebräer 11, 5) –, weil wir bereits in diesem Leben unsere Verbindungen zu allem gekappt haben werden, was jene parasitären Gedankengänge auslösen kann, in denen die meisten von uns gefangen sind. Wenn wir das getan haben, dann sterben wir nicht: Wir schlafen ein. Die christliche liturgische Sprache unterscheidet klar zwischen physischem Tod und Entschlafen. Es sind zwei völlig verschiedene Dinge, so gleich sie bei oberflächlicher physiologischer Betrachtung auch erscheinen mögen.

Diejenigen, die in diesem gegenwärtigen Leben ihrem falschen Selbst gestorben sind und ihre innere Wiedergeburt – die Enthüllung ihres höheren Selbst – bereits erlebt haben, sehen den Tod nicht und sterben nicht: Sie werden zum Leben der Ewigkeit auferweckt, jenem Leben, das im Hier und Jetzt ihres irdischen Lebens bereits zu ihrer Nahrung und ihrem Zentrum geworden ist. „Ich lebe, doch nun nicht ich, sondern Christus lebt in mir" (Galater 2, 20). Wie dieser Zustand beschaffen ist, können wir erst wissen, wenn wir ihn erleben. Paulus beschreibt ihn als das, „was kein Auge gesehen hat und kein Ohr gehört hat und in kei-

---

223 Shakespeare, *Othello*, 2. Akt, 1. Szene. (Deutsche Quelle: William Shakespeare: *Sämtliche Werke in vier Bänden. Band 4*, Berlin: Aufbau, 1975, S. 390-391, Übersetzung von Wolf Graf Baudissin; Anm. d. Ü.).

nes Menschen Herz gekommen ist, was Gott bereitet hat denen, die ihn lieben“ (1. Korinther 2, 9). Und Richard Crashaw vermittelt uns erste Vorahnungen, wenn er in seinem Gedicht „*Hymn to St. Teresa*“ sagt:

> Von einem TOD, in dem, der stirbt,
> liebt seinen Tod, stirbt oft fürwahr.
> Und sterben möcht‘ so immerdar.
> Und lebt und stirbt, weiß nicht, warum
> Er leben soll, als um zu sterben um und um.

Doch das Leben vieler Heiliger zeugt von der ehrwürdigen Freude derer, die in einen geheiligten Zustand „hinübergehen“. Am deutlichsten offenbaren sie dies häufig zum Zeitpunkt ihres physischen Todes. Ein solcher Zeuge ist der große tibetische Heilige Milarepa.[224]

Milarepa war schon hochbetagt, als seine letzte Krankheit über ihn kam. Nach seiner Erkrankung wollten seine Schüler Gebete und Sühneopfer für seine Genesung darbringen. Außerdem wollten sie ihn medizinisch behandeln lassen. Milarepa lehnte dies jedoch ab und sagte: „Es ist allgemein üblich, eine Krankheit, die einen Yogi befällt, als Mahnung zu betrachten, in der Hingabe zu verweilen, und er sollte keine besonderen Gebete für seine Genesung darbringen lassen. Er sollte die Krankheit als Hilfe nutzen, um auf dem Pfad voranzuschreiten, stets bereit, Leiden und sogar dem Tod zu begegnen. Was mich, Milarepa, anbelangt, so habe ich durch die Gnade meines gütigen Gurus Marpa alle besonderen Riten zur Überwindung von Krankheit vollzogen … und jetzt brauche ich weder Kräfte noch Vermittler. … Die Zeit ist gekommen, da der sichtbare, illusorische physische Körper, die vom Geist entwickelte Form des göttlichen Körpers, in die Gefilde des spirituellen Lichts übergehen muss.“

Kurz nach diesen Worten verstarb Milarepa – er hatte soeben einen Lobgesang gesungen; und bei seinem Tod, so berichtet seine Biografie weiter, schmückten Wolken in verschiedenen Farben die Hügel, liebliche Musik erklang, und ein süßer Duft erfüllte die gesamte Luft. „Götter und Menschen“, so heißt es abschließend, „begegneten einander und unterhielten sich freimütig, zuweilen tauschten sie Grüße aus; so wurden

224 Siehe *Milarepa, ses méfaits, ses épreuves, son illumination*, aus dem Tibetischen ins Französische übersetzt von Jacques Bacot, Paris 1971.

sie eine Zeit lang ins Goldene Zeitalter zurückversetzt." Der Tod eines Heiligen ist eine Art Wiedergeburt des Paradieses: Heiligkeit hat die Kraft, die gesamte Landschaft zu verändern.

Ein solches Zeugnis ist auch, in einem ganz anderen Zusammenhang, der physische Tod von William Blake, der, obwohl nicht als Heiliger anerkannt, sein Leben der Aufgabe gewidmet hatte, „die unsterblichen Augen des Menschen nach innen in die Welten des Denkens, in die Ewigkeit" zu öffnen. George Richmond schildert seinen Tod in einem Brief an den Maler Samuel Palmer: „Sollten Sie noch nicht vom Tod von Mr. Blake gehört haben, so schreibe ich Ihnen dies, um Sie zu informieren – Er starb am Sonntagabend um 18 Uhr auf überaus wunderbare Weise. Er sagte, er gehe in das Land, das er sein ganzes Leben lang zu sehen gewünscht habe, und gab seiner glücklichen Hoffnung auf Erlösung durch Jesus Christus Ausdruck. Kurz bevor er starb, erhellte sich sein Antlitz, seine Augen leuchteten und er brach [wie Milarepa] in einen Gesang über die Dinge aus, die er im Himmel schaute. Er starb wahrhaftig wie ein Heiliger, wie eine Person beobachtete, die bei ihm stand."[225]

In diesem Zusammenhang kann man auch bestimmte Mythen anführen, die in vielen heiligen Traditionen der Welt vorkommen. Ein solcher Mythos ist der taoistische Mythos vom Verschwinden eines erhabenen Künstlers: Er soll eine Tür in dem Gemälde, das er gerade vollendet hatte, geöffnet haben und in seinem vollendeten Werk verschwunden sein. Dieser Mythos vom Verschwinden oder vielmehr von der Verwandlung oder Entrückung des vollendeten Wesens findet seine Entsprechung in anderen Traditionen. In der christlichen Überlieferung gibt es die Himmelfahrt Christi, die oft ähnlich ausgelegt wird wie Milarepa seinen physischen Tod deutet, nämlich als die Auflösung des „illusorischen" physischen Leibs und seine Wiederaufnahme in den spirituellen Leib. In der indischen Überlieferung gibt es das Verschwinden des Dichter-Heiligen Manikka-Vacagar, in der hebräischen Überlieferung das von Moses, Henoch und Elias sowie in der islamischen Überlieferung das von Elias als al-Chidr.

Bei diesen Fällen des Verschwindens – der Verwandlung oder Entrückung – sind wir mit etwas konfrontiert, das nichts mit dem physischen Tod nach unserem Verständnis zu tun hat, und für das die mit diesem Tod verbundenen Kategorien und Grenzen keinerlei Bedeutung haben.

225 Zitiert in Bernard Blackstone, *English Blake*, Cambridge 1949, S. 193.

Aus unserer irdischen Sicht, oder aus der Sicht der sinnlichen, materiellen Ebene, hier und jetzt, ist der vervollkommnete Mensch, der Mensch, der vollständige Selbsterkenntnis erlangt hat, verwandelt und unsichtbar, weil nichts bleibt, womit seine Existenz sinnlich erfasst werden könnte. Wir können von ihm nicht einmal, wie etwa vor seiner Entrückung, sagen: „Siehe, ein wandelnder Toter“.

Der physische Tod ist etwas, das sich nur auf einer Ebene abspielen kann, auf der er sinnlich wahrnehmbar ist. „Der Tod des Geschaffenen am siebten Tag – der mystische Sabbat, an dem der Tod stirbt – leitet die Auferstehung des achten Tages ein“. Diese Worte stammen von Maximus Confessor; und der „achte Tag“, der „Ewigkeitssonntag“, kündigt das Überschreiten des geschaffenen Horizonts an, der durch den biblischen Bericht von den sieben Schöpfungstagen symbolisiert wird, und damit ein Überschreiten jenes Horizonts, auf den die Sinne und ihre Reaktionen beschränkt sind. So steht der „achte Tag“ – der Tag, in den der vollendete Mensch, der Heilige, eingetreten ist – auch für das Überschreiten des Punktes, an dem der Tod stirbt.[226] „Und keiner stirbt mehr, wenn der Tod tot ist.“[227]

Es gibt noch eine letzte Frage. Wenn wir in unserem gegenwärtigen irdischen Leben nicht dem falschen Selbst und dem entsprechenden Ich-Bewusstsein gestorben sind, so dass wir uns in unserem postmortalen Zustand immer noch mit dem illusorischen Bündel von Gedanken und Bildern identifizieren, mit dem wir uns in diesem gegenwärtigen Leben identifiziert haben, können wir dann jemals hoffen, diesem Zustand zu entrinnen? Muss unser postmortaler Zustand also bis in alle Ewigkeit ein Zustand der Hölle bleiben? Zu dieser Frage ließe sich einiges sagen, aber ich möchte hier nur darauf hinweisen, dass wir in unserem gegenwärtigen irdischen Leben der Knechtschaft unseres falschen Selbst vielleicht noch nicht ganz entkommen sind, möglicherweise aber sehr wohl begonnen haben, die spirituellen Potenzen unseres Wesens zu verwirklichen, deren volle Entfaltung Voraussetzung für unsere Verwandlung und Befreiung ist.

Das bedeutet, dass wir, sofern wir keinen Rückfall erleiden, diese Potenzen weiterhin verwirklichen und uns in unserem postmortalen

---

226 Siehe *Centuries on Theology* I:51-60, übersetzt in *Philokalia*, Bd. 2, London 1981, S. 124-126.

227 Shakespeare, Sonett 146; dt.: William Shakespeare, *Die Sonette*, Übersetzung und Nachwort von Christa Schuenke, Straelener Manuskripte, 3. Auflage 1998.

Zustand weiterhin von Unwissenheit und Selbstliebe befreien können. Es kann durchaus sein, dass wir nach unserem physischen Tod weiterer Läuterung, weiterer Verfeinerung bedürfen, auch wenn wir im Zustand der Buße gestorben sind. Aber Gott kann niemals aufhören, Seine Gnade auszugießen, und, ganz unabhängig davon, auf welcher Seite des physischen Todes wir uns befinden, wir können niemals die Fähigkeit verlieren, sie zu empfangen. Was die Ewigkeit der Hölle betrifft oder die Frage, ob wir für alle Ewigkeit im Zustand der Hölle sein können: Für alle Ewigkeit zu einem solchen Zustand verdammt zu sein, muss voraussetzen, dass entweder Gottes Gnade diesen Zustand nie erreichen kann, oder dass wir in der Hölle zwar die Fähigkeit besitzen, diese Gnade zu empfangen, aber die Fähigkeit, sie umzusetzen, vollkommen verloren haben. Beide Voraussetzungen stellen eine Illusion und Absurdität schlimmster Art dar. Wenn wir von Ewigkeit sprechen, sprechen wir überdies nicht von einem Zustand, auf den wir unsere zeitlichen Kategorien anwenden können. Wir sind also nicht in der Position zu sagen, dass die Ewigkeit auch nur eine einzige Sekunde dauern kann.

Auf jeden Fall sind wir, ob wir uns nun diesseits oder jenseits unseres physischen Todes befinden, bis wir den metaphysischen oder großen Tod gestorben sind, in jedem Augenblick in einen Prozess verwickelt, in dem Leben und Tod untrennbar sind. In diesem Prozess steht Leben nicht im Gegensatz zu Tod, Sein nicht im Gegensatz zu Nichtsein, noch gehen wir in diesem gegenwärtigen Leben, während wir noch Teil dieses Prozesses sind, vom Leben zum Tod über: Der Prozess beinhaltet ein paradoxes und gleichzeitiges Zusammenspiel von Leben und Tod, ein Zusammenspiel, das nur gelöst werden kann, wenn wir erkennen, dass unser Dasein im Leben und Sterben selbst der Tod ist und dass wir aus diesem Tod heraus aufgerufen sind, uns zu erlösen, indem wir zu dem Leben erwachen, das der letzte Grund aller Dinge ist, zu dem, der von sich sagt: „Ich bin das Leben“ und „Ich bin gekommen, damit sie das Leben haben und volle Genüge“, und zu dem wir unsererseits nur sagen können:

… denn ich,
es sei denn, du fesselst mich, bin niemals frei,
noch, es sei denn, du raubtest mich, jemals rein.[228]

228 John Donne, *Holy Sonnets* XIV.

KAPITEL NEUN

Das Christentum und die Entheiligung des Kosmos

„Denn alles, was lebt, ist heilig.“[229]

Im Eröffnungskapitel dieses Buches habe ich gesagt, dass wir der Katastrophe, auf die wir unweigerlich zusteuern, nicht entkommen werden, wenn wir nicht die Prämissen eben jenes Denkens und Handelns umkehren, das unser gegenwärtiges technisch-wissenschaftliches Inferno hervorbringt; und in diesem Kapitel möchte ich die Natur der wichtigsten umzukehrenden Prämisse ins Blickfeld rücken und sie in den Kontext eines Dramas stellen, das nicht nur mit einer Phase unserer hiesigen europäischen Geschichte zu tun hat, sondern insofern archetypisch ist, als es eng mit der ganzen Ambiguität menschlicher Existenz und dem ganzen Dilemma der Bestimmung des Menschen aus Sicht der christlichen Tradition verbunden ist. Das heißt, es ist ein Drama, das sowohl mit unserem (Sünden-)Fall als auch mit unserer Auferstehung zu tun hat; denn die Umkehrung der Prämissen der unserer gegenwärtigen Misere zugrunde liegenden Denkungsart bedeutet nichts weniger als die Umkehrung eines Prozesses der Unwissenheit, der zu einer Verzerrung unserer Fähigkeit, die Wirklichkeit der Dinge wahrzunehmen und dadurch wiederum zu unserer Versklavung an eine von uns selbst erfundene Scheinwelt führt. Die Umkehrung dieses Prozesses ist gleichzeitig der Auftakt zu unserer Erneuerung, und diese Erneuerung ist gleichzeitig eine Rückkehr zu einem Seins- und Bewusstseinszustand, der nur als paradiesisch bezeichnet werden kann.

229 Letzte Zeile aus William Blakes „Die Hochzeit von Himmel und Hölle“, William Blake, *Zwischen Feuer und Feuer*, S. 245.

Ich habe gerade von der Verzerrung unserer Fähigkeit gesprochen, die Dinge wirklichkeitsgetreu wahrzunehmen. Was will ich damit sagen? Die Antwort auf diese Frage wirft uns gleich mitten in die Arena, den Schauplatz dieses Dramas, weil sie uns direkt zur Definition dieser verhängnisvollsten aller Prämissen führt, die umzukehren wir aufgerufen sind. Denn hinter dieser Verzerrung steht unsere praktisch unhinterfragte Akzeptanz der Überzeugung, dass die Dinge so sind, wie wir sie sehen, oder dass die Art und Weise, wie wir die Dinge mit unserem gewöhnlichen Bewusstsein wahrnehmen, der Realität dieser Dinge entspricht – eine Überzeugung, die wir in der Redewendung „sehen heißt glauben“ zusammenfassen. Dahinter wiederum verbirgt sich etwas noch Unheilvolleres. Dahinter verbirgt sich eine bestimmte gedankliche Einstellung, eine Einstellung, die mit Sätzen wie Hamlets „an sich ist nichts weder gut noch schlimm; das Denken macht es erst dazu“ oder dem kartesianischen „*Cogito ergo sum*“ impliziert wird – Sätze, die, wie Shakespeare sehr wohl wusste, Descartes aber anscheinend nicht, die Verzerrung, von der ich spreche, subsummieren. Denn damit wird nicht nur behauptet, dass das menschliche Denken der bestimmende Faktor aller Dinge ist, einschließlich unserer eigenen Existenz, sondern auch, dass dieses Denken uns gültiges Wissen zu vermitteln vermag. Und hinter dieser Vorstellung schließlich, dass es eine gültige Art rein menschlichen Wissens gibt oder geben kann, steht die Prämisse, auf die ich mich bezogen habe.

Ich möchte deutlicher werden. Es gibt zwei Faktoren, die wir begreifen müssen, wenn wir dem Prozess der Unwissenheit, in dem wir gefangen sind, entrinnen wollen. Der erste ist, dass die Art und Weise, wie wir die Dinge wahrnehmen, entscheidend von unserem Bewusstseinszustand abhängt, und dass unser Bewusstseinszustand vom Zustand unseres Seins abhängt. Das bedeutet nicht, dass die Wirklichkeit der Dinge mit dem sie wahrnehmenden Bewusstsein variiert, und noch weniger, dass ihre Existenz davon abhängt, dass sie wahrgenommen werden. Es bedeutet lediglich, dass die Art und Weise, wie sie uns erscheinen, die Art der Realität, die wir ihnen zuschreiben, und ob wir sie so sehen, wie sie sind, oder gleichsam durch eine verzerrende Brille, sehr wenig mit den eigentlichen Dingen und sehr viel mit der Qualität unseres Wesens, der Reinheit unserer Seele und dem Niveau unserer Intelligenz zu tun hat.

Und dies wiederum bedeutet, dass die Art und Weise, wie wir die Dinge sehen, nicht im Geringsten mit der Wirklichkeit der Dinge übereinstimmen muss. Wenn unser Bewusstsein von einer Vielzahl illusorischer Vorstellungen beherrscht wird, dann ist auch die Art unserer Wahrnehmung entsprechend illusorisch. Dass die große Mehrheit der Menschheit in bestimmten Epochen die Dinge auf eine bestimmte Art und Weise wahrnimmt, ändert daran nicht das Geringste: Möglicherweise ist die Masse der Menschheit schlicht bestimmten Wahnvorstellungen verfallen, und ihre Wahrnehmung entsprechend konditioniert.

Mit anderen Worten, was wir mit den Sinnen wahrnehmen und wie wir es wahrnehmen, sowie die Art und Weise, wie wir es erforschen, sind immer so konditioniert, dass sie den verborgenen Systemen von Aktion und Reaktion, Glauben und Denken entsprechen, die zum jeweiligen Zeitpunkt unser Bewusstsein beherrschen. Das vorherrschende konzeptuelle Paradigma unseres Bewusstseins und die Realität, die wir ihm zuschreiben, bestimmen, was wir für wirklich und was wir für unwirklich halten. Dieses Paradigma, an das wir oft glauben, ohne uns dessen bewusst zu sein, stellt für uns den letztgültigen Bezugspunkt oder Prüfstein dar, anhand dessen wir bei den Gegebenheiten, den Data, auf die wir unsere Theorien und Handlungen stützen, unterscheiden, was wir für wahr und nicht wahr, relevant oder irrelevant halten, und der ihnen die Bedeutung verleiht, die sie für uns haben. Selbst was wir als „Tatsache" bezeichnen, ist keineswegs selbstverständlich, sondern hängt vollständig von einem Meinungskonsens unter denjenigen ab, die etwas als Tatsache bezeichnen, und dieser Konsens wiederum hängt vollständig davon ab, dass wir gemeinsam die Ideen, Überzeugungen und Werte vertreten, die zu einem solchen Paradigma gehören. Das jeweilige Paradigma, dem wir uns anschließen, hängt wiederum vom Zustand unseres inneren Wesens und damit von unserem Bewusstsein ab.

Deshalb ist die Berufung auf sogenannte empirische Belege – die Belege in Gestalt der mit den Sinnen gewonnen Data – so trügerisch; denn sie setzt voraus, dass unsere Sinne zu einer quasi objektiven Wahrnehmung fähig sind, die völlig unabhängig davon ist, dass wir uns zuvor einem solchen begrifflichen Paradigma angeschlossen haben. Weit gefehlt, denn das, was wir für empirische Belege halten, geschweige denn die Art und Weise, wie unsere Sinne sie wahrnehmen, wird für uns bereits durch unser vorheriges Bekenntnis zu den Voraussetzungen bestimmt, die in dem Paradigma enthalten sind, dem wir uns verschrieben haben, ob wir uns dessen bewusst sind oder nicht. Nicht nur die Art und Weise, wie unsere Sinne die Dinge wahrnehmen, sondern auch das, was wir als gültige empirische Belege betrachten, hängt also vollständig vom Zustand unseres inneren Wesens und unseres Bewusstseins ab. Deshalb kann Herakleitos sagen, dass die Sinne für Menschen mit unreiner Seele falsch Zeugnis ablegen. Trübes, unruhiges Wasser kann niemals wahrheitsgemäß widerspiegeln. Wir müssen stets bedenken, dass wir die Dinge nur so sehen können, wie sie uns erscheinen, nachdem sie den Filter unseres persönlichen Wahrnehmungsinstrumentariums passiert haben, und dass das Ausmaß, in dem dieser Filter die Wirklichkeit des Gesehenen oder vermeintlich Gesehenen zulässt oder ausschließt, ganz von der Modalität unseres individuellen Bewusstseins abhängt. Diese wiederum hängt von unserem Seinszustand ab, davon, wie frei von Selbsttäuschung und Illusion wir sind.

Der zweite Faktor, den es zu begreifen gilt – und der mit dem ersten korreliert –, ist, dass die Art und Weise, wie wir die Dinge mit dem sehen, was ich als unser gewöhnliches Bewusstsein bezeichnet habe und vielleicht besser als unser unverwandeltes und nicht erneuertes Bewusstsein bezeichnet hätte, rein subjektiv ist. Ein solches Bewusstsein entspricht einem Seinszustand, der in seine eigene Subjektivität eingeschlossen ist, und folglich ist die Art und Weise, wie es die Welt sieht, ebenfalls völlig subjektiv. Auf dieser Ebene der Dinge gibt es keine objektive Welt in der Form, in der wir sie so häufig annehmen, und keine objektive Sicht der Welt, da es keinen objektiven Beobachter gibt und geben kann. In diesem Zustand ist unser sogenanntes Wissen das Ergebnis unseres Versuchs, das zu erkennen, was wir nicht wissen und was wir für unbekannt halten. Es ist das Produkt nicht unseres Erkennens, sondern unserer Unwissenheit. Es ist die Widerspiegelung unseres Nichterkennens, unseres Nichtgewahrseins. Und was wir nicht wissen und für unbekannt halten, ist die Wirklichkeit oder die wahre Natur all dessen, was wir zu beobachten und zu erforschen glauben. Ja, besäßen wir nur die geistige Klarheit eines Sokrates, würden wir wie er erkennen, dass wir in diesem Zustand einzig und allein wissen können, dass wir nichts wissen, denn in diesem Zustand sind wir gar nicht fähig, etwas anderes zu wissen. Alles andere, was wir zu wissen meinen, sind nur Vermutungen und Mutmaßungen.

Doch selbst so formuliert, bedeutet dies, dem, was wir zu wissen meinen, einen zu positiven Status zuzuschreiben. Denn wenn die Art und Weise, wie wir die Dinge sehen, durch unsere Unwissenheit, durch unser Nichtwissen und Nichtgewahrsein bestimmt wird, so dass wir die Dinge nicht so sehen können, wie sie in Wirklichkeit sind, dann müssen wir sie in falscher, in illusorischer Weise sehen; und folglich muss auch das Wissen, das wir über sie zu haben meinen, eine falsche, illusorische Art von Wissen sein. Dies muss bedeuten, dass jede Theorie, die wir über die Natur des Universums, den Aufbau der Wirklichkeit oder irgendetwas anderes aufstellen, nicht nur Vermutung und Mutmaßung sein muss, sondern zwangsläufig auch falsch. Und das wiederum muss bedeuten, dass auch unser Seinszustand in gewisser Weise der Selbsttäuschung und Illusion unterliegt, und dass mithin unsere eigene Selbsttäuschung und Illusion zu unserer selbst auferlegten Blindheit und dem von ihr postulierten Scheinwissen führen.

Müssen wir bei näherer Betrachtung nicht erkennen, dass dieser Zustand, in dem wir niemals wahres Wissen besitzen können – in dem das, was wir als unser Wissen bezeichnen, unweigerlich von Falschheit durchdrungen sein muss –, selbst wiederum die Folge dessen ist, dass wir uns mit unserem Ich identifizieren und ihm eine rein fiktive Autonomie zuschreiben, durch die wir unser Denken und unsere Wahrnehmung von uns selbst und der Welt uns selber zuschreiben, als kämen sie von uns, und als sei unser Denken der bestimmende Faktor aller Dinge, einschließlich unserer eigenen Existenz? Mit anderen Worten, entstammen unsere selbst auferlegte Blindheit und das von ihr postulierte Scheinwissen nicht gerade jener Mentalität, die in aller Aufrichtigkeit Behauptungen aufstellen kann, wie sie Hamlet und Descartes aufstellen – Behauptungen, hinter denen sich die alte protagoräische Sophistik über den *Homo mensura*, den Menschen als das Maß aller Dinge, verbirgt und die jenen Triumph des Demos vorwegnehmen, der in Klischees wie „meine Ansicht ist genauso gut wie deine Ansicht" zum Ausdruck kommt? Denn für dieses Denken sind selbst die Götter letztlich nichts anderes als Ideen im menschlichen Geist.

Damit ist aber die wichtigere Frage noch nicht beantwortet; denn wenn die Art und Weise, wie wir die Dinge mit unserem unverwandelten und nicht erneuerten Bewusstsein wahrnehmen – und ich werde gleich erklären, was ich damit meine –, nicht der Wirklichkeit oder der wahren Natur der Dinge entspricht, sondern schlicht die Selbsttäuschung und Illusion widerspiegelt, die unser Ich oder unsere Selbstheit kennzeichnen, was ist dann die Wirklichkeit oder die wahre Natur der Dinge, und wie kommt es, dass wir sie nicht wahrnehmen?

An dieser Stelle sollte ich klarstellen, dass ich, wenn ich von Dingen – von der wahren Natur oder Wirklichkeit der Dinge – spreche, die Dinge in der sinnlichen Welt, die sichtbaren Dinge, das, was wir Phänomene oder Erscheinungen nennen, oder die Welt der Natur meine. Und wenn ich von Wissen spreche, meine ich nicht Information über die Dinge; ich meine das Verständnis dessen, was oder wer die Dinge sind, warum sie sind, das Verständnis ihrer wahren Identität und dessen, was sie bedeuten. Und wenn ich weiter sage, dass unser nicht erneuertes Bewusstsein, oder das, was wir unser Ich-Bewusstsein nennen könnten, die Wirklichkeit oder die wahre Natur dieser Dinge nicht wahrnehmen kann, dann meine ich damit, dass die Wahrnehmung unseres Ich-Bewusstseins auf die rein materiellen und irdischen Aspekte dieser Dinge beschränkt ist – auf ihre Materialität, auf jene Aspekte, die gemessen, beziffert, auf vermeintlich mathematische Äquivalente reduziert werden können oder für die es empirische Belege gibt, wie diese Begriffe in der Terminologie der modernen Wissenschaft verstanden werden. Diese Aspekte der Dinge betrachtet unser Ich-Bewusstsein als ihre Wirklichkeit und damit als geeignet, uns mit Wissen über sie zu versorgen; wohingegen diese äußeren Aspekte der Dinge in Wirklichkeit nicht ihre Wirklichkeit ausmachen und uns nicht mit Wissen über sie versorgen können.

Dies zu sagen, hieße aber entweder, schlichtweg zu behaupten, dass die sichtbaren Dinge überhaupt keine Realität besitzen und völlig illusorisch sind, oder zu sagen, dass ihre Realität durch etwas ganz anderes konstituiert wird als durch die Aspekte, die der Beobachtung zugänglich sind, wenn der Akteur dieser Beobachtung unser Ich-Bewusstsein ist. Ich habe aber bereits gesagt, dass die Dinge ihre eigene Wirklichkeit besitzen, unabhängig davon, ob wir sie wahrnehmen oder nicht. Was ich also behaupte, ist, dass ihre Wirklichkeit durch etwas ganz anderes konstituiert wird als durch das, was unser Bewusstsein wahrnehmen kann, solange es sich noch in einem nicht erneuerten, nicht verwandelten Zustand befindet.

Was also ist dieses Etwas? Zunächst einmal verlangt die Erkenntnis dieses Etwas', dass wir das Buch der Natur, das *Liber mundi*, völlig anders lesen, als uns dies beigebracht wurde. Es verlangt, dass wir es ähnlich lesen wie die großen spirituellen Exegeten, die uns sagen, dass wir die Bibel oder jede andere Heilige Schrift nicht nach ihrer wörtlichen, äußeren Bedeutung, sondern nach ihrer inneren, spirituellen Bedeutung lesen sollen. Das heißt, wir müssen lernen, die Welt der natürlichen Formen als den augenscheinlichen, äußeren Ausdruck einer verborgenen, inneren Welt, einer spirituellen Welt, zu betrachten: Alle Phänomene der Welt der Natur repräsentieren oder symbolisieren Himmlisches und Göttliches.

Aus dieser Perspektive sind die natürlichen Dinge im Grunde Wirkungen, niemals Ursachen und schon gar nicht Ursachen von Ursachen. In keiner Weise genügen sie an sich zur Erklärung ihrer Erscheinung oder ihrer Veränderungen, und in keiner Weise sind sie sind sie autarke Entitäten oder selbst die Ursache dessen, was sie sind. Jede natürliche Form geht aus der Ursache hervor, die sie manifestiert und repräsentiert, und ist dieser Ursache in jeder Hinsicht nachgestellt und durch sie bestimmt. Jede Form hat ihre Entsprechung, ihren Archetyp oder Göttlichen Namen auf der spirituellen Ebene und ist der äußere Ausdruck, die materielle Erweiterung dieses Archetyps. In der gesamten sichtbaren, natürlichen Welt gibt es nichts, was nicht etwas aus einer höheren, unsichtbaren Welt, der spirituellen Welt, ausdrückt oder darstellt. Ohne diese Verwurzelung in der spirituellen Welt könnte nichts auch nur eine Sekunde lang existieren, denn außerhalb der spirituellen Welt kann nichts in irgendeiner Weise existieren. Kein sichtbares Ding – nichts, was zur Welt der Erscheinungen gehört – besitzt eine Existenz oder ein Sein aus eigenem Recht, und losgelöst von seiner inneren und spirituellen Dimension und Identität besitzt es keinerlei Wirklichkeit, weder physisch, materiell noch substanziell.

An dieser Stelle muss ich einen kurzen Einschub machen, um Missverständnisse zu vermeiden. Ich habe gesagt, dass Naturereignisse und -erscheinungen immer Wirkungen sind, niemals Ursachen, und dass die Ursache eines jeden solchen Ereignisses oder einer jeden Erscheinung, ob in Bezug auf Ursprung oder auf zeitliche Permutationen, immer spirituell, immer übernatürlich ist. Ich betone dies, weil unser Verstand so sehr vom linearen Denken und seinen mechanischen Verästelungen beherrscht wird, dass es uns schwerfällt, anders zu denken. Das heißt, wir neigen dazu, uns Dinge sowie Kausalität und Kontinuität im Sinne einer ununterbrochenen linearen Abfolge vorzustellen, nach der Ereignisse und Veränderungen in der natürlichen Welt aufgrund anderer Ereignisse und Veränderungen in der Vergangenheit stattfinden; und diese Vorstellung von ununterbrochenen linearen Abfolgen und Nachfolgen wird dann zur Erklärung des gegenwärtigen Zustands herangezogen.

Doch dieses Verständnis der Dinge im Sinne eines sequenziellen Ursache-Wirkung-Syndroms, das in linearer Zeit abläuft, stellt eine völlig falsche Vorstellung vom Aufbau der Wirklichkeit dar. Es ist nicht zu viel gesagt, dass dieses lineare Modell, auf das unser Denken konditioniert wurde, eines der Haupthindernisse, wenn nicht sogar *das* Haupthindernis für unser Verständnis von allem darstellt, was in der natürlichen Welt, in der Welt der Natur oder der Geschichte vor sich geht. Kausalität und Kontinuität sind Eigenschaften der Welt der Archetypen oder Göttlichen Namen. In der Welt der Ereignisse und Erscheinungen gibt es Verbindungen, keine ursächlichen Beziehungen. Alle Kausalität liegt in den göttlichen Archetypen, in der unaufhörlichen Erneuerung ihrer Epiphanien, ihres offenbarenden Erscheinens von Augenblick zu Augenblick. Das wiederkehrende Auftreten der Dinge in der Welt der Ereignisse und Erscheinungen besteht im wiederkehrenden Auftreten von Epiphanien. Die Identität eines menschlichen oder anderen Wesens ergibt sich also nicht aus einer empirischen Kontinuität seiner sichtbaren Präsenz, sondern ist vollständig in der epiphanischen Aktivität seines ewigen Archetyps verwurzelt. In der Welt des Manifesten gibt es nur eine Abfolge von Ähnlichkeiten von Augenblick zu Augenblick. Dies impliziert natürlich eine ganz andere als die gewohnte Vorstellung von der Beziehung zwischen dieser Welt und „der anderen Welt", zwischen Diesseits und Jenseits. Denn das Diesseits *ist* das Jenseits. Es ist bereits die andere Welt: Das Jenseits entsteht fortwährend im Diesseits und aus dem Diesseits, das keinen Anfang und kein Ende hat. Das Konzept der linearen Zeit und die Vorstellung von sequenzieller Ursache-Wirkung, die dem linearen Denken zugrunde liegt, sowie alles, was sie implizieren, zu verlernen, ist unabdingbare Voraussetzung für ein wirklich wissenschaftliches Verständnis von Ereignissen und Erscheinungen, seien sie natürlich oder historisch.

Alles in der natürlichen Welt, vom kleinsten Teilchen bis zu den Sternbildern, die Gesamtheit und jeder einzelne Teil des Tier-, Pflanzen- und Mineralreichs, ist also nichts anderes als eine Art Repräsentationstheater der spirituellen Welt, in der jedes Ding in seiner wahren Schönheit und Wirklichkeit existiert. Jede natürliche Form ist das Zentrum einer Einströmung, die von ihrem göttlichen Archetyp oder ihrem theophanischen Göttlichen Namen ausgeht. So ist jede natürliche Form das Abbild – die Ikone oder die Epiphanie – ihres Archetyps, und weil sie eine solche Ikone ist, besitzt sie eine Affinität zu ihrem Archetyp, sie entspricht ihm, sie symbolisiert mit ihm. Und wenn ich sage, dass sie mit ihm symbolisiert, dann meine ich nicht, dass es eine Lücke oder einen Bruch zwischen ihr und dem Archetyp gibt, mit dem sie symbolisiert. Das eine ist das andere, der Archetyp ist die Ikone, die Ikone ist der Archetyp, es gibt eine unauflösliche Durchdringung des einen mit dem anderen. Die numinose Gegenwart, deren Abbild die äußere Form der Dinge ist, ist auch in dieser Form gegenwärtig. Obwohl es eine Unterscheidung gibt, besteht kein Dualismus zwischen der natürlichen und der übernatürlichen Welt. Die spirituelle Welt ist keine andere, von der natürlichen Welt getrennte Welt. Sie vermischt sich mit der natürlichen Welt, koexistiert mit ihr und bildet ihre unsichtbare Dimension. Sie ist eine andere Welt, die der natürlichen Welt eingegliedert ist. Dies geschieht, wie Jan van Ruysbroeck es ausdrückt, „ohne Zeit, ohne vor und nach in ewigem ‚Jetzt' … Stätte und … Beginn alles Lebens und Entstehens. Und darum sind darin alle Kreaturen, ohne sich, als in ihrer ewigen Ursache, ein Wesen und ein Leben … .".[230]

Das führt uns zur zweiten Frage: Wenn die Dinge so sind, wie kommt es dann, dass wir so kläglich dabei versagen, sie so zu sehen, wie sie sind? Der Antwort auf diese Frage kann man sich auf zweierlei Weise nähern – oder besser gesagt, man kann diese Frage auf zweierlei Weise beantworten. Die erste könnte man als historisch bezeichnen, besteht

230 Johan van Ruysbroeck, *Das Buch von der höchsten Wahrheit*, aus dem Vlämischen von Franz A. Lambert, Th. Grieben's Verlag (L. Fernau), Leipzig o.J., Kapitel 10, https://www.gottliebtuns.com/doc/Das%20Buch%20von%20der%20hoechsten%20Wahrheit.pdf.

sie doch darin, Entstehung und Wesen jener Prämisse zu definieren, die Denken und Praxis zunächst der modernen westlichen und nun praktisch der ganzen Welt so teuflisch verzerrt hat. Die zweite könnte man als transhistorisch bezeichnen, da sie in einem archetypischen Drama besteht, das sich auf der gnostischen und mythischen Ebene des menschlichen Geistes abspielt.

Um kurz auf die erste einzugehen: Sie hängt mit bestimmten intellektuellen Entwicklungen in der europäischen christlichen Welt zusammen, die mit Veränderungen in der Beziehung zwischen dem zu tun haben, was man als metaphysisches Wissen – Wissen über die übernatürliche und ungeschaffene Welt – und physikalisches Wissen – Wissen über die natürliche und geschaffene Welt – bezeichnen könnte, die sich im christlich-theologischen Bewusstsein des späteren Mittelalters vollzogen haben, insbesondere im Denken der scholastischen Theologen und Philosophen. Genauer könnte man sogar sagen, dass sie in dieser Zeit explizit formuliert wurden, obwohl sie schon seit etlichen hundert Jahren im christlichen Bewusstsein schlummerten, und zwar sowohl im griechischen Osten als auch im lateinischen Westen.

Ganz allgemein könnte man sagen, dass diese Veränderungen die Ablösung eines einheitlichen Erkenntnisansatzes durch einen zweigeteilten, dualistischen Ansatz darstellen. Beim einheitlichen Ansatz gibt es keine Trennung zwischen dem Wissen über die übernatürliche und ungeschaffene Welt einerseits und dem Wissen über die natürliche und geschaffene Welt andererseits: Beide gehen Hand in Hand, werden gemeinsam genutzt; sie bilden eine einzige Form des Wissens, eine einzige Wissenschaft. Dies deshalb, weil die natürliche und geschaffene Welt als die Verkörperung, die materielle und sichtbare Verlängerung von immateriellen, geistigen und ungeschaffenen Wirklichkeiten wahrgenommen wird, sodass die natürliche und physische Welt ohne vorheriges Verständnis und vorherige Kenntnis der übernatürlichen und göttlichen Welt unmöglich zu verstehen oder wahrhaftig zu erkennen ist, und zwar aus dem einfachen Grund, dass, wie gesagt, nichts Sichtbares, nichts, was zur Welt der Erscheinungen gehört, losgelöst von seiner inneren und spirituellen Dimension und Identität irgendeine Wirklichkeit besitzen kann.

Ein solches Verständnis und Wissen über die übernatürliche und göttliche Welt können wir sowohl indirekt als auch direkt erlangen. Indirekt können wir es aus dem Heiligen Buch – dem *Liber revelatus*, dem „vom Himmel herabgekommenen" Buch – erlangen. Die Wahrheiten der Offenbarung, die zwar in einem bestimmten historischen und kulturellen Kontext – nämlich in der christlichen Tradition im Leben Christi, wie es in den Evangelien dargestellt wird – Gestalt annehmen, entsprechen dennoch den ewig gegenwärtigen göttlichen Wirklichkeiten; sie sind eine Offenbarung der wahren Natur der Dinge, dessen, was gänzlich normal und nicht außergewöhnlich ist. Gewiss, diese Wahrheiten müssen aus dem buchstäblichen Sinn, in dem sie gleichsam im Heiligen Buch verborgen sind, ans Licht gebracht werden. Die objektiven Data liefert das geoffenbarte Heilige Buch, der geoffenbarte und offenbarende göttliche Logos; die Aufgabe aber besteht darin, ihre wahre Bedeutung zu erkennen, ihre spirituelle Bedeutung, nicht einfach ihre buchstäbliche Bedeutung. „Der Buchstabe tötet, aber der Geist macht lebendig." (2. Korinther 3, 6)

Damit soll nicht die mittelalterliche Theorie von den vier Sinnen der Schrift – dem wörtlichen, dem moralischen, dem allegorischen und dem anagogischen – beschworen werden. Es geht vielmehr darum, sozusagen eine *Theosophia* vorauszusetzen: die gnostische oder seherische Wahrnehmung einer ganzen Hierarchie spiritueller Universen – Universen, die sich nicht durch Syllogismen erschließen lassen, denn ihre Enthüllung erfordert eine bestimmte Art des Erkennens, eine *Hierognosis*, die reflektierte Kenntnis der von der Offenbarung gelieferten Data und höchstpersönliche innere Erfahrung miteinander verbindet; denn ohne eine solche Erfahrung ist alles, was vermittelt werden kann, eine bloße Ansammlung von Begriffen und abstrakten Formeln, mehr oder weniger willkürlich und wesenhaft flüchtig. Man könnte sagen, dass die göttliche Offenbarung das Licht ist, das das Sehen ermöglicht, während die erlebte innere Schau des Gnostikers das Licht ist, das sieht. Erstere – die göttliche Offenbarung – zu ignorieren, bedeutet, dauerhaft im Dunkeln zu bleiben. Zweitere – die erlebte innere Schau – nicht zu erlangen, bedeutet, blind zu bleiben.

Hier möchte ich einem möglichen Einwand zuvorkommen. Ich habe gesagt, dass wir das Buch der Natur, wenn wir es wahrhaft lesen wollen, auf dieselbe Art und Weise lesen müssen, wie wir das Heilige Buch, das *Liber revelatus*, lesen. Dies setzt natürlich voraus, dass beide im Lichte der *Theosophia*, von der ich spreche, gelesen werden, so dass die Auslegung beider Bücher transtemporale oder transhistorische Gültigkeit hat. Diese Annahme und alles, was mit ihr verbunden ist, sind von einer Art, die der moderne Wissenschaftler nicht akzeptieren kann. Aber sie werden auch von einer zunehmenden Zahl von Theologen abgelehnt, die, vielleicht überzeugt von der Wahrnehmung, dass alle Hypothesen, die moderne Wissenschaftler als Resultat ihrer Lektüre des Buches der Natur aufstellen, bestenfalls rein vorläufig und niemals endgültig sein können, sich veranlasst sehen, dieselbe Schlussfolgerung auf die Lektüre des Heiligen Buches anzuwenden und zu behaupten, dass alle Auslegung geoffenbarter Schriften ebenfalls rein vorläufig sein muss und niemals endgültig sein kann.

Sie untermauern diese Schlussfolgerung gern mit der Behauptung, dass die Art und Weise, wie die Theologie das Heilige Buch liest, genau wie die Art und Weise, wie die moderne Wissenschaft das Buch der Natur liest, von subjektiven zeitlichen, kontextuellen und anderen Parametern bestimmt wird, so dass die Auslegung der Ersteren ebenso sehr von diesen Parametern abhängig ist wie die Hypothesen der Letzteren und beide nur in ihrer Zeit und für diese eine gewisse Gültigkeit besitzen. Diese Sicht der Dinge wird in beiden Fällen verstärkt durch die gemeinsame Akzeptanz des Konzepts der linearen Zeit, von dem ich bereits gesprochen habe, verbunden mit der entsprechenden Vorstellung, dass es eine gewisse, tendenziell untrennbar damit verbundene Evolution des Bewusstseins gibt, sodass Formulierungen wie „die Morgenröte des menschlichen Bewusstseins“, „das aufkommende Bewusstsein unserer Zeit“ und so weiter zulässig werden. Der Mensch wird als wesenhaft diesseitiges, zeitlich gebundenes Wesen betrachtet, und sein Denken als notwendigerweise durch seinen Platz in der Geschichte bestimmt, so dass es im Laufe der Zeit veraltet oder überholt sein kann und durch zeitgemäßere Denkformen ersetzt werden muss.

Diese Haltung untergräbt das Verständnis – wenn sie es nicht gar negiert –, dass ebenso wie die Offenbarung selbst auch ihre spirituelle Auslegung oder Hermeneutik – das, was wir Lehre nennen – ihren Ursprung nicht in der historischen, sondern in der transhistorischen Ordnung hat, dass sie nicht dem Bereich angehört, auf den die Wissenschaft ihre historisch-kritischen Kriterien anwenden kann, und dass sie ebenso wenig wie der Mensch ein rein soziologisches oder kulturelles Phänomen ist. Sicherlich spiegeln eine solche Auslegung und ihre Artikulation in Formen der Lehre das zeitgebundene Bewusstsein derer wider, die für sie verantwortlich sind, und sind daher tatsächlich durch dieses begrenzt – dies ist einer der Gründe, warum man sich ihnen immer apophatisch nähern muss. Aber die göttliche Gnosis, deren Auslegung und Artikulation sie sind, übersteigt diese Begrenzungen und ist ewig, ist sie doch der Glanz göttlichen Lichts und Lebens.

Auch hier neigen wir dazu, mit unserem heutigen Verständnis von Geschichte und Zeit den Einbruch einer solchen Gnosis in diese Welt als ein Ereignis zu betrachten, das zu einem bestimmten Zeitpunkt „in der Vergangenheit" stattgefunden hat, ein für alle Mal und unumkehrbar. Richtig verstanden aber sind diese Gnosis und die ihr vorangegangenen Wirklichkeiten, deren Spiegel sie ist, nicht „aus der Vergangenheit" und können dies auch nie sein; sie sind immer „in der Gegenwart" (*in-stantem*). Dementsprechend kann auch die spirituelle Auslegung dieser Gnosis niemals aus der Vergangenheit, sondern muss „in der Gegenwart" sein, da sie die Zeit transzendiert, indem sie alle zeitlichen Manifestationen an ihren nichtzeitlichen Ursprung zurückbindet. So hat ihre Artikulation, wie die Menschwerdung des Logos im historischen Jesus, eine transhistorische Dimension, und für diejenigen, die Augen haben, sie zu lesen, kann sie niemals veralten oder ihre symbolische Funktion als authentischer Ausdruck göttlicher Gnosis verlieren.

Zugegeben – und hier komme ich wieder auf das Hauptthema zurück –, die *Theosophia*, deren Ausdruck eine solche Artikulation ist, setzt sowohl die Realität als auch die Möglichkeit direkter persönlicher Wahrnehmung eines über den Menschen hinausgehenden Wissensbestandes voraus – das, was Augustinus „die ungeschaffene Weisheit" nennt und folgendermaßen beschreibt: „sie selbst aber wird nicht, sie ist, wie sie war, und wird immer so sein"[231] –, der aller Auslegung und Artikulation vorausgeht. Dies wiederum setzt voraus, dass jedem Menschen ein Organ der Schau, der intellektiven oder imaginativen Intuition innewohnt, das, wenn es aktiviert ist, die Wirklichkeiten der

231 Augustinus, *Bekenntnisse* IX, 10; Übersetzung von Otto F. Lachmann, *Die Bekenntnisse des heiligen Augustinus*, Reclam Leipzig 1888, https://www.ub.uni-freiburg.de/fileadmin/ub/referate/04/augustinus/bekenntl.htm (Anm. d. Ü.)

übernatürlichen und göttlichen Welt wahrzunehmen und zu erfahren vermag.

Dieses Organ kann natürlich nicht die Vernunft sein. Die Vernunft kann keine direkte Anschauung oder Erfahrung von irgendetwas haben. Sie kann nur von einem oder mehreren gegebenen Ausgangspunkten aus operieren, die wir als Bedingung dafür annehmen müssen, dass der Fortgang des Denkens angestoßen werden kann. Gemeint ist also, dass wir in uns ein intellektives und seherisches Organ besitzen, das der Vernunft überlegen ist, und dass dieses Organ oder diese Kraft fähig ist, die innere und spirituelle Wirklichkeit der Dinge zu erkennen.

Ein solches Organ – man könnte es den geistigen oder engelhaften Intellekt nennen – ist zwar in uns vorhanden, befindet sich aber zunächst, und manchmal auch chronisch, in einem latenten oder potenziellen oder passiven Zustand – warum, wird später noch deutlich werden –, so dass es in unserem Bewusstsein im Grunde genommen erst dann funktionsfähig wird, wenn es aus einem Zustand der Passivität in einen Zustand der Aktivität, aus einem Zustand der Potenzialität in einen Zustand der vollen Funktionsfähigkeit versetzt worden ist. Deshalb habe ich vorhin von unserem gewöhnlichen oder Ich-Bewusstsein als „nicht erneuert" oder „unverwandelt" gesprochen; denn erneuert und verwandelt wird unser Bewusstsein durch eben diesen Prozess, in dem unser engelhafter oder spiritueller Intellekt aus einem Zustand der Potenzialität in einen Zustand aktiver Verwirklichung versetzt wird, so dass er in unserem Bewusstsein nicht nur wirksam, sondern zu dessen bestimmendem und verwandelndem Agens wird und ihm die Fähigkeit verleiht, in den Dingen jene inneren und spirituellen Qualitäten wahrzunehmen, für die unser nicht erneuertes und unverwandeltes Bewusstsein völlig blind ist.

Gleichzeitig hat diese Erneuerung und Verwandlung unseres Bewusstseins zu ihrer unmittelbaren Folge auch die Erneuerung und Verwandlung unserer Sinnesorgane, so dass auch sie von „falschen Zeugen", wie Herakleitos sie nennt, die nicht in der Lage sind, die spirituellen und numinosen Qualitäten der Dinge zu erfassen, umgewandelt und fähig werden, an der spirituellen Schau unseres wiedergeborenen Bewusstseins teilzuhaben und dessen nun unverfälschte Wahrnehmung zu teilen. Denn sowie die Schleier vor unserem Bewusstsein gelüftet werden, werden auch die Schleier vor unseren Sinnesorganen gelüftet; wie umgekehrt gilt, wenn unser Bewusstsein für göttliches Leben und Licht verschlossen ist, sind auch unsere Sinne dafür unempfänglich.

Diese Entschleierung unseres Bewusstseins, sodass es für göttliches Leben und Licht nicht mehr unempfänglich ist – seine Umwandlung und Erneuerung – ist, wie ich schon sagte, ein Prozess, der mit der Verwirklichung oder Aktivierung der Potenzialität unseres spirituellen Intellekts Hand in Hand geht. Aber dieser Prozess ist alles andere als ein Automatismus. Im Gegenteil, wie im einleitenden Kapitel dieses Buches erläutert, kann er nur unter der Bedingung gelingen, dass wir einen langen, anstrengenden und oft äußerst belastenden Weg spiritueller Praxis und Läuterung beschreiten, innerlich und äußerlich, geistig und körperlich. Wie jede echte heilige Tradition besitzt auch das Christentum eine eigene initiatorische und mystagogische, gnostische und rituelle Disziplin; und durch Teilnahme an einer solchen Disziplin, und nur durch eine solche Teilnahme (außer in den wenigen Fällen, welche die Ausnahmen darstellen, die die Regel bestätigen), können wir allmählich in die Hierarchie der spirituellen Universen vordringen, von denen wir vorher nicht das Geringste wussten oder die wir nur „aus Glaubensgründen" als eine Art theoretische Grundlage für unsere Überlegungen akzeptiert haben. Je weiter wir in diese Welten vordringen und je mehr unser Bewusstsein für den Zustrom göttlichen Lebens und Lichts geöffnet wird, desto mehr können wir die spirituelle Bedeutung der Data entschlüsseln, die im offenbarten Heiligen Buch, dem *Liber revelatus*, gegeben werden; und je mehr wir dies vermögen, desto mehr werden wir fähig, direkte Wahrnehmung und Erkenntnis der Wirklichkeiten der übernatürlichen und göttlichen Welt zu erlangen.

Das bedeutet, dass wir zugleich entsprechend in eine wahrhafte Lesart des Buches der Natur, des *Liber mundi*, eingeweiht werden, denn diese Wirklichkeiten stellen die immateriellen, spirituellen und ungeschaffenen Wirklichkeiten der Formen der natürlichen und physischen Welt dar; sie umfassen die Archetypen, deren augenscheinlicher, äußerer Ausdruck diese Formen sind. Und weil mit der Spiritualisierung unseres Bewusstseins durch die Wiedererweckung unseres höchsten Erkenntnisvermögens – des spirituellen Intellekts – auch unsere Sinne verwandelt und spiritualisiert werden, bedeutet dies wiederum, dass wir mit unseren physischen Augen die symbolische Funktion wahrzunehmen vermögen, die die natürlichen Dinge aufgrund ihrer Entsprechung zu und Durchdringung mit den spirituellen Dingen besitzen. Wir vermögen ihre innere und spirituelle Dimension und Identität wahrzunehmen.

Genau diese unsere Fähigkeit, diese symbolische Funktion der natürlichen Dinge wahrzunehmen – die numinose Präsenz wahrzunehmen, deren Ikone jede natürliche Form ist –, wird zunehmend durch eben jene intellektuellen Entwicklungen verdunkelt, die im christlichen und damit insgesamt im europäischen Bewusstsein des späteren Mittelalters eingetreten sind. Sie zeichnen sich aus durch die Erfindung eines bestimmten Konzepts, des Konzepts der „doppelten Wahrheit", das im Denken der scholastischen und späteren Theologen und Philosophen propagiert wurde. Was genau ist dieses Konzept?

Wir haben gesehen, dass es bei der einheitlichen Herangehensweise an Erkenntnis keine Trennung oder Spaltung zwischen dem Wissen über die übernatürliche und ungeschaffene Welt und dem Wissen über die natürliche und geschaffene Welt gibt; keine Trennung zwischen der im Heiligen Buch und der im Buch der Natur offenbarten Wahrheit: Der erleuchtete Gnostiker, dessen Bewusstsein verwandelt und erneuert ist, kann die übernatürlichen und göttlichen Wirklichkeiten wahrnehmen, die in beiden und durch beide gleichermaßen zum Ausdruck kommen, und sein Wissen über beide leitet sich ab und hängt ab von seiner Wahrnehmung der in beiden enthaltenen göttlichen Wirklichkeiten.

Infolge der erwähnten intellektuellen Entwicklungen wird dieses Verständnis der Dinge verdrängt und existenziell unwirksam gemacht, mit der Folge, dass auch die einheitliche Erkenntnis und die damit verbundene Anschauung der natürlichen Welt verdrängt werden; denn der Bewusstseinstypus, den sie erfordern, wird verdunkelt und durch einen anderen ersetzt. Denn erstens weicht das Verständnis des Menschen als eines dreieinigen Wesens aus Geist, Seele und Körper der Vorstellung, er sei lediglich ein dyadisches Wesen aus Seele und Körper. Dies wiederum bedeutet, dass das Vermögen, das nach der einheitlichen Erkenntnistheorie unser höchstes Erkenntnisvermögen darstellt – unser engelhafter oder spiritueller Intellekt –, nicht mehr als eine der menschlichen Natur innewohnende Kraft anerkannt wird, als eine Kraft, die der Vernunft gänzlich überlegen und von ihr unabhängig ist, da sie eine ihr innewohnende spirituelle Potenz besitzt. Jetzt wird der Intellekt (das Wort wird immer noch verwendet) nur noch als höherer Aspekt der Vernunft betrachtet. Im Grunde bezeichnen Intellekt und Vernunft nun ein und dieselbe Kraft, es gibt kein spirituelles, seherisches Organ im Menschen, das sich von seiner Vernunft unterscheidet, und die dem Menschen eigentliche Wissensweise ist das argumentierende oder diskursive Wissen, eine Wissensweise, die jedem zugänglich ist, ohne dass irgendeine einweihende Gnade wirken müsste, denn *per definitionem* besitzen alle Menschen eine Seele, und *per definitionem* ist diese Seele eine rationale.

Daraus folgt, dass die seherische Wahrnehmung göttlicher und übernatürlicher Wirklichkeiten, die Voraussetzung jeder echten Erkenntnis über die natürliche Welt ist – denn ohne sie sind wir blind für die innere und spirituelle Dimension der Dinge –, heute als außerhalb der Reichweite der menschlichen Intelligenz liegend gilt. Man geht zwar immer noch davon aus, dass natürliche Formen eine analoge Ähnlichkeit mit übernatürlichen Formen haben, dies bedeutet allerdings nicht im Geringsten, dass man Wissen über natürliche Formen nicht einfach dadurch erlangen könnte, dass man sie an sich untersucht, ohne jeglichen Bezug zu übernatürlichen Formen. Im Gegenteil, heute hält man dies für die einzige Möglichkeit, sie zu untersuchen, da man davon ausgeht, dass jede direkte Erkenntnis ihrer übernatürlichen Dimension außerhalb unserer Möglichkeiten liegt. Was innerhalb unserer Möglichkeiten liegt, beschränkt sich angeblich auf Wissen über die natürlichen Dinge, wie sie im natürlichen Licht der menschlichen Vernunft wahrgenommen werden.

Was als scholastische Behauptung beginnt – die an sich schon eine radikale Umkehrung der Erkenntnisnormen darstellt –, dass die Welt, die wir durch die Sinne wahrnehmen, die primäre Quelle menschlichen Wissens ist (*quod in intellectu est, primo in sensu erat*), wird nun zu dem Dogma erhoben, dass diese Welt die einzige Quelle menschlichen Wissens ist, eines Wissens, das man zudem für vollkommen gültig hält. Die zunehmende Vorherrschaft dieses falsch verstandenen Dogmas, zunächst im europäischen und dann auch im außereuropäischen Denken, hat für die fortschreitende Materialisierung aller Aspekte unserer Kultur gesorgt.

Was aber ist unterdessen mit jener anderen Quelle der Wahrheit, dem Heiligen Buch, dem *Liber revelatus*, geschehen? Bedeutet die Tatsache, dass man heute meint, die menschliche Vernunft könne vollkommen gültiges Wissen über die natürliche Welt erlangen, indem sie von der Beobachtung derjenigen Aspekte dieser Welt abstrahiert, die wir mit den Sinnen wahrnehmen können, dass die Wahrheiten der göttlichen Offenbarung als überflüssig gelten? Dem ist ganz und gar nicht so. Allerdings haben die gesamte Einstellung zu diesen Wahrheiten und ihr Verständnis eine ähnliche Veränderung durchlaufen. Denn diese Wahrheiten werden zwar immer noch als gültig betrachtet (da Gott sie uns offenbart hat), aber nun heißt es, sie lägen jenseits des menschlichen Vermögens, sie durch unmittelbares Erleben zu erkennen, durch noetisches Durchdringen der spirituellen Universen, deren äußeren Ausdruck die wörtliche Form des Heiligen Buches bildet. Und sie werden als jenseits der menschlichen Erkenntnisfähigkeit liegend betrachtet, weil man nicht mehr glaubt, dass der Mensch ein Organ der Schau besitzt, durch dessen Aktivierung sie erkannt werden können. Die Dinge des Glaubens – die Wahrheiten der Offenbarung –, die von allen geglaubt werden müssen, sind allen gleichermaßen unbekannt, und es kann kein unmittelbares Erfahrungswissen über sie geben.

Dies wäre vielleicht kein Problem gewesen, wenn die Wahrheiten der Offenbarung immer mit den Schlussfolgerungen übereingestimmt hätten, die die menschliche Vernunft, der nun das Recht eingeräumt wurde, ganz unabhängig von den Wahrheiten der Offenbarung zu agieren, durch einen Abstraktionsprozess aus der Beobachtung der Naturerscheinungen ableitete. Leider war dies jedoch keineswegs immer der Fall. Daher musste eine Möglichkeit gefunden werden, sowohl die Schlussfolgerungen der Vernunft als auch die Wahrheiten der Offenbarung gelten zu lassen, selbst wenn sie einander zu widersprechen schienen; denn nun waren sowohl Theologen als auch Philosophen verpflichtet zu akzeptieren, dass beide Wahrheiten, selbst wenn sie einander zu widersprechen schienen, gültig sein konnten.

Die einzige Möglichkeit, die dafür zu finden war, bestand in einer Trennung zwischen der Sphäre der Offenbarung und der Sphäre der Vernunft, zwischen Glauben sowie Philosophie und Wissenschaft, zwischen Metaphysik und Physik. Thomas von Aquin, der darin dem jüdischen Philosophen Maimonides sowie anderen wie Alexander von Hales, Bonaventura und Albert dem Großen folgt, vertritt diese Unterscheidung ganz entschieden: Auf der einen Seite gibt es den Glauben, das Einverständnis mit etwas, weil es von Gott offenbart wurde, und auf der anderen Seite gibt es die Wissenschaft, das Einverständnis mit etwas, weil es im natürlichen Licht der menschlichen Vernunft als wahr erkannt wurde. Die beiden Bereiche sind voneinander getrennt, die Wahrheiten des einen gelten in einer Sphäre, die Wahrheiten der anderen in einer anderen Sphäre.[232]

Dieses Konzept der doppelten Wahrheit – diese Duplizität im wahrsten Sinne des Wortes oder das, was wir als „doppeltes Denken“ bezeichnen könnten – stellt die wichtigste Prämisse dar, die umgekehrt werden muss, wenn wir den Fängen unserer materialistischen Welt jemals entrinnen wollen; denn dieses Konzept bildet das Fundament der großen Denkparadigmen, die den Lauf und Charakter dieser Welt prägen, und ist ihnen unauflöslich eingeschrieben. Diese erste Zweiteilung oder Spaltung hat die ganze Fragmentierungskrise ausgelöst, die jetzt alles zu zerstören droht, was von dem noch übrig ist, was man als Zivilisation bezeichnen könnte. Sie markiert den entscheidenden Durchbruch jenes Bewusstseins, das ich als unser Ich-Bewusstsein bezeichnet habe – jenes Bewusstseins, das, da es dem göttlichen Licht und Leben gegenüber verschlossen ist, lediglich den Selbstbetrug und die Illusion widerspiegelt, die unsere entwurzelte Selbstheit kennzeichnen; und gleichzeitig markiert sie den Punkt, an dem der fortschreitenden Säkularisierung und Profanierung praktisch jedes Aspekts unseres Lebens Tür und Tor geöffnet werden, im Öffentlichen und Privaten, in Philosophie, Wissenschaft, Politik, Gesellschaft, Bildung und sogar im häuslichen Umfeld.

Denn wenn die Philosophie und damit die Wissenschaft im Gehorsam gegenüber dem Diktat einer Theologie, die die Ordnung des übernatürlichen Wissens von der Ordnung des natürlichen Wissens getrennt hat, ihre Unabhängigkeit von den Wahrheiten der Offenbarung erklären – ihre Unabhängigkeit vom Heiligen Buch und der spirituellen Hermeneutik, die seinen Sinn enthüllt; und wenn sie darüber hinaus erklären, dass die menschliche Vernunft aus eigener Kraft fähig ist, gültiges Wissen über die Dinge zu erlangen, dann sind der Durchbruch dieses Bewusst-

232 Eine ausführlichere Darstellung dieses Themas findet sich in Sherrard, *The Rape of Man and Nature*, Golgonooza Press 1987), Kapitel 2 (Anm. d. Hrsg.).

seinstyps und die Konsequenzen, die unausweichlich aus seiner Vorherrschaft folgen, nicht zu verhindern.

Dass die Vorherrschaft des Ich-Bewusstseins dem Status, der der menschlichen Vernunft heute zuerkannt wird, und dem Freibrief, der ihr erteilt wird, tatsächlich eingeschrieben ist, liegt in Natur und Funktion der Vernunft begründet. Wir haben bereits festgestellt, dass die Vernunft selbst kein direktes Wissen über irgendetwas haben kann. Sie kann nur von gegebenen Ausgangspunkten ausgehen und gelangt zu ihren Schlussfolgerungen, indem sie diese logisch aus besagten Ausgangspunkten ableitet. Wenn diese Ausgangspunkte von einem Wirklichkeitsverständnis kommen, das der Wahrnehmungsart unseres spirituellen Bewusstseins entspricht, sind die Schlussfolgerungen, zu denen die Vernunft in Bezug auf die Formen der natürlichen Welt gelangt, von der einen Art; von einer ganz anderen Art sind sie hingegen, wenn die Ausgangspunkte von einem Wirklichkeitsverständnis kommen, das der Wahrnehmungsart unseres Ich-Bewusstseins entspricht. Das heißt, eine Naturwissenschaft kann nur insofern als rational bezeichnet werden, als ihre Schlussfolgerungen logisch aus den Prämissen folgen, welche die Ausgangspunkte bilden, von denen die Vernunft ausgeht, unabhängig von der Art des Bewusstseins, das diese Prämissen und damit ihre gesamte spätere theoretische und methodische Struktur bestimmt. Es gibt keine Wissenschaft, die an sich rational ist oder die rationaler ist, wenn sie die einen und nicht die anderen Prämissen zu ihrem Ausgangspunkt nimmt. Auch kann die menschliche Vernunft diese Prämissen oder ihre Rationalität oder ihre Wahrheit oder Falschheit nicht aus sich selbst heraus feststellen, noch kann sie Wissen über die natürliche Welt erlangen. Es gibt keine Möglichkeit, wie das natürliche Licht der menschlichen Vernunft an sich Wissen über irgendetwas erlangen kann. Deshalb stellt das Konzept der doppelten Wahrheitsordnung, das von den Scholastikern und anderen Philosophen propagiert und in der Folge in praktisch jeden Aspekt unseres intellektuellen und sonstigen Lebens eingebunden wurde, eine solche Verzerrung dar.

Was genau steckt dann hinter der Propagierung der Idee, dass die menschliche Vernunft durchaus in der Lage ist, die Dinge ohne Bezugnahme auf ein Heiliges Buch oder eine entsprechende spirituelle Hermeneutik zu erforschen, und dass sie von sich aus die Fähigkeit besitzt, gültiges Wissen über die physische Welt zu erlangen? Was steckt hinter der Behauptung, es sei völlig legitim, die Sphäre der Vernunft von der der Offenbarung, die der Physik von der der Metaphysik, die der Wissenschaft von der des Glaubens zu trennen? Wie ich bereits angedeutet habe, handelt es sich um eine radikale Inversion, um nicht zu sagen Perversion, der Normen des Wissens. Denn heute wird nicht mehr anerkannt, dass die Vernunft, um echtes Wissen über die Dinge zu formulieren, als ihren Ausgangspunkt Thesen akzeptieren muss, die mit der Wahrnehmung unseres spirituellen Bewusstseins im Einklang sind. Im Gegenteil, heute wird behauptet, dass die Vernunft ein ebenso gültiges Wissen über die Dinge formulieren kann, indem sie zu ihrem Ausgangspunkt Thesen nimmt, die mit der Wahrnehmung unseres Ich-Bewusstseins im Einklang stehen, einer Wahrnehmung, die lediglich die Begrenzungen und Eigenschaften unserer ungeheiligten, in sich geschlossenen Selbstheit widerspiegelt. Das bedeutet, dass die Prämissen, die heute für die Philosophie und damit auch für die Wissenschaft gelten, nicht mehr die der *Hierognosis* oder *Theosophia* des einheitlichen Wissens sind, sondern lediglich diejenigen, die der menschliche Geist, der von einer direkten Wahrnehmung spiritueller Wirklichkeiten abgeschnitten ist, zufällig erfindet oder auf rein willkürliche und subjektive Weise übernimmt. Da ein solcher Verstand *per definitionem* Selbsttäuschung und Illusion unterworfen und jeglicher Art von Verzerrung ausgesetzt ist, sind die Schlussfolgerungen einer Vernunft, die in Übereinstimmung mit den von ihr erfundenen oder angenommenen Prämissen arbeitet, entsprechend konditioniert.

Mit anderen Worten, dem rein subjektiven und ungeheiligten menschlichen Bewusstsein wird eine Autonomie zugeschrieben, die es zum bestimmenden Faktor nicht nur der Normen des Wissens, sondern sogar der Normen der menschlichen Existenz macht: Wir sind wieder da, wo wir angefangen haben, bei jener Mentalität, die in aller Aufrichtigkeit die Aussagen eines Hamlet, eines Descartes oder eines Protagoras machen kann, und bei dem mit ihr untrennbar verbundenen Agnostizismus und Materialismus. Dass eine agnostische und materialistische Naturwissenschaft ein Widerspruch in sich ist, und dass ihre Erkenntnisse notwendigerweise der lebendigen Wirklichkeit der Natur so wenig entsprechen wie ein Leichnam der lebendigen Wirklichkeit eines Menschen, wird aus allem deutlich, was ich bereits gesagt habe; genau wie ebenso deutlich wird, dass unsere Tragödie und die Tragödie der Welt, in der wir leben, auf nicht mehr und nicht weniger zurückzuführen sind, als dass wir der Trostlosigkeit unserer eigenen Zerstörung den Vorzug geben vor den Prüfungen, der Hingabe und der Liebe, die die Prüfsteine unserer Erneuerung sind.

Denn weil wir uns entschieden haben und weiterhin entscheiden, nach dieser Wahnvorstellung von einer doppelten Wahrheit zu leben, haben wir unser angestammtes Universum, unseren spirituellen Kosmos, in tausend Fragmente zertrümmert und uns in eine ebenso albtraumhafte wie künstliche Welt katapultiert. Eben diese Doppelzüngigkeit oder dieses Doppeldenken ist die Wurzel unseres heutigen, inzwischen endemischen Zustands der Schizophrenie. Sie gestattet uns, uns als Christen oder Moslems oder Buddhisten oder was auch immer zu bezeichnen und dennoch nach Werten, Normen und Ideen zu leben, die nicht nur nichts mit irgendeiner Religion zu tun haben, sondern jeglicher Form spirituellen Lebens und spiritueller Praxis völlig zuwiderlaufen. Und schließlich gestattet uns ebendiese Haltung, eine Art von Wissenschaft nicht nur zu tolerieren, sondern aktiv zu propagieren, die unweigerlich jeden Bereich des Lebens entweiht, auf den sie übergreift, weil die Entweihung schon in der Naturanschauung angelegt ist, nach der sie arbeitet; denn diese Sichtweise ist ihrerseits die Frucht eben jenes missratenen Konzepts der doppelten Wahrheit, das uns glauben machen will, dass die Natur eine von Gott unabhängige, sich selbst erhaltende Realität ist, die nichts Heiliges oder Sakrales an sich hat, und dass es durchaus möglich ist, eine gültige Form des Wissens zu erlangen, indem man sie als solche erforscht.

Solange wir nicht erkennen, dass diese Sicht der Natur ein völliger Irrglaube ist, und unser sogenanntes empirisches und experimentelles Tatsachenwissen wesentlicher Bestandteil unserer Unwissenheit ist, werden wir weiterhin die Erde und alles, was auf ihr ist, entweihen, ohne uns auch nur im Geringsten darüber bewusst zu sein, was wir tun und warum wir es tun. Dass diese Sicht der Natur ein völliger Irrglaube ist, werden wir außerdem erst dann erkennen können, wenn wir zu erkennen vermögen, dass die Worte Christi: „Was ihr getan habt einem von diesen, meinen geringsten Brüdern, das habt ihr mir getan“ (Matthäus

25, 40), nicht nur für seine menschlichen Brüder und Schwestern gelten, sondern für jede natürliche Lebens- und Daseinsform. Denn jede natürliche Lebens- und Daseinsform, bis hin zu den geringsten, ist Leben und Sein Gottes.

Dass wir in den letzten Jahrhunderten durch die Unterwerfung unter die Normen und die Propaganda der modernen wissenschaftlichen Mentalität zunehmend dazu gebracht wurden, nur das als Wissen zu betrachten, was sich direkt auf die den Sinnen zugänglichen Aspekte der natürlichen Welt bezieht, hat darüber hinaus dazu geführt, dass wir zunehmend von einer unersättlichen Lust am Experimentieren in immer extremeren und wahnsinnigeren Formen der Sensation beherrscht wurden. Denn diese wissenschaftliche Mentalität und ihre Propaganda haben nicht nur unsere rein profane Neugierde über jedes menschliche oder göttliche Maß hinaus angeregt, sondern sie haben uns zugleich gezwungen, als unumstößlich zu akzeptieren, dass diese Neugierde nur durch einen Experimentalismus befriedigt werden kann, der die Prüfung von Hypothesen anhand der sogenannten empirischen Evidenz, der Evidenz der Sinne, beinhaltet.

Dieser Experimentierkult durchdringt in der einen oder anderen Form praktisch die gesamte wissenschaftliche Welt. Doch es ist ein besonders untauglicher Kult. Denn soweit er als Mittel zur Bewertung einer Hypothese durch Überprüfung anhand empirischer Beweise praktiziert wird, verwickelt dieser Kult die ihm Geweihten lediglich in den fadenscheinigen Ritus des Argumentierens im Kreis. Wie ich bereits gezeigt habe, liegt das daran, dass das, was ein Wissenschaftler – wie jeder andere auch – für empirische Beweise hält, für ihn bereits durch sein vorheriges Bekenntnis zu den Voraussetzungen bestimmt wird, die dem begrifflichen Paradigma zugrunde liegen, welches sein Bewusstsein gerade beherrscht. Aber genau diese Voraussetzungen und die Bindung des Wissenschaftlers daran bestimmen auch die Formulierung der Hypothese, die er nun anhand dieser Beweise überprüfen will. Doch aufgrund des Ansehens, das diesem Kult zuteilwird, ist die Sucht, die er darstellt, unheilvoller als die meisten anderen Suchtformen, von denen unsere heutige Gesellschaft befallen ist; denn sie liegt praktisch allen zugrunde.

Überdies ist zu bedenken, dass die Spezialisierung, die praktisch jede Form geistiger Tätigkeit in der modernen Welt und insbesondere jede

Form geistiger Tätigkeit in der Welt der modernen Wissenschaft kennzeichnet, die Ausübung nur eines Bruchteils unserer Intelligenz erfordert; der größere Teil unserer Intelligenz, der nie zum Einsatz kommt, verkümmert oder atrophiert einfach. Infolgedessen sind wir im Großen und Ganzen außerstande, in Bereiche des Denkens vorzudringen, die jenseits des äußerst engen Rahmens liegen, auf den unser intellektuelles Verständnis und damit unser Leben heute beschränkt ist, sodass wir nur negativ reagieren können, wenn wir eingeladen oder aufgefordert werden, in diese Bereiche vorzudringen, und vielleicht sogar so tun, als gäbe es solche Bereiche gar nicht oder als gehörten sie in die Welt der Fantasie. In gewissem Sinne ist dies unser Hauptproblem – wie wir Kräfte unserer Intelligenz reaktivieren können, die jetzt schlummern, so dass wir uns wieder jener Bereiche des Denkens und der Wirklichkeiten, die sie widerspiegeln, bewusst zu werden vermögen, die jetzt unserem Blickfeld entzogen sind. An dieser Stelle lässt sich nur sagen, dass der erste Schritt zu einer solchen Reaktivierung darin bestehen müsste, vieles von dem, was heute als Wissen bezeichnet wird, zu verlernen und uns von den Voraussetzungen zu befreien, auf denen es beruht.

Niemand – oder zumindest kaum jemand – will davon etwas wissen, und wenn man darauf hinweist, gilt man als leicht daneben oder hysterisch und erntet wenig Dank dafür. Doch ob wir es erkennen oder nicht, die Wahrheit lautet, dass wir in ein Drama verwickelt sind, das in erster Linie ein spirituelles ist, eine Verfinsterung unserer spirituellen Schau; und diese selbst auferlegte Blindheit hat zu dem gesamten Zerfallsprozess geführt, dessen äußere Manifestationen und Symptome aus den soeben besprochenen intellektuellen Entwicklungen und ihren Folgen für jeden Bereich unseres Lebens bestehen. Zum Abschluss möchte ich noch etwas über das Wesen dieses Dramas sagen – etwas, das in gnostischer und mythischer Hinsicht eine Rekapitulation dessen darstellt, was ich bereits gesagt habe.

***

Zu Beginn dieses Kapitels habe ich darauf hingewiesen, dass die Umkehrung der Prämissen der Denkweise, die unserer gegenwärtigen Misere zugrunde liegt, nichts geringeres bedeutet als die Umkehrung eines

Prozesses der Unwissenheit; und dass diese Umkehrung eines Prozesses der Unwissenheit ihrerseits der Auftakt zu einer Erneuerung ist, die selbst wiederum eine Rückkehr zu einem Seins- und Bewusstseinszustand darstellt, der nur als paradiesisch bezeichnet werden kann. Was ist dieser paradiesische Zustand, und was bedeutet es, aus ihm vertrieben zu sein?

In einem Zustand des Paradieses zu sein, bedeutet, einfach ausgedrückt, frei zu sein von der Knechtschaft durch Selbsttäuschung und Illusion und die Dinge, uns selbst eingeschlossen, so wahrzunehmen, wie sie wirklich sind, und nicht so, wie sie durch den Zerrspiegel unseres nicht erneuerten Geistes scheinen. Wie ich bereits erklärt habe, bedeutet dies, dass unsere Wahrnehmung der sinnlichen Dinge – der geschaffenen Dinge – zugleich die Wahrnehmung ihrer göttlichen und himmlischen Wirklichkeit umfasst, so dass das, was wir mit unseren Augen sehen, wenn wir uns in diesem Zustand befinden, himmlische Wesen sind, lebendige Manifestationen göttlichen Lebens.

Obwohl wir im paradiesischen Zustand diese spirituelle Wahrnehmung besitzen, sind wir uns zugleich bewusst, dass das Subjekt, das in all unseren Akten des Erkennens und Wahrnehmens aktiv ist, nicht unser eigenes Selbst ist, sondern die Gottheit, Gott selbst. Man könnte auch sagen, dass sich unsere persönliche Selbstheit in diesem Zustand ihrer selbst als untrennbar vom göttlichen Prinzip bewusst ist. Unsere Selbstheit ist durchlässig für dieses Prinzip: Ihr Leben und ihr Licht sind das Leben und das Licht Gottes.

Das Paradies – der Garten – ist also die göttliche Inspiration, die direkt und ohne Vermittler in uns einströmt. Es ist Wissen im eigentlichen Sinne, reine spirituelle Wissenschaft. Das bedeutet, dass wir in diesem Seinszustand nicht bloß *im* Paradies sind: Wir *sind* das Paradies. Wir sind der Zustand, in dem wir sind; unser Seinszustand – unser *modus essendi* – entspricht unserem Wissenszustand – unserem *modus intelligendi*. Das Paradies ist also unser innerer Zustand; und dieser innere Zustand – unsere Seinsweise – lässt uns eine Unendlichkeit von Wahrnehmungen erleben, die aus dem in uns wirkenden göttlichen Prinzip stammen. Deshalb ist das Paradies, selbst wenn wir uns im Paradies befinden und selbst wenn wir das Paradies sind, nicht unser, denn alle unsere Wahrnehmungen werden in uns durch Gott aktiviert.

Der Verlust dieses inneren Zustands – dieses paradiesischen Zustands – wird im Christentum als der „Sündenfall" bezeichnet, ein Ereignis, das nicht der Vergangenheit angehört, sondern an dem wir in jedem Augenblick unseres Lebens beteiligt sind. Um zu verstehen, was damit gemeint ist, müssen wir uns vergegenwärtigen, dass es einen entscheidenden Unterschied gibt zwischen unserem wahren Wesen und dem, was wir werden, wenn wir uns mit unserer Selbstheit identifizieren. Unser natürlicher Zustand ist unser paradiesischer Zustand, mit dem dazugehörigen Bewusstsein und Wissen; und wir haben gesehen, dass wir uns in diesem Zustand bewusst sind, dass unsere persönliche Selbstheit in ihrem göttlichen Prinzip wurzelt, und dass dieses Prinzip das Subjekt all unserer Akte des Erkennens und Wahrnehmens ist. Wir haben aber auch die Möglichkeit, einen anderen Weg einzuschlagen und uns als unabhängig von Gott existierend zu betrachten: Wir können die Autonomie unserer Selbstheit behaupten und uns mit ihr identifizieren. Wir können denken, dass wir, als selbsterhaltende Wesen, aus uns selbst und durch uns selbst sind. Wir können denken, dass wir die Akteure unseres eigenen Lebens und unserer Akte des Erkennens und Wahrnehmens sind. Wir können Opfer der schrecklichen Illusion werden, dass das eigene Selbst sich selbst genügt, um es selbst zu sein. „In Witz und Eigendünkel schwellend" wie Christopher Marlowes Dr. Faustus können wir wie er behaupten, dass unsere Seelen uns gehören.[233]

Doch an dem Tag, an dem wir dies tun – an dem Tag, an dem wir annehmen, dass wir die Dinge selbst wahrnehmen und erkennen können und die Geheimnisse unseres Seins und der natürlichen Welt selbst erforschen können – sterben wir unserer himmlischen Natur und dem damit verbundenen Wissen und Bewusstsein. Denn sobald wir unsere Wahrnehmung unserer selbst und der Natur uns selbst zuschreiben, als ob sie von uns selbst käme, verschließen wir unser Bewusstsein automatisch und unweigerlich dem Zustrom göttlichen Lichts und Lebens. Gott ist dann nicht mehr das aktive Subjekt unserer Akte des Erkennens und des Seins, unsere himmlische Wahrnehmung der Dinge wird vernichtet, und wir ersetzen sie als Lieferantin dessen, was wir heute

233 Christopher Marlowe, *Dr. Faustus*, nach der Übersetzung von Wilhelm Müller, München 1911, http://www.zeno.org/Literatur/M/Marlowe,+Christopher/Dramen/Doktor+Faustus

Wissen nennen, durch eine Wahrnehmung, die in den Dingen nichts anderes zu sehen vermag als ihre rein psychischen und materiellen Aspekte.

Wenn wir uns an unsere Selbstheit als losgelöste, unabhängige Realität klammern, geschieht in der Folge zweierlei. Als Erstes erkennen wir nicht mehr den Unterschied zwischen unserem natürlichen Zustand – unserem paradiesischen Zustand – und dem fiktiven autonomen Zustand, den wir uns dann zuschreiben und mit dem wir uns dann identifizieren. Anders ausgedrückt könnte man sagen, dass wir uns nicht mehr mit unserem wirklichen Sein identifizieren, sondern mit dem, was wir zu sein meinen. Das, was ich wirklich bin – meine wirkliche Identität –, ist immer voll und ganz und unzerstörbar. Das, was ich zu sein meine, wenn ich an meiner Selbstheit hänge, ist nichts weiter als eine Erfindung meines eigenen Geistes, eine Illusion, der ich Realität zuschreibe und die ich als konkrete Entität betrachte. Es ist nichts weiter als ein gewisses Bündel an geistigen und körperlichen Zufällen, Gedanken, Gefühlen und Empfindungen, die sich aus Vererbung, Erziehung, Umwelt und tausend weiteren vergänglichen Einflüssen und Tätigkeiten ableiten, die vorübergehend zusammenkommen, sich aber ständig so verändern, dass es nie einen Augenblick gibt, in dem ich von mir sagen könnte, dass das ich bin: Denn kaum dass ich frage, was es ist, ist es etwas anderes geworden. Tatsächlich gibt es auf dieser Ebene keine wirkliche Entität, die ich Ich nennen könnte; und mein Ich-Bewusstsein, demzufolge ich mein Ich als Entität betrachte, ist selbst ebenso fiktiv wie das Ich, dem es Realität zuschreibt, da es nur eine Abfolge von Reaktionen ist, in deren Strom wir eintauchen und von dem wir endlos mitgerissen werden.

Wenn wir also unsere Unabhängigkeit von Gott behaupten, richten wir in Wirklichkeit unsere Aufmerksamkeit auf ein rein fiktives Selbst und schreiben ihm eine Realität und eine Beständigkeit zu, die es nicht besitzt und nicht besitzen kann. Und dieses falsche Selbst oder Ich, die beständig erneuerte Schöpfung unserer Unwissenheit, wird zum Brennpunkt all unserer Illusionen, unserer Leidenschaften und, wie man hinzufügen könnte, unserer Sünden. Die Unabhängigkeit und Autonomie, die wir unserer Selbstheit zuschreiben, ist die Crux unserer Verirrung; denn diese Selbstheit, die selbst eine Täuschung ist, ist zugleich das

Agens jeder Art von Betrügerei und Falschheit. Und unsere Anhaftung daran führt unseren (Sünden-)Fall herbei.

Das Zweite, was infolge einer solchen Bindung an unsere Selbstheit geschieht, entspricht dem Ersten: Wir können die wahre Natur der Dinge, ihre spirituelle und himmlische Wirklichkeit, nicht mehr wahrnehmen und identifizieren sie stattdessen mit dem, wofür wir sie halten. Aber wenn wir sie mit dem identifizieren, wofür wir sie halten, projizieren wir auf sie dieselbe Art fiktiver und illusorischer Identität, mit der wir uns bereits selbst identifiziert haben. Am Ende wollen wir nichts mehr von der Existenz des Spirituellen und Himmlischen wissen, weder in uns selbst noch in irgendetwas anderem, und wir bestreiten sogar, dass wir oder irgendetwas anderes solche Qualitäten besitzen können. Ja, wir kommen zu dem Schluss, dass die dreidimensionale Welt, die wir mit unserem Ich-Bewusstsein und mithilfe unserer fünf Sinne wahrnehmen, die natürliche Welt ist und dass sie eine eigene, sich selbst erhaltende Existenz besitzt.

Unser Sündenfall ist also die Kappung unserer Verbindung zum Göttlichen und die zunehmende Bindung an die Normen unserer nichtspirituellen, nichtspiritualisierten Selbstheit. Er ist eine Begrenzung unserer selbst auf unsere Selbstheit, ein Verlieben in uns selbst, unsere Hingabe an eine autoerotische Konkupiszenz, an eine obsessive narzisstische Psychose. Kurz gesagt, wir begehen eine Art Suizid. Und infolgedessen werden wir aus dem Garten – dem Paradies – vertrieben, das wir selbst waren und sind, in unserem wahren Sein, in unserem Zustand der Durchlässigkeit für das Göttliche. Und da wir dieser Garten waren – da wir dieser Garten sind –, ist unsere selbstverschuldete Vertreibung daraus nichts anderes als eine Vertreibung aus uns selbst, eine Entfremdung von unserem inneren Wesen, eine Entspiritualisierung der menschlichen Existenz, ein Rückfall in einen untermenschlichen Zustand. Diese Vertreibung ist ihrerseits ein Eintritt in einen Zustand tiefgreifender Illusion. Denn die losgelöste, fiktiv autonome Selbstheit, mit der wir uns nun identifizieren, erscheint uns zwar als real, ist aber, wie gesagt, im Grunde unwirklich und illusorisch, so dass unsere Unterwerfung unter sie, ebenfalls wie gesagt, unweigerlich zu unserer Versklavung an eine gänzlich von uns selbst erfundene Scheinwelt führt. Es gibt für uns keine erniedrigendere und entwürdigendere Situation als die der Versklavung an unsere eigenen Erfindungen. Sich in einer solchen Situation zu befinden, ist in Wahrheit die Hölle, denn in dieser Situation haben wir unsere Wirklichkeit verloren, und genau das ist die Hölle.

Im Lichte des hier Gesagten können wir erkennen, warum der Sündenfall am besten nicht als moralische Abweichung oder als Abstieg in einen fleischlichen Zustand verstanden werden sollte, sondern als ein Drama der Erkenntnis, als eine Verlagerung und Degradierung unseres Bewusstseins, ein Versagen unserer Wahrnehmungs- und Erkenntniskräfte – ein Versagen, das uns von der Gegenwart und dem Gewahrsein anderer höherer Welten abschneidet und uns in dem Verhängnis unserer einsamen Existenz in dieser Welt gefangen hält. Er bedeutet, die symbolische Funktion jeder Form zu vergessen und in den Dingen nicht ihre duale, symbiotische Wirklichkeit zu sehen, sondern lediglich ihre nichtspirituelle Dimension, ihre psycho-physische oder materielle Erscheinung.

So gesehen ist unser Vergehen, wie das Adams, gleichbedeutend mit dem Verlust des Sinns für Symbole; denn der Verlust des Sinns für Symbole bedeutet, in die Gegenwart unserer eigenen Dunkelheit, unserer eigenen Unwissenheit versetzt zu werden. Das ist die Vertreibung aus dem Paradies, der Zustand unseres gefallenen Menschseins; und es ist die Folge unseres Ehrgeizes, unsere Gegenwart ausschließlich in dieser irdischen Welt zu etablieren und zu behaupten, unsere Gegenwart in dieser Welt, und ausschließlich in dieser Welt, entspräche unserer wahren Natur als menschliche Wesen. Tatsächlich sind wir schon so weit, dass wir nicht nur die Welt, die wir mit unserem Ich-Bewusstsein wahrnehmen, für die natürliche Welt halten, sondern auch unseren gefallenen, untermenschlichen Zustand für den natürlichen menschlichen Zustand halten, den Zustand, der unserer Natur als Mensch entspricht. Wir reden davon, Wissen über die natürliche Welt zu erlangen, und wissen noch nicht einmal, was im Kopf einer Eichel vor sich geht.

Diese Verlagerung unseres Bewusstseins, die den Sündenfall bezeichnet, zeigt sich vielleicht am deutlichsten in der Trennung, die wir zwischen dem Spirituellen und dem Materiellen, dem Esoterischen und dem Exoterischen, dem Ungeschaffenen und dem Geschaffenen vornehmen, sowie in unserer Annahme, wir könnten das eine ohne das andere erkennen. Das heißt, dass wir, wenn wir die spirituelle Welt überhaupt anerkennen, diese meist als etwas ganz anderes betrachten als die materielle Welt und bestreiten, dass das Göttliche in den natürlichen Formen unveräußerlich gegenwärtig ist, oder dass wir behaupten, es könne nur durch direkte Wahrnehmung unter Umgehung der natürlichen Welt erkannt werden, als ob die Existenz dieser Welt, spirituell gesehen, negativ und für unsere Erlösung ohne Bedeutung wäre.

Diese jenseitige Form der Esoterik artet nur allzu oft in eine Art spirituelle Ausschweifung aus, in dem Sinne, dass sie ihr Gegenstück in der Vorstellung findet, es sei möglich, das innere spirituelle Leben zu pflegen und sich der Meditation, der Anrufung und anderen rituellen Praktiken zu widmen, seien sie nun geheiligt oder gefälscht, während unser äußeres Leben, ob beruflich oder privat, nach mentalen und physischen Maßstäben und Gewohnheiten gelebt wird, die nicht nur nichts Spirituelles an sich haben, sondern auch völlig außerhalb jeglicher Harmonie mit den wesenhaften Rhythmen göttlichen, menschlichen und natürlichen Seins liegen. Wir sollten nie vergessen, dass ein authentisches spirituelles Leben nur unter der Bedingung gelebt werden kann, dass erstens die Art und Weise, wie wir uns das physische Universum sowie unseren Platz darin vorstellen, mit der Harmonie übereinstimmt, die seiner gesamten Struktur durch das göttliche *fiat*, das es ins Leben gerufen hat und erhält, eingeflößt wurde; und dass wir zweitens, soweit irgend menschenmöglich jeden Aspekt unseres Lebens, mental, emotional und physisch, mit dieser Harmonie in Einklang bringen und uns daher von allen Aktivitäten und Praktiken lösen, die offensichtlich im Widerspruch dazu stehen. Wenn wir gegen die wesenhaften Rhythmen des Seins verstoßen, sind unsere Bestrebungen, die Quelle unseres spirituellen Lebens zu erschließen, zur Fruchtlosigkeit verurteilt oder können in manchen Fällen sogar zu einem Zustand psychischen Ungleichgewichts führen, der in Wahrheit als dämonisch bezeichnet werden kann.

Dementsprechend bedeutet die Trennung zwischen dem Spirituellen und dem Materiellen, dass die materiellen Formen als vollständig nichtspirituell betrachtet werden und somit entweder als Illusion oder als nur dann erkennbar, wenn ihre Realität mit ihren rein materiellen Aspekten gleichgesetzt wird. Eine solche Entwertung der physischen Dimension der Dinge kommt nicht nur der Leugnung der spirituellen Realität unseres eigenen geschaffenen Daseins gleich, sondern dadurch, dass die natürlichen Dinge ihrer theophanischen Funktion beraubt werden, auch der Behandlung einer göttlichen Offenbarung als toter und seelenloser Körper. Und in diesem Fall sprechen wir nicht nur von einer Art Selbstmord, sondern auch von einer Art Mord.

Zu glauben, wir könnten Wissen über Gott erlangen, wenn wir Seine Gegenwart in den existierenden Dingen und in den entsprechenden symbolischen Ritualen ignorieren oder sogar leugnen, ist ebenso gefährlich wie die Vorstellung, wir könnten Wissen über die existierenden Dinge erlangen, wenn wir die göttliche Gegenwart ignorieren oder sogar leugnen, die sie prägt und ihnen ihre Realität verleiht. Tatsächlich kann es kein Wissen über die äußere Erscheinung der Dinge geben – über das, was wir Phänomene oder eben Erscheinungen nennen – ohne Wissen über ihre innere Wirklichkeit; ebenso wenig wie es Wissen über diese innere Wirklichkeit geben kann, das nicht auch Wissen über die äußere Erscheinung einschließt. Es ist genau wie beim Heiligen Buch: Die Ganzheitlichkeit der Offenbarung ist nicht lediglich buchstäblich, anhand des äußeren Wortsinns, zu verstehen; sie ist nur zu verstehen, wenn sie durch die spirituelle Wissenschaft von ihrem inneren Sinn ausgelegt wird. Zugleich ist dieser innere Sinn nur mithilfe des Buchstabens, des äußeren Wortsinns, wahrnehmbar. Es besteht eine unverbrüchliche Verbindung zwischen dem Esoterischen und dem Exoterischen, dem Weiblichen und dem Männlichen, zwischen der inneren Wirklichkeit einer Sache und ihrer äußeren Erscheinung. Und jegliches echte Wissen über eines der beiden hängt davon ab, dass beide als Bestandteile einer einzigen, einheitlichen Wissenschaft betrachtet werden.

Ein solches Wissen ist also nicht unabhängig vom exoterischen Aspekt der Dinge. Es ist keine höhere, esoterische Lehre, die auf die äußere Erscheinung keine Rücksicht zu nehmen braucht. Es ist Wissen über die unsichtbare Dimension der Dinge, durch das allein ihre äußere Erscheinung richtig zu verstehen ist. Wenn man versucht, Wissen über das Innere oder das Äußere zu erlangen, als ob das eine unabhängig vom anderen wäre oder sein könnte, verurteilt man sich selbst zu einer Unwissenheit, die der Adams und Evas entspricht, als sie aus dem Paradies vertrieben wurden und sich ihrer natürlichen Gewänder von Intelligenz und Weisheit entblößt sahen. Dies nicht zu verstehen, bedeutet, erneut der Lüge von der doppelten Wahrheit zu erliegen – der Lüge, die unsere gesamte

Kultur verdorben und uns an den Rand des Untergangs gebracht hat. Und wenn wir diese Lüge nicht überwinden, werden alle unsere anderen Bemühungen, diesem Untergang, unserer Nemesis, unserer gerechten Strafe, zu entgehen, vergeblich sein.

Das bedeutet, wir müssen uns von der Vorstellung verabschieden, dass es sich bei dem, was uns in den letzten Jahrhunderten als Wissen beigebracht wurde, tatsächlich um Wissen handelt, und auch von der Vorstellung, dass Wissen auf die bisher angenommene Art und Weise erworben werden kann. Wahres Wissen kann in keiner Weise der Erwerb oder die Entdeckung eines Einzelnen oder einer Gruppe von Einzelnen sein. Es ist nicht durch Experiment (was immer Gewaltanwendung bedeutet) oder durch Forschung (was immer Eingriffe in die Natur bedeutet) oder auf analytischem Wege zu finden, denn es hat nichts damit zu tun, dass sich etwas zerstückeln, unterteilen, sezieren oder in seine Bestandteile zerlegen lässt, und auch nicht mit der Annahme, dass Dinge aufgegliedert oder fragmentiert werden müssen, um etwas über sie zu erfahren. Es lässt sich nicht untersuchen, nicht festnageln, nicht klassifizieren, nicht in Gesetze fassen, wie Newton das Gesetz der Schwerkraft formuliert hat, als ob die Erde etwas wäre, an das wir gebunden sind, weil eine unpersönliche objektive Kraft uns dazu zwingt. Ebenso wenig können wir wahres Wissen besitzen, wenn wir es nicht persönlich erfahren haben; und es entzieht sich völlig jeder Form von Spezialisierung, ebenso wie jedem Versuch, es aus der Beobachtung zahlreicher Einzelfälle abzuleiten.

Denn wie ich zu Beginn dieses Kapitels sagte, ist das sogenannte Wissen, das wir mit solchen Mitteln vermeintlich erlangen können, das Ergebnis unseres Versuchs zu wissen, was wir nicht wissen und was wir für unbekannt halten. Er ist ein Produkt unseres Nichtwissens, unserer Unwissenheit, und unsere Unwissenheit ist untrennbar mit ihm verbunden. Und diese Unwissenheit, die untrennbarerer Bestandteil all unseres sogenannten Wissens ist, und die uns daran hindert, die Dinge so zu sehen, wie sie wirklich sind, und ihre wahre Natur und Identität zu erkennen, hat letztlich ihre Wurzeln in unserer Unwissenheit darüber, wer wir sind und was unsere wahre Natur und Identität ausmacht; denn es ist klar, dass wir nicht wissen können, was irgendetwas anderes ist, solange wir nicht zuerst wissen, wer wir selbst sind. Und Wissen, das untrennbar mit einer solchen Unwissenheit verbunden ist, kann *per definitionem* kein wahres Wissen sein. Es muss unweigerlich mit dieser Unwissenheit und damit mit Falschheit behaftet sein. Und Wissen, das mit Unwahrheit behaftet ist, kann kein wahres Wissen sein. Mit anderen Worten: Der menschliche Geist kann ohne Erleuchtung aus einer übermenschlichen Quelle keine gültige Form von Wissen erlangen.

Das wiederum bedeutet, wenn wir die Dinge so sehen wollen, wie sie sind, müssen wir uns völlig von derartigem Pseudowissen und den damit verbundenen Methoden befreien. Wir müssen uns von allem befreien, was wir zu wissen meinen, unseren Geist von allem entleeren, was wir zu wissen meinen, von allen Vorstellungen, die wir uns gebildet haben, weil wir einem Wissen nachjagen, von dem wir meinen, es mit einem der eben von mir genannten Mittel erlangen zu können. Wir müssen unwissend werden gegenüber all dem Wissen, das wir meinen, aus eigener Anstrengung erlangt zu haben. Denn wahres Wissen ist durch keines dieser Mittel zu erlangen und noch weniger zu bestätigen oder zu überprüfen. Alles, was wir durch solche Mittel aus eigener Kraft entdecken können, ist Pseudo-Wissen, Nichtweisheit. Wahres Wissen hat seinen Ursprung in der Weisheit, die das Lebenselixier aller Dinge ist und in der alles bereits bekannt ist. Es ist also nicht etwas Unbekanntes. Es ist nicht einmal etwas, das wir nicht kennen. Wir kennen es – es ist unser Lebenselixier – nur haben wir es vergessen und verloren, so wie wir unsere eigene Wirklichkeit vergessen und verloren haben. Wenn wir unsere eigene Wirklichkeit wiedererlangen können, werden wir auch dieses Wissen wiedererlangen, denn beides geht Hand in Hand, dieses Wissen ist wesentlicher Bestandteil dessen, was wir in unserem wahren Sein sind. Wenn wir uns wieder darauf besinnen, wer wir sind, werden wir uns auch wieder auf dieses Wissen besinnen.

Wahres Wissen ist also etwas, das uns gegeben ist, aber wir können es nur wahrnehmen, wenn wir in der Verfassung dazu sind. Es ist in keiner Weise unserem Willen unterworfen, wir können es nicht einfangen, wir können nur von ihm durchdrungen, umfangen, in es eingetaucht werden. Es ist ein Licht, das die Dunkelheit unserer Unwissenheit vertreibt, doch ein Licht, das für diejenigen unsichtbar bleibt, die Augen haben, aber nicht sehen können. Und wir werden niemals Augen haben, die sehen können, solange wir noch vom Glanz des Pseudowissens geblendet sind.

Wir können nicht weiter den Sirenen und Irrlichtern des Pseudowissens nachjagen, geschweige denn unser tägliches Leben an dessen Irrtümern ausrichten, und gleichzeitig erwarten, dass die heilige Weisheit uns zu ihrem Tabernakel macht. Dazu müssen wir einen neuen Zustand erreichen, einen Zustand des Entwissens, der uns im Gegensatz zum negativen Nichtwissen aus der Knechtschaft unseres Ich-Bewusstseins und seines Stroms halluzinatorischer und auseinanderreißender Gedanken befreit und uns erlaubt, das nahtlose Gewand der Natur in seiner ganzen Unversehrtheit wahrzunehmen. Nur dann, durch diesen Akt der Selbstbesinnung – der auch ein Akt des Wiederzusammensetzens, des Erinnerns ist – wird sich die Weisheit offenbaren, wird sie ihre Gegenwart in jeder natürlichen Lebens- und Seinsform enthüllen. Nur dann werden wir die Schönheit im Inneren der Dinge zu sehen beginnen. Dies ist der Weg zur Wiederentdeckung des Paradieses. Dies ist selbst schon das Vorspiel zum Paradies.

KAPITEL ZEHN

Die Bedeutung der Schöpfung *ex nihilo*

Dieses kurze Kapitel ist insofern eine Art Kodizill, ein Nachtrag, zum vorangegangenen Kapitel, als es versucht, eine in der Prämisse verborgene Frage zu beantworten, die, wie ich behaupte, jener Mentalität Tür und Tor öffnet, welche unsere säkulare und materialistische Welt hervorgebracht hat. Wie, so könnte man fragen, konnte es dazu kommen, dass ein derartig zweigeteilter, dualistischer Wissensansatz, wie er in der Theorie der doppelten Wahrheitsordnung vertreten wird, die einheitliche Erkenntnistheorie im christlichen Bewusstsein so verdrängen konnte, dass sie als gültige Theorie akzeptiert wurde und immer noch wird? Wie konnte das christliche Bewusstsein die Idee akzeptieren, dass es durchaus möglich ist, Wissen über die natürliche Welt zu erlangen, ohne es auf die spirituelle Hermeneutik dieser Welt zu gründen? Wie kam es, dass die *Theosophia* als Bezug nehmend auf *eine* Sphäre der Wirklichkeit und die Naturwissenschaften als Bezug nehmend eine andere Sphäre der Wirklichkeit betrachtet wurden – eine Dichotomie, die zu einer solchen Verunglimpfung der geschaffenen Welt führt, dass sie als praktisch leblos, seelenlos und ohne direkte Teilhabe am Göttlichen betrachtet werden kann? Wie war es Christen möglich, eine solche Kosmologie zu akzeptieren?

Als Erstes muss man an dieser Stelle vielleicht sagen, dass diese Art der Kosmologie anscheinend eine fast pathologische Angst vor dem widerspiegelt, was die Theologen, die sie vertreten, meist als Götzendienst oder Pantheismus bezeichnen. Eingedenk Paulus‘ Warnung vor dem Schicksal derer, die das Geschaffene und nicht den Schöpfer verehren (Römer 1, 25), meinen sie, die einzige Möglichkeit, einem ähnlichen

Schicksal zu entgehen, bestünde darin, jegliche natürliche Beziehung zwischen Gott und der Welt, die Er erschafft, zu bestreiten. Das bedeutet, sie müssen die Vorstellung ablehnen, dass Gott die Welt in sich – *ab intra* – erschafft, denn wenn Er dies tut, gibt es unweigerlich eine natürliche, ja artverwandte Beziehung zwischen Gott und der Welt, die Er erschafft. Wenn Gott auf diese Weise erschafft, muss Er genau genommen tatsächlich das sein, was Er erschafft; denn Er muss die *Summa summarum* dessen sein, was Er erschafft, auch wenn das, was Er erschafft, sich nicht in demselben Zustand befindet wie Er. Ein solches Verständnis scheint so direkt zum Pantheismus zu führen und damit zu dem Vergehen, das Geschaffene anstelle des Schöpfers zu vergöttern, dass diese Theologen es für einen Irrweg, um nicht zu sagen, für häretisch halten und es dementsprechend ablehnen.

Dieser radikale Ausschluss der Vorstellung, dass Gott die Welt in sich erschafft, bedeutet, dass diese Theologen gezwungen sind zu behaupten, Gott müsse die Welt außerhalb von sich – *ad extra* – erschaffen, denn sonst könnte Er sie gar nicht erschaffen. Aber hier stoßen sie auf eine weitere Schwierigkeit; denn wenn Gott die Welt außerhalb von sich erschafft, könnte dies bedeuten, dass es etwas – eine Materie – außerhalb Seiner selbst gibt, aus der Er sie erschafft. Dies zuzugeben, hieße zuzugeben, dass es von Ewigkeit an etwas im Universum gibt, das nicht Gott ist, das eine eigenständige und unabhängige Substanz ist, über die Gott Seine Macht ausüben kann, die aber keine inneren Wurzeln in Seinem Sein hat. Doch wenn dies der Fall ist, dann ist Gott nicht unendlich: Es gibt die andere Substanz im Universum, durch die Seine Unendlichkeit begrenzt wird. Es gibt einen absoluten Dualismus, der untrennbar zum Wesen der Wirklichkeit gehört. Dies zuzugeben hieße, eine Häresie anzunehmen, die noch unheilvoller ist als der Pantheismus, dem diese Theologen so unbedingt einen Riegel vorschieben wollen.

Daraus ergibt sich ein gewisses Dilemma. Einerseits kann aus dieser Sicht nicht akzeptiert werden, dass Gott die Welt in sich selbst erschafft, doch andererseits kann nicht akzeptiert werden, dass Er sie außerhalb von sich erschafft, wenn dies augenscheinlich impliziert, dass es eine Substanz oder Materie gibt, aus der Er sie erschaffen kann und die von Gott unabhängig ist und nicht aus Seinem Sein stammt. Woraus kann Er sie dann erschaffen?

Angesichts dieses Dilemmas – das sie, wie man durchaus sagen darf, ganz und gar selbst verschuldet haben – glaubten die betreffenden Theologen, es durch die Vorstellung lösen zu können, Gott habe die Welt „aus dem Nichts“ erschaffen, *ex nihilo*. Es sollte von vornherein betont werden, dass diese Vorstellung in den Evangelien durch nichts gestützt wird – sie ist kein *Datum* der Offenbarung. Sie wird lediglich formuliert, um besagtem Dilemma zu entkommen.

Diese Vorstellung soll deshalb einen solchen Ausweg bieten, weil erstens die Idee, dass es irgendeine natürliche oder artverwandte Beziehung zwischen Gott und der Welt gibt, ausgeschlossen werden kann, wenn Gott die Welt nicht aus sich selbst, sondern „*ex nihilo*“ erschafft, so die Argumentation. Dann lässt sich behaupten, dass das Göttliche nicht von Natur aus in der Welt gegenwärtig ist, die Es erschaffen hat; die Welt so zu betrachten, als ob Gott von Natur aus in ihr gegenwärtig wäre, wäre daher eindeutig ein Akt der Idolatrie, der Götzenanbetung.

Zugleich soll sie auch deshalb einen solchen Ausweg bieten, weil sie der Götzenanbetung einen Riegel vorschiebt, ohne damit der ebenso gefährlichen „Häresie“ eines postulierten radikalen, der Schöpfung zugrunde liegenden Dualismus Tür und Tor zu öffnen. Denn dieses „Nichts“ – *nihil* –, aus dem Gott die Welt erschafft, besitze keine substanzielle Existenz und könne daher nicht als eine außerhalb oder unabhängig von Gott bestehende Realität oder als Hinweis auf eine Begrenzung Seiner Unendlichkeit angeführt werden. Dieses „Nichts“, so wird behauptet, ist im absoluten Sinne nichts: Es ist eine Art absolutes Vakuum, völlig ohne alles Leben, Sein, Bewusstsein und was man sich sonst noch vorstellen kann – eine totale Leere. Daher kann es keine Realität darstellen, die ewig außerhalb und unabhängig von Gott ist, eine Art zweites universelles Prinzip.

Mit anderen Worten: Indem sie die Vorstellung von der Schöpfung *ex nihilo* vertreten, bilden sich diese Theologen ein, dass sie damit sowohl der Skylla entgehen, anerkennen zu müssen, dass das Göttliche in der Schöpfung wesenhaft gegenwärtig ist – ein Anerkennen, das, wie sie sich wiederum einbilden, direkt zu der Art von Pantheismus führen würde, die sie so sehr beunruhigt – und dass sie gleichzeitig der Charybdis eines radikalen Dualismus entkommen, indem sie behaupten, dass vor der Schöpfung absolut nichts existiert hat, aus dem Gott die Welt hätte erschaffen können.

Die Vorherrschaft dieser Vorstellung von der Schöpfung *ex nihilo* im christlichen Bewusstsein, sowohl im Ost- als auch im Westchristentum, untermauert und ermöglicht die gesamte Theorie von der doppelten Wahrheitsordnung. Wie wir gesehen haben, markieren Entstehung und Akzeptanz der Theorie von der doppelten Wahrheitsordnung zugleich einen entscheidenden Schritt in der Förderung eben der Mentalität, welche die entsetzliche Entweihung der geschaffenen Welt begünstigt, die jetzt ihren Höhepunkt erreicht. Unter diesem Gesichtspunkt kann also kategorisch festgestellt werden, dass die Vorstellung von der Schöpfung *ex nihilo* die Wurzel unserer heutigen ökologischen Krise bildet. Dementsprechend kann auch festgestellt werden, dass, da diese Auffassung von Theologen formuliert und gefördert wurde, deren Anspruch, christliche Theologen zu sein, von der Kirche nicht bestritten wurde, die christliche Kirche, zumindest in der Form, in der sie von den Verantwortlichen für ihre wichtigsten dogmatischen, kanonischen und konziliaren Vorstellungen und Entscheidungen vertreten wird, eine direkte und unbestreitbare Verantwortung für die Entweihung des Kosmos trägt. Es ist absolut kein Zufall, dass eine rein materialistische Sicht der Natur nicht zuerst in der hinduistischen, buddhistischen oder islamischen, sondern in der christlichen Welt aufkam. Und es ist auch absolut kein Zufall, dass die offiziellen Antworten der Kirche, im christlichen Osten wie im christlichen Westen, auf das, was wir als ökologische Krise bezeichnen, wie bereits gesagt kläglich sind: Da die „offizielle“ Theologie der Kirche so sehr von exakt den Vorstellungen gelähmt wird, die diese Krise direkt gefördert haben, ist es kaum verwunderlich, dass die Verlautbarungen ebenso fade wie ineffektiv sind.

In Anbetracht dessen sollten wir das Konzept der Schöpfung *ex nihilo* genauer untersuchen, denn ein Konzept, das so verhängnisvolle Folgen hat, sollte eindeutig nicht Teil der christlichen Lehre sein. Wie wir gesehen haben, sollten mit diesem Konzept vor allem sämtliche Wege zu dem Gedanken versperrt werden, dass vor der Schöpfung etwas außerhalb und unabhängig von Gott existiert hat, aus dem Er die Welt erschaffen hat. So sollte zum Beispiel die Vorstellung ausgeschlossen werden, dass es eine Art formlose Materie gab, der Gott bei der Schöpfung eine Form gegeben hat. Tatsächlich jedoch führt der Versuch, eine solche Möglichkeit auf diese Weise auszuschließen, zu genau der

Art von Dualismus, die mit einer solchen Auffassung bestritten werden soll.

Versteht man die Aussage, dass Gott die Welt aus dem Nichts erschafft, so, dass vor der Schöpfung absolut nichts existiert hat, so stellt sich die Frage, ob dieses Nichts vor der Schöpfung existiert hat oder nicht existiert hat. War vor der Schöpfung nichts, oder war nicht nichts? Wenn die Antwort lautet, dass vor der Schöpfung nichts *war*, dann wäre dieses Nichts in der Tat eine Art Etwas, ein positives Vakuum, eine Art Nichtich im Verhältnis zu Gott oder ein Nichtgott gewesen; und der Schöpfung läge ein unauflöslicher Dualismus zwischen Gott und Nichtgott zugrunde, der ebenso radikal wäre wie der Dualismus, den die fragliche Aussage auszuschließen versucht.

Wird hingegen behauptet, dieses Nichts habe vor der Schöpfung nicht existiert, so dass es vor der Schöpfung zwischen Gott und diesem Nichts keine Beziehung gegeben habe, die einen absoluten Dualismus als Grundlage der Welt voraussetzen würde, so verlangt man von uns, einer gewissen Absurdität zuzustimmen. Denn wie kann es eine Leugnung von Beziehung geben, bevor es so etwas wie Beziehung überhaupt gibt, oder eine Privation von Existenz, bevor es überhaupt eine Existenz gibt? Die Begriffe entbehren jeder Bedeutung.

Außerdem setzt der in der Formulierung „vor der Schöpfung“ verwendete Begriff „vor“ eine zeitliche Dimension voraus. Zeit kennzeichnet jedoch ausschließlich die geschaffene Welt, daher kann es so etwas wie „vor“, soweit dieses Wort eine zeitliche Konnotation besitzt, erst geben, wenn die Schöpfung in Erscheinung getreten ist. Unter diesem Aspekt ist also der Versuch zu klären, ob das „Nichts“ vor der Schöpfung existiert hat oder nicht, ein völlig sinnloses Unterfangen.

Daher gilt oder entspricht der Begriff „Nichts“, wenn er als Bezeichnung einer völlig negativen Kategorie gedeutet wird, keinerlei Realität, weder einer metaphysischen, noch einer logischen oder physischen. Er gilt oder entspricht lediglich einem negativen und völlig hypothetischen Hirngespinst menschlichen Denkens. Es ist, gelinde gesagt, unwahrscheinlich, dass Gott die Welt aus einem solchen Hirngespinst erschafft.

Dass dieses Hirngespinst menschlichen Denkens dennoch direkt zur Formulierung seines begrifflichen Gegenstücks, der Theorie von der doppelten Wahrheitsordnung, führt und damit jenen Entwicklungen

Tür und Tor öffnet, die zur ökologischen Krise geführt haben, ist nicht schwer zu erklären. Denn diese Theorie postuliert die Existenz zweier Wirklichkeitsordnungen, der übernatürlichen und der natürlichen, zwischen denen vielleicht eine analoge Ähnlichkeit, aber sicher keine tatsächliche gegenseitige Durchdringung besteht, die ein Verständnis erlauben würde, dass Gott in allem, was Er erschafft, wesenhaft gegenwärtig ist, während alles Erschaffene allein aufgrund dieser Eigenschaft am Göttlichen teilhat, wenn auch wohl nur in einer potenziellen und nicht in einer verwirklichten Form.

Sie postuliert die Existenz dieser beiden sich nicht durchdringenden Wirklichkeitsordnungen, zwischen denen es keine natürliche oder artverwandte Beziehung gibt und geben kann, denn wenn die Welt aus nichts, verstanden in diesem rein negativen und ein Fehlen bezeichnenden Sinn, erschaffen ist, muss sie außerhalb Gottes erschaffen sein. Denn dieses Nichts ist eindeutig keine Eigenschaft von Gottes Wesen und Wirklichkeit – im Gegenteil, es bezeichnet ein völliges Fehlen Gottes. Es kann auch nie zu einer Eigenschaft von Gottes Wesen und Wirklichkeit werden, so dass man sagen könnte, es bestehe eine natürliche Beziehung zwischen Gott und dem Nichts. Daher muss die Welt, die aus diesem Nichts erschaffen wird, außerhalb Gottes existieren, und es kann *per definitionem* keine natürliche oder artverwandte Beziehung zwischen Gott und dem, was außerhalb Gottes ist, geben.

Weder kann Gott in dem, was außerhalb von Ihm ist, intrinsisch, also wesenhaft, gegenwärtig sein, denn dann wäre es nicht außerhalb von Ihm, noch kann man sagen, dass das, was außerhalb von Gott ist, allein aufgrund der Tatsache, dass es erschaffen ist, am Göttlichen teilhat, denn eine solche Teilhabe setzt die innewohnende Gegenwart Gottes voraus, und so gesehen, kann Gott in dem, was Er erschafft, nicht allein aufgrund der Tatsache, dass Er es erschafft, wesenhaft gegenwärtig sein. Er kann nur dann in dem, was Er erschafft, gegenwärtig sein, und das, was Er erschafft, kann nur dann an Ihm teilhaben, wenn durch eine sakramentale Handlung, bei der der Mensch das einzige Band oder die einzige synthetische Verbindung zwischen Gott und der Natur ist, das, was zur Welt der Natur gehört, aus seinem natürlichen Zustand herausgehoben und durch das Eingreifen der Gnade, die ihm extrinsisch, also wesensfremd, ist, ihm aber jetzt hinzugefügt wird, verwandelt wird. Ohne ein solches sakramentales Wirken bleibt das Erschaffene ungöttlich, nicht vergöttlicht, lediglich gottloses Rohmaterial, das vielleicht Respekt verdient, weil es von Gott erschaffen wurde, aber im Grunde weder heilig, noch geheiligt, noch beseelt ist.

Warum diese Vorstellung von zwei Wirklichkeitsordnungen, der übernatürlichen und der natürlichen, wobei der natürlichen Ordnung der ihr zugewiesene Charakter zukommt, zwangsläufig zur Formulierung der Idee führen muss, dass es zwei entsprechende Wahrheitsordnungen gibt, ist naheliegend. Wenn man auf diese Weise die Existenz zweier sich nicht durchdringender Wirklichkeitssphären behauptet, die jeweils Eigenschaften und Qualitäten besitzen, welche die andere nicht hat, ist völlig klar, dass die Gesetze, die in der einen Sphäre gelten, nicht dieselben sein können, die in der anderen Sphäre gelten. Und dies ist nur eine andere Formulierung dafür, dass die Wahrheiten, die in der einen Sphäre gelten, nicht dieselben sind, die in der anderen Sphäre gelten. Mit anderen Worten, es gibt die doppelte Wahrheitsordnung, von der ich im letzten Kapitel gesprochen habe.

Es ist nicht schwer zu erkennen, wie die diesem Verständnis des *Nihil* implizite Sicht der natürlichen Welt – eine Sicht, in der die Natur als vollständig auf den Menschen angewiesen gilt, wenn sie aus ihrem gottlosen, unheiligen Zustand errettet werden soll – den Menschen unweigerlich dazu einlädt, zum Räuber an der natürlichen Welt zu werden, und dies sogar in der Überzeugung, dass er ihr durch sein Eingreifen zum Wohl oder sogar zum Segen gereicht, der ihr ohne dieses für immer vorenthalten würde. Denn nach dieser Auffassung ist der Mensch der einzige Kanal, durch den ihr überhaupt eine Wohltat oder ein Segen zuteilwerden kann, und sein Eingreifen in die Natur somit unabdingbare Voraussetzung dafür, dass sie ihren gottlosen, unheiligen Zustand jemals überwinden kann. Es ist auch nicht schwer zu erkennen, dass die Kirche, indem sie eine solche Kosmologie und die von ihr vorausgesetzte Interpretation des *Nihil* – des Nichts –, aus dem Gott die Welt erschaffen hat, vertritt und fördert, unmittelbar für die Entweihung des Kosmos verantwortlich ist.

Glücklicherweise ist diese Art der Kosmologie nicht die einzige, die die Kirche und die christliche Tradition zu bieten haben. Der Satz „Gott hat die Welt *ex nihilo* erschaffen" – oder vielmehr „Gott erschafft die

Welt *ex nihilo*", denn Er erschafft sie in jedem Augenblick *ex nihilo* – kann und ist von christlichen Theologen (darunter Gregor von Nyssa, der Verfasser des *Corpus Dionysiacum*, und Johannes Scottus Eriugena) in einer völlig anderen als der bereits besprochenen Art und Weise interpretiert worden. Dieser anderen Interpretation zufolge bezeichnet der Begriff „*nihil*" oder „Nichts" nicht eine absolute Leere, den Ausschluss jeglicher Eigenschaft oder eine vollständig negative Kategorie. Er ist kein bloßes Hirngespinst menschlichen Denkens, das keiner wie auch immer gearteten Realität entspricht. Im Gegenteil, es ist eine positive Kategorie. Es bezeichnet die Abwesenheit von Raum, Zeit und Materie beziehungsweise von allem, was sich in Raum und Zeit ausdehnt – die Abwesenheit also von allem, was man „etwas" nennen kann. Es bezeichnet daher einen Bereich der göttlichen Innerlichkeit, in dem es „nicht etwas" gibt. Er bezieht sich auf das in Gott, was frei ist von jeder Form, sei sie materiell oder immateriell, und was für uns keine Identität darstellt, weil es das Fassungsvermögen unseres Verstandes übersteigt. Sofern wir es uns überhaupt vorstellen können, ist es als der unergründliche, unbegreifliche Grund oder die Tiefe der ungeschaffenen Energien und Möglichkeiten Gottes zu verstehen, das präontologische „*Nihil*", aus dem alles hervorgeht. Somit bezieht sich der Begriff nicht auf etwas, das außerhalb von Gott ist oder Seiner Gegenwart entbehrt, und bezeichnet auch nicht ein Fehlen Gottes. Er bezieht sich auf das, was innerhalb Gottes ist.

Diese Interpretation des Begriffs „*nihil*" ermöglicht wiederum eine ganz andere Art von Kosmologie als sie sich aus einer Interpretation ergibt, die das „Nichts" mit einer rein negativen Kategorie gleichsetzt. Die Schöpfung aus dem Nichts bedeutet schlichtweg die Schöpfung aus Gott, wobei Gott „nicht etwas" ist. Von dem zu sprechen, was „vor" der Schöpfung ist, bedeutet also nicht, von einer Zeit zu sprechen, die der Schöpfung vorausgeht – eine Vorstellung, die, wie wir gesehen haben, sinnlos ist. Es bedeutet, von den ontologischen und präontologischen Bereichen des Göttlichen zu sprechen, die in einer vertikalen Hierarchie vor der Welt der Schöpfung liegen.

Ebenso ist es sinnlos zu sagen, dass die Welt einen Anfang hat, und damit zu meinen, dass sie einen Anfang in der Zeit oder einen zeitlichen Anfang hat. Denn welchen Sinn kann es haben, zu behaupten, die Welt habe einen Anfang in der Zeit oder einen zeitlichen Anfang, wenn die Zeit außerhalb der Existenz der Welt keine Existenz hat? Einen zeitlichen Anfang oder einen Anfang in der Zeit kann etwas nur unter der Bedingung haben, dass die Zeit ihm gegenüber präexistiert, und die Zeit präexistiert gegenüber der Welt nicht. Die Welt kann weder einen Anfang in der Zeit noch ein Ende in der Zeit haben. Das bedeutet nicht, dass die Welt keinen Anfang hat. Sie hat einen Anfang, aber in einem ganz und gar nichtzeitlichen Sinn: Ihr Anfang oder Ursprung liegt in der transzendenten Schöpferkraft Gottes.

In der durch diese Interpretation des Begriffs *nihil* eröffneten Perspektive erschafft Gott die Welt also nicht außerhalb Seiner selbst (*ad extra*), sondern in sich (*ab intra*). Der ursprüngliche Schöpfungsakt ist der der Differenzierung der Formen aller Dinge aus dem undifferenzierten, unerkennbaren Grund – dem *Nihil* – des Göttlichen. Das einzige *Nihil*, das nicht einem bedeutungslosen Hirngespinst, sondern einer bedeutungsvollen Realität entsprechen kann, ist der latente Zustand der Wesen vor der Differenzierung – und selbst in diesem Zustand, verborgen in der reinen, nicht offenbarten Potenz des Göttlichen, im Nichtsein, besitzen die Wesen von Vor-Ewigkeit an einen positiven Status.

Die Schöpfung ist also nicht die Abscheidung oder Projektion einer außergöttlichen Welt oder der außergöttlichen Wesen, die diese Welt ausmachen; sie ist auch keine Emanation im streng neuplatonischen Sinne. Sie ist Theophanie, Differenzierung durch zunehmendes Strahlen von innen heraus. Sie ist ein Prozess, durch den Gott sich selbst offenbart. Sie ist ein Akt der Selbstoffenbarung, durch den Gott sich nicht nur selbst in den geschaffenen Wesen erkennt, sondern auch von ihnen erkannt wird, wobei es im Grunde zwischen diesen beiden Erkenntnisakten keinen Unterschied gibt: Unsere Erkenntnis Gottes ist auch Gottes Erkenntnis Seiner selbst, oder Gott wird sich in und durch uns Seiner selbst gewahr.

Das bedeutet, dass jedes geschaffene Wesen ein Eins-in-Zwei ist, ein *unus ambo*. Es ist beides, und zwar gleichzeitig, sein Sein in der göttlichen, ungeschaffenen Dimension und sein Sein in der geschaffenen Dimension. Diese beiden Aspekte bilden ein einziges Ganzes, und beide sind jedem geschaffenen Wesen als solchem wesenhaft: das Eine ist niemals nicht zwei, und die Zwei sind niemals nicht eins. In der Schöpfung existiert der Geist nie ohne Materie, und die Materie existiert nie ohne

Geist. Und genau wie das Göttliche nur in der konkreten Dimension erkannt werden kann, welche die Theophanie des Göttlichen ist, so kann ein göttlicher Archetyp nur in seinem konkreten geschaffenen Bild betrachtet werden, durch das er äußerlich und sichtbar wahrnehmbar ist.

So ist die Natur – die geschaffene Welt – eine Form der Lehrrede oder die Offenbarung Gottes an den Menschen, die ihm das Geheimnis der Einheit in der Vielfalt aller Dinge vermittelt. Sie demonstriert die Dialektik der Einheit in den Gegensätzen. Gott und Seine Schöpfung sind sowohl durch Unterschied und Ähnlichkeit, durch Opposition und Antagonismus als auch durch Affinität und Komplementarität miteinander verbunden. Von den beiden Schöpfungspolen Geist und Materie ist die Materie durch Anziehung und Abstoßung gekennzeichnet, der Geist hingegen durch seinen nach oben gerichteten, verwandelnden und versöhnenden Antrieb. Die Logik der Einheit in der Dualität von Geist und Natur ist die Logik einer nichtdualistischen Spiritualität, die das monistische Einzelprinzip endgültiger Erklärung ebenso ablehnt wie die dualistischen zwei Prinzipien. Sie vereint Gleichheit und Unterschied, Nähe und Distanz.

Die Welt der Erscheinungen ist die theophanische Welt. Diese Welt ist jene Welt. Sie ist nicht lediglich ein Spiegelbild der theophanischen Welt in dem Sinne, dass es eine Beziehung der Parallelität oder gegenseitigen Analogie oder Entsprechung zwischen ihnen gäbe. Von Anfang bis Ende bildet alle Natur eine einzige Ikone Gottes. Dem gesamten Kosmos und seinen kleinsten Teilchen zugrunde liegend, wirkt Gott in der Natur und die Natur in Gott von Ewigkeit her durch alle Zeit bis in Ewigkeit. Der Kosmos ist das andere Selbst des Absoluten.

Bedeutet dies, dass wir am Ende bei eben jener Art von Götzenanbetung und Pantheismus anlangen, die durch die andere negative Auslegung des Begriffs „*nihil*“ so rigoros ausgeschlossen werden sollte? Vielleicht muss man an dieser Stelle zunächst einmal sagen, dass die meisten Formen des sogenannten Pantheismus nicht die Anbetung der Natur beinhalten. Sie beinhalten die Verehrung Gottes in und durch die Natur, in und durch Seine Schöpfung, was etwas völlig anderes ist. Selbst die paulinische Warnung vor dem Schicksal derer, die der Schöpfung und nicht dem Schöpfer huldigen, schließt Pantheismus nicht aus, sofern er als Anbetung Gottes in und durch Seine Schöpfung erfahren wird. Mit anderen Worten: Pantheismus ist nicht im Geringsten gleichbedeutend mit Götzenanbetung. Wenn ich Gott in Gestalt einer Blume oder sogar in Gestalt eines Wassertropfens in der Blume verehre, begehe ich keine Götzenanbetung, solange ich daran denke, dass Gott, wenn Er eine Blume oder ein Wassertropfen ist, auch keine Blume und kein Wassertropfen ist.

Außerdem bedeutet die Tatsache, dass jedes Teilchen der geschaffenen Existenz ein Abbild seines göttlichen Urbilds ist und dieses Urbild in sich bewahrt und an ihm teilhat, nicht, dass wir die Schöpfung anbeten sollen: Die Ikone bewahrt die Heiligkeit ihres Urbilds in sich und hat daran teil, ohne dass dies bedeutet, dass wir sie anbeten – wir verehren sie lediglich als heilig, wie wir jedes Teilchen der geschaffenen Existenz als heilig verehren sollten. In jedem Fall steht es wohl eher im Einklang mit den reichen Gaben Gottes, dass wir Ihn in und durch seine Schöpfung verehren, als dass wir die Schöpfung als der göttlichen Gegenwart beraubt betrachten oder einen Gott verehren, der als so losgelöst von der Schöpfung gilt, dass die Schöpfung in jeder Hinsicht als außerhalb Gottes und unabhängig von Ihm existierend betrachtet werden kann.

Tatsächlich und paradoxerweise enden gerade diejenigen, die Pantheismus ablehnen, viel eher als Götzendiener denn als bekennende Pantheisten. Wenn ich verstehe, dass *nicht* die Natur Gott ist oder die Schöpfung der Schöpfer, sondern dass Gott die Natur ist und der Schöpfer das, was Er erschafft, dann besteht keine Gefahr, dass ich die Natur oder die Schöpfung mehr als Gott oder anstelle von Gott oder unter Ausschluss Gottes verehre. Diese Gefahr besteht nur dann, wenn ich *nicht* verstehe, dass Gott die Natur und der Schöpfer das ist, was Er erschafft; denn dann kann ich die Natur oder die Schöpfung Gott als etwas anderes als Gott gegenüberstellen und sie als etwas von Gott Unabhängiges oder Gott Ausschließendes verehren: Ich kann also einen Gott aus ihr machen. Deshalb öffnet das negative Verständnis des Begriffs *nihil* genau der Art von „Häresie“ Tür und Tor, der man damit einen Riegel vorzuschieben meint. Immer wenn es eine Art von Dualismus gibt, muss man auf der Hut sein, ebenso wie bei jeder Andeutung eines Monismus.

Aus dem soeben Gesagten sollte deutlich werden, dass die Identifizierung des *Nihil*, aus dem Gott die Welt erschafft, mit dem undifferenzierten *Grund* der Gottheit nicht zu einem Pantheismus führt, der den

Gottesbegriff so sehr mit dem Weltbegriff durcheinanderbringt, dass die beiden Begriffe im Grunde austauschbar werden. Der Unterschied zwischen beiden Begriffen bleibt bestehen: Der Schöpfer ist das, was Er erschafft, aber die Schöpfung ist nicht der Schöpfer. Ebenso wenig bedeutet es, dass der Pantheismus mehr ist als eine Anfangsphase des kontemplativen Weges, dessen Ziel weniger darin besteht, Gott in allen Dingen zu sehen, als vielmehr darin, alle Dinge in Gott zu sehen – weniger Pantheismus als vielmehr *Panentheismus*. In dieser Phase des kontemplativen Weges aufzuhören, bedeutet, den gesamten Prozess der spirituellen Verwirklichung abzubrechen – in diesem Sinne, und nicht in irgendeinem anderen, kann der Pantheismus eine mögliche Gefahr darstellen.

Dass Gott in allen Dingen allein dadurch gegenwärtig ist, dass sie erschaffen wurden, und dass es daher keiner besonderen sakramentalen Handlung bedarf, um sie mit göttlicher Gnade zu erfüllen, bedeutet überdies nicht, dass der Mensch keine priesterliche Rolle als Vermittler zwischen Gott und der Schöpfung hat. Dass Gott in allen geschaffenen Dingen gegenwärtig ist und dass alle geschaffenen Dinge daher von Natur aus heilig sind und auch so behandelt werden sollten, bedeutet nicht, dass diese göttliche Gegenwart stets in allen Dingen verwirklicht oder *in actu* ist; ebenso gut kann sie in allen Dingen latent vorhanden oder *in potentia* sein. Es bedarf also einer sakramentalen Handlung, um die göttliche Gegenwart, sei es im Menschen oder in anderen geschaffenen Dingen, von einem latenten in einen verwirklichten Zustand zu überführen.

Gerade in Bezug auf diese sakramentale Tätigkeit kommt dem Menschen eine Vermittlerrolle zu. Wenn aber das Paradigma dieser sakramentalen Tätigkeit im zentralen Sakrament der christlichen Kirche – also in der Eucharistie – dargestellt ist, dann dürfen wir nicht vergessen, dass, wenn der Mensch eine Vermittlerrolle zwischen Gott und der Schöpfung innehat, die Schöpfung ebenso eine Vermittlerrolle zwischen Gott und dem Menschen innehat; denn durch die geschaffenen Elemente Brot und Wein hat der Mensch in der Eucharistie Gemeinschaft mit Gott. Unter diesem Gesichtspunkt können wir sagen, dass, wenn die Verwirklichung des Bildes Gottes in der Schöpfung vom Menschen abhängt, die Verwirklichung des Bildes Gottes im Menschen von der Schöpfung abhängt; und dass, wenn der Mensch das Band zwischen Gott und der Schöpfung ist, die Schöpfung gleichermaßen das Band zwischen Gott und dem Menschen ist.

Wie in diesem Kapitel hervorgehoben werden sollte, besteht zwischen Gott, Mensch und Schöpfung eine Beziehung gegenseitiger Abhängigkeit, Durchdringung und Wechselseitigkeit. Dass das Gewahrsein für die volle Bedeutung dieser Beziehung im christlichen Bewusstsein verlorengegangen ist, ist eine der Hauptursachen für die heutige ökologische Krise. Wenn die christliche Kirche eine positive Antwort auf die Herausforderung dieser Krise geben will, kann dies dementsprechend nur durch eine erneute Bekräftigung der vollen Bedeutung dieser Beziehung geschehen, eine Bekräftigung, die nicht mehr, aber auch nicht weniger ist als eine Bekräftigung der vollen Bedeutung ihres zentralen Sakraments, der Eucharistie, mit allem, was dies im Hinblick auf das Wunder der Schöpfung und die Verantwortung des Menschen für ihre Vollendung bedeutet.

Doch die Bekräftigung dieser Beziehung bedeutet ihrerseits, dass das christliche Bewusstsein sein fortwährendes, bewusstes oder unbewusstes, Festhalten an der Vorstellung überwinden muss, dass das *Nihil*, aus dem die Welt erschaffen wurde, eine Art negative, ausschließende Kategorie ist, und nicht der unerkennbare Grund der Gottheit, aus dem die unerschöpflichen heiligen Präsenzen der Schöpfung in Ewigkeit hervorgehen. Ein Bewusstsein, das blind ist für die Gegenwart des Göttlichen in jeder geschaffenen Form, ist ein radikal verzerrtes Bewusstsein, und die Art von Theologie, die es vertritt und propagiert, wird ebenso verzerrt sein, egal welche Autorität sie dem Anschein nach repräsentiert. Es ist nicht zu viel gesagt, dass diese Frage nach der Bedeutung des *Nihil* das wichtigste theologische – und existenzielle – Problem darstellt, vor dem wir heute stehen; denn von unserer Antwort darauf hängen sowohl unsere Anthropologie als auch unsere Kosmologie, ja unsere gesamte Lebenseinstellung ab. Wenn wir weiterhin an der ersten, der negativen Interpretation festhalten, fördern wir weiterhin die Krebsgeschwüre des Nihilismus, der sinnlosen Gewalt und der Verzweiflung, die unsere Bindung an diese Interpretation bereits in unserer Seele genährt hat. Wenn wir für die zweite eintreten können, eröffnen wir uns zumindest die Möglichkeit, wieder den Weg einzuschlagen, der uns in unserem eigenen Sein die Offenbarung erfahren lässt: „Alles, was lebt, ist heilig".[234]

234 Weitere Ausführungen zu diesem Argument finden sich in der Rezension des Autors über Metropolit Ioannis Zizioulas' *Creation as Eucharist*, in *Epiphany*, Vol. 13, No. 3, 1993, und in *Phronema* 9. 1994; in seinem Werk *Human Image: World Image*, Golgonooza Press, 1992, S. 151-67; sowie in Bezug auf das Problem von Bösem, Schöpfung und Pantheismus, ebendort S. 167-175 (Anm. d. Hrsg.).

KAPITEL ELF

Die Erneuerung der Tradition kontemplativer Spiritualität

Die Aufforderung „Erkenne dich selbst" über dem Eingang des Apollo-Tempels in Delphi kündet von einem Maßstab, dem wir nur dann nicht gerecht werden, wenn wir die Normen eines authentischen menschlichen Lebens verletzen. Sich selbst zu erkennen, bedeutet für einen Menschen viel mehr, als lediglich sich seiner Schwächen und Grenzen bewusst zu sein. Es bedeutet, seine wahre Identität und sein wahres Wesen zu erkennen. Wenn man die Aufforderung als Bedingung versteht, die erfüllt sein muss, bevor man würdig ist, den Tempel zu betreten und dem „Gott im Innern" zu begegnen, dann könnte man sagen, dass Selbsterkenntnis eine Bedingung der Gotteserkenntnis ist. Man könnte sogar sagen, damit sei gemeint, dass unsere wahre Identität und unser wahres Wesen der Gott im Innern sind, oder zumindest, dass man sich selbst nicht erkennen kann, ohne gleichzeitig den Ursprung seines eigenen Seins zu erkennen, und dass dieser Ursprung kein Geringerer ist als der Gott im Innern. Mit anderen Worten: Wenn man Gott nicht erkennen kann, ohne sich selbst zu erkennen, kann man auch sich selbst nicht erkennen, ohne Gott zu erkennen. Sich selbst nicht zu erkennen, bedeutet also, den göttlichen Ursprung des eigenen Seins nicht zu erkennen. Wenn sich selbst nicht zu erkennen, bedeutet, kein authentisches menschliches Leben führen zu können, dann bedeutet aus demselben Grund auch, Gott nicht zu erkennen, kein authentisches menschliches Leben führen zu können.

Es bedeutet auch ein Scheitern in Bezug auf das, was als weitere Voraussetzung für ein authentisches menschliches Leben gelten muss: die Fähigkeit, andere Dinge als sich selbst zu erkennen und ihnen gegenüber daher in einer Art und Weise zu handeln, die ihrer wahren Natur und

Identität Rechnung trägt und ihnen nicht schadet oder sie missbraucht. Wenn man nicht zuerst sich selbst erkennt, kann man natürlich auch nichts anderes erkennen; und in diesem Fall handelt man anderen Dingen gegenüber zwangsläufig so, dass man ihnen schadet und sie missbraucht. Aber andere Dinge zu erkennen bedeutet viel mehr, als sich ihrer physischen Erscheinung bewusst zu sein, genauso wie sich selbst zu erkennen viel mehr bedeutet, als sich seines Körpers bewusst zu sein. Andere Dinge zu erkennen, setzt letztlich dasselbe voraus wie sich selbst zu erkennen: dass man den Ursprung ihrer Existenz kennt, der nicht weniger oder nichts anderes ist als der Ursprung der eigenen Existenz. Wahres Erkennen und Verstehen der Dinge bedeutet also, ihre innerste göttliche Realität und Identität zu erkennen. Es bedeutet, die göttliche Essenz der Dinge zu erkennen.

Wenn es in der Genesis heißt, dass wir uns die Dinge untertan machen sollen, dann ist damit nicht gemeint, dass wir selbstherrlich über die Dinge herrschen können oder dass diese Dinge uns zur Verfügung stehen, damit wir sie nach Belieben nutzen und unsere egoistischen Bedürfnisse und Neigungen befriedigen. Gemeint ist, dass wir durch die Erkenntnis unseres eigenen göttlichen Ursprungs auch in die Erkenntnis der göttlichen Essenz anderer Dinge eintreten und sie daher so sehen und ihnen gegenüber so handeln können, wie es ihrer wahren Natur und Identität entspricht. Andernfalls verletzen und missbrauchen wir unweigerlich sowohl uns selbst als auch erst recht die Dinge, mit denen wir in Berührung kommen. Die Schöpfung ist der Akt der Selbsterkenntnis Gottes. Gottes Handeln und Selbsterkenntnis sind letztlich eins. Auch im Menschen sollten sie letztlich eins sein, denn nur dann kann man sagen, dass er echte Menschenwürde besitzt.

Die delphische Aufforderung besagt also, dass eine Bedingung für das Erlangen einer solchen Menschenwürde darin besteht, Kontemplation und Gnosis – dem kontemplativen und gnostischen Weg – den Vorrang zu geben, denn Kontemplation ist wesenhaft das, was uns zur Erkenntnis unserer wahren Identität und unseres wahren Wesens und damit auch der wahren Identität und des wahren Wesens der anderen Dinge führt. Das griechische Wort für Kontemplation ist *Theoria* – Schau – und Schau ist Erkenntnis. Es ist nicht so, dass Kontemplation im Gegensatz zur Aktion steht: Nicht nur ist sie in sich eine Form – die höchste Form – der Aktion, sondern auch all unsere anderen Aktionen, unser gesamtes Handeln, werden in Unwissenheit ausgeführt, wenn sie nicht von der Erkenntnis geprägt sind, die die Kontemplation umfasst; und Unwissenheit kann *per definitionem* nur zu Zerstörung und Laster führen. Um gut zu handeln, müssen wir zuerst erkennen. Kontemplation und Aktion ergänzen sich zwar, sind aber nicht gleichberechtigt: Kontemplation muss der Aktion vorausgehen. Richtiges Handeln hängt von der richtigen Seinsweise ab: Wenn wir nicht gut *sind*, können wir nichts Gutes *tun*. Und eine richtige Seinsweise – ein Zustand der Gnade oder der Güte – setzt voraus, dass wir zunächst aktiv und nicht nur passiv zum Ursprung des Seins und der Güte zurückkehren und ihn erkennen, der zugleich der Ursprung unseres eigenen innersten Seins und unserer Identität ist.

Jede spirituelle Tradition hat sozusagen einen oder mehrere Wege durch Weihe geheiligt – Wege der Kontemplation –, durch die wir diese Rückkehr zum Zentrum und Ursprung unseres Seins vollziehen können, mit allen Konsequenzen, die sich daraus für unser Alltagsleben ergeben. Einer der wichtigsten derartigen Wege innerhalb der christlichen Tradition ist der in der Welt des Ostchristentums praktizierte und – nach dem griechischen Wort *ἡσυχία* (*Hesychia*, Stille), das den inneren Zustand bezeichnet, den er hervorruft – als der Weg des Hesychasmus oder der Weg der Hesychasten bekannte Weg.

Der Hesychasmus greift einige große Themen der griechischen patristischen Anthropologie auf. Die wahre menschliche Natur ist „Rückbesinnung auf Gott“ – „Rückbesinnung“ im ontologischen und platonischen Sinne von *ἀνάμνεσις*, ein „Er-innern“, das die direkte Teilhabe an einem immanenten göttlichen Prinzip impliziert. Dieser Zustand der Rückbesinnung oder Sammlung, in dem der Geist frei von ablenkenden Gedanken und Gottes so gegenwärtig ist, wie Gott in ihm gegenwärtig ist, ist als Folge des „Sündenfalls“ verlorengegangen beziehungsweise verdunkelt worden. In der Folge sind wir Opfer einer Vielzahl willkürlicher, weitgehend wertloser Gedanken und Meinungen geworden. Nicht mehr im Göttlichen und auf das Göttliche konzentriert, wenden wir uns diesen mentalen und sinnlichen Bildern zu, die uns aus uns herausführen, weg von unserer wahren Einheit und Integrität, und hinein in eine Leere, in der wir am Ende uns selbst zerstören oder von den Erfindungen unseres eigenen fragmentierten, verschobenen und verblendeten Geistes zerstört werden.

Die erste Stufe hesychastischer Praxis besteht deshalb darin, diesen Prozess der Zerstreuung und Selbstzerstörung umzukehren; und zu diesem Zweck wird eine ganze Kunst und Wissenschaft der „Rückbesinnung“ erarbeitet. Durch eine strenge Methode der Wachsamkeit, bei der die Wurzel jedes Gedankens untersucht und bewertet wird, wird es möglich, den Geist zu leeren und wahres Verständnis zu wecken, indem man ihn von den Gedanken und Bildern befreit, die ihn gewöhnlich beherrschen und daran hindern, seine eigene innere Wirklichkeit zu sehen und zu erfahren. Erst dann sind wir in der Lage, unseren natürlichen Zustand wiederzuerlangen, wieder die Luft des Göttlichen zu atmen und den Frieden zu genießen, den wir verloren haben, als wir unsere Aufmerksamkeit nach außen, weg von uns selbst, auf die Welt der Dinge und Objekte gerichtet haben.

Hier stoßen wir auf die hesychastische These von der Vereinigung des Geistes – oder genauer des Intellekts, des *Nous* – mit dem Herzen. Wie die Bibel und andere heilige Schriften auch verwenden die Hesychasten eine symbolische Physiologie, eine Physiologie der Entsprechungen: Es gibt eine partizipative Entsprechung zwischen Sichtbarem und Unsichtbarem, Geschaffenem und Ungeschaffenem, Menschlichem und Göttlichem. Da das physische Herz das Prinzip von Leben und Wärme des Körpers ist, ist es auch das spirituelle Zentrum der menschlichen Natur, das Gefäß der Gnade, der „Ort“ der realen, aber nicht begriffenen Gegenwart göttlichen Lebens, wo wir Gott begegnen und in der Vereinigung mit Gott zu ganzheitlichen und verklärten Wesen werden. Die Kunst spirituellen Lebens besteht deshalb darin, sich des „im Herzen verborgenen Schatzes“ bewusst zu werden – sich der realen, aber nicht begriffenen Gegenwart Gottes im Herzen bewusst zu werden; und diese Kunst wird dadurch bewirkt, dass der Intellekt, befreit von fremden Gedanken und Bildern, in das Herz „hinabsteigt“ und sich so der dort verborgenen göttlichen Gegenwart bewusst wird. Dieser Abstieg setzt also die Vollendung der ersten Stufe des hesychastischen Weges voraus, auf dem der Intellekt durch strenge Wachsamkeit von allem, was ihm fremd ist, geläutert und seine ursprüngliche Reinheit wiederhergestellt worden ist.

Der eigentliche Abstieg des Intellekts ins Herz wird vor allem durch die Anrufung des göttlichen Namens in Form des „Jesusgebets“ vollzogen. Wie es eine Entsprechung zwischen dem Herzen als physischem und als spirituellem Zentrum des menschlichen Organismus gibt, gibt es auch eine Entsprechung zwischen dem physischen Atem, der dem Leben Rhythmus verleiht und es aufrechterhält, und dem göttlichen Atem, durch den Gott den diastolischen und systolischen Rhythmus des Universums bewirkt und erhält, die einander ergänzenden und gleichzeitigen Bewegungen, die Epiphanie und Auferstehung aller geschaffenen Dinge bilden. Indem wir also unseren Atem mit dem kosmischen und metakosmischen göttlichen Atem verbinden – indem wir „in Gott atmen“ –, ahmen wir in uns das *fiat lux* und die Rückkehr zum Ursprung nach – und haben daran teil –, die den Lebenszyklus des Universums und jedes einzelnen, gesonderten Dings im Universum vollendet.

Dieses Verbinden des menschlichen Atems mit dem göttlichen Atem wird dadurch herbeigeführt, dass jeder Atemzug mit der Anrufung des göttlichen Namens verbunden wird. So wirkt der Einatem, der ins Herz hinabgeleitet wird, als das Gefährt, mittels dessen der Intellekt ins Herz hinabsteigt, sich des dort verborgenen göttlichen Lebens bewusstwird und uns mit dem Ursprung unseres innersten Wesens und unserer Identität vereint; während der Ausatem die göttliche Gnade, von der er nun durchdrungen ist, auf alle unsere Glieder und im weiteren Sinne auf die Welt der Lebewesen um uns herum überträgt. Auf diese Weise wird die Anrufung wahrhaft zum Herzensgebet.

So wird auch der Hesychast – dessen Lebenskraft, die durch den Missbrauch der Leidenschaften infolge des Sündenfalls pervertiert und verhärtet war, nun durch das göttliche Licht, das Herz und Verstand durchflutet, umgewandelt wird – zu einem aktiv Handelnden bei der Verklärung nicht nur seiner eigenen Seele und seines eigenen Körpers, sondern auch der Welt um ihn herum: Er wird zu einer lebendigen Flamme göttlicher und spiritualisierender Energien. Zu einem so aktiv Handelnden wird er allerdings deshalb, weil er durch den Akt der Anrufung in der Lage ist, seine eigene Begrenztheit als Handelnder durch die Handlung selbst zu transzendieren: Indem er durch die Anrufung zu seinem Ursprung zurückkehrt, leitet er ein und lässt zu, dass Gott selbst der Handelnde der Anrufung wird, so dass es nun Gott selbst ist, der in ihm und durch ihn betet. Es ist also Gott selbst, der in ihm und durch ihn Seine eigene Schöpfung verklärt. Der Logos, der im Gebet angerufen wird, ist nicht nur der Logos, in dem alles erschaffen wird, sondern er ist auch der Logos, durch den alle Dinge zu ihrem Ursprung zurückgeführt, auferweckt werden.

Anrufung ist daher keineswegs eine passive Form der Mystik. Sie ist der Höhepunkt aktiver Kontemplation und kontemplativer Aktion, bei der der Adept, indem er in die Erkenntnis seines göttlichen Ursprungs eintritt und diese Erkenntnis mit seinem Dasein vereint, auch in die Erkenntnis der göttlichen Essenz anderer Dinge eintritt, diese Dinge wahrnimmt und ihnen gegenüber in einer Art und Weise handelt, die mit ihrer wahren Identität und Berufung im Einklang steht. Wenn er selbst zu seinem eigenen wahren Wesen auferweckt ist, kann er auch aktiv an der Auferweckung anderer Dinge zu ihrem wahren Wesen mitwirken.

***

Ich habe gesagt, dass es sich bei dieser hesychastischen Form der Kontemplation um diejenige handelt, die in der Welt des Ostchristentums praktiziert wird. Diese Aussage wird im Folgenden in gewissem Maße relativiert. Aber wenn wir einmal von der Frage absehen, in welchem Umfang sie in dieser Welt praktiziert wurde und wird, ist doch klar, dass es sich um eine Form der Kontemplation handelt, die bis vor relativ kurzer Zeit in der Welt der westlichen Christenheit praktisch unbekannt war. Dennoch kann man sagen, dass ihre Entdeckung durch und ihr Einfluss auf die westliche Welt im letzten Jahrhundert möglicherweise eines der bedeutendsten Ereignisse im intellektuellen und spirituellen Leben dieser Welt darstellt. Der Identifizierung der wichtigsten Faktoren, die zu dieser Entdeckung beigetragen haben, und bis zu einem gewissen Grad der Erforschung ihrer Bedeutung ist der verbleibende Teil dieses Kapitels gewidmet.

Die Entdeckung als solche hat zwei große Etappen durchlaufen. Die erste steht im Zusammenhang mit der Wiederentdeckung der Schriften der griechischen Kirchenväter und der griechischen patristischen Tradition im Westen, denn diese Schriften liefern die theologischen Voraussetzungen für den Hesychasmus. Diese Wiederentdeckung geht insbesondere auf die Veröffentlichung und Erforschung patristischer Texte in den ersten Jahrzehnten des 20. Jahrhunderts zurück, die sich mehr oder weniger direkt auf die Lebensweise der Hesychasten beziehen.[235] Allerdings war der Ansatz hier vor allem ein wissenschaftlicher und forschender, und derlei Wissenschaft und Forschung kann naturgemäß eine spirituelle Tradition nicht erfassen, die so weitgehend von gelebter Erfahrung und einer Form der Weitergabe abhängt, die sich stärker auf die persönliche Beziehung – auf das *Charisma* spiritueller Vaterschaft – stützt als auf unpersönliche und sogenannte objektive Kriterien. Darüber hinaus war der Ansatz überwiegend historisch, in dem Sinne, dass er den Hesychasmus tendenziell als ein rein historisches, sowohl chronologisch als auch geografisch begrenztes Phänomen betrachtete. Er wurde nicht als fortdauernde Manifestation des inneren Lebens der orthodoxen Kirche angesehen, die ebenso wesenhaft zu ihr gehört wie die Sakramente, da sie eine Art sakramentale Verinnerlichung der Tauf- und Eucharistiegnade darstellt. Mit anderen Worten, es wurde kaum versucht, die hesychastische Lebensweise in dem Kontext zu betrachten, in dem sich ihr unsichtbarer und transhistorischer Charakter angemessener hätte offenbaren können, also in der Rolle, die sie in der Welt des Ostchristentums gespielt hat und weiterhin spielt.

Entscholastizierung und Enthistorisierung der Herangehensweise an den Hesychasmus und die damit einhergehende Erkenntnis, dass es sich dabei um eine lebendige Tradition handelt, die jeden Aspekt – liturgisch, ikonographisch und persönlich – des inneren und innersten Lebens der Kirche durchdringt, markieren die zweite große Etappe seiner Entdeckung in moderner Zeit. In dieser zweiten Etappe ist die Übersetzung eines bemerkenswerten Dokuments aus dem Russischen in westeuropäische Sprachen – Deutsch (1925), Französisch (1928), Englisch (1930) – hervorzuheben, das von einem unbekannten Russen im 19. Jahrhundert verfasst und um 1865 in Russland veröffentlicht wurde. Dieses Doku-

235 Zu erwähnen sind vor allem die Assumptionistenpatres von *Échos d'Orient* sowie die Jesuitenpatres von *Orientalia Christiana* und der *Revue d'ascétique et de mystique* sowie die 1942 in Paris begonnene umfassende Herausgabe patristischer Schriften unter dem Sammeltitel *Sources Chrétiennes*. Hervorzuheben sind außerdem die Werke von Hans Urs von Balthasar, insbesondere seine Studie über Maximus Confessor, die 1941 erstmals auf Deutsch unter dem Titel *Kosmische Liturgie: Maximus der Bekenner, Höhe und Krise des griechischen Weltbilds*, bei Herder, Freiburg im Breisgau, erschien.

ment – sein deutscher Titel lautet *Aufrichtige Erzählungen eines russischen Pilgers*[236] – war in dieser Hinsicht aus zwei Gründen bemerkenswert.

Erstens machte es die westlichen Leser darauf aufmerksam, dass die Praxis der hesychastischen Lebensweise und vor allem die Praxis des Jesusgebets, die ihr Herzstück bildet, weder auf die Vergangenheit noch auf einen spezifisch klösterlichen Kontext beschränkt ist: Ihre Gegenwart offenbart sich im Herzen des orthodoxen Christen, ganz gleich zu welcher Zeit, an welchem Ort und unter welchen äußeren Umständen. Zweitens brachte es denselben Lesern die Existenz eines Buches zur Kenntnis, das der russische Pilger mit einer Verehrung betrachtete, die normalerweise allein der Bibel vorbehalten ist, und das die Etappen der geheimnisvollen spirituellen Reise, auf die sich der Pilger begeben hatte, offenbar Schritt für Schritt erklärte und die Leitlinien für die Durchquerung dieser Etappen aufstellte.

Für einen Westen, in dem die Spaltung zwischen abstrakter Theologie und individualistischem „Mystizismus", zwischen Gnosis und Eros, zwischen Wissen und Methode die kontemplative Tradition längst untergraben hatte, und in dem viele begannen, sich den nichtchristlichen Religionen des Ostens zuzuwenden, um zu erfahren, wie der prophetische Weg der tatsächlichen Erfahrung im Licht einer Lehre beschritten werden konnte, die den Intellekt läutert und befreit, kam *Aufrichtige Erzählungen eines russischen Pilgers* wie eine Offenbarung. Es war vielleicht die erste Andeutung auf und Einführung in eine „geheime Wissenschaft" (*χρυπιή μελέήτ*) des Gebets und der spirituellen Weisheit, die in Form einer Überlieferung vermittelt wurde, die organisch mit der ganzheitlichen Tradition der christlichen Kirche verbunden ist und in einem Werk dargelegt wurde, das der Pilger im Rucksack bei sich tragen konnte.

Die betreffende Überlieferung trug den Titel *Philokalie* und bestand aus einer Reihe von Texten, die zusammen ein Handbuch, einen Leitfaden und ein Vademecum für das hesychastische Herzensgebet und das Einhalten des hesychastischen Weges darstellen. Tatsächlich war bereits der Titel – *Philokalie* – ehrwürdig. Er wurde erstmals im 4. Jahrhundert

236 *Aufrichtige Erzählungen eines russischen Pilgers.* Die vollständige Ausgabe, übersetzt von Reinhold von Walter, ergänzt und durchgesehen durch das Ökumenische Institut der Abtei Niederaltaich, Herder, 9. Auflage 2001. Sherrard nennt *The Way of the Pilgrim*, ins Englische übersetzt von R. M. French, London 1954.

auf eine Auswahl asketischer und mystischer Texte angewandt, die Basilius der Große und Gregor von Nazianz aus den Werken des Origenes zusammengestellt hatten. Zu einer Zeit, als der Begriff „Philosophie“ zwar nie bestritten wurde, aber viel zu sehr mit der „Weisheit der Welt“ verbunden war, als dass er das christliche Streben nach Vollkommenheit hätte beschreiben können, war der Begriff „Philokalie“, die Liebe zum Schönen, eine naheliegende Alternative.

Doch er war mehr als bloß eine Alternative. Denn auch wenn im griechischen – und insbesondere im platonischen und neuplatonischen – Kontext Schönheit das Hauptattribut des Guten ist, so wollten die griechischen Verfasser dieser Anthologie den Aspekt der Schönheit gleichwohl hervorheben. Selbstverständlich haben sie dabei weniger die sichtbare und geschaffene Erscheinung der Schönheit im Sinn als vielmehr ihre unsichtbare und ungeschaffene Gegenwart: Jene Gegenwart, in der das Licht der Wahrheit, transzendenter Ursprung des Lebens und Wunsch aller Wünsche, mit der göttlichen Liebe in einer Einheit vereint ist, die den inneren Frieden und die Stille hervorbringt, welche das Wort *Hesychia* bezeichnet.

In den Jahrhunderten nach der Zeit der großen Kappadokier wurden mehrere kleinere *Philokalien* verfasst. Obwohl diese vor allem für den privaten Gebrauch oder für die Unterweisung eines engen Kreises von Schülern bestimmt waren – man denke an die Kompilationen eines Theodoros von Edessa oder eines Nikephoros der Mönch (gest. ca. 1340) –, sind sie doch alle Zeugnis der ununterbrochenen Strömung kontemplativen Lebens in den Tiefen der Kirche. Mit anderen Worten, man steht vor einer Tradition, einer lebendigen Überlieferung oder *Paradosis*, die diese Strömung durch die Geschichte hindurch aufrechterhält. Gleichzeitig kann man aber den Weg dieser – der hesychastischen – Tradition in ihrer geschichtlichen Entwicklung nicht mit Gewissheit nachvollziehen, und sei es nur aus dem Grund, dass ihre Bewahrer sich von der Welt losgesagt haben, um der Tradition besser zu dienen, und bereits in diesem Leben von der Bühne der Geschichte verschwunden sind. Die Hesychasten sind die Toten Gottes, die sich selbst entäußern, um das Antlitz des Unsichtbaren zu enthüllen, von Dem sie und die Welt, der sie entsagt haben, ihr neues Leben empfangen. Man kann daher die Geschichte dieser Tradition nur in den Spuren ihrer Gegenwärtigkeit lesen, die sie in verschiedenen anderen Formen hinterlässt, in Ikonen, im Leben der Heiligen, im Verfassen und Übersetzen spiritueller Schriften.

So konnte nachgewiesen werden, dass ihre Strömungen in den letzten Jahrhunderten der byzantinischen Periode und vor allem im 14. Jahrhundert auf dem Berg Athos zusammenliefen. Damals wurde ihre entscheidende Lehrthese – dass Gott zwar in seiner Essenz unerkennbar und nicht teilhabbar ist, aber durch Seine ungeschaffenen und vergöttlichenden Energien dennoch erkannt werden kann und eine Teilhabe an Ihm möglich ist – von dem Athosmönch Gregorios Palamas (1296-1359), dem späteren Erzbischof von Thessaloniki, erneut bekräftigt. Ebenfalls um diese Zeit wurde auch der persönlichere und konkretere Charakter des Weges zur spirituellen Verwirklichung durch Gregor vom Sinai (1265-1346), der ebenfalls einige Jahre auf dem Heiligen Berg verbracht hatte, lehrhaft umrissen. Und auch wenn in den folgenden Jahrhunderten ein gewisser Rückgang zu verzeichnen war, wurde doch etwa 400 Jahre später, gegen Ende des 18. Jahrhunderts, auf eben jenem Berg Athos die Saat für die Ereignisse gelegt, die für die gesamte hesychastische Erneuerung in der modernen Welt entscheidend werden sollten. An erster Stelle ist dabei die Zusammenstellung der *Philokalie* in einer Form zu nennen, die zum Klassiker geworden ist.

Der Zeitpunkt ist, wie gesagt, die zweite Hälfte des 18. Jahrhunderts. Der bereits in der augustinischen Trennung zwischen der Heilsordnung und der Naturordnung implizite und von den Scholastikern noch vertiefte Bruch zwischen Gott und Welt, Gnade und Natur, Seele und Körper hat sich inzwischen im Denken des Westens durch Persönlichkeiten wie Francis Bacon, Descartes und die anderen *Buccinatores novi temporis* (wörtl.: Trompetern der neuen Zeit, Anm. d. Ü.), die die wissenschaftliche Revolution des 16. und 17. Jahrhunderts bewerkstelligt haben, mehr als verfestigt. Die Natur, deren Gesetz sich in der westlichen Theologie kaum von dem der Sünde unterscheiden ließ, wird nun aller positiven Eigenschaften beraubt und als lauter tote Materie betrachtet, die rein mechanischen Abläufen unterworfen ist, welche von der menschlichen Vernunft erkannt und, wie man annahm, letztlich gesteuert werden können, während Gott, der die kosmische Maschine in Gang gesetzt hat, sich nun so weit von ihr zurückgezogen hat, dass Er praktisch nicht mehr in Betracht gezogen werden muss.

In diesem neuen Glaubenssystem gilt der Mensch als halbautonome Figur, deren Wohlergehen durch die Erlangung politischer und wirtschaftlicher Freiheit gesichert werden kann: Der amerikanische Unabhängigkeitskrieg ist *ein* Ausdruck dieser Annahme auf historischer Ebene, die Französische Revolution sollte ein weiterer sein. Tatsächlich wird Geschichte immer mehr als unendliche und progressive äußere Macht betrachtet, mit deren selbstbestimmter Dialektik der Mensch zusammenarbeiten kann, vorausgesetzt, er räumt dem Tun Vorrang vor dem Sein ein oder, noch deutlicher, er betrachtet sein Sein nur insoweit als gültig, als es sich in Form von Tun äußert; während dieses Tun selbst, in Übereinstimmung mit dem besagten neuen Glaubenssystem, immer mehr ausschließlich als politisches oder sozioökonomisches Handeln verstanden wird, wie die Schriften von Marx bald bestätigen sollten. Die Konsequenz dieser Betrachtungsweise von Geschichte als Handeln in der Zeit und über die Zeit bringt freilich einen weiteren Irrtum mit sich: Sie stellt den Menschen in die Welt der Begriffe und Dinge, denn Tun in dem angestrebten Sinne erfordert etwas unmittelbar Sichtbares und rational Beherrschbares. Wir befinden uns in der Sphäre der Voraussetzungen, die dem Aufblühen unserer modernen Technologie zugrunde liegen und alles darüber Hinausgehende zu einem bloßen Unterprodukt illusorischer Vorstellungen degradieren.

Man hätte meinen können, dass die abgelegene Landzunge, die sich von der Küste Nordgriechenlands in die Ägäis erstreckt und noch immer den Namen Heiliger Berg Athos trägt, gegen den säkularisierenden Geist der Aufklärung, der Westeuropa und die Vereinigten Staaten von Amerika erfasst hatte, immun gewesen wäre. Doch griechische Intellektuelle, die in denselben Schulen und Universitäten ausgebildet wurden wie ihre westlichen Kollegen, suchten bereits nach Möglichkeiten, die neue Philosophie im eigenen Land zu verbreiten und so eine Revolution vorzubereiten, durch die ihre Landsleute eine Form nationaler Unabhängigkeit erreichen könnten, die auf denselben rationalistischen Ideologien beruhte.

Tatsächlich hatte sich Eugenios Voulgaris (1716-1806), einer der überzeugendsten und fortschrittlichsten dieser Intellektuellen, die Ernennung zum Direktor der athonitischen Akademie auf dem Berg Athos gesichert. Vielleicht mehr als alles andere machten seine Anwesenheit und die Art der Ideen, die er seinen Schülern einzupflanzen versuchte, die Ältesten des Klosters darauf aufmerksam, dass diese Ideen eine Bedrohung für ihre Tradition darstellten, und vermittelten ihnen eine Vorahnung von weiteren bevorstehenden Verheerungen. Auf alle Fälle machten sie sich damals daran, ihre Tradition in einer Weise zu bekräftigen, die vielleicht nicht unbedingt eine direkte Antwort auf die Gedankenformen darstellt, deren Aufstieg die unmittelbare Zukunft der westlichen Kultur bestimmen sollte, aber doch zumindest ein Bewusstsein dafür erkennen lässt.

Im Zentrum dieser Aktivitäten stand der Mönch Nikodemos vom Heiligen Berg (1749-1809), und vor allem seinem intensiven Bemühen ist es zu verdanken, dass die Wiederbelebung der hesychastischen Spiritualität in den Kontext der gesamten theologischen, liturgischen und kanonischen Tradition der orthodoxen Kirche gestellt wurde. Allein oder zusammen mit anderen schrieb, übersetzte oder kompilierte er etwa 25 umfangreiche Bände, die praktisch jeden Aspekt dieser Tradition abdecken, während sich die Gesamtzahl seiner veröffentlichten und unveröffentlichten Werke auf über hundert belaufen soll. Er gehörte zu den ersten, die nach dem Fall von Konstantinopel 1453 eine systematische Untersuchung der griechischen patristischen Handschriften vornahmen, und er bereitete unveröffentlichte Werke sowohl von Symeon dem Neuen Theologen als auch von Gregorios Palamas zur Veröffentlichung vor. Darüber hinaus – und dies zeugt von einer für die Zeit und die Umstände, in denen er lebte, erstaunlichen Katholizität seines Geistes – übersetzte, adaptierte und veröffentlichte er auch die *Geistlichen Übungen* des Ignatius von Loyola und *Der Geistliche Kampf* von Lorenzo Scupoli und wies damit bereits im 18. Jahrhundert auf die anhaltende Präsenz einer Strömung des spirituellen Verständnisses und der spirituellen Praxis im Westen hin, die immer noch in der Lage war, sich der orthodoxen Tradition bis zu einem gewissen Punkt anzunähern.

Sein Meisterwerk jedoch stellt in dem Kontext, mit dem wir uns hier befassen, seine in Zusammenarbeit mit Makarios von Korinth (1731-1805) erstellte Sammlung von Schriften dar, die zwischen dem 4. und 15. Jahrhundert von den geistlichen Meistern der hesychastischen Tradition verfasst worden waren. Denn diese 1782 in Venedig veröffentlichte Anthologie – *Die Philokalie der Neptischen [wachsamen] Heiligen, zusammengestellt von unseren heiligen Theophoren Ältvätern, durch die der Intellekt mittels der Philosophie asketischer Praxis und Kontemplation geläutert, erleuchtet und vollendet wird* – stellt das wichtigste Ereignis der hesychastischen Erneuerung in moderner Zeit dar.

Denn mit diesem Werk bringt Nikodemos die hesychastische Tradition ins historische Spiel. Er betont nicht nur in seiner Einleitung, dass das Herzensgebet von Laien und Mönchen gleichermaßen praktiziert werden sollte; er stellt auch einer modernen Welt, die zunehmend von einer Philosophie des zeitlichen und rechtzeitigen Handelns beherrscht wird, die Alternative einer kontemplativen Erkenntnis der Bestimmung des Menschen und eines Wegs der Rückbesinnung vor, dessen Vollendung eine Wiedereinsetzung in den Ursprung der Zeit an sich voraussetzt. Doch obwohl das Zentrum von Nikodemos' Tätigkeit der Berg Athos war, war die unmittelbare Wirkung der *Philokalie* sowohl auf dem Athos als auch in ganz Griechenland geringer als erwartet, wenngleich 1893 in Athen eine Neuauflage des Werkes erschien.

Dennoch ist erwähnenswert, dass die damit verbundene Bewegung über klösterliche Kreise hinausging und ihr Einfluss in den Werken des größten Schriftstellers naturalistischer Prosa im modernen Griechenland, Alexandros Papadiamantis (1851-1911), zu erkennen ist; denn wie die Werke Dostojewskis erhalten auch diese Werke ihre Kraft daraus, dass sie in dem Wissen geschrieben sind, dass das Leben des Menschen nur im mystischen Licht des Berges Tabor – dem Licht der Verklärung – wahrhaft wahrgenommen werden kann und einen Sinn erhält. Doch die Erneuerung, deren ganz entscheidendes Instrument Nikodemos ist, sollte am ehesten außerhalb Griechenlands Früchte tragen.

Hier liegt der Schwerpunkt zunächst auf der rumänischen Welt und der Gestalt eines bemerkenswerten Staretz, nämlich Paissij Welitschkowski (1722-1794). Vater Paissij wurde in der Ukraine geboren und schon in jungen Jahren Mönch. Seine geistliche Ausbildung schloss er in einer Einsiedelei an der Grenze zu Moldawien ab und ging dann auf den Athos, um seine Kenntnisse und Erfahrungen mit der hesychastischen Lebensweise zu vertiefen. Nach 16 Jahren auf dem Heiligen Berg kehrte er nach Moldawien zurück, zunächst als Abt des Klosters Dragomirna, dann des Klosters Secul und schließlich des Klosters Neam im heutigen Rumänien. Im letztgenannten Kloster vollendete er sein großes Lebenswerk, ein Werk, das in vielerlei Hinsicht dem des heiligen Nikodemos vergleichbar ist. Er führte die klösterliche Regel wieder ein, korrigierte das kirchliche Amt, richtete eine Druckerei ein und begann mit der Übersetzung und Veröffentlichung der Werke der griechischen Altväter. Vor allem aber übersetzte er in Neam eine Auswahl von Texten der griechischen *Philokalie* ins Kirchenslawische. Sie erschien 1793 unter dem Titel *Dobrotolubiye* in Moskau und wurde 1822 ebenfalls in Moskau neu aufgelegt. Dies war die Übersetzung, die der Pilger in *Aufrichtige Erzählungen eines russischen Pilgers* mit sich führte, und tatsächlich war ihr Einfluss auf die Frömmigkeit und die kulturelle Welt Russlands im 19. Jahrhundert immens, wie etwa die Werke Dostojewskis, um nicht weitere zu nennen, bezeugen.

Diese Blüte hesychastischer Spiritualität in Russland, die sowohl durch die Veröffentlichung der *Philokalie* als auch durch das Eintreffen vieler Schüler von Vater Paissij angeregt wurde sowie insbesondere mit den Starzen des berühmten Optina-Klosters verbunden war, ist ein Thema, das bei aller Wichtigkeit den Rahmen dieses Kapitels sprengen würde. An dieser Stelle sei lediglich erwähnt, dass Ignatius Brianchaninov (1807-67) eine Übersetzung der *Philokalie* ins Russische erstellte, die 1857 erschien. Eine weitere Übersetzung ins Russische stammt von Bischof Theophan dem Klausner (1815-1894); er fügte mehrere Texte ein, die in der griechischen Originalausgabe nicht enthalten waren, und ließ in einigen Texten der griechischen Ausgabe absichtlich bestimmte Passagen weg oder paraphrasierte sie. Bischof Theophans Übersetzung erschien in Moskau in fünf Bänden, der erste im Jahr 1877.

Wie Nikodemos vom Heiligen Berg vertrat auch Staretz Paissij die Auffassung, dass die Praxis des Herzensgebets auch Laien anvertraut werden kann und dass selbst die höheren Formen der Kontemplation im Kontext einer gewissen kulturellen Aktivität mit einem Leben in der Welt nicht unvereinbar sind. Das vielleicht wichtigste Merkmal seiner Lehre ist jedoch seine Betonung von Idee und Praxis der spirituellen Vaterschaft. Sein Ziel war es, den persönlichen Charakter des spirituellen Lebens zu bewahren, dieses Leben vor den Unwägbarkeiten individueller Interpretation und Disposition zu schützen und seine Loslösung vom liturgischen Leben der Kirche und dem Erbe der griechischen Altväter zu verhindern. Zugleich bedeuteten die Treue und bedingungslose Bindung an die Institutionen und Formen der Kirche nicht, dass Vater

Paissij und seine Schüler die Erlösung durch gesellschaftliche Institutionen anstrebten oder den Sieg des Lammes mit der Vorstellung von einer christlichen Zivilisation gleichsetzten. Der Hesychast lebt *per definitionem* das eschatologische Geheimnis der Kirche, was seine Fähigkeit voraussetzt, Zivilisationsformen, ob christlich oder nicht, und sogar die Zeit letztlich zu überwinden. Nach einem hesychastischen Aphorismus besteht seine Aufgabe darin, mit dem Haus seines Leibes das Unstoffliche zu umgrenzen.

In Rumänien wurde die Arbeit von Vater Paissij von seinen Schülern fortgesetzt, in denen er die Liebe zu den asketischen Altvätern sowie den Wunsch geweckt hatte, ihre Schriften in rumänischer Sprache verfügbar zu machen. Tatsächlich entstand in der ersten Hälfte des 19. Jahrhunderts auf rumänischem Boden eine regelrechte patristische Bibliothek. Es war, als stünde Rumänien am Rande einer ganzheitlichen patristischen und hesychastischen Erweckung oder, was auf dasselbe hinausläuft, als sei die orthodoxe Kirche in Rumänien im Begriff, die ganze Fülle ihrer spirituellen Tradition zu verwirklichen. Wenn man sagen kann, dass eine solche Erweckung und die Verwirklichung der spirituellen Fülle der orthodoxen Kirche auf dasselbe hinauslaufen, dann deshalb, weil die orthodoxe Kirche nur ist, was sie ist, aufgrund ihrer Treue zu den Altvätern, deren lebendiges Erbe tatsächlich die Struktur dieser Kirche bildet, mit all ihren Stärken und Schwächen. In diesem Sinne sind die Altväter im kirchlichen Leben stets aktuell, in das sie vor allem durch das wunderbare Instrument der schöpferischen Kontemplation und die orthodoxe Liturgie, sowie durch deren unterstützende Formen, die Ikonographie und die Hymnographie, eingebunden sind.

Die religiöse Erweckung, für die es in Rumänien in der ersten Hälfte des 19. Jahrhunderts so positive Anzeichen gab, wurde in den 1860er Jahren und danach unterbrochen, als Rumänien einem Säkularisierungsprozess nach westlichem Vorbild unterzogen wurde, wie er bereits in ähnlicher Form Griechenland überrollt hatte und bald auch Russland erfassen sollte. Aber es ging nicht alles verloren: Die Tradition des Herzensgebets wurde im Schatten einiger Klöster fortgesetzt, die Liturgie wurde weiterhin gefeiert und die Kirchenväter blieben weiterhin das oberste Kriterium orthodoxer Theologie und Praxis. Gegen Mitte des 20. Jahrhunderts schließlich traten unter augenscheinlich noch ungünstigeren Bedingungen die Samen, die in der ersten Hälfte des 19. Jahrhunderts gelegt und im Inneren der Kirche insgeheim genährt worden waren, in eine neue Phase der Reifung ein.[237]

In dieser Phase sollte die *Philokalie* wieder einmal eine zentrale Rolle spielen. In einer theologischen Atmosphäre, in der die historische Mentalität Sinn und Tragweite einer tatsächlich gelebten und erfahrenen spirituellen Theologie geschwächt hatte, machte es sich Vater Dumitru St niloae (1903-93) in den Jahren unmittelbar vor dem Zweiten Weltkrieg zur Aufgabe, den Primat und die Unverzichtbarkeit der hesychastischen kontemplativen Tradition zu bekräftigen. Zu diesem Zweck übersetzte er die 1893 erschienene Ausgabe der *Philokalie* des Nikodemos ins Rumänische, entschloss sich aber auch, zusätzliches Material aufzunehmen sowie neue biografische Anmerkungen und ausführliche Kommentare zu den Texten zu ergänzen. Der erste Band der rumänischen *Philokalie* erschien 1946, bis zum Jahr 1991 waren zwölf Bände erschienen. Der größte Teil des neuen Materials ist Maximus Confessor, Symeon dem Neuen Theologen und Gregorios Palamas entnommen.

Zudem erfolgte die Übersetzung der *Philokalie* ins Rumänische nicht nur in der Hoffnung, dem damals vorherrschenden historischen Ansatz in der Theologie entgegenzuwirken, sondern auch als unmittelbare Antwort auf das Verlangen aus den Reihen der Laien nach echten spirituellen Werten. Mit anderen Worten, wenn es sich dabei nicht einfach um einen Akt frommer Hingabe und theologischer Kultur handelte, sondern um ein Erwachen des kirchlichen Bewusstseins auf Seiten der Gläubigen, was stets eine Bedingung und ein Zeichen echter spiritueller Erneuerung ist, dann deshalb, weil diese Übersetzung mit einer parallelen Erneuerung des hesychastischen Weges und des Gebetslebens zusammenfiel. Dass dieses Verlangen nach dem Herzensgebet die Wiederentdeckung einer Abstammungslinie bedeutete, die direkt von Staretz Paissij herrührt, ist natürlich kein Zufall. Ebenso wenig ist es Zufall – auch wenn dies ein Thema ist, das den Rahmen dieses Kapitels sprengen würde –, dass sich das paissijsche Muster insofern wiederholen sollte, als genau wie die Schüler von Vater Paissij den Segen und die Lehre ihres Staretz

237 Zur hesychastischen Erweckung in Rumänien, siehe: „Un Moine de l'Eglise Orthodoxe de Roumanie, ‚L'avènement philokalique dans l'Orthodoxie roumaine'", *Istina*, 1958, Nr. 3 & 4, S. 295-328 und S. 443-474.

nach Russland getragen hatten, sich nun eine direkte Abstammungslinie zwischen der hesychastischen Erneuerung in Rumänien und dem Wiederaufleben des hesychastischen Weges in bestimmten orthodoxen Klöstern im Nahen Osten herausbildete.

***

Dieser kurze Bericht über die hesychastische Erneuerung in der orthodoxen Welt Osteuropas, von der die *Philokalie* sozusagen Zeugnis ablegt, nahm ihren Anfang mit einer Beschreibung der Etappen, in denen die nichtorthodoxe westliche Welt die hesychastische Tradition zu entdecken begann, eine Entdeckung, die zunächst mit dem Werk römisch-katholischer Gelehrter verbunden war. Folglich könnte man annehmen, dass die Erneuerung dieser Tradition im Westen zunächst in der römisch-katholischen Welt stattgefunden hat, zumal Persönlichkeiten wie der Zisterziensermönch Thomas Merton (1915-1968)[238], um nur ein Beispiel zu nennen, auf Möglichkeiten in dieser Richtung hinzudeuten scheinen. Dass aber die offizielle Lehre der römischen Kirche mit hesychastischer Spiritualität nicht in Einklang steht und ihre liturgische Struktur nicht so patristisch ist wie die der orthodoxen Kirche, hat eine solche Erneuerung in der Praxis erschwert, wenn nicht gar verhindert; denn der Hesychasmus ist, wie wir wiederholt betont haben, wesenhaft eine kirchliche Tradition, deren Authentizität von ihrer Integration in die gesamte lehrmäßige und liturgische Tradition der Kirche abhängt. Wenn es also konkretere Anzeichen für eine echte hesychastische Erneuerung im Westen gibt, so sind diese innerhalb der orthodoxen Kirche zu finden.

Die orthodoxe Präsenz im Westen als entscheidender spiritueller Faktor ist zwar nicht mit der durch die kommunistische Revolution in Russland ausgelösten großen russischen Emigration gleichzusetzen, wurde dadurch aber tatsächlich erheblich gestärkt. Dies gilt insbesondere für die Bereitung des theologischen Bodens für das Entstehen einer authentischen hesychastischen Spiritualität, wie man sagen könnte. Allerdings ist zu bedenken, dass sich eine der in diesem Zusammenhang einflussreichsten russischen Schriftstellerinnen bereits vor der kommunisti-

238 Siehe die Hommage von Thomas Merton an den Berg Athos, „L'Athos, République de la Prière", *Contacts* Nr. 30, 1960, S. 92-109.

schen Machtübernahme in Paris niedergelassen hatte. Es handelt sich um Myrrha Lot-Borodine (1882-1957), deren Artikel „La doctrine de la déification dans l'Eglise grecque jusqu'au XIe siècle", der 1932/33 in der *Revue de l'Histoire des Religions* erschien, die erste im Westen veröffentlichte maßgebliche Darstellung der wichtigsten Lehrthese der hesychastischen Tradition war. Diesem Artikel folgte eine Reihe weiterer Arbeiten zu Themen, die direkt oder indirekt mit dem hesychastischen Weg zusammenhängen und deren Höhepunkt eine erst nach ihrem Tod erschienene Studie über Nicolas Cabasilas, den hesychastischen Meister aus dem 14. Jahrhundert, darstellt.[239] Doch abgesehen von ihrem Beispiel wurde die Renaissance eines orthodoxen patristischen Bewusstseins im Westen vor allem, aber keineswegs ausschließlich, von Persönlichkeiten aus der russischen Diaspora vorangetrieben.

In dieser Hinsicht sind – da es unmöglich ist, alle Beteiligten namentlich zu erwähnen – in erster Linie die Schriften von Vladimir Lossky (1903-1958) hervorzuheben, dessen *Essai sur la théologie mystique de l'Église d'Orient*, erschienen 1944 in Paris (englische Übersetzung London 1957), praktisch zu einem Klassiker geworden ist[240] , sowie an zweiter Stelle die meisterhafte Studie über Gregorios Palamas und die Übersetzung eines seiner wichtigsten hesychastischen Werke, *Défence des Saints hésychastes*, ins Französische, die beide von John Meyendorff (1926-1992) erstellt wurden und erstmals 1959 erschienen.[241] Neben dieser rein literarischen Vorbereitung der Entstehung einer authentischen hesychastischen Spiritualität im Westen ist auch die Rolle nicht zu unterschätzen, die die Präsenz der orthodoxen Liturgie, die so tief von der

239 Myrrha Lot-Borodine, *Nicolas Cabasilas, Editions de l'Orante* 1958.

240 Vladimir Lossky, *Die mystische Theologie der morgenländischen Kirche*, aus dem Französischen von Mirjam Prager, Styria 1961; Neuübersetzung: *Betrachtungen über die mystische Theologie der Ostkirche*, aus dem Französischen von Ines Kallis, Theophano-Verlag 2009 (Sherrard nennt die Übersetzung ins Englische *The Mystical Theology of the Eastern Church*, London, 1957 und St Vladimir's Seminary Press, New York 1976). Weitere Werke von Lossky sind unter anderem *Vision de Dieu*, dt.: *Schau Gottes*, aus dem Französischen von Brigitte Hirsch, EVZ-Verlag 1964 (bei Sherrard: *The Vision of God*, London 1963) und *À l'image et à la ressemblance de Dieu,* en.: *In the Image and Likeness of God*, London/Oxford 1975 und St Vladimir's Seminary Press 1985.

241 John Meyendorff, *Introduction à l'étude de Grégoire Palamas,* Éd. du Seuil, 1959; en.: *A Study of Gregory Palamas,* London 1964 und St Vladimir's Seminary Press, New York 1974); *St. Grégoire Palamas et la mystique orthodoxe*, Éd. du Seuil, 1959; en.: St Gregory Palamas and Orthodox Spirituality (St Vladimir's Seminary Press, New York, 1974).

Theologie der Altväter durchdrungen ist, und eines ihrer wesentlichen Elemente, die Ikonographie, gespielt haben – wiederum vor allem als Folge der russischen Diaspora: Nicht zuletzt die Anerkennung der Ikone als die Kunstform *par excellence* der christlichen Tradition hat zum Erwachen eines echten patristischen Bewusstseins im Westen beigetragen.

Dieses Erwachen des Bewusstseins für eine theologische Perspektive, in der immer wieder betont wird, dass theologisches Wissen ohne persönliche Erfahrung der spirituellen Wirklichkeiten durch ein Leben des Gebets und der Kontemplation fast schon Eitelkeit ist – „Unsere Hingabe liegt nicht in Worten, sondern in Wirklichkeiten", betonte der heilige Gregorios Palamas und formulierte damit den evagrianischen[242] Aphorismus um, „wenn du Theologe bist, wirst du wahrhaft beten. Und wenn du wahrhaft betest, bist du Theologe" – konnte nur dazu führen, dass die orthodoxen Christen im Westen zunehmend nach tieferer Unterweisung und Anleitung verlangten, wie eine solche Erfahrung am besten zu erlangen sei. Mit anderen Worten, in dem Kontext, mit dem wir uns hier befassen, konnte dies nur zu einer Nachfrage nach Zugang zu der in eine zeitgenössische westliche Sprache übersetzten *Philokalie* führen.

Als erste Antwort auf diese Nachfrage erschienen 1951 in London die *Writings from the Philokalia on Prayer of the Heart*, die nicht aus dem griechischen Original, sondern aus der russischen Fassung von Theophan dem Klausner ins Englische übersetzt worden waren. Darauf folgten 1953 die *Petite Philokalie de la Prière du Coeur*, die in Paris erschien, sowie 1954 die *Early Fathers from the Philokalia*, ebenfalls aus Theophans russischer Fassung übersetzt und in London verlegt.[243] Der Zuspruch, den diese Publikationen fanden, und die weitere Nachfrage, die sie weckten, führten dazu, dass sowohl in Frankreich als auch in England eine Übersetzung der gesamten *Philokalie* von Nikodemos und Makarios aus dem griechischen Original begonnen wurde. Die Früchte dieser Initiative erschienen ab Ende der 1970er Jahre in französischer

242 Nach dem Wüstenvater Euagrios Pontikos (latinisiert Evagrius Ponticus, 345-399) (Anm. d. Ü.).

243 *Writings from the Philokalia on Prayer of the Heart*, aus dem russischen Text *Dobrotolubiye* übersetzt von E. Kadloubovsky und G. E. H. Palmer, London 1951. *Early Fathers from the Philokalia*, aus dem russischen Text *Dobrotolubiye* übersetzt von E. Kadloubovsky und G. E. H. Palmer London, 1954. Die Übersetzung ins Französische besorgte J. Gouillard.

und englischer Sprache (sowie ab 2004 auch auf Deutsch, Anm. d. Ü.)[244]. Gleichzeitig entstanden sowohl in Westeuropa als auch in Amerika eine Reihe von orthodoxen Klöstern, in denen die hesychastische Lebensweise intensiver praktiziert werden kann.

So wurde mitten in eine moderne westliche Welt, die jahrhundertelang von einer aktivistischen, zeitgebundenen Mentalität beherrscht wurde, welche anti-metaphysisch, anti-kontemplativ und anti-symbolisch ist, die Alternative eines, wie wir es nennen, kontemplativen Wissens über die Bestimmung des Menschen gesetzt, das in einer Lebensweise verwurzelt ist, in der Theorie und Praxis, Weisheit und Methode untrennbar miteinander verbunden sind und die nur zu erfüllen ist, wenn alle weltlichen – gesellschaftlichen, politischen und wirtschaftlichen – Kategorien überwunden werden, kurz gesagt, der gesamte Bereich des Vergänglichen, auf den sich die frenetische Aktivität des modernen Menschen beschränkt. Gewiss, hinter diesem Gegensatz steht ein anderer, nämlich der zwischen gegensätzlichen theologischen und folglich auch gegensätzlichen anthropologischen Orientierungen. Denn am Ursprung (sowohl im metaphysischen als auch im chronologischen Sinne) der aktivistischen Orientierung der modernen Welt liegt ein in den beiden vorangegangenen Kapiteln beschriebenes Denksystem, das Gott zu einer transzendenten und unerkennbaren Essenz macht, die zwar für die Ingangsetzung des kosmischen Prozesses verantwortlich ist, aber die Schöpfung in all ihren Aspekten, dem Unsichtbaren und dem Sichtbaren, dem Unstofflichen und dem Stofflichen, dem Intelligiblen und dem Materiellen, nicht im Inneren durchdringt, sondern sie ihrem Lauf überlässt, als wäre sie eine sich selbst erhaltende autonome Realität. Die Folge einer solchen Auffassung ist, dass der Verstand des

---

244 *The Philokalia. The Complete Text compiled by St. Nikodimos of the Holy Mountain and St. Makarios of Corinth*, aus dem Griechischen ins Englische übersetzt und herausgegeben von G. E. H. Palmer, Philip Sherrard und Kallistos Ware, Band 1 (London, 1979), Band 2 (London, 1981), Band 3 (London, 1984), Band 4 (London, 1995), Band 5 erschienen im März 2023 bei Faber & Faber, London. Die französische Übersetzung, *Philocalie des Pères Neptiques* wurde unter der Leitung von Boris Bobrinskoy erstellt, 11 Bände, Abbaye de Bellefontaine, Bégrolles-en-Mauges 1979-1991. Unter der Leitung von Jacques Touraille ist außerdem eine zweite, siebenbändige französische Ausgabe erschienen, Abbaye de Bellefontaine, Bégrolles-en-Mauges 1995-2004. (Anm. d. Hrsg., aktualisiert durch die Ü.).
(Die deutsche Ausgabe, *Philokalie der heiligen Väter der Nüchternheit*, wurde unter der Schriftleitung von Gregor Hohmann und Dietmar Suessner erstellt, umfasst fünf Bände sowie einen Registerband und ist erschienen im Verlag Der christliche Osten/ Beuroner Kunstverlag 2004-2016; Anm. d. Ü.)

Menschen, der nun mit seiner rein rationalen Funktion gleichgesetzt wird, als etwas Souveränes, vom Göttlichen Abgetrenntes betrachtet wird, das das Schicksal des Menschen auf Erden unabhängig von aller Offenbarung und von aller Gnade zu beschließen und zu bestimmen vermag.

Mit seiner radikalen Verurteilung eines solchen Denksystems bekräftigt der Hesychasmus gewissermaßen die Bipolarität des Göttlichen; denn wenn er auch an der Idee der Transzendenz Gottes festhält, so besteht er doch zugleich auf Seiner totalen und unauslöschlichen Gegenwart im Menschen und in jeder anderen Form geschaffenen Daseins. Mit anderen Worten, der Hesychasmus bekräftigt, dass Gott die Mauer Seiner Transzendenz durchbricht, um sich sowohl zum aktiven Ursprung als auch zum wahren existenziellen Subjekt alles Geschaffenen zu machen, bis hin zum kleinsten Materieteilchen: Ein Ursprung und ein Subjekt, das vom Menschen nicht nur erkannt werden *kann*, sondern erkannt werden *muss*, als Voraussetzung dafür, dass der Mensch mehr als eine verzerrte Kenntnis seines Seins und der Welt, in der er lebt, besitzt. Als Leitfaden für ein wirklich konstruktives Handeln ist ein solches verzerrtes Wissen natürlich völlig unzureichend, ganz gleich, wie viel guter Wille oder humanitäre Gefühle dahinterstehen mögen.

In dieser Hinsicht lehnt der Hesychasmus nicht nur den profanen Humanismus, der den Menschen als autonomes Wesen vergöttlicht, sowie alle damit einhergehenden ideologischen Strukturen ab, die darauf abzielen, die gerechte Gesellschaft allein nach diesseitigen Kategorien zu errichten; er lehnt auch die heute unter Christen weit verbreitete Überzeugung ab, ein christliches Leben werde am besten im Sinne der Menschenliebe und des Dienstes an den Mitmenschen, vor allem in irgendeiner kollektiven Form, geführt. Das heißt, dass er von den beiden Geboten Christi, der Gottes- und der Nächstenliebe, ersterem den Vorrang einräumt und bekräftigt, dass die Liebe zur oder der Dienst an der Menschheit, ja jede wünschenswerte Tätigkeit auf der Ebene dieser Welt, sowohl als Mittel zur Erlösung als auch als wahrhaft konstruktiver Ausdruck der Nächstenliebe und des Mitgefühls nur unter der Bedingung wirksam werden kann, dass sie jeweils aus einer vorrangigen und im wahrsten Sinne des Wortes verwirklichten Gottesliebe hervorgeht.

In Unkenntnis dieser Liebe und ohne ihre existenzielle Verwirklichung zu handeln, bedeutet, das, was man zu tun versucht, von seiner kraftgebenden Quelle zu scheiden und so in eine Art Götzendienst zu verfallen – den Götzendienst, der gerade darin besteht, den Dingen losgelöst von Gott einen Wert beizumessen, als hätten sie sich selbst erschaffen und seien selbsterhaltend. Der Hesychasmus verachtet die Liebe zu und den Dienst an den Menschen keineswegs und schätzt sie nicht gering. Er ist ausdrücklich nicht „jenseitig" im gewöhnlichen Sinne dieses Begriffs. Im Gegenteil, wie wir gesehen haben, besteht er darauf, dass die gesamte Schöpfung von Gottes Leben und Wesen durchdrungen ist und dass es daher keine wahre Gottesliebe geben kann, die nicht jeden noch so bescheidenen und begrenzten Aspekt der Schöpfung einbezieht. Sein Ziel ist nicht, die Welt ihrer Vernichtung und Selbstzerstörung anheimzugeben, sondern sie zu erlösen.

Sein Ziel ist, sie zu erlösen, indem er sie verklärt. Aber für den Hesychasten setzt diese Verklärung die Transformation des menschlichen Bewusstseins voraus, so dass es die Göttlichkeit im Innersten jeder geschaffenen Form wahrzunehmen vermag, die ihr jeweils ihre göttliche Bestimmung verleiht und ihre eigentliche Berufung und Schönheit ausmacht. Mit anderen Worten, er wird bedenken, dass der Weg, auf dem er, wie jeder andere Mensch auch, seinen Mitmenschen und allen anderen geschaffenen Wesen zumindest anfänglich am besten dienen kann, darin besteht, die Liebe und die Erkenntnis Gottes in sich zur Entfaltung zu bringen; denn solange dies nicht erreicht ist, werden seine äußeren Handlungen nicht der notwendige Ausdruck dieser Liebe und dieser Erkenntnis, sondern sowohl von Selbstliebe als auch von dem soeben besprochenen Götzendienst getrübt sein.

Damit wird klar, warum der Hesychasmus in erster Linie ein Weg der Kontemplation ist und sein muss. Denn nur durch das kontemplative Leben in allen seinen Aspekten – asketische Wachsamkeit, Gebet, Meditation, die ganze ununterbrochene Praxis der Gegenwart Gottes, zu der die *Philokalie* anleitet – können wir in uns die persönliche Liebe und Erkenntnis Gottes verwirklichen, von der nicht nur unsere authentische Existenz als menschliche Wesen abhängt, sondern auch unsere Fähigkeit, bei der Erfüllung der innersten Ziele der Schöpfung mit Gott zusammenzuarbeiten.

***

Was schließlich ist mit dem Berg Athos selbst, aus dessen Tiefen vor nunmehr über 200 Jahren die *Philokalie* hervorging, deren weiteren Weg wir sowohl als Dokument als auch im Hinblick auf ihre Bedeutung für das intellektuelle Leben der modernen westlichen Welt nachgezeichnet haben? Wir haben festgestellt, dass während des 19. Jahrhunderts das monastische Leben in seiner hesychastischen Form auf dem Athos zwar ununterbrochen weiterging, seine Präsenz und Ausstrahlung als dynamische Kraft aber gering war; und obwohl ihm gegen Ende des Jahrhunderts ein enormer Zustrom von Mönchen aus Russland neuen Schwung verlieh, weil er das mit dem Optina-Kloster und den *Aufrichtigen Erzählungen eines russischen Pilgers* verbundene Vermächtnis von Pater Paissij Welitschkowski auf athonitischen Boden verpflanzte,[245] waren dessen Auswirkungen bis um die Mitte des 20. Jahrhunderts so stark zurückgegangen, dass der Athos von einem Niedergang bedroht schien, von dem er sich möglicherweise nicht mehr erholen würde. Darüber hinaus war die theologische Mentalität, die in Griechenland an Schulen und Universitäten gepflegt wurde, wenn nicht offen antimonastisch, so doch zumindest so historisierend und abstrakt, dass sie das Streben nach einem kontemplativen Leben in keiner Weise zu fördern vermochte.

Doch vielleicht teilweise infolge des neuerlichen Interesses des Westens an der orthodoxen und insbesondere an der hesychastischen Tradition begannen die Griechen in den Jahrzehnten nach dem Zweiten Weltkrieg erneut mit einer Bestandsaufnahme dieses wertvollen Erbes, dessen Literatur zu einem großen Teil in griechischer Sprache verfasst war. In den Jahren 1957-1963 erschien in Athen eine neue Ausgabe der *Philokalie* in fünf Bänden, begleitet von der Veröffentlichung anderer verwandter Werke, darunter *Aufrichtige Erzählungen eines russischen Pilgers* in griechischer Übersetzung. Wie in Rumänien etwa 20 Jahre zuvor stellte die Veröffentlichung dieser Literatur nicht nur ein Antidot gegen den damals in der Theologie vorherrschenden engstirnigen historischen Ansatz dar, sondern sie war auch eine Antwort auf und eine

245 Staretz Siluan (1866-1938) war ein Vertreter dieses Erbes auf dem Athos. Siehe Archimandrit Sofrony, *The Undistorted Image*, London, 1958; überarbeitete und erweiterte Ausgabe, *St. Silouan the Atonite*, Tolleshunt Knights, 1991; dt.: Archimandrit Sophronius, *Starez Siluan, Mönch vom Berg* Athos, Bd. 1: *Sein Leben und seine Lehre*, Bd. 2: *Die Schriften*, Patmos 1980 und 1981 (für diese 2. Auflage wurde die deutsche Übersetzung von Josephine Kolander, die gegenüber der russischen Originalfassung etliche Kürzungen aufwies, von Hieromonk Symeon erweitert und überarbeitet).

weitere Inspiration für den wachsenden Wunsch nach echten spirituellen Werten und einem Leben des Gebets. Die Folge war eine wahre Wiederauferstehung des monastischen Lebens mit seinem Zentrum, dem Heiligen Berg. Darüber hinaus schlossen sich im Zuge dieser Wiederauferstehung viele Orthodoxe, oft Konvertiten, aus anderen Teilen der Welt ihren griechischen Brüdern an, sodass der Athos rasch den panorthodoxen Charakter erlangt oder wiedererlangt hat, der ihm seit jeher zusteht.

Welche Dimensionen diese hesychastische Erneuerung auf dem Heiligen Berg und in der Außenwelt während unseres Übergangs ins dritte Jahrtausend und darüber hinaus annehmen wird, lässt sich nicht vorhersagen. Sagen lässt sich aber, dass durch die Saat kontemplativen Lebens, die seit über 1000 Jahren in diesem Garten der Mutter Gottes gelegt wurde und die nun auch anderswo Wurzeln schlägt, die Vergangenheit zur bereichernden Erfahrung für die Zukunft wird, während vom Ende der Zeiten her das Licht, das Christus auf dem Berg Tabor verklärt hat, in den Herzen derer aufgeht, deren Berufung es ist, jetzt und immerdar, verborgene Zeugen Dessen zu sein, Der ist und Der nicht ist, Alpha und Omega, Ursprung und Ende.

Danksagung

Das eigentliche Verfassen und Zusammenstellen der Texte für dieses Buch war kurz vor dem Tod des Autors, am 30. Mai 1995, abgeschlossen. Die Möglichkeit, das endgültige Typoskript zu korrigieren oder zu überarbeiten, wie dies ein Autor im üblichen Verlauf der Entstehung eines Buches tun würde, hatte er also nicht mehr. Deshalb wurden beim Erstellen des vorliegenden Textes die Hilfe und Unterstützung mehrerer Personen in Anspruch genommen. Herzlich danken möchte ich in diesem Zusammenhang Pater John Chryssavgis, John Dillon, Garth und Elizabeth Fowden, Irene Hoenig, Brian Keeble, Andrew Louth, Marcus Plested, Pater Vincent Rossi, Sheila Stern, Bischof Kallistos Ware, Graham Whitaker, Vater Alexander und Julie Williams und insbesondere Liadain Sherrard, mit der ich mir in allen Fällen die Verantwortung für die endgültigen redaktionellen Entscheidungen geteilt habe. Philip Sherrard war kein „akademischer" Autor im herkömmlichen Sinn und vermied gern die Verwendung seiner Meinung nach überflüssiger Fußnoten. Für die vorliegende Ausgabe wurde versucht, alle Zitate zu belegen, in einigen Fällen war jedoch die Quelle nicht ausfindig zu machen.

Danken möchte ich auch Selga Sherrard, Efthymia Provata und vor allem George Provatas für ihren großherzigen und unermüdlichen Einsatz auf praktischem Gebiet, nämlich beim Tippen und bei der Textverarbeitung der endgültigen Fassung.

Dank gebührt abschließend der Temenos Academy, London, für die Erlaubnis, den Text von Kapitel 9 abzudrucken, der erstmals 1994 als Vortrag an der Akademie gehalten und 1995 von ihr unter dem Titel „Every Thing That Lives is Holy" veröffentlicht wurde; der Crossroad Publishing Company in New York für die Erlaubnis, den wesentlichen Teil von Kapitel 11 abzudrucken, das unter dem Titel „The Revival of Hesychast Spirituality" in Band 18 ihrer *World Spirituality: An Ency-*

clopedic History of the Religious Quest (1989) erschien, sowie den Herausgebern der Fachzeitschrift *Studies in Comparative Religion*, in der frühere und kürzere Versionen einiger weiterer Kapitel erstmals erschienen sind.

Denise Sherrard
Katounia, Limni
Frühjahr 1998

Dionysius Areopagita
Mystische Theologie

Die geheimnisvolle Gestalt des Dionysius Areopagita, die lange Zeit für den biblischen Apostelschüler gehalten wurde, prägte mit seinen am Ausgang des 5. Jahrhunderts verfassten Schriften maßgeblich das christliche Denken, vor allem seine mystische Tradition.

Sein Werk über die „Himmlischen Hierarchien" bildete die Grundlage der christlichen Engel-Lehre, seine „Mystische Theologie" verband nicht nur die griechische, speziell die neuplatonische Philosophie mit der Lehre der Kirchenväter, sondern schuf ein eigenes, bis in die Gegenwart nachwirkendes Lehrsystem: Die Negative Theologie.

Indem Dionysius aufzeigte, was man über Gott „nicht wissen konnte", steckte er einen Rahmen ab, den die christliche Mystik in den folgenden Jahrhunderten als weitgehend verbindlich anerkannte.

Ein Meisterwerk abendländischer Spiritualität, dessen Bedeutung man gar nicht hoch genug ansetzen kann!

ISBN: 978-3-86191-089-3

Carl Albrecht
Das mystische Wort
Erleben und Sprechen in Versunkenheit

Carl Albrecht war Arzt, als er erstmals mit den Entspannungsübungen des Autogenen Trainings in Kontakt kam. Dies stellte den Anfang seines „Weges nach innen" dar. Er begann, eine eigene Versenkungstechnik zu entwickeln, die ihn allmählich zu einem tiefgreifenden mystischen Erleben führte.

Als Mensch des 20. Jahrhunderts, wissenschaftlich geschult in rationalem Denken, stellten ihn seine inneren Erfahrungen vor eine immense Herausforderung: Es galt, das innerlich Geschaute mit dem klaren Licht des Verstandes zu versöhnen. Albrecht nahm diese Herausforderung an – und meisterte sie.

Dieses Buch ist ein entscheidender Baustein für ein spirituelles Erleben aus einem aufgeklärten Bewusstsein heraus. Es zeigt Wege, die ein mystisches Erkennen aus einer über-rationalen Klarheit ermöglichen.

Ein maßgeblicher Beitrag, um das so weitsichtige Wort Karl Rahners zu bestätigen: „Der Christ der Zukunft wird Mystiker sein – oder er wird nicht mehr sein."

ISBN: 978-3-86191-090-9

Meister Eckhart

Eckard Wolz-Gottwald
Meister Eckhart
Der Weg zur Gottesgeburt im Menschen

Meister Eckhart war nicht nur die prägende Gestalt der Mystik im Mittelalter, er wird mehr und mehr auch zu einem „Seelenführer" für die Gegenwart.

Mit seiner Vorstellung vom „göttlichen Seelenfunken" im Menschen lieferte Meister Eckhart die Grundlage, um die verborgene Anwesenheit des Göttlichen im Menschen verstehbar zu machen. In diesem Wesenskern liegt dic unvergängliche Essenz des Menschen, die ihn wahrhaft zu einem Sohn oder einer Tochter des Allerhöchsten macht.

Dr. Wolz-Gottwald holt diese wegweisende Botschaft Eckharts aus dem mittelalterlichen Denken in die Gegenwart, um ihn wieder zu jenem „Lebemeister" zu machen, als der er im Mittelalter galt. Als ein „Meister des Lebens", als ein spiritueller Mentor für ein erfülltes Leben im Angesicht Gottes.

Ein wahrhaft erhellendes Buch, das die mystische Erfahrung wieder dorthin stellt, wo sie hingehört – in die Mitte der Gesellschaft!

ISBN: 978-3-86191-096-1

Ihr seid das Licht der Welt

Harald Streck
Christ-Sein in der Gegenwart
Ihr seid das Licht der Welt
Ein Inspirationsbuch, dass neue Weg aufzeigt,um achtsam, mutig und voller Hingabe zu leben.
Harald Streck lebte als christlicher Mystiker weitgehend im Verborgenen. Seine Aufzeichnungen lassen die Leser teilhaben an einem wachen, achtsamen und liebevollen Weg in der konsequenten Nachfolge Christi.

Christentum ist im 21. Jahrhundert zu sehr auf Äußerlichkeiten fixiert, auf politische Einflussnahme oder die Bewältigung von Missbrauchsskandalen. Der christliche Einweihungsweg verläuft dagegen ganz im eigenen Inneren. Es ist ein Weg des Herzens!

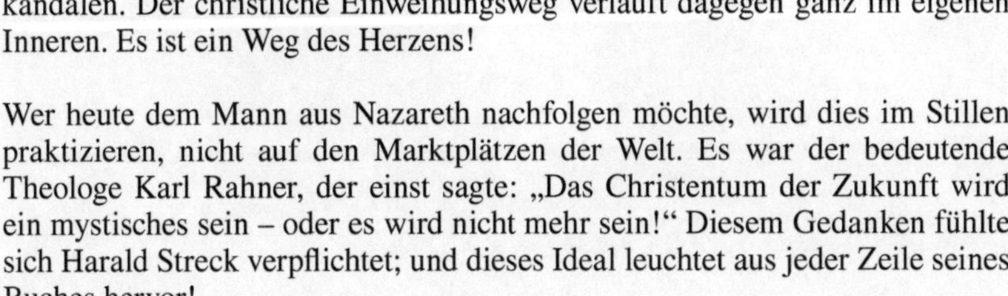

Wer heute dem Mann aus Nazareth nachfolgen möchte, wird dies im Stillen praktizieren, nicht auf den Marktplätzen der Welt. Es war der bedeutende Theologe Karl Rahner, der einst sagte: „Das Christentum der Zukunft wird ein mystisches sein – oder es wird nicht mehr sein!“ Diesem Gedanken fühlte sich Harald Streck verpflichtet; und dieses Ideal leuchtet aus jeder Zeile seines Buches hervor!
ISBN: 978-3-86191-250-7